젠더와 종교

개정판

개정판 **젠더와 종교**
페미니즘을 통한 종교의 재구성
ⓒ 강남순, 2018

개정판 1쇄 펴낸날 2018년 11월 15일

지은이 강남순　**펴낸이** 이건복　**펴낸곳** 도서출판 동녘

등록 제311-1980-01호 1980년 3월 25일　**주소** (10881) 경기도 파주시 회동길 77-26
전화 영업 031-955-3000　편집 031-955-3005　**전송** 031-955-3009
블로그 www.dongnyok.com　**전자우편** editor@dongnyok.com

ISBN 978-89-7297-928-9 03200

- 잘못 만들어진 책은 바꿔드립니다.
- 책값은 뒤표지에 쓰여 있습니다.
- 이 도서의 국립중앙도서관 출판시도서목록(CIP)은 서지정보유통지원시스템 홈페이지(http://seoji.nl.go.kr)와
  국가자료공동목록시스템(http://www.nl.go.kr/kolisnet)에서 이용하실 수 있습니다.(CIP제어번호: CIP2018034471)

GENDER & RELIGION

개정판

페미니즘을 통한
종교의 재구성

젠더와 종교
강남순 지음

RECONSTITUTING RELIGION THROUGH FEMINISM

동녘

개정판 머리말

이 책은 1994년에 출간된 《현대여성신학》의 개정판이다. 개정판을 내면서 제목을 《젠더와 종교》로 바꾼 이유는 두 가지다.

첫째, '여성신학'이라는 표현의 한계 때문이다. '여성신학'이라는 표현은 '여성에 의한, 여성을 위한, 여성에 관한 신학'이라는 오해를 낳을 수 있는 한계가 있다. 페미니즘을 '여성주의'라고 번역할 때의 한계와 같다. 내가 《현대여성신학》을 처음 출간한 것은 '여성신학'이라는 개념이 한국의 신학계에 등장한 지 얼마 되지 않았을 때였다. 《현대여성신학》을 출간한 계기는 《기독교 사상》에서 연재한 것이었다. 내가 《기독교 사상》에 연재를 부탁받았을 때의 주제는 '여성신학'이었다. 따라서 《현대여성신학》에 들어간 '여성신학'은 내가 이론적으로 동조하는 '능동적 개념'이 아니라, 외부에서 주어진 개념을 그대로 받아들이는 '수동적 개념'이다. 나는 페미니즘을 '여성주의'로, 페미니스트 신학을 '여성신학'으로 하는 것이 여러 측면에서 한계가 있다고 본다. 따라서 내 책에서는 '여성주의'가 아닌 '페미니즘'이라는 용어를, 그리고 '여성신학'이 아닌 '페미니스트 신학'이라는 용어를 사용한다.

둘째, '젠더' 개념의 중요성을 부각할 필요가 있기 때문이다. 종교 연구에서 '젠더' 개념의 등장은 '인간의 종교 경험 일반religious experience-in-general'이란 존재하지 않으며, 인간은 영적 또는 종교적 존재일 뿐 아니라 사회정치적 존재라는 사실을 인식하게 했다. 한 종교에서 인간의 경험은 개개인들이 위치한 구체적인 삶의 자리에 따라 달라진다. 예를 들어 노예제도 아래에서 기독교인들의 종교적 경험과 현상을 연구하려 할 때, '노예'의 경험과 이해는 '노예 소유주'의 경험과 이해와 동일할 수 없다. 노예와 노예 소유주가 기독교의 구원, 교회, 또는 예수 등을 비슷하게 이해할 수는 없다. 마찬가지로 가부장제 사회에서 모든 결정권과 지도력을 행사하는 남성과, 종속적인 위치에 놓인 여성의 기독교 경험과 이해가 같을 수는 없다. 마찬가지로, 이성애만을 인간 섹슈얼리티의 절대적 규범으로 생각하는 종교에서 이성애자와 성소수자가 경험하고 이해하는 신, 예수, 또는 구원의 경험은 동일할 수 없다.

이 책은 '젠더'를 핵심 개념으로 삼고서 기독교 안의 다양한 문제를 비판적으로 조명한다. 이 책이 우선적으로 개입하는 것은 기독교이지만, 이 책에서 다루는 다양한 문제들은 제도화한 종교들이 여성과 남성의 차별과 억압을 어떤 방식으로 정당화하는지 들여다보는 데 적용해야 할 관점을 담고 있다. 출판된 지 24년이 된 책의 개정판이 필요하다는 것은, 과거와 현재의 문제들이 지금의 정황에서도 여전히 중요한 의미를 담고 있음을 뜻한다. 이 책은 남성중심주의적 가부장제가 종교와 사회에서 어떠한 기제로 작동하는지를 다양한 측면에서 드러낸다.

오래전 1994년에 출간된 《현대여성신학》은 2018년 《젠더와 종교》로 다시 그 모습을 드러내게 되었다. 이 책의 초판과 개정판은 시기적인 불연속성에도 불구하고, 주제의 연속성을 담고 있다. 이 책의 한 가지 지향점이 있다면, 그것은 종교가 그 담론과 실천에서 젠더 감수성gender sensibility과 젠더 정의gender justice에 대한 예민성을 확산함으로써 더욱 평등하고 정의로운 종교와 사회로 변화하는 것이다.

나의 책 《페미니즘과 기독교》(2017), 《젠더와 종교》(2018), 그리고 《21세기 페미니스트 신학》(2018)의 개정판을 동녘에서 출판하게 되었다. 이로써 페미니스트 시각에서 종교를 들여다보는 '페미니즘과 종교' 문제 3부작의 의미가 있는 책 세 권을 모두 동녘에서 출판한다. 시장성만을 고려하지 않고, 책의 의미를 생각하며 이 3부작을 출판해준 동녘 출판사에 진심으로 감사하는 마음을 전한다. 또한 이 책이 나오기까지 편집하는 과정에서 여러모로 애써주신 편집자, 디자이너, 마케터, 오퍼레이터 등 출판사 관계자들께 고마움을 전한다. 이 책의 개정판 작업을 하면서 특히 편집자들께서 세밀하게 편집 작업을 해주셨다. 그분들의 손길이 없었다면, 이 책이 이 세상에서 빛을 보기는 힘들었을 것이다. 한 권의 책은 저자만의 작품이라기보다 언제나 '공동 작품'이다. 이 책에 이름이 드러나지 않지만, 이 책의 탄생을 위해 함께한 그 모든 손길에 감사드린다.

초판 머리말

이 책의 많은 부분은 내가 미국에서 학위논문을 마무리할 무렵에 썼다. 언어적 소외의 느낌은 내 존재 구석구석에 영향을 미치고 있어서, 그 당시 나는 나의 언어로 표현하고, 숨쉬고, 쓰고 싶은 강렬한 내면적인 욕구를 내 자신 속에 느끼면서도 당면 과제인 논문 쓰는 일 때문에 그러한 느낌들을 외면해야만 했다. 그런데 페미니스트 신학에 관한 글의 연재를 맡아달라는 《기독교 사상》의 요청은 그동안 눌러왔던 나의 내면적인 욕구를 외면적인 당위성으로 만들었다. 나의 존재의 집인 모국어로 글을 쓴다는 것은 마음 벅찬 기쁨인 동시에 떨리는 두려움이기도 했다. 인쇄된 글이 지녀야 할 책임을 늘 의식하고 있었기 때문에, 글쓰기를 좋아하는 나였지만 인쇄될 글을 쓴다는 것은 두려운 일이 아닐 수 없었다. 기쁨과 두려움 속에서, 그리고 책상 가득한 과제와 고민거리들을 안고서 이 글들을 쓰기 시작했다.

이 글들을 묶어 하나의 책으로 내면서, 나는 어떠한 글이나 이론이란 '완성된 것'이 아니고 끊임없이 '완성을 향해 나아갈 뿐'임을 깊이 느낀다. 또한 이 글들을 쓰는 동안 나는 한 인간이 지닌 경험이나 관점의 제약성을 다시 한번 절감하게 되었다. 그러한 제약성들을 인식하면서,

그러나 진지한 자세로 글을 쓰는 것이 내가 가질 수 있는 최선의 성실성임을 나는 고백한다. 이 책의 각 항목들은 그 자체가 각기 하나의 책으로 쓰여져야 할 중요한 주제들이다. 이러한 것들을 하나의 책으로 묶어버려서 중요한 주제들이 쉽게 단순해지는 것을 나는 바라지 않는다. 그럼에도 불구하고 페미니스트 신학에서 제기되는 주요 주제들을 전체적으로 볼 수 있는 기회를 줄 수도 있다고 생각하여, 이 모든 주제들을 하나로 엮어 책으로 낸다.

이 글의 일부가 《기독교 사상》에 연재되는 동안 많은 분들에게서 참으로 따뜻한 격려를 선물로 받았다. 이러한 격려에 힘입어 책으로 만들 용기를 내게 되었다. 특히 이화여대 대학원장이셨던 서광선 박사님의 격려는 나의 주저를 떨쳐버리게 했다. 그러한 격려를 통하여 나는 '탈가부장적postpatriarchal 신학'으로서의 페미니스트 신학이 전통적인 신학의 분야에서 소외되어 있는 '특수한 분야'가 아니라 하나의 새로운 관점을 제시하면서 기존의 각 신학 분야에서 인식론적 전제들의 변화와 '패러다임의 전환paradigm shift'을 추구하는 신학적 시도임을 다시 한번 확인했다. 또한 언제나 근원적인 질문을 던짐으로써 나를 훈련시켜온 나의 두 아이들, 성현과 지현의 나의 작업에 대한 무조건적인 지지도 빼놓을 수 없는 도움이 되었다. 이들의 존재는 내가 이론과 프락시스praxis가 지니고 있는 거리 때문에 고민할 때마다 끊임없이 삶의 에너지와 용기를 주었고, 변화를 추구하는 작업인 학문을 한다는 것이 동반할 수 있는 무수한 딜레마들을 '문제'로서만이 아니라 '가능성'으로 볼 수 있게 해주었다.

이 글들을 쓰는 동안 나와 오랜 시간을 같이 나누며 신학함에 대하여 토론하던 나의 논문 지도교수인 켈러Catherine Keller 교수도 나의 글 쓰는 일을 열심히 격려해주었다. 많은 대화를 통하여 우리는 한국과 미국의 페미니스트 신학적 관점이 안고 있는 과제의 다양성을 서로 인식하게 되었다. 또한 켈러 교수는 철학, 신학, 심리학에 대한 그의 해박함으로 내가 깊고 다양한 학문 세계에 눈뜨게 해주었을 뿐 아니라, 'Doktor Mutter'가 아닌 'Doktor Schwester'[1]라는 말로 나와의 관계를 표현하면서 학문적 또는 개인적 고민거리들을 함께 나누는 친구가 되어왔다. 그리고 정기적으로 만나서 페미니스트 신학의 다양한 주제와 분야를 같이 연구하고 토론하면서 진정으로 '학문하기'란 인간 존재의 다양한 차원과 교류해야 하는 것임을 인식하게 해주었던 그룹인 드루Drew 대학교 대학원의 'Feminist Colloquium'의 여러 친구들, 특히 샤론Sharon Betcher의 우정과 열린 대화는 다수가 백인들인 미국 대학원에서 내가 '이방인'으로서 느끼고 있던 소외감을 극복하는 데 중요한 역할을 했고, 나의 직업에 활력을 더해주었다.

 이 책은 나 혼자만의 작품이 아니라 나와 무수한 관계의 선을 맺고 있는 이들과의 공동 작품이다. 나의 사고는 그들과의 교류에서 분명하게 형성되었고, 그들의 비판과 조언에 의하여 영글었으며, 무엇보다도 그들의 격려를 통하여 비로소 표면화할 수 있었기 때문이다.

 이 책이 학문적인 관심과 인간의 구체적인 삶을, 그리고 이론과 행위를 가능한 한 깊게 연관시키고자 하는 '유기적 지성인organic intellectual'들에게 아주 작은 역할이라도 할 수 있기를 희망하며, 세상에 내어놓는다.

1994년 8월

강남순

차례

개정판 머리말 ·5
초판 머리말 ·8

제1장 젠더와 종교: 페미니즘을 통한 종교의 재구성

1. 종교 내 젠더: 여성은 더 종교적인가 ·15
2. 젠더와 종교의 만남: 불행한 만남인가, 행복한 만남인가 ·17
3. 페미니즘을 통한 종교의 재구성 ·22

제2장 여성학 서설

1. 여성학의 출현 ·25
2. 여성학의 학문적 출발점 ·29
3. 여성학의 학문적 작업에 대한 이해 ·30
    1) 사회학에서의 여성학적 연구 ·31
    2) 심리학에서의 여성학적 연구 ·33
    3) 종교에서의 여성학적 연구 ·36

제3장 페미니즘 서설

1. 페미니즘과 여성학 ·43
2. 페미니즘의 유형 ·45
    1) 자유주의 페미니즘 ·46

2) 마르크스주의 페미니즘 ·56
3) 급진주의 페미니즘 ·65
4) 사회주의 페미니즘 ·79
3. 페미니즘과 우머니즘 ·87

제4장 페미니스트 신학의 출현: 비판과 해방의 종교를 향하여

1. 페미니즘과 남성 ·91
1) 남성은 여성의 적인가 ·91
2) 성차별주의 극복의 공동 책임자로서의 남성과 여성 ·98
3) 페미니스트 관점은 신학에 어떤 변화를 주었는가?: 남성 신학자들의 반응 ·101
2. 페미니스트 신학의 개념 ·109
3. 페미니스트 신학의 특성 ·116
1) 비판신학으로서의 페미니스트 신학 ·116
2) 해방신학으로서의 페미니스트 신학 ·118

제5장 페미니스트 신학과 신: 신의 젠더

1. 종교적 상징과 젠더 ·123
2. 전통적 신 이해 비판: 상징적 위계주의의 구성 ·127
1) 신의 젠더 ·127
2) 신의 유일신적 초월성과 신의 백인성 ·130
3. 페미니스트 신학적 신 이해 ·133
1) 성서주의적 페미니스트 신학자들의 이해 ·134
2) 개혁주의적 페미니스트 신학자들의 이해 ·136
3) 급진주의적 페미니스트 신학자들의 이해 ·141

제6장 페미니스트 신학과 예수

1. 전통적 예수 이해 비판 ·145
2. 페미니스트 신학적 예수 이해 ·150
1) 어머니로서의 예수 ·150

2) 크리스타로서의 예수 ·152
3) 페미니스트/해방자로서의 예수 ·156

제7장 페미니스트 신학과 인간관

1. 전통적 인간 이해 비판 ·164
2. 여성과 남성: 생물학적 성과 사회적 성 ·171
3. 페미니스트 신학적 인간 이해 ·176
1) 독립적 자아로서의 인간 ·176
2) 관계적 자아로서의 인간 ·179

제8장 페미니스트 신학과 자연: 남성중심주의와 인간중심주의를 넘어서

1. 전통적 자연관 비판 ·186
2. '어머니 자연?': 여성의 자연화, 자연의 여성화에 대한 비판 ·190
3. 페미니스트 신학적 자연 이해 ·195
1) 에코페미니즘 ·195
2) 에코페미니스트 신학 ·199

제9장 통전적 생태신학의 재구성: 인간과 자연의 공존을 위하여

1. 생태 '남성' 신학 이해 ·203
2. 생태문제에 대한 신학적 논의 ·205
3. 생태 '남성' 신학의 종류 ·209
1) 창조영성에 근거한 생태신학 ·210
2) 과정사상에 근거한 생태신학 ·213
4. 생태페미니스트 신학 ·216
1) 새로운 메타포에 근거한 생태페미니스트 신학 ·217
2) 계약 전통과 성례전 전통에 근거한 생태페미니스트 신학: 신과 가이아 ·221
5. 통전적 생태신학의 재구성 ·228

제10장 페미니스트 신학과 포스트모더니즘

1. 포스트모더니즘 서설 · 233
  1) 모더니즘 이해 · 233
  2) 포스트모더니즘 이해 · 237

2. 페미니즘과 포스트모더니즘 · 244
  1) 페미니즘과 포스트모더니즘의 공통점 · 244
  2) 페미니스트 관점에서 본 포스트모더니즘 비판 · 247

3. 포스트모던 페미니즘 · 252
  1) 미국의 포스트모던 페미니즘 · 253
  2) 프랑스의 포스트모던 페미니즘 · 259

4. 포스트모더니즘의 페미니스트 신학적 수용 가능성 · 261

제11장 이데올로기와 유토피아:
유토피아적 페미니스트 방법론의 모색

1. 지식사회학적 관점으로 보는 젠더와 종교 · 267
2. 이데올로기와 유토피아: 개념적 이해 · 272
3. 가부장제적 이데올로기와 평등주의적 유토피아: 유교와 도교 · 275
4. 가부장제적 이데올로기와 평등주의적 유토피아: 기독교와 페미니스트 신학 · 282
5. 유토피아적 페미니스트 방법론의 모색 · 288

제12장 페미니스트 신학의 미래: 이론과 실천적 과제

1. 페미니스트 신학, 개념적 재고찰 · 292
2. 페미니스트 신학의 과제: 예언자적 상상력의 실천과 이론화 · 297
3. 한국의 페미니스트 신학: '위험한 기억'의 종교를 향하여 · 303

주 · 311
참고문헌 · 345
찾아보기 · 358

제1장

젠더와 종교:
페미니즘을 통한 종교의 재구성

1. 종교 내 젠더: 여성은 더 종교적인가

이 세계에 존재하는 많은 종교들에서 남성보다는 여성 신도의 수가 훨씬 많다. 대부분의 제도화한 종교들에서 왜 남성보다 여성 신도가 더 많은 것인가에 대해서는 다양한 분석들이 있다. 세 가지로 요약해보자.

첫째, 여성들은 남성들보다 감성적인 측면들을 더 지니고 있어서 더 종교적인 성향이 있다고 보는 것이다. 감사의 감정이나 죄책감과 같은 종교적 개념들은 이성보다 감성에 호소하는 것들인데, 여성들은 많은 종교들이 강조하는 감사, 죄책감, 희생, 돌봄, 봉사, 사랑 등 중요한 종교적 감정들을 남성들보다 더 지니고 있기에 '종교적'이 된다는 것이다.

둘째, 여성들은 사회화 과정을 통해서 종교가 강조하는 갈등 해결, 인자함, 겸손 등과 같은 가치들을 더 지니게 되는 반면, 남성들은 사회화 과정을 통해서 종교적 가치가 아닌 공격성, 강인함, 경쟁심 등의 가치를 더 지니게 된다. 따라서 이러한 사회화 과정은 여성을 남성보다 더 '종교적'인 사람들로 만든다.

셋째, 여성들은 종교에 대한 헌신을 사회적 구조의 자연스러운 결과로서 생각한다. 예를 들어 대부분의 제도화한 종교들은 여성의 우선적인 존재 이유와 역할을 '가정을 돌보는 사람'으로 규정한다. 그래서 여성들은 아이의 양육에서 남성보다 더 큰 책임이 있다고 생각하며 아이의 양육자로서 종교에 더욱 헌신하게 된다고 생각하게 된다. 아이의 안녕을 위해 신에게 기도하는 것, 자신이 종교적으로 헌신하는 것이 신의 축복을 받는 일이며, 결과적으로 아이의 성공이나 가정의 번영이 종교에 대한 헌신을 통해 가능하다고 믿게 되는 것이다. 한국에서 입시 때가 되면 아버지들이 아니라 어머니들이 교회나 절과 같은 곳에서 기도하고 불공을 드리는 광경은 예나 지금이나 흔히 볼 수 있는 모습이다. 다른 예들은 남성과 여성이 어디에서 시간을 보내고 일을 하는가이다. 대부분의 남성들은 가정 밖에서 일을 하며, 여성들은 가정 안에서 일을 하며 시간을 보낸다. 다양한 연구에 따르면 가정 안에서 일하는 사람들이 더 '종교적'이 되는 성향이 있다고 한다.¹ 종교는 '사적 영역'에, 정치와 경제는 '공적 영역'의 문제로 간주되면서, 여성과 남성의 젠더 고정관념은 여성들이 종교에 더 헌신하는 것을 '자연스러운 것'으로 생각하게 할 수 있다.

제도화한 종교들에 여성들이 더 많은 이유는 사회문화적 정황마다 차이가 있을 것이다. 그러나 분명한 점은 수적으로 여성이 많다는 것이 그 종교 안에서 진행되고 있는 일들에서 주도권을 가진다는 뜻이 전혀 아니라는 사실이다. 제도화한 종교들에서 다수인 여성은 소수인 남성들에게 '지도받는' 부차적이며 부수적인 존재로 자리 잡고 있기 때문이다. 정치, 경제, 문화 영역에서와 마찬가지로 종교 영역에서도 남성은 '제1의 성', 여성은 '제2의 성'이라는 여성과 남성의 젠더 위계주의가 강력하게 작동한다. 종교는 문화적 시스템으로서, 그 사회의 가치구조가 고스란히 반영되는 사회의 축소판이기 때문이다.

2. 젠더와 종교의 만남: 불행한 만남인가, 행복한 만남인가

한국어로 남자와 여자를 지칭하는 '성'이라는 말은 이 한 단어로 표현된다. 그러나 영어에서는 '섹스sex'와 '젠더gender'라는 두 가지 용어가 있다. 간단히 구분하자면, 흔히 '성'이라고 표현하는 'sex'는 여자와 남자라는 생물학적 개념이다. 그러나 'gender'는 여성 또는 남성이라고 할 수 있는 사회문화적인 개념이다. 이 두 개념의 구분을 이해하는 것은 페미니즘을 이해하는 데 중요하다. '성'은 남성과 여성에게 개인의 선택과 상관없이 자연적으로 부여된 것이다. 반면, '젠더'는 사회문화적인 산물이므로 시대나 장소의 제약이 포함된 의미이다. 현대에 들어서서 이 두 개념은 여성과 남성에 대한 전통적인 이해의 범주를 넘어서고 있다. 예를 들어서 생물학적 '성'이 남자와 여자 두 종류로만 이해되었었지만, 이제 그 남자와 여자의 구조를 모두 지닌 '간성intersex'이 공식적인 생물학적 성의 분류 범주에 들어오기 시작했다. 또한 '젠더'의 범주에도 남성, 여성만이 아니라 '트랜스젠더transgender'의 범주가 등장했다. 이러한 복합적인 의미가 담겨 있기에 사회문화적 성을 번역하지 않고, 나는 이 책에서 소리 나는 대로 '젠더'로 음역하여 쓴다. 이 두 용어를 인지하는 것은 중요하다. 젠더 개념을 인지하지 않을 때는 사회문화적으로 여성에게 부과된 역할 규정을 '자연적'이고 '선천적'인 것으로 간주하게 될 위험이 있기 때문이다.

'젠더'라는 개념이 대중적으로 등장한 것은 오래되지 않았다. 생물학적 '성sex'과 사회적 역할로서의 '젠더'라는 구분을 처음 소개한 것은 1955년 존 머니John Money라고 알려져 있다.[2] 그러나 지금처럼 사람들이 '젠더'를 대중적으로 사용하기 시작한 것은 1970년 페미니스트 이론들이 등장하면서부터이다. 생물학적으로 태어나는 성은 개인들의 선택에 의한 것이 아니라 '주어진 것'이다. 그러나 여성적인 사람 또는 남성적인 사람 등으로 구분되는 것은 '주어진 것born'이 아니라 사회적으로 '만들어진 것made'이라는 의미로 '젠더'라는 개념이 등장한다. 시몬 드 보부아르Simone de Beauvoir가 1949년에 펴낸 《제2의 성The Second Sex》에서 한 유명한 말, "여자는 태어나는 것이 아니라 만들어진다A woman is made, not born"는 구절은 바로 이러한 젠더 개념을 간결하게 담고 있다. 여기에서 만들어지는 것은 여자만이 아니라 남자와 트랜스젠더도 포함한다. 이러한 젠더 개념의 등장은 세계를 거꾸로 뒤집는 '혁명적' 의미를 지닌다. 젠더 개념의 등장은 이제까지 절대적인 것이라고 생각되었던 모든 이해에 근원적인 문제제기를 하면서, 자연적인 것의 '탈자연화'와 '탈절대화'를 일으키기에 혁명적이다.

1995년 9월 중국 베이징에서 유엔 제4차 세계여성회의가 열렸다. 그 세계여성대회에는 189개국 정부대표, 유엔 관련 기구, 민간 대표 등 약 5만여 명의 인원이 참가해 여성의 권리와 평등 문제에 대한 다양한 방안을 논의했다. 이때 가톨릭교회는 이 세계여성대회의 문서들에서 '젠더'가 쓰이는 것에 반대 견해를 표명했다. 교회 요한 바오로 2세는 1995년 세계여성대회가 열리기 전에 세계의 여성들에게 보내는 서신을 발표한다. 〈여성들에게 보낸 서신〉에서 교황은 여성들을 어머니, 아내, 딸, 자매라고 호명하면서 감사를 전한다. "어머니들인 여성들이여, 감사합니다. …… 아내들인 여성들이여, 감사합니다! …… 딸들인 여성들 그리고 자매들인 여성들이여, 감사합니다!"[3] 여성들을 호명하는 것은, 한 '인간'으로서가 아니라 그 여성들의 '역할'을 가지고 칭송하면서 그 역할이야말로 신이 정해준 것임을 강조하는 것이다. 교황의 서신은 '젠더' 개념이나 여성의 남성과의 '평등'을 주장하는 것은 신의 창조질서에 어긋나는 것이며, 어머니, 아내, 딸의 역할을 하는 것이야말로 신실한 것임을 강조한다. '세계의 여성'들에게 보내는 가톨릭 교황의 서신은 전통적인 여성의 역할인 어머니, 아내, 딸의 역할을 칭송하면서 신이 여성에게 정해준 자리는 남성의 '보조자helper'라는 것을 종교적으로 각인시키고 있다. 고정된 역할의 '이상화'를 통해서 여성은 교회, 가정, 사회의 '꽃'의 자리로 호명되며, 그 여성들의 가장 중요한 덕목은 성서의 마리아와 같은 '순종'이다.

'젠더'를 종교를 조명하는 분석적 도구로 사용하여 이 세계에 존재하는 종교들을 조명해볼 때, 전통적인 종교 이해에서는 전혀 문제가 되지 않았던 것들이 심각한 문제로 부각된다. 그리고 사람들이 당연하고 '자연적인 것'이라고 간주하던 인간의 일상세계와 종교세계에서 벌어지던 일들의 얼마나 많은 것들이 한 인간으로서 여성의 모습과 역할을 지극히 제한하고, 왜곡하며, 억압해왔는가를 보게 된다. 이러한 맥락에서 보면, 종교와 젠더의 만남은 어떤 이들에게는 여성의 부차적 위치에 저항하고 한 인간으로서 여성의 온전성full humanity을 주장할 수 있는 계기를 마련한다는 점에서 '행복한 만남'일 수도 있다. 그러나 기존의 질서와 종교 이해들, 실천들을 그대로 유지하기 원하는 이들에게 종교와 젠더의 만남은 근원적인 불편함과 특권의 포기를 의미하는 것으로서 '불행한 만남'일 수 밖에 없다.

'젠더'라는 개념은 단순히 하나의 개념만을 의미하지 않는다. 이른바 신적인 창조질서에 대한 '저항', 교회·가정·사회 내에서의 여성의 역할, 더 나아가 트랜스젠더, 동성애 등의 문제까지 연결되는 것이다. 가톨릭 교회나 보수적 종교인들이 '젠더'라는 개념 자체를 인정하지 않으려고 하는 이유이다. '젠더'라는 렌즈로 종교를 조명할 때 다음과 같은 측면에서 커다란 변화가 생긴다.

첫째, 신 또는 신적인 존재의 젠더에 대한 문제제기이다. 신의 '젠더'는 대부분의 사람들이 전혀 문제시하지 않던 주제였다. 예를 들어 기독교에서 신을 '아버지'라고 호명하고, 영어 대명사에서 남성을 지칭하는 '그He'나 '그의His'라는 표현을 써도, '신은 성sex을 초월한다'는 것으로 당연시하던 문제였다. 그런데 페미니즘이 '젠더 렌즈'를 가지고 종교를 조명하면서 우선적으로 제기된 문제는 신, 신성, 또는 신적인 것의 젠더가 그 종교의 구성원이나 그 종교가 위치한 사회에서 어떠한 가치를 주입하고, 내면화하며, 확산하는가이다. 신 또는 신적인 존재가 남성으로 존재하는 종교가 주도적인 사회에서는 가부장제patriarchy가 '자연스러운' 사회적 규범이 된다.

둘째, 젠더의 렌즈로 종교를 들여다볼 때, 각 종교들의 창조 신화와 그 창조 신화의 적용방식에 대한 문제가 보인다. 유대교와 기독교는 두 종류의 창조 신화를 지니고 있다. 창세기 1장에서 신은 자신들의 이미지(여기에서 신은 단수가 아닌 복수로 표현된다)로 남자와 여자를 창조했다고 한다. 창세기 2장에서 신은 '아담'을 먼저 창조하고, 그 아담의 갈비뼈를 취해서 '하와'를 창조한다고 서술하고 있다. 아담의 생물학적 성sex은 남자 또는 여자로의 분화이전이다. 그러나 '남성인 아담'으로부터 '여자인 하와'가 창조되었다는 해석은 남성의 우선성, 여성의 부차성을 신적 질서로 종교화하는 해석을 자연화한다. 가부장제적 남성주의를 정당화하고 신성화하는 이 두 번째 창조 신화는 이른바 '아브라함 종교'라고 불리는 유대교, 기독교, 이슬람교에서 유사한 방식으로 해석되어왔다.

셋째, 젠더 렌즈는 종교 안에서 어떻게 지도력이 형성되고 누가 그 지도력의 권력을 쥐고 있는가를 보게 한다. 남성의 보조자로서 규정된 여성은 종교의 '구성원'으로서 다수를 이루지만, 그 다수 여성들은 지도자로서의 역할을 하지 못한다. 남성은 지도자로서 종교 내 두 권력의 중심을 이룬다. 즉 교회, 회당, 사원 등에서 '강단권preaching power'을 행사하며, 그 지도자들을 훈련하고 양산하는 '교수권teaching power'을 차지하고 있다. 많은 제도화한 종교들은 지도력의 행사를 오직 남성들에게만 부여한다. 여성들이 사제, 랍비, 목사, 이슬람 지도자인 이맘Imam으로 지도력을 지니는 경우는 매우 제한되어 있다.

넷째, 젠더 렌즈로 종교를 들여다보면, 그 종교가 결혼의 의미와 가정 내에서 여남의 역할을 어떻게 생산하고 재생산하는가를 보게 된다. 결혼에 대한 종교에서의 이해는 크게 보면 '보충주의complementarianism'와 '평등주의egalitarianism'로 분류할 수 있다. 보충주의는 결혼에서 남편은 이끄는 사람, 아내는 따라가는 사람으로 규정한다. 즉 이들의 역할을 서로 '보충적'이라고 한다. 그러나 그 보충성에서 드러나는 권력의 불균형은 인식하지 않는다. 이러한 보충주의는 '평등하지만 다르다equal but different'라는 표면적 평등주의의 얼굴을 하고 있다. 이 보충주의 관점이 강조하는 것은 "여자와 남자는 신에 의해서 모두 '평등'하게 창조되었다. 그러나 생물학적으로 다르게 창조되었기에 그 역할에서 다르다"는 것이다.

대부분의 사람들은 이 주장이 지닌 '반쪽 진리(생물학적 다름)' 때문에 여성의 다양한 역할을 제한하는 것이 차별이라는 것을 반박하지 못한다. 이 관점에서 '이성애적 결혼'이야말로 신이 내린 결혼관계이며, 다양한 성소수자들의 결혼은 '죄'로서 저주의 대상이다. 반면, '평등주의'적 관점에서 보는 결혼에서의 남편과 아내의 위치는 생물학적 차이가 그 역할에서의 고정된 이해를 넘어선다. 이러한 평등주의적 관점에서 결혼은 두 사람이 '지도'하고 '따르는' 관계가 아니라, 서로 동등한 파트너로서 삶의 동반자적 역할을 다양하게 수행하는 것이다. 이러한 평등주의적 결혼 이해는 이성애적 결혼만이 아니라 동성 간의 결혼과 같은 다양한 결혼 양태를 인정하는 개방성으로까지 이어질 수 있다.

3. 페미니즘을 통한 종교의 재구성

역사에서 종교는 두 가지 상충하는 역할을 해왔다. 억압자 그리고 해방자의 역할이다. 제도화한 종교들은 다양한 의미에서 사람들에게 삶의 의미와 그 의미를 추구하고자 하는 의지를 촉발했다. 노예로, 천민으로, 경제적 하층민으로, 또는 여성으로 사회의 주변부에서 살던 이들은 종교를 통해서 위로를 받기도 하고, 한 인간으로서의 존엄성을 확인하기도 했다. 서구에서 여성운동은 기독교의 창조론에서 보이던 여성과 남성의 '존재론적 평등성'의 근거를 찾았으며, 여성의 남성과의 평등성을 강조하는 페미니즘의 등장은 종교에 다양한 영향을 끼쳤다. 페미니즘은 종교를 파괴하려는 것이 아니라, 종교가 지닌 해방적 기능을 확장하려는 시도이다.

젠더 개념이 종교에 개입될 때, 종교는 그 담론과 실천에서 근원적인 도전을 받는다. 전통적으로 절대화되던 교리와 경전 해석, 그리고 가정·교회·사회에서의 젠더 역할 등이 탈절대화되고 탈자연화됨으로써 종교 전반에 관한 근원적인 재구성이 요청된다. 이러한 의미에서 보면 21세기에 들어선 현대 세계에서 이제 '젠더'를 생각하지 않고 종교를 논의하기란 불가능하다. 종교 안의 젠더 평등과 젠더 정의의 문제, 그리고 더 나아가서 인공유산이나 성적 지향에 대한 종교적 이해에 근원적인 변화가 생기게 된다.

그런데 우리는 이 지점에서 종교의 존재 이유는 무엇인가를 생각해봐야 한다. 종교가 자체의 존재와 유지를 위해 현상 유지만을 모색하면서 존재한다면, 제도화한 종교는 하나의 이기적인 '구원 클럽'의 의미 이상이 아니다. 21세기에 들어서서 지금 한국의 기독교회들은 여성의 전통적인 역할을 이상화하고 절대화하면서 여성을 성적 도구, 출산 도구, 가사노동의 도구로서 남성의 '보조자'로만 규정한다. 그뿐만 아니다. 여성혐오, 성소수자 혐오, 난민 혐오 등 다양한 혐오를 조장하는 경우에만 한국 사회에서 존재감을 드러내고 있다.

"종교는 책임성이다. 아니면 아무것도 아니다."[4] 자크 데리다의 말이다. 종교는 이 세계에서 일어나고 있는 다양한 억압, 차별, 배제의 문제에 책임적으로 개입하는 경우에 그 존재 이유를 확보한다. 종교가 그 자체를 유지하기 위해서 존재하는 것이 아니라는 것이다. 이러한 책임적 개입을 통해서 종교는 환대, 연민, 연대의 원을 확장하는 책임적 역할을 해야 한다. 한 종교 구성원들의 개인적인 부귀영화를 신의 축복으로 가르치는 종교, 다층적 배제와 차별을 신이 내린 질서라고 왜곡하는 종교, 차별과 비인간화의 문제를 외면하는 종교는 이 세계에서 억압자 역할을 하는 종교이다. 젠더 렌즈로 조명되는 종교는 여성의 문제로만 재구성되는 것이 아니다. 젠더를 출발점으로 하지만, 그 도착점은 모든 인간의 자유와 평등, 그리고 존엄성을 확장하는 종교로 재구성되는 것이다.

제2장

여성학 서설

1. 여성학의 출현

1970년대 이후 미국의 몇몇 주요 대학에 '남성학Men's Studies'이라는 간학제적interdisciplinary 연구 분야가 생기기 시작했다. 1991년에는 '미국남성학연합회The American Men's Studies Association'가 결성되기도 했다. 또한 미국에서 가장 큰 학회 중 하나인 '미국종교학회American Academy of Religion'에도 종교에서의 남성학Men's Studies in Religion 분과가 있다. 이것은 '여성학Women's Studies'과 '젠더학 연구Gender Studies'에 보충적인 학문 분야로, 전통적인 성차별주의가 여성뿐 아니라 남성의 삶 역시 억압하고 제한해왔다는 인식과 함께 성차별주의를 극복하고자 하는 근본 의도에서 출발한다. 그러나 이와는 다른 의미로 남성학이라는 용어가 쓰이기도 하는데, 데일 스펜더Dale Spender는 《수정된 남성학》이라는 책에서 대학 안에 이미 있는 여러 학문 분야들을 가리켜 모두 남성학Men's Studies이라 칭한다.[1] 사회에 존재하는 지식들은 인간의 총체적인 경험을 기반으로 형성되어야 하는데, 사실상 이제까지 대부분의 학문 이론이나 지식은 인구의 절반 이상인 여성의 경험을 왜곡하거나 무시하고, 남성의 경험만을 반영한다는 의미에서 보편적인 학문이 아닌 '남성학'이라고 부르는 것이다. 흑인들의 경험과 시각에서 출발하는 학문을 '흑인학 Black Studies'이라 부르고 있으니, 남성들의 경험에서 출발하는 학문을 남성학이라 칭하는 것은 시간과 공간과 경험에 제한된 인간의 지식을 누구에게나 보편타당한 것으로 받아들이는 이제까지의 무비판적인 학문적 태도에 일침을 주는 것이기도 하다.

물론 인간에게는 인종이나 젠더를 초월하여 공통으로 지닌 것들이 있다. 그러나 공통성에 대한 주장은 상이성에 관한 올바른 이해가 선행될 때 그 의미가 있다. 노예로 팔려온 쓰라린 역사를 지니고 살아가는 흑인들은, 인간의 보편타당한 지식이나, 모든 인간의 보편타당한 경험이라고 배워왔던 것들이 사실상 백인들의 경험만을 반영하고 있음을 인식한 뒤 선조들의 노예로서의 경험과 인종차별주의 속에서 생존해야 하는 고통들, 또한 그들이 유산으로 받은 아프리카의 풍부한 정신적 전통 등을 새롭게 학문 이론의 출발점으로 삼는 '흑인학'을 만들게 되었다. 그렇다면 여성학이란 무엇인가.

하나의 고유한 학문 분야로서의 여성학은 1960년대 후반에 등장하기 시작했다. 물론 이전에도 여성학회 전신이라고 할 수 있는 것 들이 있었다. 예를 들면, 1892년 캔자스 대학교 사회학부에 '미국 내의 여성의 위치'라는 강좌가 있었고, 1912년 워싱턴 대학교의 맥마흔 Theresa McMahon이라는 여교수의 '여성과 경제발전'이라는 강좌가 있었다.[2] 또한 1949년에 나온 시몬 드 보부아르의 《제2의 성》은 널리 알려진 여성학적 작품이다.³ 여성학의 기원이 누구에게서 비롯되었는가에 대해서는 아직도 여러 가지 설이 있다. 그런데 무엇보다도 《역사의 원동력으로서의 여성》⁴이라는 책으로 잘 알려진 메리 비어드Mary R. Beard가 1934년에 '미국대학여성연합회American Association of University Women'를 위해 "여성에게 영향을 미치는 변화하는 정치적 경제A Changing Political Economy as It Affects Women"라는 제목으로 만든 56쪽 분량의 강의 지침은 비록 한 번도 사용되지 못하고 말았지만, 여성학의 개념을 만들어낸 것으로 간주되어 여성학의 전신이라 불린다.⁵ 《역사의 원동력으로서의 여성》에서 메리 비어드는 역사를 쓰는 남성들이 여성을 남성보다 덜 중요한 존재로 간주하는가를 물으면서, 여성들은 중요한 역할과 활동에도 불구하고 남성들에게 '아무것도 아닌' 존재로 간주되어왔으며, 결과적으로 여성들은 남성 역사가들에게 아무런 주목을 받지 못했다는 결론을 내린다. 1946년에 출판된 이 책은 사장되어 있다가, 여성운동이 출현하면서 1973년에 비로소 다시 인쇄가 되었다.

여성학이라는 이름으로 미국 대학에 강의가 개설되기 시작한 것은 1960년대 말에 시민운동, 학생운동, 반전운동 등과 흑인학의 출현으로 여성의 차별과 위치에 관한 연구가 급격히 증가하기 시작하면서부터이다.⁶ 1969년 코넬 대학교의 페미니스트들에 의해 처음으로 여성에 관한 협의회가 열렸으며, 1970년 샌디에이고 주립대학에서 "비교문화에서의 여성", "문학에서의 여성", "여성해방에서 현대의 문제들"이라는 강좌를 가지고 여성학 과정이 대학 내에 정식으로 처음 생긴 것을 출발점으로 해서, 1977년에 창립된 '미국여성학연합회National Women's Studies Association'에서 나온 자료에 따르면 1990년까지 미국 내에 621개의 여성학 프로그램이 있었고, 1982년에 나온 자료에 따르면 3만 개 이상의 여성학 강좌가

개설되는 등 학교별로 다양한 양태로 발전하고 있다.[7]

여성학은 두 가지 양태로 전개되고 있다고 볼 수 있다. 첫째는 '통합주의적integrationist' 양태로, 여성학이 기존의 전통적인 학문 분야에 속하면서, 그 안에서 하나의 새로운 페미니스트 관점을 가지고 여성학을 전개하는 것이다. 초기의 여성학 강의는 이러한 양태로 나타났다. 즉 기존의 전공 분야에서 여성문제에 대한 특수 분야를 가지고 강의가 진행되었던 것이다. 미국의 많은 대학은 이 양태로 여성학을 개설하고 있다고 볼 수 있다. 둘째는 '자율적autonomous' 양태로, 여성학을 기존 학문 분야로부터 독립시켜서 독자적인 분야로 만든 양태이다. 이러한 양태는 매우 서서히 확산되고 있는 실정이다. 다른 경우처럼 이러한 독자적인 양태의 여성학에도, 여성문제 연구의 각기 다른 전문 분야가 있다. 한 사람이 모든 분야를 담당할 수 있는 전문가가 될 수는 없기 때문이다. 이러한 양태는 여성문제가 가장 우선적인 학문적 논의의 대상이 된다는 점에서 긍정적인 면이 있다고 할 수 있다. 그러나 기존의 학문 분야에서 분리되어 대상을 여학생으로 제한함으로써, 남성과 여성을 포함한 많은 학생들에게 더 광범위하게 페미니스트 관점을 확산시키기 어렵다는 약점을 안고 있기도 하다.

그러므로 여성에 관한 연구는 한 가지 양태에 제한되지 않는다. 즉 기존 학문 분야의 한 부분이 될 수도 있고, 그것과 분리되어 독자적인 분야로 존재하기도 한다. 이 두 가지 양태의 여성학은 각기 서로 다른 장점과 동시에 약점을 지니고 있지만, 상호 보완적인 역할을 함으로써 여성에 대한 연구가 더 전문적으로, 그리고 더욱 광범위하게 확산되는 데 기여하리라고 본다.

2. 여성학의 학문적 출발점

여성학은 단순히 '여성에 관한 연구'가 아니다. 여성학은 여성의 경험을 중앙에 놓고 시작하는 학문이다. 여성학은 여성의 경험을 근거로 설정된 학문적 이론들, 분석들, 물음들을 가지고 세계와 그 안에 살고 있는 인간에 대한 것을 검증하는 학문이다. 여성학에서 '여성의 경험'이란 개인이나 집단으로서의 '전통적인 여성의 경험traditional experience'과 '의식화한 여성의 경험', 즉 '페미니스트 경험feminist experience'을 말한다. 여성의 경험을 학문적 출발점으로 삼는 것이 비학문적인 것으로 간주될 수도 있다. 그러나 사실상 모든 학문이란 인간의 경험과 관찰을 근거로 해서 형성되었으며, 좀 더 깊이 검증해보면 그것이 남성과 여성을 모두 포괄하는 보편적인 경험이 아니라 남성들만의 경험과 관찰에 의거해서 형성되었다는 점을 감안할 때, 여성의 경험이 학문적 출발점이 된다는 것을 비학문적인 것으로 간주하는 것은 논리적 타당성이 없다고 볼 수 있다. 결국 이런 의미에서 스펜더의 말과 같이 기존의 학문은 남성들의 경험만을 반영해왔다는 점에서 남성에 관한 연구인 '남성학'이라고 지칭되는 근거가 되기도 한다.

이렇듯 여성의 경험을 가장 중요한 학문적 동기로 보면서 전개되는 여성학은, 무엇보다도 학생들의 경험이 학문적 논의와 연관을 맺는 교수방법을 택하게 마련이다. 종래 대부분의 교육구조에서는 가르치는 사람-배우는 사람-학습자료가 상호작용을 하지 않고 있었기 때문에 서로가 소외되고 소외시키는 구조를 반복할 수밖에 없었다. 그러나 여성학은 교육의 세 가지 구성 요소가 상호 작용하는 교육구조를 지향하기 때문에, 학생들에게 객관적인 지식을 전달하는 것만으로 그치지 않는다. 학생들의 경험과 느낌, 반응이 존중되고, 그러한 총체적인 경험들이 교육과정에 반영된다는 것이다. 학문적인 이론이나 비판은 인간의 삶에서 지성적인 것뿐 아니라 인간의 총체적인 모습, 즉 지성과 감성을 반영하는 것이어야 하기 때문이다. 여기에 여성학이 지닌 기본적인 인간 이해, 즉 인간은 지성적인 존재일 뿐 아니라 감성적인 존재라는 인간 이해가 있다. 그러므로 여성학은 감성보다 이성이 더 우월하다고 생각하거나, 이성은 남성적이고 감성은 여성적이라는 이원론적인 인간 이해를 거부하고, 총체적인 인간 이해를 학문의 출발점으로 삼는다. 이런 인간 이해를 가지고 출발하는 학문이란 상아탑 안에만 갇혀 있는 것이 아니라, 실제로 우리 인간이 몸담고 살고 있는 상아탑 밖의 세계와 교류할 수 있게 된다.

3. 여성학의 학문적 작업에 대한 이해

우리는 사고를 할 때 생리학적·심리학적으로만 한다든지 사회학적으로만 한다든지 혹은 철학적·종교학적으로만 하지 않는다. 전문적으로 세분화한 학문은 '전문성'이라는 문제 때문에 인간에 대한 단편적이고 부분적인 지식만을 가지고 학문을 전개해왔다. 그러나 이와는 달리 요즈음 널리 수용되고 있는 '간학제적' 방법론은 하나의 문제에 대한 단편적인 접근보다는 총체적인 이해와 분석을 지향하는 학문적 방법론으로, 여성학에서도 이러한 간학제적 방법론을 다양하게 수용하고 있다. 여성학의 독립적인 양태를 제외하고, 대부분의 여성학은 본질상 구조적으로 간학제적이다. 여성학의 프로그램들은 다양한 전통적 분야에 있는 교수들과 과정을 조화해서 구성되기 때문이다.[8] 그러므로 여성학에서의 전문 영역은 각기 세분화해 있어도, 각 영역은 간학제적인 관점에서 문제에 접근하고 있다고 하겠다.

다음의 세 항목은 심리학, 사회학, 종교 분야에서 여성학적인 관점으로 논의되는 주제들을 간략하게 살펴본 것이다. 물론 이러한 분야에서는 각기 다양하고 전문적인 주제들이 논의되고 있지만, 중요한 주제들 중 하나를 실례로 살펴봄으로써, 여성학적 관점이 기존의 전통적인 학문 분야에서 어떻게 문제에 접근하고 있는지를 알아보고자 한다.

1) 사회학에서의 여성학적 연구

페미니스트 사회학자들은 대부분의 이론들에 뿌리박혀 있는 남성적인 편견과 남성중심주의androcentrism의 문제가 사회학을 전개하는 데 중요한 걸림돌이 된다는 점에 동의하며 다양한 각도에서 사회학을 전개하고 있다. 두 사람의 여성 사회학자의 연구를 간략히 살펴보자. 첫 번째로, 앤더슨Margaret Anderson은 사회학적 관점이란 우리 인간이 살고 있는 사회에서 개인과 집단의 경험에 근거한다고 전제한다. 대부분의 사회학적 이론이나 연구가 사회에서 여성의 역할이나 젠더가 사회조직에 미치는 영향을 간과하고 있으며, 사회의 지식을 형성하는 데 그들이 배제되어 왔음을 지적한다.[9] 앤더슨은 개인의 경험이나 지식이 어떻게 사회, 정치, 경제의 구조를 통하여 형성되며, 매스미디어나 교과서 등을 통해 남성 우월주의와 백인 우월주의가 어떻게 미국에서 사회적 현실을 구성하고 있는가를 지식사회학적 방법론으로 예리하게 분석한다. 또한 동시에 백인 중산층 여성의 사회적 경험을 세계 모든 여성의 경험으로 보편화하는 백인 여성운동가들의 위험한 경향에 대해서도 경고한다. 앤더슨은 어떠한 이론이나 책을 쓰는 이들은 "이것이 사회의 다른 계층, 다른 종교와 문화적 배경을 가진 사람들, 또한 남성과 여성에게도 진실인가"를 점검해보아야 한다고 강조하면서, 인간의 지식이 가지고 있는 사회적 제한성에 대한 분명한 인식이 선행되어야 올바른 사회학적 이론이나 연구가 가능하다고 밝힌다.

두 번째로, 사회학의 연구 주제 설정에 대해 근본적인 이의를 제기하는 사회학자로 도로시 스미스Dorothy Smith가 있다. 스미스는《일상적인 세계를 사회학적 주제로》라는 책에서, 어떻게 사회학이 사람들이 매일 살아가고 있는 세계에서 야기되는 구체적인 사회적·역사적·지리학적 문제들을 반영할 수 있는가를 물으며, 사회과학을 포함한 모든 학문들은 구체적인 삶을 떠난 추상적인 것 안에서는 창출될 수 없다고 강조한다.[10] 스미스는 전통적인 사회학이 남성들의 추상적인 세계에만 그 초점을 두고서, 여성들이 매일 부딪히는 일상적이며 구체적인 문제들은 연구의 대상으로 삼지 않았다고 분석한다. 따라서 보편타당한 객관적인 학문이라고 하던 전통적 사회학은 사실상 일부 남성들의 현실만을 반영한 단편적인 학문으로서 존재해왔다고 규정한다. 그러므로 이제 사회학은 추상적인 세계에서 밑으로 내려와 우리의 구체적인 현실, 즉 매일 우리가 부딪히는 일상적인 문제들을 사회학의 중요한 학문적 이슈의 하나로 삼아야 한다는 이론을 전개하고 있다.

그 밖의 다른 페미니스트 사회학자들 중에는 이제까지 사회학의 주류를 이루어온 남성 사회학자들의 이론들을 분석하며, 그 속에 있는 남성적 편견들을 밝혀내는 작업도 한다. 주로 이러한 학자들의 작업은 단지 여성에게만 초점을 두는 것이 아니라, 세계를 이끌어온 학문의 주류가 백인 남성들에 의해 전개되어온 점을 지적, 이른바 제3세계라고 불리는 나라의 사람들과 미국 내 소수민족들의 현실을 반영한 사회과학적 이론이나 연구방법론 등이 요청된다는 것을 분명히 밝히고 있다는 점에서, 여성뿐 아니라 제3세계에 속한 남성들에게도 적극적으로 수용될 수 있는 것이다.

2) 심리학에서의 여성학적 연구

최근까지 심리학은 실증주의positivism의 압력을 받아왔다. 결과적으로 심리학은 이른바 객관적인 자연과학의 모델들을 심리학의 모델로 채택해 왔기 때문에, 심리학적인 문제에 적용하는 방법론은 전통적인 과학적 방법scientific method이었다. 자연과학적인 객관성에 정식으로 의문을 제기하고 문제 삼기 시작한 이들은 마르크스주의 심리학자들과 급진주의 심리학자들이다. 예를 들어 심리학에서의 '자연과학적' 방법의 부적절성은 지능검사IQ Test에서도 지적된다. 지능검사는 객관적으로 보편타당한 방법이 아니며 문화-사회적 정황에 따라 다른 결과가 나올 수 있다는 것이다. 심리학의 객관성에 대한 문제제기와, 결과적으로 심리학적 이론은 특정한 가치관이 주입되어 형성된다는 심리학자들 간의 재평가가 여성학자들의 작업에 학문적 타당성을 주고 촉진제 역할을 하게 되었다.

페미니스트 심리학자들은 공통적으로 심리학적 이론들의 기준이 남성만을 인간의 규범적인 정상 기준으로 삼았다는 점과, 따라서 그 기준과 다르게 여성에게 나타나는 현상을 '비정상적인 것'으로 간주해왔다는 점에 동의한다. 예를 들어서 프로이트는 남성을 인간의 원형으로 삼고 자신의 이론을 전개한 대표적인 인물이다. 그는 남성의 성기를 오이디푸스 콤플렉스Oedipus complex와 그에 따른 여러 현상의 중심에 놓는다. 프로이트는 오이디푸스 콤플렉스의 해결을 인격personality; superego 형성의 도덕적 요소를 발전시켜 나아가는 데 결정적인 문제로 봄으로써, 인격 형성 개발 과정에서 남성과 여성 모두가 남성 성기와의 관계, 즉 여성은 '(남성의 성기가) 없는 존재'로, 남성은 '(남성의 성기가) 있는 존재'라는 도식으로 이해되는 것이다. 그래서 프로이트는 '남근 선망penis-envy'이라는 용어를 만들어내고, 여성이 자신에게 남성과 같은 성기가 없다는 인식은 열등감, 소극성, 초자아의 미숙, 또한 여성의 남성에 대한 의존성 등의 의식을 갖게 한다는 이론을 전개했다.[11] 이러한 전통적인 프로이트 이론의 '남근중심적phallocentric' 관점은 대부분의 여성학자들에 의해 근본적이고 신랄한 비판을 받는다. 물론 학자에 따라 프로이트 이론의 전체를 부정하는 이들과 부분적으로 수용하여 여성학적 이론의 도구로 삼는 이들이 있다.[12]

프로이트 이론 다음으로 여성학자들 사이에 가장 논란의 대상이 되고 있는 문제 중의 하나는 남녀 간의 차이에 관한 것이다. 이 문제에 대한 태도는 두 가지로 나뉜다. 하나는 남녀의 차이를 생리학적인 것으로, 즉 선천적인 것으로 보는 것이고, 다른 하나는 여남의 차이를 후천적인 것으로, 즉 문화적으로 또는 사회적으로 형성된다고 보는 것이다. 정신분석학을 수용해서 남성과 여성의 심리학적인 차이점을 강조하는 학자로는 낸시 초도로Nancy Chodorow가 있다. 초도로는 '대상관계론object-relations theory'을 도입하여, 프로이트의 남성중심적인 이론을 반격한다. 또한 남성과 여성의 차이점보다는 유사성을 강조하는 학자로는 줄리엣 미첼Juliet Mitchell이 있다.[13] 남녀 차이의 후천적 형성을 주장하는 월터 미셸

Walter Mischel의 '사회학습론social-learning theory'에 따르면 남녀의 역할 발달은 어린아이들이 자기 부모들이나 다른 아이들, 교육, 언론매체로부터 젠더의 적절한 역할을 모방함으로써 형성된다고 보고 있다.[14]

또한 미첼 같은 이는 정신분석학을 도입하여, 전통적으로 '남성적인 것the masculine' 또는 '여성적인 것the feminine'이라고 불려왔던 경향들이 사실상 남성과 여성 안에 모두 있다고 분석함으로써, 남녀 간에는 차이점보다 유사점이 더 많다는 결론을 내린다.[15] 사람들은 심리학적으로 남성적이며 동시에 여성적인, 즉 양성적androgynous이라는 견해는 심리학에서 널리 받아들여지고 있다. 그런데 페미니스트 신학자인 로즈메리 류터Rosemary R. Ruether는 남성성 또는 여성성이라 칭할 수 있는 생물학적인 근거가 없음을 밝히면서, '양성성androgyne'이라는 용어 자체를 부정적으로 본다. 왜냐하면 '양성'이라는 용어는 이미 그 안에 '남성적인 것'과 '여성적인 것'이라는 전통적인 고정관념이 전제되어 있기 때문이다.[16] 남녀 간의 차이보다는 남자와 남자, 그리고 여자와 여자 간의 성격 차이가 더 많다는 연구 보고도 나오고 있어서, 남녀의 기질적 차이는 선천적인 것보다는 문화-사회적인 후천적 요인들에 의해 결정적으로 형성된다는 견해를 뒷받침하고 있다.[17] 이렇게 '양성성'이라는 개념은 우선 한 사람 속에 남성성과 여성성이 모두 있다는 점을 강조하고 있어 더욱 평등적인 이해로 보인다. 그러나 좀 더 근원적으로 들여다볼 때, 고정된 '남성성'이나 '여성성'이 있다는 전제로부터 출발한다는 점에서 전통적인 가부장제적 시각을 그대로 담고 있다는 한계를 드러낸다.

3) 종교에서의 여성학적 연구

여성학의 종교 연구는 기존의 다른 종교 연구들과는 달리 학문적인 분야뿐 아니라 여성 개인의 실제적인 삶에도 큰 영향을 끼쳐왔다. 여성학의 종교 연구가 다른 분야의 종교 연구와 결정적으로 다른 점은 인간의 젠더를 종교의 중요한 변수 가운데 하나로 보고 있다는 점이다. 인간의 젠더를 주요한 범주로 설정하면서, 여성학적 종교 연구는 종교 전통들의 상징화에서 젠더와 성$_{sex}$의 기능, 종교 그룹에서 성의 역할에 대한 고정적 관념, 또한 종교적인 교리나 신앙과 여성의 개인적·사회적·문화적 위치의 상호관계 등을 분석한다. 결과적으로 여성학적 종교 연구는 과거와 현재의 여성의 경험을 종교 전통에서 살려내는 것을 중요한 목적으로 삼고 있다. 이 소생된 여성의 경험과 여성의 관점을 바탕으로, 여성학적 종교 연구는 종교와 문화의 남성중심적 세계관에 대한 비판뿐 아니라 그 종교와 문화에 대한 재해석과 재건설을 추구하는 것이다.

여성학적 종교 연구는 심리학, 사회학, 인류학 등 다른 학문 분야와 긴밀한 관계를 맺으며 활발히 전개되고 있는데, 그 연구 분야는 종교의 경전 연구, 신학, 윤리학, 교회사, 종교 심리학, 종교사회학, 종교적 제의 연구, 세계의 여러 종교에 대한 연구 등 다양하게 세분화해 있다. 이렇게 여러 연구 분야가 있지만 공통적인 것은 전통적인 종교 연구의 남성중심주의 또는 남성 우월주의적 전제와 이론에 근본적으로 이의를 제기한다는 점이다. 그러므로 여성학적 종교 연구는 역사 속에서 여성의 종교적 사고와 활동 등을 간과해온 기존의 종교 연구에 하나의 보충적인 분야로 더해질 수 있는 것이 아니라, 새로운 전제, 새로운 세계관, 새로운 인간관의 요청을 바탕으로 전개되는 새로운 학문적 연구로 받아들

여겨야 할 것이다. 물론 여성학적 종교 연구가 어느 특정한 종교에 제한된 것은 아니다. 그러나 기독교에 대한 연구가 가장 활발하게 전개되어 왔다는 점은 부인하기 어렵다. 우선은 여성학이나 페미니즘을 다루는 학자들이 기독교 문화인 서구에 많다는 것이 주된 이유이다. 또한 영어를 중심으로 한 서구의 언어가 세계의 학문적 언어로 자리 잡고 있다는 것도 서구 문명의 기조가 되는 기독교에 대한 연구가 다른 종교보다 비교할 수 없이 많아진 원인이 되기도 한다.

현대의 여성학적 종교 연구가 기독교에 대한 분석으로부터 시작된 것은 19세기의 미국 여성운동가인 엘리자베스 캐디 스탠턴Elizabeth Cady Stanton에 의해서라고 할 수 있다. 여성 참정권 운동에서 시작된 미국 여성운동의 역사를 들여다보면 캐디 스탠턴은 뛰어난 여성운동가 중의 한 사람으로 기록되고 있다. 캐디 스탠턴은 1895년 당시 상당한 충격을 주었던 《여성의 성서The Woman's Bible》라는 책을 출판했다.[18] 이 책의 출판으로 스탠턴은 일반 여성운동가들뿐 아니라 페미니스트 신학자들에게도 중요한 인물로 꼽힌다. 캐디 스탠턴의 관심이 참정권 운동에서 기독교의 성서로 옮겨지게 된 것은 그가 여성운동을 하면서 만난 여성들 대부분의 부정적이고 소극적인 자기 이해가 바로 성서에서 기인하고 있음을 인식하고 나서부터였다. 참정권의 문제보다 더 근원적인 문제는 여성들의 이미지를 바로잡아서 의식을 변화시키는 일이라 확신한 스탠턴은 주변의 강력한 반대를 무릅쓰고 어려운 과정을 거쳐서 위원회를 조직하여, 여성을 언급하는 성서 구절에 비판적인 주석을 단 《여성의 성서》를 1895년과 1898년, 두 번에 걸쳐 출판했다. 이 책은 여성에 관한 성서 속 구절들의 잘못된 해석이나 그 언어 자체가 사회에서 여성들이 열등한 위치를 갖게 하는 데 주된 근원이 되어왔다는 사실에 대한 스탠턴의 강한 신념의 소산이었다.

종교 내 여성의 불평등한 위치를, 여성에게 투표권조차 주지 않았던 19세기 미국 사회 내 여성의 불평등한 위치와 연관하여 처음으로 강력한 여성학적 종교 연구의 중요성을 인식하게 한 캐디 스탠턴을 시발점으로 해서 여성학적 종교 연구는 활발하게 전개되어왔는데, 현대에 이르러서 '페미니스트 신학'이라고 불리는 여성학적 종교 연구에 가장 중요한 동기를 만든 이는 메리 데일리Mary Daly라고 볼 수 있겠다. 데일리는 기독교에서 남성을 인간의 원형으로 보는 것이 가장 근원적인 문제라고 정식으로 학문적인 이의를 제기하기 시작했다. 종교학, 철학, 신학에서 각기 세 가지 박사학위를 취득한 학력이 암시하듯 해박한 학식과 날카로운 분석으로 기독교의 남성적 상징들이 가지는 의미, 인간 이해, 전통적인 철학, 신학의 남성중심적 세계관, 언어가 가지고 있는 문제 등을 《교회와 제2의 성》,[19] 그리고 《하나님 아버지를 넘어서》[20]라는 책에서 다루며 여성학적 종교 연구에 불씨를 당겼다.

데일리 이후에 트리블Phyllis Tribel은 창조설화의 여성학적 분석을 통해 유대기독교의 성차별적인 인간론에 이의를 제기한 학자이다.[21] 류터는 서구 문화에 가장 근원적으로 자리 잡고 있는 세계관을 대립적 이원론conflict dualism으로 규정하고, 이 대립적 이원론이 사상구조뿐 아니라 종교와 사회구조까지도 주관-객관, 남성신-여성신, 인간-자연, 남성-여성 등의 지배와 종속의 구조로 양분하는 결과를 낳았다고 분석했다. 류터는 서구 문화와 종교의 가치관과 인간관에 담긴 성차별적인 요소에 신학적인 이의를 제기하며, 성차별적 전제를 배제하고 전개되는 신관, 인간관의 신학적 정립을 시도함으로써 최초로 성차별을 배제한non-sexist 조직신학을 전개했다.[22]

그 밖에 전통적인 성서 해석에 문제를 제기하고 교회사에 피억압자의 여성의 모습이 아닌 사도로서의 여성의 모습을 발굴하고자 시도한 피오렌자Elisabeth S. Fiorenza가 있다. 또한 인간의 성과 관계없는 내재적 신관을 추구한 헤이워드Isabel Carter Heyward, 니부어Reinhold Neibuhr와 틸리히Paul Tillich의 죄와 구원의 개념이 남성의 경험에 근거한 것이라고 분석하면서 전통적인 신학이 남성의 경험만을 반영한다고 지적하며 종교에서 여성의 경험의 중요성을 강조하기 시작한 플라스코Judith Plaskow, 여성신의 필요성을 강조하는 크리스트Carol Christ와 골덴버그Naomi Goldenberg 등을 통해 여성학적 종교 연구는 각 분야별로 활발히 전개되고 있다.[23] 또한 유대교와 기독교뿐 아니라 불교, 유교, 힌두교, 무교, 도교 등에 대한 여성학적 연구도 서서히 불이 당겨지고 있다.

여성학적 종교 연구에서 중요한 인물들과 그들의 연구는 다양하게 전개되고 있어 간략하게 요약하기는 어렵다. 그러나 세계의 어느 곳에서든지 사회에서 어떤 개혁을 시도하는 이들이 거의 공통적으로 동의하는 것은, 제도화한 종교는 대부분이 보수주의의 요새라는 점이다. 그 종교는 오래전부터 내려온 전통과 관습에서 종교의 정당성을 찾으며, 또한 신앙을 표현하고, 어떤 행위의 타당성을 찾는 데 새로운 것보다는 오래전부터 익숙해져온 양태들을 그대로 답습하는 경향이 있기 때문이다. 결과적으로 급진적인 변화를 희망하는 이들은 제도화한 종교의 신앙체계, 조직, 또는 그 신앙적인 실천에 의문을 제기하게 되는 것이다. 이러한 현상은 19세기부터 시작하여 20세기를 거쳐 21세기에 들어선 현재에도 여성운동을 하는 이들이 공통으로 경험해온 것이다. 그러나 또 하나 특이한 현상은 많은 여성 지도자들이 이러한 종교에서 나온다는 사실이다. 이런 지도자들은 종교적 경험과 신앙의 해방적 요소들을 더욱 꽃피우게 하는 동시에 그 종교가 가지고 있는 억압적인 제도, 관습 등을 개혁하고자 힘쓴다.

기독교 외에 불교, 유교, 도교, 샤머니즘 등에 대한 여성학적 연구가 전개되기 시작하고 있지만, 기독교에 관한 것만큼 심도 있는 연구는 아직 이루어지지 않고 있다.[24] 이러한 종교들에 대한 연구는 특히 이들 종교의 영향 아래 있는 아시아 여성학자들의 과제라 할 수 있다. 여성학적 종교 연구를 통하여 내릴 수 있는 결론은, 한 사회를 이해하고자 할 때 그 사회의 주요 종교를 분석하는 것이 중요하다고 볼 수 있다는 점이다. 그 종교의 가치관은 사실상 그 사회의 가치관을 형성하는 데 가장 근본적인 역할을 하기 때문이다. 종교란 인간의 개인적인 또는 집단적인 삶의 가장 깊고 궁극적인 문제에 관심을 두므로, 종교의 상징은 심리학적이고 정치적인 영향을 주게 된다. 이런 의미에서 종교는 클리퍼드 기어츠Clifford Geertz의 말처럼 한 사회의 '문화 체계cultural system'라고 표현할 수 있다.[25] 한 사회의 주요 종교의 상징체계는 그 사회의 사회-정치구조와 서로 영향을 미치고 있으며, 그 사회의 가치구조를 반영하게 되는 것이다. 그래서 예를 들어 신성의 표현이 남성에게만 제한된 것이 아니라 여성에게도 있고, 따라서 여성의 종교적 지도력이 인정되는 종교가 한 사회의 주요 종교일 때, 그 사회의 조직에서도 여성이 지도력을 갖는 것을 당연하게 생각하는 가치관이 형성된다. 이러한 의미에서 본다면 가부장적 종교는 가부장적 사회구조를 지지하고 강화하고, 한 사회의 조직은 그 사회의 주요 종교 조직을 반영한다고 해도 과언이 아닐 것이다. 물론 이러한 이론과 다른 극소수의 예외적인 경우가 있지만, 그러한 경우는 일반화하기 어려운 아주 특수한 사례일 뿐이다.

이제까지 살펴본 바와 같이 여성학적 종교 연구는 종교 자체만을 연구하는 것이 아니라 그 종교와 사회 속에서 여성의 문제와의 상호연관성을 연구하는 작업이다. 따라서 종교의 상징체계, 가치체계 등의 문제부터 여성의 안수 문제, 예배 의식, 종교적 언어의 문제 등 구체적인 문제까지 폭넓게 다루고 있다. 여성학적 종교 연구는 외적인 조건들의 변화뿐 아니라 사회의 내면적인 가치관과 세계관의 형성에 중요한 동기를 제공해온 종교들의 가부장적 요소들을 분석하고 재해석함으로써, 의식의 변화를 가능하게 하는 발판을 마련해야 할 과제를 안고 있다.

제3장

페미니즘 서설

대부분의 페미니스트 신학자들은 기독교에서 말하는 '죄'나 '구원'의 개념이, 전통적인 의미에서처럼 영적이고 개인적인 차원에서만 논의될 수 없는 것임을 밝힌다. 이러한 견해는 인간은 '영적인 존재'일 뿐 아니라 '사회적인 존재'이기도 하다는 통전적인 인간 이해에서 출발한다. 즉 인간의 영적인 차원과 사회-경제적인 차원이 분리될 수 없다는 것이다. 이런 의미에서 볼 때 인간의 죄나 구원은 개인적이며 영적인 차원과 더불어, 사회적이며 제도적인 차원과 연결되어 있다. 그렇기 때문에 인종차별주의, 경제제국주의 또는 성차별주의 등을 '죄'로 규정하고, 그러한 차별과 불의가 극복된 사회적·제도적 평등과 정의를 '구원'의 개념과 연결하는 것은 자연스러운 결론이다.

이렇게 복합화하고 확대된 의미의 죄나 구원의 해석은 페미니스트 신학이 사회에서 여성의 해방을 다루는 페미니즘과 밀접한 관계에 있음을 의미한다. 신학은 더 이상 영적인 차원의 문제만을 다루는 추상적인 학문이 아니라 인간이 몸담고 살아가고 있는 삶의 모든 차원, 즉 신-인간-세계의 문제를 다루는 학문이기 때문이다. 이러한 의미에서 가부장적 억압으로부터의 해방을 일차적인 목표로 하는 페미니즘에 대한 논의는 기독교에 대한 여성학적 연구인 페미니스트 신학의 전개에 중요한 이론적 분석들을 제공한다고 할 수 있다.

1. 페미니즘과 여성학

나는 이 책에서 페미니즘feminism을 우리말로 번역하여 쓰지 않고 음역하여 쓴다. 이유는, 현대의 페미니즘은 단순히 '여성주의,' '여권주의,' 또는 '여성해방주의' 등의 용어만으로는 그 의미가 충분히 전달되기 어렵기 때문이다. 페미니즘이란 원래 프랑스에서 유래한 말로, 19세기 미국에서는 여성의 더 나은 위치를 취득하기 위한 여성운동의 의미로, 20세기 초에는 여성들의 권리를 옹호하는 특정한 그룹을 지칭하는 의미로 쓰였다. 이 특정한 그룹은 여성의 고유성, 즉 여성의 순수성과 모성의 신비한 경험을 강조하는 그룹으로 '성적 낭만주의sexual romanticism'라고 불리기도 한다.[1] 이러한 낭만주의적 페미니스트의 관점과 대립되는 것으로서 '성적 합리주의sexual rationalism'가 있다. 성적 합리주의자들은 여성 억압이 비합리적이라고 주장한다. 여성 억압이 비합리적인 이유는 성적 낭만주의자들이 주장하는 것처럼 여성이 남성보다 더 순수하기 때문이 아니라, 인간으로서 남성과 여성의 기본적인 유사성 때문이라고 이들은 분석한다.

현대에 이르러서 페미니즘의 19세기적인 개념이 다시 바뀌게 되었다.

19세기에서처럼 단지 여성의 더 나은 위치를 획득하고자 하는 여성의 운동이 아니라, 여성의 종속을 종식하고자 하는 모든 종류의 작업을 지칭하는 것으로 쓰인다. 이러한 맥락에서 페미니즘이라는 용어를 간결하게 규정해보자.

　　페미니즘은 첫째, 남성과 동등한 여성의 사회-정치적 권리를 옹호하는 이론을 지칭한다. 둘째, 이러한 권리를 취득하기 위한 조직화된 운동을 말한다. 셋째, 집단으로서의 여성의 주장들과 그 여성들이 창출해내는 이론들을 가리킨다. 넷째, 여성의 힘을 확장시키기 위하여 넓은 의미의 사회 변혁이 필요하다고 믿는 신념 등을 지칭한다. 그러나 현대에 와서 페미니즘의 중요한 의미는 페미니즘이 새로운 세계관, 새로운 인간관을 요구하는 이론이나 운동으로 나아간다는 점에 있다. 그러므로 여성의 문제뿐 아니라 다른 구조적인 억압의 문제들, 생태계의 위기 문제, 어린이와 노인에 대한 문제 등 페미니즘이 다루고 있는 문제는 다양하다. 이것이 페미니즘이 여성뿐 아니라 남성에 의해서 지지되기도 하는 윤리적 또는 정치적 견해를 가리키기도 하는 이유이다. 이러한 페미니즘은 여성학의 전개에 가장 중요한 정당성을 제공해주며, 또한 여성학은 페미니즘의 가장 근본적인 전제들을 분명하게 이론적으로 정립한다. 그러므로 여성학은 페미니즘의 학문적 표명이라고 이해할 수 있다. 또한 페미니즘의 학문적 표명으로서의 여성학은 다양한 차원에서 여성의 억압과 종속구조를 이론적으로 비판하고 분석할 뿐 아니라, 더 나아가서 대안적인 조직과 체계를 구성하는 과제를 안고 있다고 할 수 있다.

2. 페미니즘의 유형

여성의 더 나은 사회적 위치를 획득하기 위한 여성의 운동으로서 초기 페미니즘에서는, '권리rights'와 '평등equality'이라는 용어가 주로 많이 쓰였다. 그러나 1960년대 말부터는 '억압oppression'과 '해방liberation'이라는 용어가 주로 쓰이고 있다. 1960년대 말기에는 흑인해방이나 제3세계 해방운동 등이 출현하기 시작했고, 따라서 페미니즘도 여성해방이라고 스스로를 지칭하게 된 것은 자연스러운 사회적 추세였다고 볼 수 있다. 억압oppression이 무엇인가는 매우 복합적인 문제이다. 그러나 기본적인 억압의 의미는 자유가 제한됨으로써 고통받는 것이다. 여기에서 '자유에 대한 제한'이라는 것은 자연적인 조건에 의해서가 아니라 인간에 의해서 야기된 상황을 지칭한다. 이런 의미에서 억압은 한 개인 또는 그룹이 자신들의 이익을 위해서 다른 이의 자유를 제한하는 '불의한 것"이라고 이해할 수 있다. 즉 억압은 '개인이나 그룹의 자유에 대한 불의한 제한'이라고 규정할 수 있을 것이며, '해방'이란 이러한 자유에 대한 제한으로부터 벗어남을 의미하는 것이라고 볼 수 있다.[2] 이런 의미에서 볼 때 억압과 해방, 그리고 자유와 정의는 개념적인 연관성을 맺고 있다.

이러한 억압과 해방에 대한 기본적인 이해를 전제로 하는 페미니스트들은 공통으로 여성에 대한 부정적인 문화적 이미지를 거부하고, 개인의 능력이 아니라 개인의 성별에 따라 사회적 역할을 분담하는 것을 거부한다. 그러나 이 페미니스트들은 몇 가지 측면에서 서로 다른 입장을 취하고 있다. 첫째, 해방과 변화를 추구하는 목적이나 방향이 다르다. 어떤 페미니스트들은 개인적인 차원의 변화와 자기실현에 중점을 두는 반면, 다른 이들은 집단적인 차원의 변화에 그 목적을 두고 있다. 둘째,

페미니스트들은 기존의 사회질서 속에서 여성의 평등과 자유의 실현이 가능한가 불가능한가에 대해 각기 견해가 다르다. 따라서 여성 억압의 근원에 대한 주장에서도 다른 견해를 표명하고 있다. 이러한 상이점이 자유주의 페미니즘, 마르크스주의 페미니즘, 급진주의 페미니즘, 사회주의 페미니즘 등을 낳는다고 볼 수 있다. 이 네 종류의 페미니즘 외에 정신분석 페미니즘, 실존주의 페미니즘, 탈식민주의 페미니즘, 포스트모던 페미니즘, 포스트구조주의 페미니즘, 코즈모폴리턴 페미니즘 등 현대에 논의되고 있는 페미니즘은 참으로 많다. 그럼에도 불구하고, 위의 네 가지 페미니즘은 페미니즘의 기본적인 논의 구조와 방향성을 잘 드러내고 있다는 점에서 우선적으로 조명해보는 것이 중요하다.

1) 자유주의 페미니즘

(1) 개요

자유주의 페미니즘의 기본적인 사상은 메리 울스턴크래프트Mary Wollstonecraft의 《여성권리의 옹호》[3]와, 존 스튜어트 밀John Stuart Mill의 《여성의 종속》에 잘 표명되어 있다.[4] 이 자유주의 페미니즘은 인간의 고유한 특성을 '합리성rationality'에서 찾고 있으며, 모든 인간의 인간으로서의 평등한 권리를 제창하는 자유주의 전통을 그 출발점으로 하고 있다. 자유주의 전통에서 이성은 인간을 다른 동물들로부터 구별하게 하는 도덕적 또는 분별적 능력으로 이해되고 있다. 따라서 인간의 자율성과 자기실현의 가치가 강조된다.[5] 인간 이성의 도덕적 측면을 강조하든 분별적 측면을 강조하든 간에 모든 자유주의자들은 정의로운 사회는 개인이 자신의 자율성을 실천하고 자기실현을 가능하게 만드는 사회라고 본다. 이들에게 개인의 권리는 선$_{good}$보다 우선하는 것이다.[6] 이러한 자유주의에 사상적 근거를 두고 출발하는 자유주의 페미니즘은 여성의 종속이 여성의 사회진출을 제한하는 법적이고 관습적인 여러 제약에서 연원한다고 전제한다. 여성이 천성적으로 남성보다 덜 지성적이고 또는 육체적으로 남성보다 약하다는 잘못된 신념을 믿음으로써 사회는 여성을 사회로부터 배제해왔으며, 그러한 배제의 결과로 많은 여성의 잠재성이 완전히 계발되지 않고 있다고 자유주의 페미니즘은 분석한다. 그러므로 사회에서 여성의 위치와 권리를 증진하기 위하여 법적인 개선을 추구하며, 남성과 마찬가지로 여성은 한 인간으로서 자신의 사회적 역할을 결정할 수 있어야 한다는 신념을 가지고 있다. 그러나 이러한 자유주의 페미니즘은 시대마다 그 강조점과 관점이 변형되어왔으며, 따라서 각 시대마다 자유주의 페미니즘이 어떻게 전개되어왔는가를 살펴보는 것은 시대적 변천을 보는 것이라기보다는 여성문제에 접근하는 다양한 방식을 볼 수 있는 것이라 생각된다.

(2) 18세기의 자유주의 페미니즘

자유주의 페미니즘의 선구자라고 할 수 있는 이는 울스턴크래프트이다. 울스턴크래프트는 유럽 여성의 경제적·사회적 위치가 하락하고 있을 때 그 유명한 《여성권리의 옹호》를 썼다. 18세기까지 가족의 삶을 지속하게 하는 생산적인 일들은 남성과 여성에 의해 공통적으로 수행되어왔다. 그러나 산업자본주의의 등장으로 말미암아 사적 영역인 가정과 공적 영역인 작업장의 구분이 생기기 시작했다. 이에 따라 여성들의 위치에 다양한 변화가 생겼다.[7] 이 책은 특히 18세기의 기혼 부르주아 여성에 대한 강력한 비판을 담고 있다. 울스턴크래프트에 의하면, 부유한 남성과 결혼한 여성들은 부유한 덕분에 집 밖에서 일할 필요도 없고, 집 안에서는 하녀를 거느리고 있기 때문에 일할 필요가 없으므로 전혀 생산적인 일을 하지 않았다. 그러한 여성들은 새장에 갇힌 새와 같아서 자신들의 건강, 자유, 덕을 상실하는 삶을 살아가고 있는 것이다.[8] 이러한 기혼 부르주아 여성에 대한 비판은 인간으로서의 개성을 상실하면서 살아가고 있는 여성에 대한 자각을 하게 하는 것이었다. 울스턴크래프트는 자유주의 사상을 이어받아, 인간의 합리성이 인간을 동물과 구별짓는 것이며, 따라서 이러한 합리성이 계발되는 교육을 남자뿐 아니라 여자도 받아야 한다고 주장한다.

울스턴크래프트가 가장 원한 것은 여성의 한 인간으로서의 개성이었다. 여성은 남성의 장난감이 아니며, 다른 이의 즐거움을 위한 수단이나 도구가 아닌 합리적인 주체이다.[9] 울스턴크래프트의 분석의 강점은 여성이 자율적인 주체로 간주되고, 또한 여성 스스로가 그렇게 행동하기를 원했다는 것이다. 그는 여성들이 남성들로부터 경제적으로 독립하는 것이 여성들에게 이익이 된다는 것을 인식하고 있었다. 그러나 어떻게 여성들이 그러한 경제적인 독립을 성취할 수 있는가에 대해서는 아무런 답변을 제시하지 못한다.[10] 이러한 한계에도 불구하고 울스턴크래프트는 강한 육체와 정신을 소유하며 자신의 욕망이나 남편과 아이들에게 종속되는 존재가 아닌 개성과 합리성을 지닌 주체로서 여성의 모습에 대한 비전을 제시하면서, 남성과 여성의 평등한 교육의 기회를 주장했다는 점에서 높이 평가되어야 할 것이다.

(3) 19세기의 자유주의 페미니즘

18세기의 울스턴크래프트 이후 약 100년 뒤, 해리엇 테일러 밀 Harriet

Taylor Mill과 그녀의 남편인 존 스튜어트 밀John Stuart Mill은 울스턴크래프트가 주장했던 자유적이고 합리적인 여성의 모습을 주장했다. 그들은 1892년에 〈결혼과 이혼에 관한 초기 논문Early Essays on Marriage and Divorce〉을 공동으로 연구했다. 또한 남녀평등에 관한 논문 여러 편을 같이 또는 따로따로 썼다. 1851년에 해리엇 밀은 〈여성의 해방Enfranchisement of Women〉이라는 논문을, 1869년에 존 밀은 《여성의 종속The Subjection of Women》이라는 책을 썼다.[11]

이들의 글을 보면 존 밀보다는 해리엇 밀의 관점이 훨씬 더 페미니스트적인 것을 알 수 있다. 예를 들어 해리엇 밀은 여성이 완전히 해방되기 위해서는 직업이 필요하다고 주장한다. 반면, 존 밀은 여성에게 직업을 가질 자유가 주어졌다는 사실 자체만으로도 여성은 이미 완전히 해방된 것이라고 주장한다.[12] 더 나아가 해리엇 밀은 여성과 남성 사이의 불평등은 자연적인 운명이 아니라, 사회의 관습과 전통에 의해 야기된 것이라고 주장함으로써 진보적인 관점을 보여주고 있다.[13] 존 밀은 교육과 법안에서의 동등한 분배를 강조한 반면, 해리엇 밀은 특히 남성과 여성의 파트너십을 강조했는데, 여성이 남편의 종이 아닌 파트너가 되기 위해서는 경제적인 능력의 확보가 중요하다고 주장했다.[14]

존 밀은 여성이 설사 특정한 부분에서 남성보다 못하다 해도 이러한 것이 여성을 차별하고 제한하는 것은 옳지 못하다고 주장한다.[15] 여남은 평등하며, 또한 생물학적인 차이는 있지만 지적 또는 도덕적 차이는 없다는 것을 강조한다.[16] 더 나아가 그는 이른바 남성의 '지적 우월성'에 대하여 울스턴크래프트보다 더욱 깊은 차원에서 도전한다. 예를 들어 울스턴크래프트는 남성과 여성의 지적 능력은 똑같지만 여성이 남성만큼의 지식수준에 도달하지 못할 가능성도 있다고 한 반면,[17] 존 밀은 남성과 여성 사이의 어떠한 지적인 성취의 차이는 남성이 더 많은 교육과 특권적인 위치에 있었기 때문에 생긴 것이라고 함으로써 남성의 지적 우월성을 철저히 부정한다.[18] 그러나 해리엇 밀과는 달리 존 밀은 직업과 가정 중에서 여성은 결국 가정을 선택하게 될 것이라고 함으로써 해리엇 밀보다 덜 페미니스트적인 모습을 보여준다.

해리엇 밀과 존 밀은 울스턴크래프트와 같이 인간의 합리성을 중요한 것으로 간주하고 있다. 그러나 울스턴크래프트가 합리성을 도덕적 의미로 받아들인 데 비해, 이들은 도덕적 의미와 분별적 의미로 수용했다는 점에서 다소 다르다. 즉 자율적인 결정을 할 수 있는 도덕적 능력으로서의 합리성과 자기완성, 그리고 자신이 원하는 것을 실현하기 위하여 수용되는 분별적 능력으로 합리성을 이해했다. 종합해보면, 19세기 자유주의 페미니즘이 우선적으로 추구한 것은 헌법 아래에서 여성의 정치적 권리를 신장하고 또한 여성의 참정권을 보장하는 것이었다. 그다음으로는 여성에게 남성과 같은 균등한 교육의 기회가 주어지는 것을 그 운동의 주요 쟁점으로 삼았다. 특히 법학, 의학, 신학 분야 등 여성에게 교육이 금지되어왔던 분야로 진출하기 위해 활발한 운동을 전개했다.[19]

(4) 20세기의 자유주의 페미니즘

20세기에 들어와서 자유주의 페미니즘은 여성과 남성의 공평한 임금이나 모든 직업에서 일할 수 있는 공평한 기회 등 여성의 평등한 권리를 더욱 확장하는 작업을 전개해왔다. 특히 20세기 자유주의 페미니즘에 불을 붙인 사람이 있다면, 1949년에 《제2의 성》[20]을 펴낸 시몬 드 보부아르와 1963년에 《여성의 신비 The Feminine Mystique》라는 책으로 큰 파문을

일으킨 베티 프리던Betty Fridan이라고 할 수 있다.[21]

　보부아르는 여성과 남성은 생물학적으로 다르지만, 여성은 출산자로서의 운명으로부터 자유로워짐으로써 생물학적인 조건들을 초월할 수 있다는 것을 주장했다. 제2의 성으로서의 여성, 그리고 '타자the other로서의 여성'의 개념을 최초로 형성한 보부아르의 사상은 현대 자유주의 페미니즘의 형성에 중대한 영향을 주었다. 보부아르의 사상은 급진주의 페미니스트의 한 사람인 메리 데일리의 사상적 전거가 되었으며, 후에 '실존주의 페미니즘existentialist feminism'의 형태로 발전했다.[22]

　또한 보부아르와 함께 20세기 자유주의 페미니즘의 전개에 중요한 인물인 프리던은 "나는 그저 주부일 뿐이다"라고 표현될 수 있는 이른바 '여성적 신비'에 강력하게 도전했다. 프리던에 따르면, 오직 어머니와 아내로서의 전통적인 역할에 의해서만 만족한 삶을 영위할 수 있다는 의식으로서의 '여성적 신비'란 적어도 도시 주변에 살고 있는 중산층 백인 여성들에게는 공허함과 비참한 느낌을 주는 것이다. 의미 있는 삶의 목적을 빼앗긴 채, 이러한 여성들은 마치 계속 굴러 떨어지는 바위를 끊임없이 올려놓아야 하는 시시포스처럼, 먼지 털고 가구를 닦는 무의미한 행위를 끊임없이 반복하는 삶을 살아가고 있다. 그들은 어머니와 아내로서의 일들이 전임직full time job이고 중요한 것이라는 말을 전문가에게 듣고 싶어 한다. 그러나 사실상 그러한 일들이 어떤 도전할 만한 중요한 일들이 아니라는 것을 그들 스스로 알고 있으며, 두렵고 지치고 권태로움을 느끼게 된다. 그들은 성적인 행위만이 그들을 자유롭게 해줄 것이라는 희망으로 얼굴에 화장을 하고 몸단장을 한다. 그러나 성에 대한 욕구조차 그들 자신의 것이 아니라 미디어에 의해서 만들어지는 것이며, 그것이 그들의 의식을 둔하게 하는 아편으로서 또한 남편이나 아이들과 도달할 수도 있는 의미 있는 관계를 파괴하는 독으로서 기능하는 것임을 알지 못한다.[23] 이러한 여성들은 이유도 모른 채 무의미한 공허함에 시달리는 '이름 없는 병the problem that has no name'을 앓고 있는 것이다. 이들에 대한 프리던의 처방은 집 밖에서 자신의 일을 갖는 것이다. 집에만 있는 것이 아이들이나 가족에게 좋은 것은 아니며, 어머니의 부분적인 부재는 남편과 아이들을 더 성숙하게 만든다고 프리던은 분석한다.[24]

그러나 프리던은 여성들의 경력을 위해서 결혼이나 가정생활을 포기하라고 하지 않는다. 다만 프리던이 《여성의 신비》에서 지적하는 바는 경력보다 결혼과 모성이 언제나 우선한다고 보는 것이 '여성적 신비'의 문제라는 것이다.[25] 프리던은 여성들이 약간의 도움만 있으면 아내와 어머니의 역할과 직업을 위한 일들을 해나갈 수 있다고 본다. 그러나 아내와 어머니로서의 역할을 전적으로 하는 여성이 아무리 효과적으로 그러한 일들을 처리한다고 해도 과연 자신의 경력을 위한 충분한 시간을 가질 수 있는가 하는 것은 여전히 물음으로 남아 있다. 프리던은 여기서 가정과 직업의 양립은 근원적인 변화 없이는 참으로 어려운 일이라는 점을 간과하고 있으며, 남성들을 가사 영역에 끌어들이지 못했다는 비판을 받는다.[26]

흥미롭게도 프리던은 1981년에 나온 두 번째 책인 《두 번째 단계The Second Stage》에서 1960년대의 여성들이 '여성적 신비'의 피해자라면, 1980년대 여성들은 '페미니스트 신비'의 피해자라고 분석한다. 프리던은 1980년대 여성운동의 문제점을 다음과 같이 지적한다.[27]

여성운동의 첫 번째 단계에서 우리의 목적은 사회의 주된 흐름에 여성들이 온전한 힘과 소리를 갖는 것이었다. 그러나 우리는 우리의 꿈으로부터 벗어나고 말았다. 아내, 어머니, 주부로서 남성들과의 관계에서만 여성의 존재를 규정한 '여성적 신비'에 대항하는 과정에서 우리는 사랑, 양육, 가정을 통하여 완성되는 여성의 개성의 핵심을 부정하는 '페미니스트 신비feminist mystique'에 빠지고 말았다.[28]

이렇게 1960년대와 1970년대 여성들을 꿈에서 벗어나게 한 것은 '성의 정치학'이라고 프리던은 분석한다. 프리던은 여성혐오misogyny에 대한 반응으로 형성된 '남성혐오'가 남성이 여성을 좋아하고 사랑할 뿐 아니라 여성도 남성을 사랑하고 좋아한다는 사실을 간과하는 잘못을 범했다고 본다. 프리던은 여성들이 첫째, 다시 여성운동으로 돌아갈 것, 둘째, 가치, 지도력, 제도적 구조 등의 변화를 위하여 남성들과 함께 일할 것을 권고한다. 초기 여성운동으로 되돌아갈 것을 권고하는 프리던의 이러한 주장은 여성이 가사에 우선적인 책임이 있다는 관습적인 전제에 도전하지 못한다는 비판을 받는다.[29] 자유주의 페미니즘은 미국의 '전국여성기구National Organization for Women'와 '여성평등행동연맹Women's Equity Action League' 회원과 지도자 등 많은 여성들에게 옹호받고 있으며, 베티 프리던은 그중 한 사람이다.[30] 이들은 여러 가지 점에서 서로 다른 시각을 보여주기도 하지만, 여성해방의 가장 중요한 목표가 성적 평등sexual equality 또는 젠더 정의gender justice라는 점에는 일치한다고 볼 수 있다.

(5) 공헌과 한계
페미니즘은 자유주의 사상에서 커다란 영향을 받았다. 개별 인간의 존엄성, 자율성, 평등, 개인적인 자기실현의 사상을 지닌 자유주의에 의해 초기 페미니스트들은 많은 영감을 받았다. 인간의 이상에 대한 이러한 자유주의적 이념은 페미니즘의 한 부분이라고 할 수 있다. 여성은 한 인간으로서 자율성과 존엄성을 주장하기 시작했고, 여성과 남성의 평등을 법과 교육구조 속에서 이루고자 했다. 이 점에서 여성의 자기실현을 추구하는 자유주의 페미니즘은 여러모로 현대 페미니즘의 발전에 지대한 공헌을 했으며 기초가 되고 있다.

그러나 자유주의 페미니즘의 여러 가지 한계가 지적되고 있다. 자유주의 페미니즘은 이러한 한계를 극복해야 할 과제가 있다. 자유주의 페미니즘의 한계와 비판에 대하여 살펴보자. 가부장제적 자본주의 사회에서 과연 자유주의 페미니즘이 지향하고 있는 '모든' 인간의 평등과 권리가 실현될 수 있는가 하는 비판적 물음이 제기되기 시작했다. 이러한 비판적 문제제기에 자유주의 페미니즘은 충분한 답을 제시하지 못함으로써 그 한계를 드러낸다. 자유주의 페미니즘은 기존의 사회구조 자체에는 이의를 제기하지 않기 때문이다. 따라서 가부장제적 자본주의 체제에서 어떻게 여성 모두의 진정한 자유와 평등이 가능한가 하는 물음에 대한 답을 가지고 있지 못하다. 결과적으로 백인 중산층 이상의 여성의 이익에만 연연한 페미니즘이라는 비판을 받는다.[31] 결국 자유주의 페미니즘은 중산층 백인 여성의 평등에만 관심을 두는 탓에 인종차별주의racism나 계급차별주의classism를 극복하지 못하는 한계를 드러내게 되었다. 둘째, 자유주의 페미니즘은 공동체보다는 개인을 강조함으로써 사람들이 평등을 위해 협동하는 것을 가로막는다는 비판을 받는다.[32] 개인을 지나치게 강조하는 상태에서 연대성이 생기기란 어렵기 때문이다. 이렇게 비판하는 엘쉬테인Jean Bethke Elshtain은 1960년대의 베티 프리던이 '남성'을 '인간'과 동일시했다고 지적한다. 〈왜 여성이 좀 더 남성같이 될 수 없을까?〉라는 글에서 엘쉬테인은 여성들이 남성같이 될 수 있다고 주장하는 점, 대부분의 여성들이 남성처럼 되기를 원한다고 주장하는 점, 모든 여성은 남성같이 되기를 원해야 한다고 주장하는 점 등이 자유주의 페미니즘이 안고 있는 결점이라고 분석한다.[33]

자유주의 페미니즘에 대한 세 번째 비판은 자유주의 페미니즘이 지나치게 남성적 가치를 수용하고 있어서 자아에 대한 이해가 이원론적이라는 점이다.[34] 자아를 합리적이고 자율적인 주체로 보는 이러한 자아 이해는 근본적으로 남성적 개념이라는 것이다. 합리적이고 자율적으로 행동하는 인간의 능력을 강조하는 자유주의 페미니즘은 육체적 행위를 무가치한 것으로 간주하는 이원론적 범주를 벗어나지 못한다. 인간의 일상생활에서는 그렇지 않은데도 자유주의자들은 육체보다 정신에 우위를 둠으로써 이원론에 빠진다는 것이다. 이러한 이원론적 자아 이해는 육체의 가치를 절하할 뿐 아니라 인간이 공동체에 속한 존재라는 사실을 보지 못하게 한다.[35]

결국 모든 여성들은 자신이 원한다면 해방될 수 있다고 믿었던 자유주의 페미니즘은, 인간의 현실이 지니고 있는 억압의 구조적 연관성을 보지 못했으며, 성적 평등은 개인적인 의지뿐 아니라 더 근원적인 사회적·심리적 구조의 변화가 수반되어야 가능하다는 것을 인식해야 하는 한계를 안고 있다고 할 수 있다. 그러나 자유주의 페미니즘이 남성과 여성의 평등을 위하여 교육적·법적 개선을 추구해온 것은 중요한 공헌이며, 페미니즘의 지속적인 과제이기도 하다.

2) 마르크스주의 페미니즘

(1) 개요

어떤 페미니스트들은 마르크스주의 페미니즘과 사회주의 페미니즘을 같은 의미로 해석하는 경우가 있다. 페미니스트 신학자인 류터도 사회주의와 마르크스주의 페미니즘을 구별하지 않고 동일한 의미로 해석하고 있다.[36] 그런데 좀 더 심층적으로 들어가보면, 마르크스주의 페미니즘은 여성 억압을 분석하는 데 계층class을 가장 중요한 분석 원리로 사용하는 반면, 사회주의 페미니즘은 계층class과 젠더가 여성 억압을 분석하는 데 동등하게 중요한 요인임을 강조하고 있다. 여기에서 사회주의 페미니즘이 그 핵심적 분석의 틀로 삼고 있는 것이 '성sex'이 아닌 '젠더'라는 점을 주목할 필요가 있다. '성sex'을 중시하는 급진주의 페미니즘과 그 출발점이 확연하게 다른 지점이기 때문이다. 이 장에서는 마르크스주의와 사회주의 페미니즘을 각기 분리해서 다루고자 한다. 또한 마르크스주의에 대한 논의가 이 글의 초점은 아니므로 마르크스주의 사상 자체는 다루지 않을 것이다. 그러나 페미니즘과 어떻게 연결되는지 보기 위하여 마르크스주의 이론을 간략히 살펴보자.

마르크스주의 이론은 19세기 중엽, 서구 산업혁명의 부정적인 영향들이 드러나고, 이미 자유민주주의자들의 혁명이 일어나기 시작하던 때 형성되었다. 역사적으로 자본주의에 연결되어 있고, 이론적으로도 자본주의를 뒷받침해주던 자유주의 이론과 달리, 마르크스주의 이론은 자본주의에 대한 강력한 비판으로부터 시작한다. 더구나 마르크스주의는 자유주의자들의 혁명의 전제가 되는 '평등'의 개념이 사실상 모든 사회가 계급class에 의해 분화해 있다는 사실을 간과함으로써 내면적인 불평등성을 전제하고 있다고 날카롭게 비판한다. 그러므로 마르크스주의자들의 계급 개념은 여성 억압을 포함한 모든 사회 현상을 이해하는 열쇠가 되고 있다. 마르크스주의자들이 지향하는 이상적인 사회는 '계급이 없는 사회'이며, 여성에 대한 억압의 종식은 이러한 계급의 종식에 의해 자연히 이루어진다고 보고 있다. 마르크스 사상에 대한 페미니스트 비판은, 마르크스주의가 역사적 유물론을 여성문제에 적용할 때 일관성 없는 태도를 드러내며, 또한 마르크스는 규범적 인간을 남성으로 간주하고 있으므로 인간 본성의 중요한 부분을 근본적으로 무시하고 있다는 점이다.[37] 마르크스주의 페미니즘은 마르크스주의 사상의 이론을 전제로 여성 억압과 해방을 전개한다.

(2) 여성 억압에 대한 분석

마르크스주의 페미니즘에서 엥겔스Friedrich Engels는 중요한 사상가이다. 엥겔스는 《가족, 사유재산, 그리고 국가의 기원》이라는 책에서 여성 억압을 조직적으로 분석한다.[38] 엥겔스의 이 책은 여성에 대한 분석에서 마르크스주의적인 고전으로 평가받고 있다.[39] 엥겔스는 이 책에서 여성의 종속은 계급사회 제도의 결과이고 현재까지도 지속되는 억압의 한 형태이며, 자본가의 이익을 뒷받침한다고 분석한다. 엥겔스에 의하면 원시사회에서는 남자가 생계수단을 생산해내고, 여자가 가사노동을 하는 자연스러운 분업이 있었다. 그 당시 남자는 음식거리를 충당하고, 그러한 목적에 필요한 노동의 도구들을 만들었다.[40] 그러나 그러한 성별 분업이 여성을 남성에게 종속적인 존재로 만든 것은 아니었다. 남성과 여성의 분업에서 이루어지는 이러한 두 종류의 일은 모두 생존에 꼭 필요한 것이기 때문에, 남성과 여성은 각기 자기의 영역에서 우세한 존재로 살아가고 있었다. 즉 여성은 남성과 동등한 위치에 있었고, 오히려 여성들이 하나의 같은 씨족에 속한 반면 남자들은 여러 종류의 씨족에서 왔으므로, 어떤 측면에서는 여성이 남성보다 우월한 위치에 있었다는 것이다.[41] 그러나 여성의 이러한 위치는 엥겔스의 용어로 '생산' 영역의 발전에 의해 파기되어갔다. 농업에서 가축의 활용으로 생산동력이 확장되기 시작하여 잉여가치가 산출되었다. 노예를 소유하는 것은 이득을 가져오는 것이었고, 여기에서 최초의 계급사회의 형태가 생겨났다. 남성의 영역이었던 생산 영역에서 이러한 발전은 남성에게 부의 축적, 그리고 자식에 대한 상속권과 동시에 여성에 대한 사회적 지배권을 부여하게 되었고, 따라서 여성의 권리는 상실되었다는 것이다.[42] 달리 말하면, 모계제matrilineality가 부계제patrilineality로 바뀌었다는 것이다.

엥겔스에 의하면, 이렇게 부계제로 바뀐 것은 원시적·자연적 공동소유제communal property에 대한 사유재산제의 승리이다. 이러한 정황에서 형성된 일부일처제는 현대적인 의미와는 달리 사회적 또는 성적 의미가 아니라 경제적인 의미를 지니고 있다. 일부일처제는 남성과 여성의 동등한 관계가 아닌, 남성에 의한 여성의 종속 형태를 띠게 됨으로써 남성 우월주의적인 제도로 등장하게 된 것이다. 그러므로 최초의 계급 간 대립관계는 사유재산 제도와 더불어 등장한 일부일처제에서의 남성과 여성 간의 대립과 일치하고 있다. 이 점에서 최초의 계급 억압은 남성의 여성 억압과 일치한다.[43]

엥겔스는 이러한 고대의 투쟁이 현대에도 지속되고 있다고 믿는다. 여전히 일부일처제에 의해 여성이 남성에게 종속되어 있기 때문이다. 여성을 남편에게 경제적으로 의존된 존재로 만듦으로써 일부일처제는 여성을 종속 상태로 몰아넣고, 더 나아가 여성의 사회참여 기회를 박탈

한다. 또한 사유재산에 대한 남성의 소유권은 계급사회의 현대적 형태인 자본주의를 뒷받침하고 있다. 따라서 남성 우월적 일부일처제를 종식하기 위해서 자본주의의 종식은 필연적인 것이라고 마르크스주의자들은 분석한다. 특히 자본가 또는 부르주아 계급의 가정에서 남편은 부르주아이지만 남편에게 전적으로 경제활동을 의존하고 있는 아내는 프롤레타리아 계급에 속하는 모순을 보여준다. 이런 의미에서 아내가 노동 현장에서 일하는 노동자계급보다는, 아내가 집안일만 하는 부르주아 계급의 가정이 더욱 남성 우월적 일부일처제의 형태를 보여준다.[44]

이러한 맥락에서 볼 때, 마르크스주의 페미니즘에서 여성 억압의 근절은 자본주의에 근거한 사유재산 제도의 폐지를 통해서만 가능하다. 결과적으로 페미니즘은 공산주의 사회의 건설을 위한 계급투쟁의 한 부분으로 이해된다. 여성에게 주어진 특수한 억압이 가족 내 여성의 전통적인 위치에서 야기된다고 봄으로써, 여성이 해방될 수 있는 길은 여성의 경제적인 독립과 국가에 의한 탁아 시설이나 공동 식사장 등의 특수한 시설 제공을 통해서만 가능하다고 본다. 결국 마르크스주의에서는 인간의 이기적이며 경쟁적인 면이 사회의 구조적 타락의 결과라고 해석되며, 인간은 경쟁이 아닌 공동의 목적과 공동의 이익을 추구한다는 것이 교육되어야 한다.

(3) 현대 마르크스주의 페미니즘

현대의 마르크스주의 페미니즘은 여성의 출산 문제라든지 피임, 낙태, 불임, 포르노 영화, 성희롱 등과 같은 성적인 문제보다는 여성의 직업과 관계된 문제에 더욱 큰 관심을 기울여왔다. 이러한 관심을 통해 가정이라는 제도가 어떻게 자본주의와 관계를 맺는지, 어떻게 여성의 가사노동이 생산적 노동이 아닌 '사소한 것'으로 간주되어왔는지, 가장 지루하고 임금이 낮은 일들이 어떻게 여성에게 주어져왔는지 등에 관하여 분석하는 작업을 한다. 그러므로 이러한 주제들에 대하여 어떠한 논의들이 진행되고 있는가를 살펴보는 것은 마르크스주의 페미니즘을 이해하는 데 중요한 시도가 된다.

가정이라는 제도가 자본주의와 어떠한 관계에 있는지를 살펴보자. 마르크스주의 페미니스트들의 분석에 의하면, 산업자본주의 이전에 가정은 생산의 현장이었다. 산업자본주의 이전의 가정에서는 부모와 자녀들, 친척들이 모두 함께 생산에 참여했고, 또한 요리, 저장, 출산, 양육 등과 같이 여자들이 하던 일들은 남자들이 하던 일과 마찬가지로 대가족의 경제 행위에 중심적인 것들로 간주되었다. 그러나 산업화와 더불어 제품들의 생산이 '가정'이라는 사적 영역에서 '작업장'이라는 공적 영역으로 옮겨진 후 집 밖의 작업장에서 일하며 임금을 받게 된 남자들은 '생산적'인 반면, 공적인 작업 현장보다는 가정이라는 사적 영역에서 일하면서 임금을 받지 않는 여자들은 '비생산적'이라고 간주되기 시작했다. 엥겔스에 따르면, 이러한 사고는 '생산'을 잘못 이해하는 것이다. 엥겔스가 분석하기를, 유물론적 관점에서 역사를 움직이는 결정적인 요소들은 삶의 생산과 재생산이다. 이것은 한편으로 음식, 의복, 주택, 도구 등 사는 데 필요한 수단들을 생산해내는 것이고, 다른 한편으로 인간 자신들의 생산, 즉 인간이라는 종을 계속 보존하기 위해 재생산 reproduction하는 두 가지 성격을 띤다. 역사의 특정한 시대에 살던 사람들이 속했던 사회조직은 이러한 두 종류의 생산에 의하여 결정되어왔던 것이라고 엥겔스는 분석한다.[45]

그러나 엥겔스의 이 같은 생산에 대한 분석에도 불구하고, 자본주의 국가뿐 아니라 현대 사회주의 국가에서조차 여성들이 우선적으로 책임을 지니고 있는 출산에 관계된 일들을 '비생산적unproductive'인 것으로 간주하는 경향이 있다. 마르크스와 엥겔스는 여자와 어린이를 포함한 노동자계급이 모두 자본주의에서 가족의 생존을 위하여 일터에 나가게 될 것이라고 예견했다. 또한 이러한 상황에서 여자와 어린이를 포함한 노동자들은 그들 자신의 소비와 재생산의 수단을 위하여 개별적으로 혹사당하게 될 것이며, 이러한 혹사를 당하면 프롤레타리아 혁명이 쉽게 이루어진다고 보았다.[46] 그러나 노동자계급의 여성들과 어린이들이 일터에 나서는 것을 예견한 것은 옳았지만, 이들이 자신들의 혹사당하는 상황을 개혁하기 위하여 프롤레타리아 혁명을 일으키리라고 예견한 것은 맞지 않았다고 볼 수 있다. 이 노동자계급은 혁명으로서가 아니라 부르주아 삶의 양식을 지향함으로써 자본주의의 착취에 반응하고 있기 때문이다.

자본주의는 가정에서 여성들의 무임금노동을 필요로 한다. 대부분의 경우 결혼한 여성들은 아이들과 함께 가정에서 그러한 무임금노동을 함으로써 '비생산적인 존재'로 간주되는 삶을 살아가고 있다는 것이 마르크스주의 페미니즘의 분석이다. 21세기에 들어선 지금도 가정주부는 '아무 일도 안 하는 사람', 즉 '무직'으로 간주된다. '전업주부'라는 용어가 등장하고는 있지만, 여전히 가정주부는 사회적으로 생산적인 노동에 참여한다고 인식되지는 않는다. 이러한 상황에서 무임금의 가사노동에 대하여 어떻게 분석하고 대응하는가는 중요하다. 이 문제가 다양한 마르크스주의 페미니즘을 낳고 있다고 볼 수 있다. 여성의 무임금 가사노동에 대한 반응으로는 가사노동에 대해 국가가 임금을 지불해야 한다고 주장하는 견해, 가사노동을 사회화해야 한다고 주장하는 견해가 있다. 이들 마르크스주의 페미니스트들은 공통적으로 자본주의 안에서 여성의 일들이 하찮은 것으로 취급되고, 여성이 생산자가 아닌 소비자로만 간주되는 의식은 시정되어야 한다고 본다.

그런데 이러한 시정을 위하여 선행될 것이 무엇인가에 대하여는 각기 다른 대안을 제시하고 있다. 첫째, 가사노동에 대하여 국가가 임금을 지불해야 한다고 보는 입장에 따르면, 여성이 직업을 갖는 것이 여성의 해방을 위해 우선적이라고 하는 엥겔스의 주장과는 반대로, 여성해방에 우선적으로 중요한 것은 가사노동이 '생산적인 일'이라는 의식이다.[47] 생산이란 생산적 잉여가치를 창출하는 것이라는 마르크스주의적 개념에서 볼 때, 가사노동은 비생산적이 아닌 생산적인 것이라고 이들은 분석한다. 가사노동은 생산적인 일이기 때문에 여성들이 다른 직업을 가질 필요가 없다. 자본계급이란 궁극적으로 여성의 착취로부터 이득을 취하므로 여성들의 이러한 생산적 일에 대하여 남편이나 남자친구와 같은 개인이 아니라 회사나 정부와 같은 국가 차원에서 임금이 지불되어야 한다고 주장한다.[48] 만약 국가가 가사노동에 대하여 임금 지불을 거절한다면, 모든 여성들은 파업을 선언해야 한다. 자본주의는 남성과 어린이들의 노동력을 산출해내기 위해 여성들을 필요로 하기 때문에 이러한 여성의 파업 행위는 혁명적 잠재성을 안고 있다고 볼 수 있다.[49]

둘째, 가사노동에 대한 임금 지불보다 '가사노동의 사회화'가 더욱 중요하다고 보는 시각이 있다. 이들 마르크스주의 페미니스트들은 여성의 가사노동이 사회화하지 않은 상태에서 여성이 직업을 갖는 것은, 여성의 해방이 아니라 여성을 더욱더 억압적 상황에 놓이게 하는 것이라고 주장한다. 가사노동이 여전히 여성의 일로 간주되는 상황에서는 직업의 공평한 기회 자체가 여성과 남성의 평등을 의미하지 않는다. 이러한 상황에서 여성이 직업을 가지게 될 때 여성은 직업과 가사라는 이중의 일을 해야 하는 고통을 짊어지게 된다는 것이다.[50] 즉 가사노동이 사회화되지 않는 한, 여성이 직업이 있을 경우 두 개의 직업을 가지게 되는 결과를 낳으므로 장기적으로 볼 때 여성의 상황을 더욱 억압적으로 만든다는 것이다. 가사노동의 어려움이 사회적으로 인식될 때 여성을 열등한 존재로 간주하는 의식은 수정될 것이다. 또한 한 집단으로서의 여성에 대한 억압은 종식될 수 있으리라고 이들은 분석한다.

또한 가사노동의 사회화의 중요성을 강조하면서 가사노동에 대한 임금 지불을 강력하게 반대하는 마르크스주의 페미니스트들은 다음과 같은 근거를 들고 있다. 첫째, 임금 지불은 여성을 더욱 가정에 고립시킨다. 둘째, 모든 것을 상품화하는 자본주의의 성향에 의해 남편과 아내의 관계, 아이와 부모의 관계까지도 상품화하는 데 기여하게 된다. 셋째, 여성의 가사노동에 대해 임금이 지불되면 여성이 집 밖에서 일하고자 하는 동기의 유발을 감소시킴으로써 성 분업을 더욱 조장하게 된다는 점 등에서 여성의 가사노동에 대한 임금 지불을 반대한다.[51]

그 밖에도 마르크스주의 페미니스트들은 여성과 남성의 임금의 차이가 이제까지 분명하게 해명되지 못했다는 점을 지적하면서 남녀 임금의 차이에 대한 부당성을 제기하는 등[52] 주로 여성의 일과 관련된 사회적 문제를 분석하고 대안을 제시하는 작업을 하고 있다.

(4) 공헌과 한계

마르크스주의 페미니즘은 여성 억압을 계급의 문제와 연결했다는 점과, 자본주의가 안고 있는 부정적인 요소들이 여성 억압과 직간접으로 연결되어 있다는 사실을 밝혔다는 점에서 독특한 공헌을 하고 있다고 볼 수 있다. 이러한 공헌에도 불구하고, 마르크스주의 이론의 여성문제 분석에는 몇 가지 문제가 있다.

첫째, 마르크스주의 페미니즘은 성별 분업의 이유를 합리적으로 해명하지 못하고 있다. 왜 그리고 어떻게, 여성이 지금 여성에게 주어진 일을 하게 되었는가를 해명하기 위해서는 가부장제에 대한 분석이 요청되는데, 마르크스주의 페미니즘은 가부장제에 대하여 충분한 분석하고 있지 않기 때문이다.

둘째, 마르크스주의 페미니즘은 모든 것을 경제 구조적으로만 풀이함으로써 '경제결정론economic determinism'에 빠져 인간이 가지고 있는 문화적 또는 의식적 측면을 간과하고 있다는 비판을 받는다. 여기에서 자본가계급의 타파를 가장 중요한 정치적 투쟁이라고 함으로써, 여성들이 겪는 구체적인 불평등의 문제는 외면하게 되는 결과를 빚어왔다. 결과적으로 페미니스트 운동은 '계급투쟁'이라는 더 큰 운동으로 함몰되고 마는 것이다. 이 점이 마르크스주의와 페미니즘의 결합을 비판적으로 보는 페미니스트들이 지적하는 점이다.[53]

셋째, 마르크스주의 페미니즘의 가정family 이해가 지나치게 단순하다는 점이 비판되고 있다. 가정은 자본주의의 소산이 아니며, 인간이 사랑과 안정 그리고 위로를 받는 자리이기도 하다. 그러나 마르크스주의는 가정의 이러한 중요한 역할을 간과하고 있다는 것이다. 이러한 마르크스주의 페미니즘은 가족관계의 깊이와 복합성을 표현하고 검증하고자 할 때 야기되는 진지한 물음들을 회피하는 결과를 초래하고 만다. 따라서 마르크스주의 페미니즘은 가정에 대해 더 적극적으로 이해할 필요가 있다.[54]

이러한 여러 가지 비판과 한계에도 불구하고 마르크스주의 페미니즘이 분석하는 이론들이 자본주의 사회에서 살아가고 있는 현대 여성들에게 중요한 현실 분석을 제공한다는 점은 주목할 필요가 있다.

3) 급진주의 페미니즘

(1) 개요

급진주의 페미니즘은 여성 억압의 원인 분석과 여성해방을 위해 추구해야 할 내용을 다양하게 전개하고 있다. 그러나 '급진주의'라는 이름이 붙여지는 페미니즘들의 공통적인 전제는, 성차별주의를 모든 억압의 가장 근원적인 억압 형태라고 보는 점이다. 여성 억압을 가장 근원적인 억압의 형태로 보는 이들의 주장은 다음과 같은 몇 가지 사실을 통해 설명된다.

첫째, 여성은 역사적으로 가장 첫 번째의 억압받는 그룹이다. 둘째, 여성 억압은 모든 사회에 가장 광범위하게 퍼져 있는 억압이다. 셋째, 여성 억압은 계급사회의 폐지와 같은 사회개혁에 의해서도 제거되지 않는 가장 견고하고 깊게 뿌리박은 억압이다. 넷째, 억압자와 피해자가 가지고 있는 성차별적 의식 때문에 그 고통이 간혹 인지되지 않을 때가 있지만, 여성 억압은 질적·양적으로 가장 많은 고통을 피해자에게 주는 억압이다. 다섯째, 여성 억압은 모든 형태의 억압에 개념적인 모델을 제공한다.[55] 남성의 여성 억압은 논리적으로 다른 모든 종류의 억압으로 이어진다. 남성의 여성 억압은 우월한 집단이 열등한 집단을 지배해도 된다는 '지배의 논리logic of domination'에 의하여 작동하고 정당화되기 때문이다. 이러한 의미에서 남성의 여성 억압을 정당화한다면, 그것은 곧 계층차별, 인종차별, 동성애 차별 등과 같은 다른 모든 차별과 억압구조들

을 정당화하는 것이다.[56]

이러한 전제를 지닌 급진주의 페미니즘은 1960년대 말, 대학 교육을 받은 백인 중산층 여성들의 소그룹에 의해 형성되기 시작했다. 그중에는 미국에서 '전국여성연합회NOW: National Organization for Women'가 결성되자 그곳에서 활동한 여성들이 있었는가 하면, 시민운동이나 반전운동과 같은 사회변혁운동에 깊이 개입하여 활동하던 여성들도 있었다. 그런데 평화, 정의, 그리고 억압적 제도의 종식을 위해 투쟁하던 이러한 사회변혁운동에 깊이 개입하는 과정에서 그들을 경악하게 한 것은, 그러한 기구들 안에서의 성차별주의의 경험이었다. 이 여성들이 자신들의 이러한 성차별주의적 경험을 서로 나누면서 내린 결론은, 그들의 우선적인 과제는 성차별주의를 폭로하고 해석하며, 또한 그것의 종식을 위해 싸워야 한다는 것이었다. 여기에서 여성 억압이 모든 억압의 가장 근원적인 형태라는 전제를 가지고 출발하는 급진주의 페미니즘이 형성되기 시작했다.

1960년대에 급진주의 페미니즘에 가장 기본적인 통찰을 제공한 슬로건은 "개인적인 것은 정치적인 것이다The personal is political"는 것이다. 이 슬로건은 다양한 그룹에 의해 수용되어 다양하게 해석된다. 급진주의 페미니스트들에게 이 슬로건은 남성이 여성을 삶의 여러 차원에서 조직적으로 지배해왔다는 사실에 대한 분명한 인식으로 요약될 수 있다. 이런 의미에서 보자면, '정치적' 영역과 '개인적' 영역의 분리는 불가능하다. 개인적인 것은 곧 정치적인 문제와 연관되어 있기 때문이다.

또한 급진주의 페미니즘은 남성들의 조직적인 여성 지배와 그에 따른 여성 억압이 시대와 장소를 초월한 보편적인 것이라는 전제를 가지고 있다. 예를 들어 세계 모든 나라의 문화가 지닌 근원적인 유사성은 남성문화와 여성문화의 분리이다. 직업이 있는 여성이든 아니든 대부분의 나라에서 여성들은 요리, 청소, 자녀 양육 등 사회의 잡다한 일들에 대한 책임을 지고 있다. 여성은 아이들과 함께 시간을 보내는 반면, 남성은 밖에 나가 남성 세계에서 다른 남성들과 함께 어울려 시간을 보낸다.[57] 여기에서 여성과 남성의 영역이 이분화하며, 이러한 이분화는 여성의 문화가 언제나 사적인 영역에 제한될 수밖에 없는, 그래서 사회정치적 영역으로부터 여성의 배제를 가져오는 억압적 상황을 초래한다.

나는 급진주의 페미니즘의 이러한 분석이 한국 상황에 더욱 분명하게 적용된다고 본다. 한국에서는 고학력의 여성일지라도 자기실현을 위한 기회나 분위기가 사회적으로 주어져 있지 않다. 더구나 한국이 가지고 있는 특수한 형태의 입시제도는 결혼한 여성들이 아이의 교육에 전적으로 관여해야 하는 결과를 낳고 있다. 아이가 입시에 실패하는 것은 곧 그 아이의 미래가 닫혀버린다는 의미이며, 동시에 그 아이의 양육 전담자인 여성의 실패로 연관되는 가치관을 한국 사회가 지니고 있기 때문이다. 결국 한국 여성은 자신의 개성, 특기, 또는 전공에 상관없이 가사노동과 아이 양육에만 종사해야 하는 운명을 지닌 존재로 규정되는 것이다. 남성들이 다양한 삶을 전개하는 것과 달리 여성들은 자신이 어떠한 존재이든지 사회적으로 부여된 일에만 종사하게 되어 있다. 이러한 의미에서, 여성 억압이 양태의 차이가 있지만 세계적으로 보편적인 것이라고 보는 급진주의 페미니즘의 공통적 전제는 중요한 통찰을 준다.

이러한 급진주의 페미니즘은 자유주의 페미니즘이나 마르크스주의 페미니즘과 같이 전통적인 정치이론에 집착하지 않는다. 급진주의 페미니즘은 '남성문화'와 대치점에 있는 이른바 '여성문화'를 창출하고 꽃피우고자 하는 대중운동의 한 부분이 되기도 하여 예술, 종교, 문학 등 삶의 여러 가지 차원으로 전개되고 있다. 또한 자유주의나 마르크스주의와 같은 특정한 사상적 조류와 연계되어 있는 다른 페미니즘과는 달리, 급진주의 페미니즘은 상충되는 전제들을 지닌 다양한 관점들로 구성되어 있다.

따라서 급진주의라는 이름 아래 여러 종류의 페미니즘이 있다는 점을 분명히 알 필요가 있다. 많은 경우, 각기 다른 견해와 강조점을 지닌 페미니스트들을 '급진주의'라는 이름 때문에 동일한 전제를 가지고 있다고 판단하기 쉽기 때문이다. 다음에 소개하는 급진주의 페미니즘들을 통해서, 급진주의 페미니즘이라는 이름 아래 다양하게 전개되는 이론들을 접할 수 있다고 본다.

(2) 양성적 인간성을 추구하는 급진주의 페미니즘

여성 억압이 가부장제의 생물학적 성sex과 사회문화적 젠더 구조 안에 깊이 감추어져 있다고 분석하는 급진주의 페미니스트들 중의 한 사람인 케이트 밀레Kate Millet는 《성의 정치학》이라는 책에서 '성'을 생물학적인 것이 아닌 정치적인 것이라고 규정한다. 남녀관계는 모든 권력관계의 패러다임이기 때문이다.[58] 밀레에 따르면, 가부장제란 남성이 사적·공적 영역을 통제하는 것이다. 따라서 여성이 해방되기 위해서는 남성의 이러한 지배가 제거되어야 한다. 남성 지배를 제거하는 것은 어려운 작업이며, 이것이 실현되기 위해서는 우선 남성과 여성이 함께 가부장제에 의해 사회적으로 구성된 성인 젠더의 고정관념을 극복하는 단계부터 시작되어야 한다.

밀레에 따르면, 가부장제적 이념은 남성과 여성 간의 차이를 과장한다. 이러한 과장 때문에 남성은 언제나 지배적인 남성적masculine 역할을,

여성은 언제나 종속적인 여성적feminine 역할을 맡게 된다. 이러한 가부장적 이념은 종교, 학문, 가정 등 사회의 모든 영역에서 여성의 종속을 정당화하고 강화할 뿐 아니라, 대부분의 여성들을 내면적인 열등감에 사로잡히게 만든다. 이러한 상황에서 생존하기 위해 여성은 더욱 '여성적'이 되어야 한다는 생각을 하게 되는 것이다.[59]

이러한 성의 고정관념을 깨는 '성의 혁명sexual revolution'을 통하여 여성과 남성이 평등한 새로운 사회를 구축하는 것이 페미니즘의 목표이다. 여기에서 밀레는 '남성성'이나 '여성성'에서 긍정적인 면들이 한 사람 안에 통합되는 '양성성androgyny'을 지닌 것이 이상적인 인간의 모습이라고 본다.[60] 밀레는 남녀의 구별이 없다는 의미의 '유니섹스unisex'라는 유명한 말을 만들었다.[61] 이 용어는 널리 확산되었으나, 페미니스트들에 의해서 새로운 이상적 인간성을 표현하는 용어로 쓰이기보다는 의복과 머리 모양 등의 새로운 패션으로 매스미디어에서 표현되었다. 이것은 "생물학적인 성sex에 근거하여 규정된 성품, 행위, 또는 역할은 이제 없어야 한다"는 급진주의 페미니즘의 주장을 반영한다.[62] 이렇게 성적 고정관념이 성의 혁명에 의해 파기되고 새로운 이상형으로 그려지는 '양성성'을 지닌 사람은, 생물학적으로는 남성이나 여성으로 구별되겠지만 사회적 또는 심리적으로는 구별되지 않는다.

그러나 이렇게 양성적이 되는 것이 문제의 해결을 가져다주는 것은 아니라고 보는 페미니스트들이 있다. 즉 양성성이 여성해방을 위한 전략이 될 수 없다는 것이다. 이러한 반양성주의antiandrogynist의 견해를 몇 가지로 요약해보자.

첫째, '양성성'이라는 용어는 그 자체에 모순을 지니고 있다는 사실에 대한 지적이다. 만약 사람들이 남성성이나 여성성을 구별하지 않게 될 때, 그 둘을 통합한다는 의미의 양성성이라는 용어 자체에 이미 오류가 있게 되기 때문이다. 메리 데일리는 이러한 오류를 "존 웨인John Wayne과 브리지트 바르도Brigitte Bardot를 함께 셀로판테이프로 붙인 것처럼 마치 두 개의 왜곡된 반쪽들이 서로 함께 붙어 있으면 하나의 완전한 전체를 만들 수 있는 듯이 생각하는 것과 같다"고 지적한다.[63] 양성성을 지닌 인간을 이상적으로 보는 시각에 날카로운 비판을 가하고 있는 것이다.

둘째, 남성성이나 여성성의 분류 자체가 문제가 아니라, 가부장제가 여성성에 부과한 양육, 감정, 수동성, 부드러움 등의 품성을 '열등한 것'으로 보는 가부장제적 시각이 바로 문제라는 지적이 있다. 이러한 분석에 따르면, 여성적인 것에 대한 가치평가가 남성적인 것에 대한 가치처럼 긍정적인 것이 될 때 여성 억압은 사라질 수 있다.

셋째, 여성성이 문제가 된다고 보는 것에 반대하면서 오히려 여성성의 고양이 필요하다고 보는 입장이 있다. 여성이 해방되기 위해서는 여성은 여성성에 새로운 여성중심적gynocentric 의미를 부여해야 한다. 여성성은 더 이상 남성성이라는 표준에서 벗어난 비정상적인 것deviant이 아니라, 그 자체로서 하나의 완전한 존재를 이룰 수 있는 것으로 이해되어야 하는 것이다. 그리하여 가부장제적 억압에서 해방되고자 하는 여성의 본래적 자아의 모습을 실현하기 위해 가부장제가 부여한 '여성적 자아feminine self'를 버리고 새로운 '여성으로서의 자아female self'를 추구해야 한다.[64]

밀레의 양성적 인간의 추구에 기본적으로는 동의하지만, 밀레와는 다른 전제에서 출발하는 견해도 있다. 메릴린 프렌치Marilyn French는 양성성을 추구하는 데 여성성과 남성성에 대한 본질적인 재해석이 필요하다고 본다. 남성성에는 독립성과 같은 긍정적인 품성들이 있지만, 가부장제 역사에서 남성성이 의미하는 것은 대부분의 경우 공격성이나 지배성과 같은 부정적인 것으로 왜곡되어왔다. 따라서 남성성과 여성성의 단순한 통합으로서 양성적 인간이 아니라 먼저 페미니스트 관점에서 그 개념의 새로운 재인식feminist reconceiving[65]이 요청된다고 보는 것이다. 그래서 여남평등의 미래 사회에서는 이상적 인간성으로서의 양성성에 전통적인 개념의 남성성이 그대로 통합되는 것이 아니라, 새롭게 교정된 남성성이 사랑과 연민, 나눔과 양육 등의 여성성과 통합되어야 한다.[66]

(3) 생물학적 조건을 억압의 원인으로 보는 급진주의 페미니즘

자유주의나 마르크스주의 페미니즘보다도, 급진주의 페미니즘은 남성이 여성의 몸을 지배해왔다는 사실에 분석의 역점을 둔다. 남성이 여성의 몸을 지배하는 것은 산아제한이나 피임법, 낙태법, 포르노, 성희롱, 강간, 폭력 등 어느 형태이건 간에 여성의 몸에 대한 권력을 행사하는 것뿐 아니라 여성의 인간성을 박탈하는 결과를 초래해왔다. 결과적으로 여성의 섹슈얼리티는 여성의 필요가 아닌 남성의 필요와 만족과 이익을 위해서만 봉사하는 것으로 이해되어왔다.

여기에 전통적으로 여성의 생물학적 조건을 불평등의 원인으로 보는 급진주의 페미니즘의 입장이 있다. 이러한 분석에 의하면, 여성의 구조적 종속은 바로 남녀의 생물학적 불평등 구조에 기인한다. 이러한 입장을 대표하는 페미니스트는 파이어스톤Shulamith Firestone이다. 파이어스톤은 유명한 책인 《성의 변증법》에서 여성의 출산 역할을 분석하고, 마르크스와 엥겔스의 의한 유물주의를 페미니스트 관점으로 개정한다.[67]

마르크스와 엥겔스는 계급투쟁을 역사의 추진력으로 규정했다. 그

러나 파이어스톤은 그들이 '성 계급sex class'에는 관심을 두지 않았다는 점을 지적한다. 여기에서 파이어스톤은 이 '성 계급'이라는 용어를 만들었다.[68] 파이어스톤은 이러한 맥락에서 경제적인 계급economic class이 아니라 '성 계급'을 중심으로 하는 페미니스트 역사유물주의를 발전시키고 있다.[69] 여기에서 파이어스톤 이론의 중심 주제인 '성의 변증법'이 형성된다.

파이어스톤에 의하면, 최초의 계급 구별은 남자와 여자의 구별이다. 그러므로 여성 계급의 억압은 경제적인 것이 아니라, 생물학적인 해명이 필요한 것이다. 그러나 주의할 점은, 남녀 간의 불평등이 남녀의 생물학적인 차이에서 기인하는 것이 아니라, 출산 과정에서 남자와 여자의 불평등한 역할에서 기인한다고 보는 점이다. 즉 출산 과정에서의 불평등한 역할은 계급 간의 최초의 노동분업일 뿐 아니라, 생물학적인 특성에 근거한 계급차별의 패러다임을 제공해주는 것이다.[70] 파이어스톤은 이렇게 여성 억압의 근원적인 뿌리는 여성의 생물학적인 조건들이라고 보기 때문에, 여성해방은 '생물학적 혁명'을 필요로 한다고 주장한다. 이 것은 노동자들의 경제적인 억압이 '경제적인 혁명'을 필요로 한다는 결론을 내린 마르크스의 주장과 같은 방식으로 표현된다.

이러한 급진주의 페미니즘이 여성의 생물학적 조건을 여성 억압의 근원이라고 하는 주장은, "인체는 운명이다anatomy is destiny"라는 프로이트의 유명한 말과 같이 여성의 인체를 여성의 운명이라고 하는 것처럼 보인다.[71] 따라서 프로이트의 주장과 급진주의 페미니즘 이 두 주장의 차이를 분명하게 조명할 필요가 있다. "인체는 운명이다"라는 구절은 프로이트의 '생물학적 결정론biological determinism'을 드러낸다.[72] 즉 여성의 출산 역할, 성별에 대한 정체성, 성적인 기호는 여성에게 남성의 성기가 결여되어 있다는 사실에 따라 결정되며, 이렇게 자연적인 과정을 따르지 않는 여성은 '비정상적'인 사람이 된다는 것이다. 가부장제적 보수주의자들은 이러한 생물학적 제한들이 존재한다고 해석하면서 여성의 종속적인 상황을 정당화한다. 반면 급진주의 페미니스트들은 그러한 자연적인 제약 조건들을 극복하는 것은 여성의 힘에 달려 있다고 주장한다.[73] 그러므로 페미니스트들은 보수적인 의미에서 생물학적 조건의 중요성을 강조하는 것이 아니라, 전통적으로 여성의 생물학적 조건이 여성에게 마치 운명처럼 작용하여 여성 억압의 근원적 요인이 되어왔다는 사실을 지적한다는 의미에서 인체를 주요 분석 대상으로 삼는다.

급진주의 페미니스트들은 임신과 분만으로 인하여 육체적으로 남성에게 의존할 수밖에 없는 여성의 생리 구조 때문에 여성에 대한 억압이 야기된다고 분석한다. 따라서 가족구조 속에서의 생물학적인 제약과 억압을 사유재산 제도나 그에 따른 계급 억압보다 더 근원적인 것으로 이해하는 것이다. 그러므로 급진주의 페미니즘에서는 계급주의나 인종차별주의보다 성차별주의가 더욱 근원적인 인간 억압의 현실이다. 여성의 해방을 가능하게 하는 생물학적인 혁명은 현대 과학의 발전에 의해서 가능하다. 이 급진주의 페미니즘에서 '평등'이란 경제적이고 법적인 차원뿐 아니라, 남녀의 생리적인 평등을 의미한다. 예를 들어서 임신이나 분만의 과정 없이 아이를 갖는 것은 기술문명의 발전에 의해서만 가능하다. 여성과 남성이 출산 과정에서 각기 다른 역할을 하는 것이 중지될 때 모든 성에 대한 고정관념은 사라질 것이고, 따라서 여성과 남성의 성기 구조의 차이는 사회문화적으로 무의미한 것이 되어, 마침내 여성에게 가해졌던 차별 구조와 억압도 사라지리라고 보는 것이다.[74]

기술과학의 발전을 여성해방의 선결 조건이라고 보는 파이어스톤의 이러한 이론은 일반적인 급진주의 페미니즘에서 널리 받아들여지지 않고 있다. 그 이유는 첫째, 여성해방의 선결 조건이 기술과학의 발전이라고 보는 이론이 안고 있는 문제점을 들 수 있다. 전통적으로 기술과학은 남성들에 의하여 지배되어왔으며, 성의 혁명을 가져올 고도의 기술과학 역시 남성들에 의해 지배될 것이므로 이러한 것이 여성의 진정한 해방을 가져오는 데 기여하기 어렵다고 볼 수 있기 때문이다. 또한 생태계의 위기 문제에 직면하면서 과학기술의 발달보다는 자연으로 돌아가는 삶의 양태를 지향하고 있는 현대의 추세에 파이어스톤의 이론은 무리가 있다고 보기 때문이다. 둘째, 여성 억압의 원인을 여성의 생물학적인 조건에 둠으로써, 남성 지배의 구조에서 남성의 책임을 간과하기 때문이다.

따라서 파이어스톤의 이론은 남성의 지배적 권력에 도전하기 위한 투쟁의 당위성을 제시하지 못하는 결과를 초래할 수 있다. 이러한 이유들로 인해 파이어스톤을 중심으로 하는 급진주의 페미니즘은 큰 공감대를 형성하지 못했다고 볼 수 있다. 그러나 여성의 생물학적 조건과 여성 억압이 지니는 보이지 않는 관계를 드러냈다는 점에서 공헌했다고 볼 수 있다.

(4) 생물학적 조건을 찬미하는 급진주의 페미니즘

1970년대 초기 이후 현대 급진주의 페미니스트 운동의 특색을 보면, '여성다움womanhood'에 대한 일반적인 찬미라고 할 수 있다. 여성이 종속되는 원인을 여성의 생물학적인 조건에 두었던 급진주의 페미니즘을 향해 비판이 일기 시작했다. 여성의 종속 원인을 여성이 지닌 생물학적 조건에 두는 것은 희생자 자신에게 여성의 종속의 원인을 돌림으로써 오히려 여성 억압의 상황을 자연적인 것으로 간주하게 되고, 따라서 사회적으로 만연해 있는 여성혐오 사상을 더욱 강화하는 결과를 초래할 수 있다는 점 때문이다.

이러한 견해를 취하는 급진주의 페미니스트들에 의하면, 문제가 되는 것은 여성의 생물학적 또는 심리학적 조건이 아니라 남성의 생물학적 또는 심리학적 특성들이다. 1970년대에 남성의 생물학적 조건이 여성의 종속에 중요한 책임이 있다는 연구가 활발하게 전개되기 시작했다. 예를 들어 미국 오하이오주 법무장관 보고서에 따르면, 결혼한 여성 중 적어도 50퍼센트의 여성들이 남편들의 육체적인 학대에 시달리고 있다. 또 다른 보고서에 의하면 2분마다 강간이 일어나고 있으며, 이러한 추세가 계속된다면 미국에서만도 세 명 중 한 명의 여성은 일생 동안 육체적인 폭력에 희생될 것이라고 한다.[75]

이렇게 여성이 남성의 지속적인 폭력의 희생자가 되고 있다는 연구들을 통해 페미니스트들은 남성의 성품이 여성과 다르다는 점과, 이러한 차이는 남성의 생물학적 조건에서 연유한다는 확신을 품기에 이르렀다. 즉 남성은 선천적으로 공격적이고 폭력적인 특성을 지니고 있으며, 이러한 선천적 공격성 때문에 남성은 여성을 지배하고 종속적인 존재로 만들었다는 것이다. 생물학적으로 생명을 분만할 수 있는 여성과 달리 남성은 생명 창출의 힘을 결여하고 있으며, 이러한 결여가 남성을 공격적이고 폭력적으로 만든다. 이러한 분석의 결과 급진주의 페미니즘은 여성의 우월성을 강조하기에 이르렀다. 이러한 여성의 우월성 강조는 가부장제가 여성과 남성의 선천적인 차이를 말하면서 여성의 열등성을 합리화한 것과 정반대의 시각이다. 즉 남성과 여성의 선천적인 차이를 인정하는 것은 똑같지만, 그러한 동일한 전제에서 판이한 결론을 유출해내는 것이다.

이러한 주장을 펴는 페미니스트들은 전통적으로 여성에게서 열등하거나 불결한 것으로 간주되어왔던 것들을 반대로 찬미하고 고양하려 한다. 예를 들어 여성의 생리는 불결한 것이 아니라 생명 창조의 가능성을 지닌 창조적 힘으로 이해한다. 이러한 맥락에서 남성의 문화와 다른 의미의 여성의 문화나 여성의 영성을 계발하고자 하고, 또한 여성 간의 사랑과 우정을 고귀한 것으로 간주한다. 이렇게 함으로써 가부장제적 가치관에 의하여 형성된 아름다움의 개념이 깨지고, 여성적 관점에 의한 새로운 개념이 형성되는 것이다.

이러한 급진주의 페미니스트로서 아드리엔 리치Adrienne Rich는 "여성의 생물학적 조건 안에 본래적으로 있는 힘"을,[76] 메리 데일리는 "여성의 본래적 재능과 우월성"을 강조한다.[77] 또한 수전 그리핀Susan Griffin은 여성에 대한 남성의 태도와 자연에 대한 남성의 태도를 병행시킨 유명한 책 《여성과 자연》에서 여성과 자연이 불가분의 관계에 있다고 분석한다.[78]

급진주의 페미니스트들은 여성들이 이 세계를 이해하는 방식은 가부장적인 이해를 지닌 남성들의 방식과 전적으로 다르다고 본다. 이들에 의하면, 가부장적 사고는 정신과 육체, 자아와 타자, 이성과 감정 등 실제로 분리될 수 없는 삶의 요소들을 이분법적으로 분리해왔다. 그것은 한쪽이 다른 한쪽보다 우월하다는 가치관을 전제로 하는 이원론을 낳는 사고구조이다. 그러나 이러한 가부장제적 이원론과는 반대로, 이러한 급진주의 페미니스트들은 '비이원론적non-dualistic' 사고를 지향한다. 여성은 자연으로부터 분리되는 것이 아니라 자연의 한 부분이며, 따라서 우주의 통전성wholeness과 하나 됨을 인식하는 "모든 것은 다른 모든 것과 연결되어 있다"는 여성의 직관적인 사고 양식이 존중된다.[79]

그런데 좀 더 심층적으로 조명해보면, 이러한 급진주의 페미니즘의 전제는 가부장제의 전통적인 전제인 남성과 남성적인 것을 '문화'에, 그리고 여성과 여성적인 것을 '자연'에 연관시키는 이분법적 사고를 그 출발점으로 하고 있다. 이러한 가부장제의 이원론적 전제는 여성혐오 사상을 사회에 만연하게 했으며, 이러한 사고구조는 서구의 오랜 철학적 전통을 이어왔다. 또한 아시아의 음양 사상도 원리적으로는 음과 양의 우열 구분이 없고 상호보충적인 의미이다. 그러나 실제로 현실에 적용될 때는 이러한 가부장제의 이원론적 사고유형을 가지고 있어서 결과적으로 여성이나 여성적인 것은 열등한 것으로, 남성이나 남성적인 것은 우월한 것으로 인식되어왔다.[80] 이러한 이원론적 사고를 거부하는 급진주의 페미니즘에서 이상적인 인간성은 '양성적인 것'이 아니라, "미래는 여성이다 The Future is Female"라는 말이 보여주듯이 '여성적인 것'이다.[81] 여기서 '여성적인 것'이란 가부장제에서의 여성적인 것이 아니라 재개념화한 것으로, 가부장제에서 벗어나 온전한 인간으로서 자신의 힘을 계발할 수 있는 여성의 품성이다.

여기에서 급진주의 페미니즘은 결국 이원론적 사고를 배격하면서도, 여전히 남성/여성이라는 이원론적 구조를 전제하는 모순을 지니게 된다. 즉 '여성과 남성은 선천적으로 다르다'는 가부장적인 전제에서 출발한다는 한계 때문에, 가부장제적 가치관에 도전하는 전통적인 페미니즘의 과제와 유리되는 결과를 낳고 만다는 점을 지적할 수 있다. 그러나 이러한 급진주의 페미니즘이 인간의 역사에 오랫동안 팽배해왔던 여성이나 여성적인 것에 대한 혐오 사상의 가치를 완전히 전도함으로써 가부장제적 가치관에 근원적으로 도전한다는 점은 높게 평가할 수 있다고 본다.

(5) 공헌과 한계

여성해방에 관한 포괄적인 이론을 이해하기 위해서는 급진주의 페미니즘의 공헌과 그 한계를 동시에 보아야 한다. 급진주의 페미니즘은 한 가지 이론으로 체계화된 것이 아니라, 다양한 강조점과 전제를 가지고 이론화되고 있다. 따라서 그 한계와 공헌을 일괄적으로 규명하려면 조심스럽게 접근할 필요가 있다. 다양성에도 불구하고, 각기 다른 급진주의 페미니즘들의 공통점들에 근거해서 그 공헌과 한계를 논의하고자 한다.

급진주의 페미니즘의 가장 커다란 공헌이라고 한다면, 자유주의나 마르크스주의 페미니즘이 부각하지 못했던 생물학적 성sex의 문제가 여성 억압의 중요한 요인이라는 점을 인식하게 했다는 점이다. 인간은 육화한embodied 존재라는 급진주의 페미니즘의 전제는, 전통적인 형이상학적 이원론을 거부한다는 점에서 마르크스주의와 일치한다. 즉 마르크스주의와 같이 인간의 육체적 또는 물질적 조건의 중요성을 인식하는 것이다. 그러나 급진주의 페미니즘은 마르크스주의보다 더욱 구체적인 문제를 제시한다는 점에서 차이가 있다. 바로 인간의 출산 문제와 같은 생물학적인 조건의 중요성을 제시한다는 점이다. 성 분업을 논의하면서 인간의 성(sex, gender)과 출산 문제를 간과한 자유주의와 마르크스주의 페미니즘과 달리, 급진주의 페미니즘은 출산의 문제를 위시한 인간의 생물학적인 조건의 중요성을 정치적 영역으로까지 끌어놓았다.

그러나 급진주의 페미니즘의 이러한 공헌은 동시에 한계가 되기도 한다. 흔히 보수주의적 관점은 인간의 생물학적인 조건을 사회조직과 연관시켜 여성을 사적인 영역에, 남성을 공적인 영역에 두는 현재 질서의 불가피성을 뒷받침하는 근거로 사용해왔다. 그런데 이러한 보수주의적 주장과 유사한 전제에서 출발하는 급진주의 페미니즘의 생물학적 요인의 중요성에 대한 강조는, 인간의 생물학적 조건과 사회적 정황의 연관성을 간과했다. 즉 여성의 생물학적 조건이 여성 억압의 근거가 되는 성 분업과 관련 있다는 점을 지적하는 것은 옳다. 그러나 그것을 여성 종속의 원인이라고 보는 점은 문제가 된다는 것이다. 동시에 이러한 여성의 생물학적 조건을 자연적인, 불변의 것이라고 전제함으로써 그 생물학적 조건이 사회적 조건과 맺는 상호연관성을 간과하는 한계를 지니게 되었다. 결과적으로 급진주의 페미니즘의 결정적인 한계성은 여성 억압의 생물학적 조건의 중요성만을 보았을 뿐 역사적 정황의 중요성은 보지 못한다는 점이다. 결국 급진주의 페미니즘의 '몰역사적$_{ahistorical}$' 접근 방식은 계층, 인종, 성적 지향 등에 근거한 다양한 여성의 경험을 단일화하고, 이 세계에 존재한 계층차별, 인종차별 등 여러 종류의 문제를 보지 못하는 한계를 지녔다. 그러므로 급진주의 페미니즘이 더욱 설득력 있는 이론으로 성숙하려면, 몰역사적 또는 탈역사적 접근방식을 탈피하는 것이 우선과제라고 생각한다.

4) 사회주의 페미니즘

(1) 개요

줄리엣 미첼 등에 의해 형성된 사회주의 페미니즘은 고전적 마르크스주의나 급진주의 페미니즘에 강점과 동시에 한계가 있다고 전제한다. 동시에 이들의 강점을 살리고 약점을 보완하는 이론을 형성하고자 한다. 여성해방은 분만의 폐지를 통해 가능하다고 보는 급진주의 주장을 반역사적·유토피아적이라 비판하고 그 대신 사회주의가 여성해방을 위한 선행조건이라는 고전적 마르크스주의의 주장에 동의한다. 그러나 사회주의 자체가 여성해방의 충분조건은 아니라고 봄으로써 고전적 마르크스주의와도 다른 시각을 취한다. 즉 경제구조의 변혁만으로는 여성의 해방이 충분치 않고, 페미니스트 의식을 발전시키기 위한 문화적 변혁을 동반한 사회 전반의 총체적 변혁이 필요하다고 본다. 그렇기 때문에 급진주의나 고전적 마르크스주의 페미니즘의 가족구조 분석을, 일리는 있지만 지나치게 단순하다고 비판한다. 가족구조는 단순한 것이 아닌 복합적인 분석과 접근에 의해서 이해되어야 하기 때문이다.

또한 마르크스주의자들에 대한 사회주의 페미니스트들의 주요 비판 중의 하나는 인간의 삶을 영위하는 데 중요한 노동 가운데 하나인 가사노동이 마르크스주의자들의 '생산노동 productive labor' 개념에 포함되지 않고 있다는 점이다. 자본주의 구조에서 모든 인간이 공적인 생산 영역에서 일할 수 없다. 그러므로 생산노동의 하나로서 가사노동에 대해서도 임금이 지불되는 사회체제가 필요하다. 결국 사회주의 페미니즘은 여성해방을 위한 혁명에 필요한 것을 모색하는 과정에서 고전적 마르크스주의의 경직된 경제결정론을 거부하고 주관적 요소 subjective factors의 중요성을 주장한다는 점에서 고전적 마르크스주의와 다르다. 그러나 사회주의의 적극적 수용을 지향한다는 점에서 고전적 마르크스주의 페미니즘의 확장으로 이해할 수 있겠다.

사회주의 페미니즘은 앞서 논의한 세 종류의 페미니즘이 안고 있는 한계를 극복하고자 한다는 점에서 현대 페미니즘의 가장 종합적인 관점을 형성한다고 볼 수 있다. 이 사회주의 페미니즘은 가부장제와 자본주의를 각기 다른 별개의 구조로 보느냐, 아니면 연관된 하나의 구조로 보느냐에 따라 그 강조점이 다르게 전개되므로 이 두 견해를 살펴보기로 하겠다.

(2) 이중구조론적 사회주의 페미니즘

'이중구조론dual-systems theory'이라고 불리는 이 첫 번째 입장의 사회주의 페미니즘을 전개하는 대표적인 인물은 줄리엣 미첼이다.[82] 이중구조론은 여성 억압의 문제를 더욱 철저하게 다루기 위해서 가부장제와 자본주의를 우선 분리된 현상으로 분석하고, 그다음에 그 둘의 변증법적 관계가 분석되어야 한다고 보는 사회주의 페미니즘이다.

미첼은 자본주의의 '유물주의적' 측면과 가부장제의 '비유물주의적' 측면을 결합한 이중구조론을 펼친다. 미첼은 가정에서의 여성 삶의 어떤 측면은 생산양식에서의 변화의 결과로 '경제적economic'이며, 여성의 생물학적 조건과 사회적 환경의 상호작용 결과로 '생물사회적biosocial'이라고 본다. 또한 다른 측면은 여성은 남성에게 관련되어야 한다는 사회적 의식의 결과로서 '이념적ideological'이라고 분석한다. 그러므로 생산의 양태가 얼마나 변화하든 간에 이러한 생물사회적이고 이념적인 측면은 여전히 똑같이 남아 있게 된다. 따라서 자본주의의 패배가 가부장제의 패배를 동반하지 않을 경우, 사회주의 체제에서조차 여성은 여전히 억압된 상태에 머물게 된다고 미첼은 분석한다. 이러한 의미에서 볼 때 마르크스주의 혁명은 여성이 완전하고 최종적인 해방을 완수하기 위해 프로이트 정신분석학과 연결되어야 한다는 것이다.[83]

미첼은 여성의 조건은 단순히 여성이 생산적인 일에 관여하는가 하지 않는가와, 여성의 자본과의 관련에 있다고 보는 고전적 마르크스주의 페미니스트의 입장을 거부하고, 여성의 위치와 기능은 생산production과 출산reproduction에서의 역할, 어린이의 사회화, 섹슈얼리티에 의하여 결정된다고 주장한다. 즉 생산, 재생산성, 사회화의 문제가 함께 변화해야 한다고 보는 것이다.[84]

앞에서 분석한 세 종류의 페미니즘에 대하여 미첼은 각기 비판적으로 평가하고 있다. 첫째, 자유주의 페미니즘의 요구 속에 있는 표면적인 변화는 여성성의 표현을 변화시킬 뿐, 여성의 위치를 근원적으로 변화시키지는 못한다. 둘째, 생물학적 해결이 심리학적인 문제를 풀지는 못한다고 보기 때문에, 미첼은 기술과학을 여성해방의 열쇠라고 보는 급진주의 페미니즘을 거부한다. 셋째, 자본주의를 해체하는 경제혁명이 가정과 직장에서 여성의 평등을 보장하지는 않는다고 보기 때문에, 미첼은 경제적 혁명이 남성과 여성을 온전한 파트너로 만들 것이라고 보는 마르크스주의 페미니즘을 거부한다.[85] 결과적으로 미첼은 이러한 세 종류의 페미니즘이 안고 있는 한계를 극복하는 페미니즘으로서 사회주의 페미니즘을 전개한다. 사회주의 페미니즘은 자본주의와 가부장제가 동시에 해체되어야 여성의 진정한 해방이 가능하다고 주장한다.

미첼 외에 하이디 하르트만Heidi Hartmann은 이중구조론의 사회주의 페미니즘을 받아들이면서, 미첼과는 조금 다른 각도에서 가부장제를 분석하는 사회주의 페미니스트이다. 하르트만은 미첼처럼 이중구조론자이지만, 미첼이 가부장제를 여성 억압의 이념적인 형태로 분석한 반면, 하르트만은 가부장제를 여성의 노동력을 지배해온 남성의 역사적인 지배에 유물적인 근거를 둔 관계구조로 본다. 하르트만은 여성 억압을 생산과의 관계에서만 분석한 마르크스주의 페미니즘은 성 억압을 계층 억압으로만 이해함으로써 여성-남성의 관계를 간과하고 있다고 비판한다. 결과적으로 마르크스주의 페미니즘은 "왜 여성이 가정 밖과 안에서 남성에게 종속되며, 왜 그러한 관계가 반대로 되지는 않는가" 하는 문제를 해명하지 못한다는 것이다.[86] 그러므로 여성의 남성에 대한 관계와 노동자의 자본가에 대한 관계를 이해하고자 할 때는 자본주의에 대한 마르크스주의적 분석과 가부장제에 대한 페미니스트 분석이 보충되어야 한다.

하르트만에 의하면, 가부장제는 미첼이 주장한 바와 같이 심리학적인 영역에서가 아니라 물질적인 영역에서 구체적으로 작동한다.[87] 남성이 여성에 대하여 갖는 관심이, 자본가가 여성에 대하여 갖는 관심과 같은 것은 아니라고 분석한다. 즉 남편은 여성이 집에 머물면서 자신을 위해 봉사해주기를 바라지만, 자본가는 여성이 저임금으로 작업장에서 일하기를 바란다는 것이다.[88] 여성을 지배하려는 남성의 욕구는 노동자를 지배하려는 자본가의 욕구만큼 강하며, 자본주의와 가부장제는 같은 것이 아니라 두 개의 각기 다른 야수이다. 이 두 종류의 야수와 싸우기 위해서는 각기 다른 무기가 필요하다는 결론을 내린다.[89]

(3) 단일구조론적 사회주의 페미니즘

자본주의와 가부장제는 각기 다른 형태이므로 분리해서 분석해야 한다고 보는 이중구조론의 사회주의 페미니즘과 달리, 자본주의는 가부장제에서 분리될 수 없다고 보는 입장이 있다. 이 입장을 '단일구조론 unified systems theory'이라고 부른다.[90] 단일구조론의 사회주의 페미니스트들은, 정신이 육체에서 분리될 수 없듯이 자본주의는 가부장제에서 분리될 수 없다고 주장한다. 따라서 분업이나 소외alienation 등 하나의 개념을 통하여 가부장제와 자본주의를 함께 분석하고 있다.

고전적 마르크스주의는 계급을 분석의 핵심 범주로 설정하고 있다. 그러나 사회주의 페미니스트들은 계급 개념이 젠더의 개념을 결여하고 있어 여성의 구체적인 억압의 문제를 다루는 데에는 적합하지 않다는 점을 지적하면서 마르크스주의 페미니즘의 한계를 극복하고자 한다.

첫째, 단일구조론을 주장하는 사회주의 페미니스트 중에는 마르크스주의가 이론 분석의 핵심 범주로서 설정한 계급 개념보다는 '분업' 개념이 여성 억압을 분석하는 데 훨씬 효과적이라고 보는 입장이 있다.[91] 이 견해를 취하는 대표적인 사회주의 페미니스트는 아이리스 영Iris Young이다. 영의 분석에 따르면, '계급' 개념은 생산구조를 가능한 한 보편적인 의미에서 전체로 보는 반면, '분업' 개념은 사회에서 생산에 종사하는 구체적인 사람들에게 관심을 두므로 여성 억압을 분석하는 데 더 적합하다. 즉 계급 개념은 부르주아와 프롤레타리아의 각 역할에 대하여 추상적으로만 논의한다. 그러나 분업 개념은 누가 명령을 하고, 누가 그것을 시행하며, 누가 고무적인 일을 하고, 누가 고되고 단조로운 일을 하는가, 또한 누가 임금을 적게 받고 많이 받는가 등 구체적인 논의가 수반되므로 여성 억압의 문제를 다루는 데에는 계급 개념보다 훨씬 장점이 많다는 것이다. 이러한 의미에서 분업 개념은 계급 개념에 보충적인 것이 아니라, 계급 개념을 대체하는 중요한 것으로 부각된다.[92] 이러한 사회주의 페미니즘의 입장은 자본주의가 남성을 일차적 노동력으로, 여성을 이차적 노동력으로 간주하므로 언제나 가부장제적이라고 주장함으로써 고전적 마르크스주의 관점과 분리된다.[93]

둘째, 단일구조론을 주장하는 사회주의 페미니스트 중에는 계급 개념보다는 '소외' 개념이 여성 억압을 분석하는 데 훨씬 적합하다고 보는 입장이 있다. 이 입장은 자본주의와 가부장제의 불가분리성을 주장하면서 계급이 아니라 소외의 개념이야말로 가장 순수한 마르크스주의적 개념이며, 마르크스주의 페미니즘, 급진주의 페미니즘, 자유주의 페미니즘, 정신분석학적 페미니즘의 중요한 통찰들을 조화시킬 수 있는 강력한 이론적 근거를 제공해준다고 본다.[94] 마르크스의 소외 개념을 문자적으로가 아니라 그 개념이 지니고 있는 의미로 조명해본다면, 인간으로서 통전성을 실현하는 데 필요한 사람들이나 또는 과정으로부터 분리되는 것을 소외라고 할 수 있다.[95] 이러한 소외 개념을 통해 여성 억압의 문제를 분석하는 것은 여성문제에 대한 포괄적인 접근을 가능하게 하는 것이다.

이 입장의 대표적인 페미니스트인 앨리슨 재거Alison Jaggar에 따르면, 여성은 섹슈얼리티, 모성, 지성으로부터의 소외를 경험한다.

첫째, 섹슈얼리티로부터의 소외는 다양하게 나타난다. 예를 들어 노동자가 자신이 생산한 생산물로부터 소외되듯이, 여성은 남성을 위한 하나의 대상이 되어버리는 자신의 육체로부터 소외를 경험한다. 노동자가 자신으로부터 소외를 경험하듯이 여성은 여성 자신으로부터 소외된다. 또한 노동자가 다른 노동자와 경쟁하듯이 여성은 남성의 시선과 관심을 더 받기 위해 다른 여성과 경쟁하게 된다.[96]

둘째, 모성 역시 여성에게 소외의 경험이다. 임신, 출산, 양육의 과정에서 여성은 자의적인 결정권을 행사하지 못하고, 남성중심적인 기술과학이나 제도 또는 관습에 의하여 조정됨으로써 소외를 경험한다.[97]

셋째, 여성은 자신의 지성적 능력으로부터도 소외를 경험한다. 여성은 여성을 열등하다고 보는 여성혐오가 팽배한 가부장제 사회에서 자기 자신에 대하여 확신을 품지 못하도록 길들여진다. 결과적으로 자신의 생각을 공식적으로 표현하는 것을 주저하고, 또한 자신의 생각은 표현할 가치가 없다고 생각한다. 또한 모든 용어들은 남성에 의하여 만들어졌고, 여성은 그러한 지식의 형성 과정에서 배제되어왔으므로 자신의 지성적 능력으로부터 다양하게 소외를 경험하는 것이다.

이러한 다층적 '소외'를 페미니즘의 이론적인 하부구조로서 수용하는 것은, 여성의 현대적 억압이 특히 남성 지배의 자본주의적 형태에 생기는 현상이라는 것을 드러나게 한다. 그리하여 자본주의에서 여성 억압은 모든 것으로부터, 모든 사람들로부터, 특히 자기 자신으로부터의 여성 소외의 형태로 나타나서 여성이 온전한 자아를 실현하기 어렵게 만든다.[98] 결국 여성 억압을 제거하기 위해서는 그 억압에 대한 적절한 이해가 선행되어야 하며, 동시에 개인의 의식, 사회 제도, 문화적 구조 안에 자리 잡고 있는 억압에 대한 더욱 포괄적인 인식이 요청된다고 할 수 있다.

(4) 공헌과 한계

급진주의 페미니즘과 마찬가지로 사회주의 페미니즘은 현대 여성해방운동의 산물이다. 1970년대에 출현하기 시작한 사회주의 페미니즘은 이전의 페미니즘들이 지니고 있던 한계를 극복하고, 동시에 그 페미니즘들의 강점을 조화하고 수용하는 시도라고 볼 수 있다.

이런 의미에서 사회주의 페미니즘은 어떤 새로운 이론이라기보다는 이미 존재하고 있던 것들이 발전한 이론이라고 할 수 있다. 즉 사회주의 페미니즘은 급진주의 페미니즘과 마르크스주의 페미니즘의 두 가지 전통에서 그 이론적인 근거를 물려받았다고 할 수 있다. 급진주의 페미니즘이 '가부장제'라는 단일구조로, 그리고 마르크스주의 페미니즘이 '자본주의'라는 단일구조로 현대사회를 분석하는 데 비해, 사회주의 페미니즘은 현대사회에서 여성 억압의 문제를 다루는 데에는 가부장제와 자본주의의 두 구조가 모두 중요한 분석의 대상이 된다는 전제 아래 출발하는 페미니즘이다. 더 나아가 사회주의 페미니즘은 정신분석학적인 방법론도 수용하여 현대 페미니즘의 더욱 포괄적인 관점을 형성하고자 한다고 볼 수 있다.

　이렇게 다양한 사상과 관점을 포괄적으로 수용한다는 점에서 사회주의 페미니즘이야말로 기존의 여러 페미니즘의 한계를 극복하고 다양한 강점들을 조화시킬 수 있는 통전적인 페미니즘의 역할을 하는 데 크게 공헌할 수 있다. 또한 여성 억압의 다양한 형태를 상호 연관시켰다는 점은 사회주의 페미니즘의 독특성과 강점이 된다. 이러한 맥락에서 보면, 여성 억압에 대한 분석의 모든 것을 통합하고 단일한 이론을 창출하고자 하는 것이 사회주의 페미니즘의 주요 목표라고 할 수 있다. 사회주의 페미니즘의 이러한 중요한 공헌은 동시에 사회주의 페미니즘이 갖고 있는 위험성이 되기도 한다. 즉 모든 것을 포괄하려는 이론은 인종이나 사회적인 계층 등의 차이 때문에 여성들 사이에 구체적으로 존재하는 상이성을 간과할 수 있는 것이다. 이러한 위험성을 주의 깊게 고려하면서 사회주의 페미니즘을 전개한다면, 현대사회에 존재하는 여성의 다양하고 복합적인 억압의 여러 문제를 심도 있게 분석하고 대안을 제시하는 페미니즘으로서 중요한 역할을 할 수 있으리라 본다.

3. 페미니즘과 우머니즘

페미니즘이 백인 여성에게서 시작된 것이라면, 우머니즘은 흑인 여성들에 의해 형성된 것이다. '페미니스트'에 대응하는 용어로서 '우머니스트womanist'라는 용어는 앨리스 워커Alice Walker가 《어머니의 정원을 찾아서In Search of Our Mother's Garden》라는 책에서 처음으로 소개했다.[99] 그러나 그 용어는 본래 흑인문화 속에서 오래전부터 중요한 의미가 있던 것들이다. 흑인 페미니스트 또는 유색인 페미니스트feminist of color라고 정의될 수 있는 우머니스트의 개념은 흑인 여성들로 하여금 그들 고유의 역사, 종교, 문화에서 자신들의 존재의 뿌리를 찾아내게 하는 것이다. 흑인 민속적인 표현에 나타나 있는 것을 워커가 묘사한 바에 의하면, 우머니스트는 언제나 좀 더 알기를 원하고, 용감하고, 책임감 있고, 진지하며, 남성과 여성 모두의 생존과 통전성을 위해 자신을 바치는 사람이다. 또한 우머니스트는 다른 여성을 사랑하고, 음악·춤·달·음식을 사랑하며, 투쟁을 사랑하고, 자기 종족을 사랑하며, 자기가 어떤 사람이건 자기 자신을 사랑하는 사람이다.[100] 이러한 개념으로 형성된 우머니즘은 전통적인 모성의 역할을 중요하게 생각하며, 또한 공동체 형성의 중요성을 강조한다.[101]

백인 여성들과 달리 흑인 여성들은 여성차별주의뿐 아니라 인종차별주의와 계층차별주의에 의해 삼중의 고통을 당하고 있기 때문에 백인 여성들의 경험과 다른 경험을 지니고 있다. 이러한 삼중의 억압 속에서도 의연히 가정을 이끌어오고 흑인 정신을 지켜온 전통적인 흑인 여성에 대한 새로운 인식 등 백인 여성과의 상이성에 대한 인식이 페미니즘과 구별되는 우머니즘이라는 용어를 낳게 했다. 우머니즘이라는 용어는 좁게는 흑인 페미니즘을, 넓게는 백인이 아닌 유색인 여성들의 페미니즘을 지칭하는 경우도 있다. 신학에서도 백인 페미니스트 신학자들의 신학은 페미니스트 신학feminist theology, 흑인 페미니스트 신학자들의 신학은 우머니스트 신학womanist theology이라고 구별하고 있다.

이상에서 살펴본 바와 같이 여성학은 전통적인 남성중심주의적 세계관에 대한 변혁의 요청과 그에 따른 총체적인 인간관의 정립을 바탕으로 시작되는 학문이며, 상아탑 안에서만 의미가 있는 것이 아니라 상아탑 밖의 세계에서도 그 의미가 살아서 페미니즘과 같은 새로운 운동들, 새로운 이론들과 상호 의존하고 연결되어 있는 살아 있는 학문이다. 이 장에서 논의한 자유주의 페미니즘, 마르크스주의 페미니즘, 급진주의 페미니즘, 사회주의 페미니즘 이외에도 정신분석학적 페미니즘, 실존주의 페미니즘, 포스트모던 페미니즘 등이 있지만, 정신분석학적 페미니즘과 실존주의 페미니즘은 논의의 맥락이 앞의 네 가지 페미니즘과 다르기 때문에 이 장에서는 다루지 않았으며, 포스트모던 페미니즘은 이 책의 후반부에서 논의할 것이다.

제4장

페미니스트 신학의 출현: 비판과 해방의 종교를 향하여

여성운동, 생태운동, 반전운동, 민권운동 등 사회적 변혁을 요구하는 다양한 사회운동이 등장한 1960년대 후반 이후, 전통신학은 다양하게 도전받아왔다. 신 죽음의 신학을 필두로 흑인 해방신학이나 라틴아메리카 해방신학 등은 전통적인 신학의 방법론, 신 개념, 예수 이해, 교회론 등에 근본적인 이의를 제기하기 시작했다. 페미니스트 운동이 사회 곳곳에 확산되면서 종교 안에서도 변화가 일어나기 시작했다. 서구 문명의 근간을 이루는 종교인 기독교에서는 페미니스트 신학이 등장하기 시작했다. 메리 데일리, 로즈메리 류터, 엘리자베스 쉬슬러 피오렌자 등과 같은 페미니스트 신학자들의 책들이 출간되면서 페미니스트 신학이 본격적인 모습을 드러냈다.

    전통적인 신학은 다양한 방식으로 남성 지배와 여성 종속을 정당화하는 신학 지식을 생산해왔다. 신은 '아버지'인 남성으로 규정되었으며, 남성만이 신의 대변자로서의 역할을 할 수 있다는 성서 해석과 신학 담론을 지속적으로 생산하면서 여성을 종교 지도자로서의 위치와 역할에서 배제해왔다. '남성 우월'과 '여성 열등'이라는 가치체계를 확고한 진리로 간주하는 남성중심주의적 위계는 다양한 성서 텍스트로부터 그 정당성을 확립해왔다. 예를 들어 창세기에는 두 개의 각기 다른 창조 이야기가 있다. 전통신학은 신이 남자와 여자를 자신들의 형상대로 창조했다는 첫 번째 창조 이야기가 아니라, 두 번째 창조 이야기에 절대적인 신학적 의미를 부여하면서 남성 지배와 여성 종속을 정당화해왔다. 즉 신이 남성을 먼저 창조하고, 뒤이어 남성의 갈비뼈로 여성을 창조했다는 것이 '신적 질서Divine Order'라고 하면서 가부장제적 남성중심주의를 확립하고, 재생산하며, 강화해왔다. 페미니스트 신학은 조직신학, 성서신학, 교회사, 실천신학 등 다양한 신학 분야에서 가부장제적 남성주의의 관점으로부터 평등주의적 관점으로의 변혁을 시도하는 신학이다.

1. 페미니즘과 남성

1) 남성은 여성의 적인가

가부장제는 여성들에게만 피해를 주고, 페미니즘은 단지 '여성을 위한', 그리고 '여성에 의한' 것이며, 남성은 여성과 대치적 위치에만 존재한다고 많은 사람들은 생각한다. 그러나 '모든' 남성이 페미니즘을 반대하는 것은 아니며, 또한 '모든' 여성이 페미니즘을 지지하는 것도 아니다. 가부장제는 '남자다운 것'과 '여자다운 것'을 만들어내며 남성 또는 여성이 개별적인 한 인간으로서 지닌 고유하고 다양한 모습을 억누르고, 사람들을 오직 '남자'와 '여자'로만 구분해 가부장제적 고정관념의 틀 속에 집어넣는다. 이런 의미에서 가부장제는 각기 다른 방식으로 여성과 남성에게 피해를 준다. 물론 가부장제에 의한 성차별주의의 우선적 피해자는 여성이라고 할 수 있다. 한 인간으로서 자신이 살고 싶은 삶을 살지 못하고, 하고 싶은 일들을 하지 못하는 차별과 억압 속에서 피해를 받은 것이기 때문이다. 그러나 좀 더 깊은 문제들을 다층적으로 조명해보면, 궁극적으로 여성과 남성은 가부장제를 넘어서는 구조를 통해서 비로소 각자의 통전적 인간성을 회복할 수 있다. '남자다운 남자' 또는 '여자다운 여자'의 틀에 맞추기 위해서 많은 사람들은 자신의 고유한 인간됨을 억누르고, 포기하고, 왜곡시킬 수밖에 없다. 가부장제의 우선적 피해자인 여성의 경험에 진지하게 귀 기울일 수 있을 때, 남성은 자신의 가부장제적 남성중심주의 사회에서 어떠한 방식으로 가부장제가 여성들의 삶을 왜곡하고 억압했는가를 이해할 수 있고, 더 나아가서 남성의 삶도 결국 왜곡시킨다는 것을 알게 될 것이다. 다음 남성의 이야기를 들어보자.

나의 아내가 페미니즘을 알기 시작했을 때, 나는 그녀가 말하는 모든 것에 이론적으로는 모두 동의할 수 있었다. 또한 지난 18년간의 결혼생활에서 그녀의 마음속에 억눌러왔던 문제들을 놓고 같이 씨름하기에 정신이 없었다. 그러나 이론적으로 동의하면서도 나는 실제로는 페미니즘에 의해 상처받고 있었으며, 그것은 커다란 아픔이 되었다. …… 나는 페미니즘이 옳다는 것을 알고 있었기에 우선은 내가 상처받도록 내버려두기로 했다. …… 이 책은 나와 다른 남성들이 어떻게 페미니즘에 의해 상처받고 치유받게 되었는가에 관한 것이다.[1]

이 글은 "남성들의 반反성차별주의 운동Men's Anti-Sexism Movement"을 지지하면서 가부장적 신화나 가치관들을 분석한 존 로언John Rowan의 《뿔 달린 신》이라는 책의 서두에 나오는 글이다. 로언은 가부장제가 여성을 억압할 뿐 아니라 남성까지도 온전한 인간으로 살아가는 것을 억압해 왔으며, 자연 파괴의 결과를 낳았다고 밝힌다. 따라서 우리 사회에 만연하고 있는 성차별주의는 인종차별주의, 계급차별주의, 식민지주의 등과 연결되어 있기 때문에 자유로운 사회를 실현하기 위해서는 성차별주의가 극복되어야 한다고 주장한다.

페미니스트 신학을 다루면서 먼저 '페미니즘과 남성'에 대해 논의한다는 것은 어떻게 보면 대상을 잘못 설정하는 것이 아닌가 하는 의문을 야기할 수도 있다. 그러나 나는 성차별주의는 여성에게만 피해를 준 것이 아니라, 남성에게도 비인간적인 삶을 살아가게 한다는 점을 밝히고, 이러한 성차별주의를 극복하는 데에는 여성과 남성이 함께 나누어야 할 공동의 책임과 역할이 있다는 것을 분명히 하기 위해 이 문제를 먼저 살펴보는 것도 필요하다고 생각한다.

페미니즘은 가부장제에 대한 근원적인 비판으로부터 출발했다. 이러한 가부장제에 대한 페미니즘의 비판이 남성-여성의 극단적 대립구조로 치달으면서 결국 '남성은 여성의 억압자이며 여성은 그의 피해자'라는 것, 따라서 '남성은 여성의 적'이라는 사실을 의식적으로 또는 무의식적으로 전제하게 되었다. 따라서 페미니즘은 남성들의 권익을 빼앗아서 그것을 여성들에게 돌리는 '여성들만의 이익을 위한 운동'이라고 생각하게 만들었다. 이런 정황에서 대부분의 남성들뿐 아니라 여성들까지도 페미니즘에 대해서 긍정적인 느낌보다는 기존의 평화와 질서를 무너뜨리는 도전적이고 위협적인 것이라는 부정적인 느낌을 받게 되었다.

또한 페미니즘이 다양하게 전개되면서, 여성의 해방을 위한 운동은 남성과 더불어 전개될 수는 없으며, 여성은 남성과 남성의 영역으로부터 분리해서 전개되어야 한다고 보는 '분리주의separatism'가 등장하기 시작했다. 이러한 전제를 두는 분리주의 페미니스트들은 남성이 주도해온 기존의 제도 속에서 어떠한 변화를 시도하고자 하며, 남성을 성차별주의를 극복하기 위한 운동의 파트너로 생각하는 페미니스트들을 신랄하게 비판한다.

여기서 이러한 분리주의자들이 품고 있는 전제를 다시 한번 점검해 보아야 한다. 성차별주의적 사회에서 '남성은 여성의 적'이라는 분리주의 페미니스트들의 입장은 결국 성차별주의가 여성에게는 피해를, 남성에게는 특권과 이득을 주었다고 전제하는 것이다. 그러나 이 다원적인 현대사회의 구조를 좀 더 깊이 들여다보면, 모든 남자들이 성차별주의로부터 특권과 이득을 취하는 것은 아니라는 사실을 보게 될 것이다. 예를 들어 자본주의 사회에서 가난하고 교육받지 못한 노동자 남성은 가정에서는 자신의 아내 위에 군림하는 반면, 사회에서는 교육받은 부유한 여성에 의해 비인간적인 대우를 받기도 한다. 분리주의 페미니스트들은 '모든' 남성이 성차별주의에 의해 특권과 이득을 받고 있다고 전제함으로써 이러한 남성의 비인간적인 상황을 간과하고 있다. 젠더의 문제는 사회적 계층 또는 인종 등 다양한 문제들과 분리되어 존재하지 않는다. 그리고 같은 사람이 각기 다른 정황에서 '억압자'의 위치에 서기도 하고 '피억압자'의 위치에 서기도 한다는 현실 속의 복합적인 문제를 보아야 한다. '남성은 여성의 적'이라는 분리주의적 입장을 공식적으로 표명한 대표적인 예라고 볼 수 있는 다음의 글을 살펴보자.

우리 여성은 우리의 억압의 대표적인 행위자들을 남성이라고 규정한다. 남성 우월주의는 가장 오래되고 가장 근원적인 지배의 형태이다. 인종차별주의, 자본주의, 제국주의 등 모든 다른 종류의 착취와 억압은 남자가 여자를 지배하고, 또한 소수의 남자들이 나머지를 지배하는 남성 우월주의의 연장일 뿐이다. 인류의 역사에서 권력의 상황은 남성 지배적이고, 남성 지향적이 되어왔다. 남성은 모든 정치적·경제적·문화적 제도와 기구들을 통제해왔으며, 이러한 통제를 육체적인 힘으로 뒷받침해왔다. 남성들은 여성들을 열등한 위치에 남아 있게 하는 데 그들의 힘을 이용해온 것이다. 모든 남자들은 남성 우월주의를 통해 경제적·성적·심리적 이득을 취함으로써 여자들을 억압해왔다.[2]

이 문서는 엘렌 윌리스Ellen Willis와 파이어스톤이 창설한 '레드스타킹스Redstockings'의 선언문Redstockings Manifesto 가운데 일부로, 1969년 7월에 발표되었다. 1969년 미국의 뉴욕에서 세 종류의 급진주의 분리주의 페미니스트 그룹 '레드스타킹스', '페미니스트들The Feminists', '뉴욕 급진주의 페미니스트들New York Radical Feminists'이 형성되었다. 이러한 분리주의 페미니즘은 이미 오래전부터 여성운동이 활발하게 전개되어온 미국에서 특히 강하게 드러나는 관점이다. 그러나 남성들이 성차별주의 극복을 위한 운동에 무관심하고 또한 페미니스트 관점을 가진 이들을 소외시키는 분위기는, 유교적 가부장제가 여전히 강력하게 작동하고 페미니즘의 역사가 짧은 한국에서 더욱 압도적이다.

성차별주의에 대한 비판은 자신의 경력만을 중시하는 어떤 '특수한' 여자들이나 하는 것이며, 따라서 그들의 학문적인 노력이나 실천적인 운동은 보편적으로 받아들일 필요가 없는 '특별한' 어떤 것으로 자연스럽게 간주하고 소외시키는 분위기가 한국에서 볼 수 있는 일반적인 경향이다. 분리주의 페미니즘과 같은 급진주의에서 주로 볼 수 있는 페미니즘의 '반反남성적'인 분위기는 삶의 많은 부분을 남성들과 공유해야 하고, 여러 차원에서 남성들과 함께 일해야 하는 여성들에게 성차별주의를 반대하는 것이 그들과 상관없다고 생각하게 만든다. 동시에 성차별주의에 대하여 정서적으로 또는 이념적으로 동의하지 않는 많은 남성들까지 소외시키는 결과를 야기한다. 분명하게 자신을 페미니스트라고 명명하지는 않지만, 성차별주의가 지닌 문제들을 비판적으로 보면서 더욱 평등한 사회를 지향하는 이들은 생물학적 성에 상관없이 '익명의 페미니스트anonymous feminist'이다. 이러한 익명의 페미니스트들은 여성의 통전적 인간으로서의 삶이 남성의 온전한 삶을 이룩해 나아가는 데에도 깊이 연관되어 있다고 믿는 이들이어서, 그들의 지지는 성차별주의의 극복을 위한 작업에 강력한 영향을 줄 수 있다.

물론 페미니즘의 분리주의적 성향이 모두 부정적인 역할을 하는 것은 아니다. '잠정적 분리주의'는 어떤 의미에서 여성들의 의식화 과정에 반드시 필요하다. 여성들만이 모여서, 그들의 개인적인 경험을 나누고 그것을 여성 공동의 경험으로 만들며 여성들 간의 연대감을 형성하는 것은 여성들만의 모임을 통해서 가능하다. 자기 상황에 대한 분명한 의식과 분석이 있기 전에 여성들이 남성들과 같이 경험을 나눈다면, 표준적 경험normative experience은 남성들의 경험이라는 의식적·무의식적 전제로 인해 대부분의 여성들은 그들 고유의 경험과 느낌을 다른 이들과 나누고 분석하는 데 주저하게 되기 때문이다. 동서양을 막론하고 여성들은 자기의 느낌과 생각을 공식적으로 분명히 표현하는 것을 연습하지 못했다. 특히 한국의 여성들은 더욱 어려운 상황에 있다. 남녀와 장유長

幼의 상하 질서를 존중하는 유교적인 가치관에서는 대화의 개념이 형성되기 어렵기 때문이다. 이러한 유교적 상하 질서에서, 여자들이나 어린아이들이 자기의 생각을 분명히 표현하는 것은 대부분의 경우 '버릇없다'거나 '덕이 없다'는 강한 부정적인 반응을 받곤 한다. 조선 시대 이후 유교적 위계주의 가치관이 깊이 스며들어 있는 한국 사회는 인식론적으로뿐 아니라 정서적으로도 엄밀한 의미의 인간평등주의가 실현되는 것이 참으로 어려운 상황이다.

한국의 유교 문화에서 '여성'은 언제나 남성들에 의하여 표현되고 규정되는 대상인 '발화의 객체spoken object'로만 존재해왔다. '발화의 객체'로만 존재해왔던 여성들이 비로소 자신의 목소리로 자신을 규정하는 '발화의 주체speaking subject'로서 전이하기 위한 과정에서, 여성들은 남성들과 분리되어 그들을 표현하고 그들의 상황을 분석할 수 있는 그들만의 공간과 시간이 필요하며, 더 나아가서 상대방과의 비판적 대화 능력을 확장할 필요가 있다. 그러나 사실상 이러한 대화의 능력은 여성에게만 결여되어 있는 것이 아니고 남성에게도 역시 결핍되어 있다고 보는데, 엄밀한 의미의 대화란 자기를 표현하는 것에 그치는 것이 아니라, 다른 사람의 표현을 듣고, 동시에 그것에 비추어 자기 생각을 비판적으로 점검하는 태도가 요구되기 때문이다. 이런 의미에서 페미니즘이 지니고 있는 분리주의적 성향은 여성들의 의식화 과정에 요청되는 잠정적인 것이어야 한다고 볼 수 있다. 독일의 신학자 도로테 쥘레Dorothee Sölle는 페미니즘이라는 말이 남성들에게 종종 거부감을 주는 이유는 첫째, 페미니즘에 대하여 잘 모르기 때문이고, 둘째, 매스미디어에서 잘못 해석하여 왜곡하기 때문이라고 분석한다.[3]

종합해볼 때, 페미니즘은 남성배척주의가 아니라 남성 스스로의 온전한 인간성의 실현을 위해서도 요구되는, 인간 억압으로부터의 해방과 새로운 사회를 위한 변화를 추구하는 운동이며, 만약 페미니즘에서 배타성이 요구될 때는 그것은 잠정적일 뿐이라고 할 수 있다.

2) 성차별주의 극복의 공동 책임자로서의 남성과 여성

가부장제의 극복을 우선적인 과제로 삼고 있는 페미니즘은 가부장제가 남성에게 특권과 이익만 준 것이 아니라 상처를 주고, 결과적으로 그들의 통전적인 인간성 실현에 걸림돌이 되어온 사실을 자각해야 한다. 여성의 존엄성을 파괴하는 것은 어떠한 '특권'이 아니라 그 파괴한 사람의 자기 상실 또는 자기 몰락이기 때문이다. 그 남성은 여성을 억압한 억압자이며, 동시에 총체적인 자기 자신에게 '적'이 됨으로써 억압받는 자의 위치에 있게 되는 것이다. 따라서 성차별주의나 남성 우월주의는 남성에게는 특권과 이득만을, 여성에게는 피해만을 주는 것이 아니라, 궁극적으로 남성과 여성 모두에게 상처를 주는 것이다. 이런 의미에서 나는 성차별주의를 극복하고자 하는 노력이 여성과 남성에 의해 동시에 이루어져야 한다고 본다.

더 나아가 남성은 의식적으로든 무의식적으로든 성차별주의를 실천해왔다는 점에서, 또한 여성은 이러한 성차별주의가 지속될 수 있도록 협력해온 사실에서 공동의 책임을 인식해야 한다고 본다. 물론 이렇게 성차별주의가 여성에게뿐 아니라 남성에게도 피해를 주었다는 분석이 야기할 수 있는 위험이 있다. 그것은 무엇보다도 성차별주의가 인류의 역사를 통하여 여성에게 부여해온 불평등 구조에 대한 비판적 분석을 모호하게 할 수 있다는 점이다. 그러나 '남성은 여성의 적'이라는 매우 단순한 전제는 성차별주의에 대한 남성의 책임과 그 성차별주의를 극복하는 데 요구되는 남성의 역할의 중요성을 간과하게 만든다. 또한 그러한 성향 때문에 페미니즘이 사회의 중심이 아니라, 주변에 위치하게 되는 결과를 자아내기도 한다. 성차별주의가 여성에게뿐 아니라 남성에게도 상처를 준다는 것을 인식하고, 여성들의 성차별주의 제거 운동을 지지하면서 남성들의 의식을 일깨우기 위한 남성들의 '의식화 그룹'이 있다. 이에 대하여 〈남성들을 위한 반反성차별주의 의식화 모임〉이라는 글에서 호내섹Paul Hornacek은 다음과 같이 밝힌다.

> 남성들은 각기 다른 여러 가지 이유들을 가지고 이 의식화 그룹에 가입하기로 결심했으며, 모든 사람들은 페미니스트 운동에 어떠한 연관성을 가지고 있다. 대부분은 전통적으로 주어진 남성적 역할이 그들에게 감정적인 상처를 준다고 느끼고, 또한 그러한 역할에 만족하지 못하고 있다. 그들 중 어떤 이들은 급진주의 페미니스트들과 공적으로 또는 사적으로 충돌을 경험하고 성차별주의자가 된 것에 대하여 계속 비판을 받아왔다. 어떤 이들은 사회변화를 위하여 주력해야겠다는 결단을 하고, 성차별주의와 가부장제야말로 이 사회에서 무엇보다도 먼저 시정되어야 할 것이라는 자각을 한 사람들도 있다.[4]

이러한 반성차별주의 남성 그룹에 가입하게 된 동기는 다르지만, 공통적인 것은 그 남성들은 자신들이 가부장제에서 혜택을 입은 동시에 그로부터 상처받았음을 자각한다는 점이다. 분리주의 페미니즘은 성차별주의가 남성에게 준 피해에는 관심을 돌릴 필요가 없다고 함으로써, 남성과 여성의 배타적 양극화를 강조한다. 그러나 좀 더 깊이 우리의 삶을 들여다보면, '남성은 여성을 억압한다'는 사실, '남성과 여성 모두 경직된 역할에 의해 상처받고 있다'는 사실 이 두 가지가 따로따로 존재하는 것이 아니라 공존한다는 것을 알 수 있다.

성차별주의가 인간의 총체적인 삶에 주는 파괴성을 자각함으로써 남성들은 새로운 자기 발견과 해방을 위한 노력을 시작할 수 있을 것이다. 그러나 남성들이 반성차별주의 운동을 무시하거나 외면할 때 그들은 여성의 삶을 제한하는 '억압자'로, 그리고 동시에 가부장제에 의하여 자신의 경직된 역할만을 강요당함으로써 '억압받는 자' 그대로 남아 있게 될 것이다.

간혹 페미니스트 운동을 적극적으로 지지하는 남성들 중에는, 자신들을 '남성해방주의자'라고 칭하면서 전통적으로 남성에게만 경제적인 책임이 주어지는 데 피곤함을 느껴 여성운동을 지지하는 사람들이 있다. 그들은 직업이 주는 긴장감, 승진에 필요한 경쟁심 등에 피곤함을 느끼며, 여성이 남성과 같이 직업을 가짐으로써 남성에게만 주어졌던 경제적 책임에서 벗어나고자 한다. 그러나 이러한 전제에서 여성들이 직업을 갖게 될 때, 여성들은 이중의 부담을 짊어져야 한다. 즉 직업인으로서, 그리고 가사일의 전담자로서 두 개의 전업을 수행해야 하는 것이다. 이러한 경우 남편은 경제적인 책임의 압박감에서 벗어날 수 있지만, 구체적인 삶에서 가사나 양육의 역할을 나누지 않아 여성은 직업적인 일 이외에도 가사노동을 전담하는 이중 삼중의 부담을 지게 된다. 그러므로 여성과 남성에게 전통적으로 주어지는 역할에 대한 고정관념을 깬다는 이름 아래 여성의 삶이 더욱 어려움에 부딪히게 되고 만다.

여성해방운동을 지지하는 이러한 '남성해방주의자'들이 문제가 되는 것은, 자신들은 가족부양의 책임을 전적으로 짊어져야 함으로써 성차별주의의 희생자라고 주장하며 여성도 경제적으로 가족부양의 책임을 지라고 하면서도, 일상생활에서 성차별주의가 여성에게 가하는 구체적인 고통과 짐을 나누는 것에는 무관심하기 때문이다. 남성 자신만을 비극적 희생자라고 간주하는 이러한 경향의 남성해방운동은 분명히 잘못된 남성해방운동이며,[5] 가부장제의 반복일 뿐이다. 가부장제는 분명 남성의 특권을 지속하고자 했던 남성운동이지만, 그것은 여성과 남성 모두에 의해서만 극복될 수 있다는 사실을 분명히 자각할 필요가 있다. 남성과 여성은 성차별주의를 극복하기 위해 함께 작업해야 하는 공동의 책임자이기 때문이다. 또한 남성의 특권을 강화하기 위한 성차별주의나 가부장제가 여성뿐 아니라 남성의 비인간화도 초래했다는 포괄적인 이해가 있을 때, 비로소 가부장제의 악함을 인식하는 남성들과 여성들의 운동이 새로운 인간화를 위한 적극적인 노력으로 꽃피워질 것이다.

3) 페미니스트 관점은 신학에 어떤 변화를 주었는가?:
    남성 신학자들의 반응

흔히 많은 사람들이 페미니스트 신학이나 여성학의 청중은 여성이어야 한다고 생각한다. 그러나 그것은 여성과 남성의 상호의존성을 고려하지 않은 이해이다. '어떻게 한 인간이 통전적인 모습으로 살아갈 수 있는가'가 여성학이나 페미니스트 신학이 품고 있는 근본적인 과제이기 때문이다. 따라서 페미니스트 신학의 근본 의도가 올바로 실현되기 위해서는 여성만이 아니라, 인간의 평등성과 존엄성을 믿는 모든 이들의 관심과 지지를 받아야 한다. 실제로 페미니스트 신학이나 여성학 이론에 의해 신학적 사고나 언어가 변하게 되었다고 하는 남성 신학자들이 상당

수 있다. 우선 존 캅John B. Cobb, 고든 카우프만Gordon D. Kaufman, 프란시스 피오렌자Francis Schüssler Fiorenza, 마크 클라인 테일러Mark Kline Taylor의 입장을 살펴보겠다.

존 캅은 페미니스트 신학이 신학자의 과제와 역할에 대한 자신의 사고를 변화시키는 데 큰 역할을 했다면서, 신학의 미래에 페미니스트 신학은 가장 의미심장한 것이라고 밝힌다. 그는 스스로 진보적이고 개방적인 학자라고 생각해왔으나, 신에 대한 고전적 교리에 관련된 지적인 문제들에만 관심을 두었을 뿐, 신 개념의 사회적 억압성, 신학자들의 사회적 입장, 혹은 기독교의 인간중심주의가 자연의 파괴를 정당화해온 문제 등 구체적인 삶의 장에서 펼쳐지는 문제들을 고려하지 않았다고 시인한다. 그러면서 페미니스트 신학을 접한 이후 자신의 이러한 태도를 다시 생각하게 되었다고 말한다. 그리하여 존 캅은, 페미니스트 신학은 기독교 신학의 미래를 위하여 현대의 가장 중요한 소리이며, 만약 페미니스트 신학이 주는 이러한 새로운 계시와 지혜를 외면한다면 교회의 미래는 암담할 것이라고 결론을 내린다.[6]

과정사상process thought의 선구자 앨프리드 화이트헤드Alfred N. Whitehead는 1906년에 미국의 '케임브리지 여성참정권연합회'에서 여성의 참정권을 옹호하는 연설을 했다. "자유의 이름으로, 우리는 여성들의 참정권을 요구한다"고 화이트헤드는 강조한다.[7] 그 연설문에서 볼 수 있듯이 그에게 인간의 자유와 해방의 원리는 근본적인 것이다. 또한 화이트헤드는 전통적인 남성적 신 개념을 거부하고 신의 부드러움과 응답적인 사랑, 그리고 인간의 고통을 함께 나누는 여성적 신의 모습을 추구함으로써, 그의 신 개념을 전통적으로 여성적이라고 불리는 이미지에 의존한다.[8] 그러나 존 캅은 화이트헤드의 사상을 따르는 대부분의 남성들이 그의 사상의 이러한 양성적androgynous 특성을 살려내지 못하고 오히려 남성 지배적인 학문적 분위기를 정당화해왔다고 밝히면서, 여성의 도움으로 이러한 단성적single-sexed 특성이 양성적인 것으로 전환되는 것이 시급하다고 주장한다.[9]

화이트헤드의 이러한 사상을 페미니스트 신학적으로 수용한 대표적인 신학자로는 마저리 수하키Marjorie Suchocki를 꼽을 수 있다. 수하키에 의하면, 화이트헤드의 신 개념은 상호성과 개방성의 페미니스트 신학적 가치관의 형성에 형이상학적인 근거를 마련해준다. 더 나아가서 그러한 신 개념은 성에 관련된 인간의 특성과 신과의 관계에서 문제의 답을 찾는 데 도움이 된다. 따라서 과정사상은 '비非성차별적non-sexist'일 뿐 아니라 '반反성차별적anti-sexist'이라고 결론을 내린다.[10] 수하키에게 인종차별주의, 계층차별주의, 장애자 차별주의handicapism와 더불어 성차별주의에 대항한 투쟁은 악마적인 것과의 투쟁이며, 이러한 차별주의들은 관계적 세계 속에서 진정한 관계를 파괴하는 '죄'이다.[11]

두 번째, 하버드 대학 교수이며 미국종교학회 회장을 지낸 고든 카우프만의 페미니스트 이론에 대한 입장을 소개하겠다. 그는 일찍이 페미니스트 신학자인 밸러리 세이빙Valerie Saiving의 글 〈인간의 상황〉[12]을 읽고 나서, 20세기의 주도적인 신학자들에 의하여 형성된 '죄'와 '구원'의 개념이 남성의 경험만을 반영한 것임을 깨닫고 충격을 받았다고 한다.[13] 세이빙의 이 논문은 페미니스트 신학적인 최초의 글이라고 평가받는다. 세이빙은 전통적 신학에서 죄와 구속의 범주를 여성의 경험으로 재조명해야 한다고 요구했다. 최초로 '여성의 경험'을 신학적 문제로 부각하는 역할을 한 것이다. 세이빙은 이 글에서 '페미니스트'라는 용어를 쓰지 않고 '여성적feminine'이라는 용어를 쓴다. 학술적인 글에서는 객관성을 예시하는 '필자the author' 등과 같은 '3인칭'을 쓰는 그 당시 학술적 풍토에서, 주관성을 담고 있는 1인칭 '나I'를 주어로 사용한 세이빙의 이 논문은 1960년 출판 당시에는 큰 주목을 받지 못했다. 그러다가 20년 후, 주디스 플라스코Judith Plaskow가 예일 대학 박사학위 논문에서 이 논문을 다루었고, 후에 《성, 죄, 그리고 은총: 여성의 경험 그리고 라인홀드 니부어와 폴 틸리히의 신학들》이라는 제목의 책으로 출판되면서 세이빙의 논문이 비로소 주목받기 시작했다.[14]

카우프만은 세이빙의 글을 접하고 나서 성별 차이의 신학적 중요성을 인식하게 되었으며, 그의 강의 시간에 젠더 문제가 언제나 가장 중요한 부분을 차지하도록 한다고 밝힌다. 카우프만에 의하면 여성 억압은 오랫동안 이어져온 남성 우월적 종교적 상징과 언어들에 의하여 지속되어왔으며, 이러한 문제들에 대하여 신학자들은 진지하게 관심을 가져야 한다. 그뿐만 아니라 기독교의 신학적 언어와 상징들이 새롭게 형성되도록 해야 한다고 주장한다.[15] 그는 페미니스트 신학을 접함으로써 기독교 전통이 성차별주의에 의하여 깊이 타락했다는 사실을 알게 되었고, 신학은 하나님의 계시에 의해서가 아니라 인간의 경험에 근거한 인간의 창조력의 산물임을 인식하게 되었다고 밝힌다. 또한 이러한 깨달음이 그의 신관을 바꾸게 했다고 말한다. 또한 그는 현대의 신학이 이제까지와 같이 남성 사상가와 신학자가 중심이 된 전통에 의해서만 규정된다면, 신학자들은 오늘의 다원적인 세계가 직면하고 있는 가장 중요한 문제를 다루지 못하는 결과를 맞이할 것이라고 경고한다. 1981년에 나온 카우프만의 책 《신학적 상상The Theological Imagination》에는 신이나 인간에 대한 표현 등에서 모든 성차별적 언어sexist language가 완전히 사라졌음을 볼 수 있다. 또한 그의 책 《핵시대의 신학Theology for a Nuclear Age》에서 그는 이제까지의 신 개념은 더 이상 현대의 상황에 맞지 않는다고 분석하며, 새로운 의미를 담은 신 개념이 필요함을 역설하고 있다.

세 번째, 프란시스 쉬슬러 피오렌자가 페미니스트 신학에 대하여 어떻게 평가하는지를 살펴보겠다. 프란시스 피오렌자에 따르면, 페미니스트 신학은 신학의 어떤 특수한 분야나 특정한 주제에 영향을 끼치는 것이 아니라 신학의 가장 근본적인 것, 신학의 방법론, 사회적 편견, 정치적 기능 등 바로 '신학하는 것' 그 자체에 영향을 끼친다고 말한다. 신학을 교회의 교리적 전제로부터가 아니라 인간의 삶의 의미 추구의 구체적 경험으로부터 시작하는 카를 라너Karl Rahner의 초월신학에서 영향을 받은 정치신학자 프란시스 피오렌자는 특히 페미니스트 신학이 인간 경험의 '보편성'이 아닌 '특수성'을 주장함으로써 근본주의의 신학적 전제에 도전하는 점을 높이 평가한다. 이러한 경험의 특수성이 신학의 근본적인 출발점이 되어야 한다고 말한다. 그는 여성학 이론이나 페미니스트 신학이 계몽주의의 합리성에 대한 한계와 그 비판, 신학적 방법론, 해석학, 정치신학 등 신학의 중요한 주제들을 새롭게 들여다볼 수 있는 안목을 제시해주었다고 밝히면서, 페미니스트 신학이 신학의 본질을 형성하는 데 무엇보다도 중요하다고 강조한다.[16]

마지막으로, 마크 클라인 테일러를 살펴보자. 그는 《에스페란자를 기억하며》[17]라는 자신의 책에서 현대사회에 존재하는 성차별주의sexism, 이성애주의heterosexism, 계층차별주의, 인종차별주의 등의 네 가지 구조적 왜곡에 대해 분석하면서 성차별주의를 제일 먼저 다룬다. 그는 그 이유가 어머니, 아내, 가족, 친구, 동료 등 삶의 모든 차원에서 만나는 사람이 여성이며, 성차별주의는 이러한 여성들과 관계되어 사는 남성들에게도 고통을 주는 것이라는 자각에 있다고 말한다. 남성들은 다른 어떤 종족이나 계층 그룹보다도 여성들과 공유하는 세계가 더 많은 것이 사실이며, 이러한 의미에서 성차별주의에 대한 분석은 무엇보다도 중요하다고 역설한다. 그에게 남성과 여성의 관계의 왜곡은 가장 근원적인 타자성otherness의 형태이며, 억압의 가장 모형적인 형태이다.[18]

여기에서 자세하게 언급하지 않은 남성 신학자들 중 페미니스트 신학에 영향을 받거나 페미니스트 신학에 기여한 신학자들로는 톰 드라이버Tom Driver, 윌리엄 핍스William Phipps, 레오나드 스위들러Leonard Swidler, 존 필립스John A. Phillips 대니얼 매과이어Daniel Maguire, 찰스 하르츠혼Charles Hartshorne 등이 있다. 또한 브라이언 렌Brian Wren은 여성의 종속과 남성의 지배는 죄이며 남녀 모두의 회개가 요구됨을 밝히고, 신학이나 교회의 예배에서 남성적인 것만이 아닌 통전적인 인간을 표현하는 종교적 언어나 상징이 새롭게 창출되어야 한다고 주장하고 있다. 이들의 글은 남성 신학자의 눈으로 본 페미니스트 신학을 이해하는 데 도움이 되며, 또한 페미니스트 남성학자들의 저서들은 종교와 사회에서 여성에 대한 구조적 폭력의 문제를 분석하는 데 깊은 통찰을 준다.[19]

따라서 '남성 페미니즘male feminism'이 가질 수 있는 한계성, 즉 여성이라는 '당사자성'이 없다는 한계에도 불구하고 남성 페미니즘이 요청되며, 여성에게뿐 아니라 남성에게도 고통을 주는 성차별주의를 이제는 신학적으로 해명해야 할 때가 되었다고 역설한다. 이러한 의미에서 볼 때 성차별주의에 대한 신학적 분석은 남성이든 여성이든 현대사회에서 신학하는 이들에게 주어진 과제라고 할 수 있다. 테일러뿐 아니라 이제는 남성 신학자들이 페미니스트 신학자들의 저서나 관점을 자신의 저서에 인용하고 수용하는 경우가 점점 증가하고 있다. 페미니스트 신학적인 저서가 다양하게 등장하기 시작한 1970년대 후반부터 1980년대 초까지, 페미니스트 신학자들의 글은 그 주제나 관점, 또는 방법론의 특이성 때문에 '비학문적'인 것으로 취급되어 신학자들의 글에서 인용되거나 학문적인 논의의 대상이 되는 경우가 드물었다. 그러나 이제는 비판적으로든 긍정적으로든 페미니스트 신학적 주제는 적어도 페미니스트 신학이 가장 활발하게 전개되고 확산되는 미국 내 많은 세미나에서 다루는 주제가 되었고, 다양한 남성 신학자들의 저서에서 페미니스트 신학자들의 저서가 인용되며, 그들의 관점을 통하여 새로운 신학적 통찰을 얻고 있음을 밝히는 경우가 점차 늘고 있다.

페미니스트 신학의 대상이나 주제가 '여성'에게만 제한되는 것이라고 생각하는 것은 오류이다. 인간이 가지고 있는 상호연관성의 특성 때문에 여성들의 문제는 곧 남성들의 문제와 결국 연관되지 않을 수 없기 때문이다. 이 점에서 여성의 한 인간으로서 통전적 모습의 회복은 남성의 통전적 모습의 회복과도 연결된다. 현대사회의 모든 구조의 중심적인 자리에서 활동하고 있는 남성 학자들의 공감대와 그들의 페미니즘은, 주변에서 활동하고 있는 페미니스트 학자들의 관점이 더욱 폭넓게 이해되고 수용될 수 있는 힘을 가지고 있을 뿐 아니라, 남성 학자들 스스로의 관점을 더욱 폭넓게 확장할 수 있는 것이다. 성인지에 대한 인식이 결여된 종교 담론이나 신학은, 현대사회가 직면하고 있는 가장 중요한 문제 중의 하나인 젠더 문제를 결여함으로써 결정적인 인식의 사각지대를 드러내는 것이다.

페미니스트 신학이나 여성운동에 대한 이러한 지지는 학문적인 자리뿐 아니라, 신학이 구체적으로 실천되는 자리이기도 한 교회의 지도자들에 의해서도 이루어져야 한다. 특히 여성 안수를 아직도 거부하고 있는 교단이 있는 상황에서, 교회의 지도자들이 폭넓은 관점을 지닌다는 것은 한국 교회의 미래나 신의 형상으로 지음 받은 인간의 본래적 모습을 회복한다는 의미에서 참으로 중요하다. 한 교단이나 교회 지도자들의 관점은, 억압과 소외가 극복되고 분리와 갈등이 치유되는 하나님의 나라를 이 땅에 실현하는 데 커다란 차이를 가져올 수 있다는 것은 자명하다.

에든버러의 대주교 할로웨이Holloway는 자신이 편집한 《누가 페미니즘을 필요로 하는가?》라는 책에서,[20] 이제는 성차별주의의 죄에 대하여 개인적인 차원에서만이 아니라 교회나 집단적인 차원에서 회개해야 함을 촉구한다. 할로웨이 대주교에 따르면, 다음과 같은 다양한 '제도적 회개institutional conversion'가 있었다. 1972년에 교황 바오로 2세는, 고대 기독교인이 유대인을 예수를 죽인 민족으로 비난하고 반유대주의anti-semitism를 수세기 동안 확산시킨 것을 회개했다. 1990년에 네덜란드 개혁교회는 남아프리카의 인종차별주의에 대하여 교단 차원에서 회개하면서, 투투Tutu 주교를 초청하여 용서를 요청하는 감동적인 집단 회개의 사건이 있었다. 또 미국의 기독교인들은 그들이 방관하고 협조해온 노예제도에 대해, 그리고 아프리카계 미국인들의 시민으로서 권리를 부정해온 것을 회개하는 운동을 벌인 예들이 있다. 이러한 집단적인 제도적 회개의 예를 들면서 할로웨이 대주교는 성차별주의는 "신의 성육신을 부정하는 죄"이며 이제는 교회가 성차별주의를 회개해야 한다고 역설한다.[21] 할로웨이 대주교의 호소를 들어보자.

이 책에 글을 기고한 우리는 모두 이제 우리의 형제들에게 여성을 차별한 우리의 역사에 대하여 회개하도록 요청하시는 신에 대하여 깊은 믿음을 가질 것을 권면합니다. 그러한 차별은 우리의 본의이건 아니건 간에 남성의 권력이 주는 특권에 집착하고자 하는 욕구에 의하여 생겼고, 지속되어왔기 때문입니다. 신은 우리에게 그러한 것을 회개할 것을 요구하시고, 우리에게 우리의 시대에 이루어져야 할 새로운 어떤 것을 분별하고 포용하도록 초대하십니다. 그 새로운 것이란 신의 모든 자녀들의 자유를 완성하는 것입니다.[22]

진정한 변화는 '중심'과 '주변'에서 모두 일어나야 한다. 여성들의 자각과 투쟁도 중요하지만, 남성들의 자각과 연대감 역시 총체적인 변화를 위하여 필히 요청된다. 이러한 의미에서 성차별주의가 '원죄' 또는 '가장 근원적인 죄'라는 정의[23]에 동의하지 않는다 해도, 기존의 모든 제도와 조직을 만들고 움직여나가는 남성들은 성차별주의를 극복하려는 시도를 진지하게 생각해야 하리라고 본다. 왜냐하면 테일러의 말처럼 여성들은 남성들이 삶에서 다양한 형태로 가장 밀접한 관계를 맺고 살아가는 이들이기 때문이며, 가부장제의 극복은 여성들의 페미니즘뿐 아니라 '남성 페미니즘'[24]이 수반되어야 가능하기 때문이다.

2. 페미니스트 신학의 개념

흔히 페미니스트 신학을 '2격의 신학genitive theology'이라 부르는 경우가 있는데, 이것은 페미니스트 신학을 오해하는 데서 나온 것이다. 페미니스트 신학을 '여성의 신학woman's theology; theology of woman'이라는 2격의 신학으로 칭하거나 '여성적 신학feminine theology'이라고 칭하는 것은 남성성과 여성성의 상투적인 이분법적 구도를 반영한 신학으로 오해를 일으킬 수 있기 때문이다. 더 나아가서 이러한 명칭은 페미니스트 신학이 가부장적인 제도와 사회에서 소외되어왔던 여성에게만 한정된 신학이라는 인상을 줌으로써, 페미니스트 신학을 하찮은 것으로 만들 위험성이 있다. 물론 페미니스트 신학이 우선적으로는 여성에 의한, 여성을 위한, 여성에 관한 것이라는 생각을 할 수 있다. 그러나 남성에 의해서 형성된 신학을 '남성의 신학'이라 하지 않는 것은, 그것이 남성이라는 생물학적인 조건에 제한되지 않고, 그 생물학적 구분을 넘어 모든 인간에게 중요한 보편적 관점을 지니고 있기 때문이다. 그러므로 페미니즘을 '여성주의'라고 한다든지 또는 '페미니스트 신학'을 '여성신학'이라고만 하면 '반쪽 진리', 즉 여성들에 의하여 우선적으로 제기된 것이라는 점을 담게 되며, 페미니즘이나 페미니스트 신학이 궁극적으로 지향하는 것을 포괄하는 용어가 될 수 없다. 따라서 '페미니스트 신학'은 '여성의 신학'이 아니라 '페미니스트의 관점'을 지닌 신학으로 이해하는 것이 더 포괄적이고 적절하다. 페미니스트 신학feminist theology이라는 말은 '페미니즘'과 '신학'이라는 두 말의 복합어이므로, 페미니스트 신학의 개념을 살펴보기 위해서는 이 두 용어의 연관성을 살펴볼 필요가 있다.

18세기 말 이후 인간의 자유와 평등의 이념으로 출발한 근대 프랑스 혁명과 또한 산업혁명에 의해 많은 인력이 필요해짐에 따라, 공공장소에서 여성의 역할이 증가하기 시작했다. 이러한 현상은 여성의 사회적 위치에 급격한 변화를 가져왔는데, 그것은 다양한 직업을 갖고자 하는 여성의 노력이 눈에 띄게 증가하기 시작했다는 점이다. 이러한 사회적 변화는 19세기 들어 여성들의 의식 세계에도 커다란 영향을 주기 시작했다. 미국에서는 노예제도 폐지 운동과 더불어 여성들이 참정권을 얻기 위한 운동을 대대적으로 벌이기 시작했다. 이 대회에 모인 여성들이

1776년의 미국 독립선언문의 용어를 몇 가지 수정하여 〈여성독립선언문〉을 채택했다. 이 선언문은 "여성은 남성과 똑같이 평등한 인간이며, 이것은 창조주의 의도로 그렇게 된 것이다"라는 전제 아래 인간의 평등은 자연법적 인권이라는 것을 근본이념으로 하여 만들어졌기에 미국 여성운동의 강력한 이념적인 근거가 되어왔다.

18세기에 시작해서 19세기에 본격화한 서구의 여성운동은 현대 페미니스트 신학의 태동에 커다란 동기를 주었다. 특히 여성 참정권 운동에 불을 붙였으며 여성권리를 위한 이론가로서 활약하던 엘리자베스 캐디 스탠턴이 80세가 되던 1895년에 큰 소용돌이를 일으킨 《여성의 성서》를 출판함으로써 페미니스트 신학의 싹이 트기 시작했다고 볼 수 있다.

여성의 정치적 권리를 찾으려는 여성들은 처음에는 노예제 폐지 운동에 동조했으나, 후에 노예제 폐지 운동에서 독립하여 독자적인 여성 연합회를 조직해 나갔다. 그 중요한 계기가 된 것은 1840년 영국 런던에서 열린 '세계 노예제도 폐지 운동 대회'였다. 그 당시 상당히 진보적이고 흑인의 인간으로서의 존엄성을 주장하던 이들이 모인 그 대회에서, 여성 위원들은 남성들과 똑같은 자리에 앉을 수 없으니 회의장 통로에 앉아야 한다는 결정이 내려졌다. 이러한 결정에 반대하는 몇몇 남성들과 여성들이 그러한 결정을 재고해줄 것을 건의하자 이 문제가 투표에 부쳐졌는데, 역시 여성들은 의자에 앉지 못하고 회의장 통로 바닥에 앉아야 한다는 결정이 내려졌다. 흑인의 인간으로서 존엄성과 평등성을 주장하기 위하여 모인 백인 남성들이, 더 깊은 문제인 여성과 남성의 평등성 문제는 보지 못하는 것이 적나라하게 드러난 사건이었다.

인종문제에서 '진보성'을 보인 백인 남성들이 젠더 문제에서는 가부장제적 남성중심주의 의식을 넘어서지 못한 이 사건을 경험하고 돌아온 몇몇 여성은 캐디 스탠턴을 중심으로 모였다. 이 모임에서 이들은 여성의 권리는 노예제 폐지 운동에 의해 찾을 수 없으며, 따라서 여성의 권리 취득은 독자적인 여성운동에 의해서만 가능함을 분명하게 인식하게 되었다. 결국 노예제 폐지 운동과는 다른 '전국여성권리대회'를 1848년 7월 19~20일 이틀 동안 뉴욕주의 세네카 폴스Seneca Falls에서 개최했다.[25] 이후로 캐디 스탠턴은 수전 앤서니Susan Anthony와 함께 미국 여성운동사에서 가장 중요한 두 인물 중의 한 명으로 꼽힐 정도로 눈부신 활약을 한다.

이렇게 적극적으로 여성운동을 하던 캐디 스탠턴이 《여성의 성서》를 출판하게 된 것은 사회와 종교문제는 분리할 수 없는 상호연관된 문제라는 사실을 인식했기 때문이다. 당시 많은 여성운동가들은 여성의 평등에 가장 반대하던 이들이 내세우는 근거가 바로 성서라는 것을 경험했다. 성서를 근거로 평등을 반대하는 것을 경험한 캐디 스탠턴은 성서의 남녀 불평등 사상은 신에 의해서가 아니라 남성에 의해 만들어졌다고 주장한다. 따라서 성서 해석은 정치적 행위political act이며, "모든 개혁은 상호의존적interdependent"이라는 유명한 주장을 한다.[26] 정치와 사회에서 여성의 평등을 위한 개혁은 종교에서의 개혁과 분리될 수 없다는 것이다. 아무리 정치적 평등이 이루어졌다고 해도, 교회에서 여성이 남성에게 종속적인 위치에서 살아가는 것이 신이 인간에게 내려준 '신적 질서'라고 가르칠 때, 정치적 개혁은 실질적인 평등으로 이어지지 못하는 것이다. 캐디 스탠턴은 신학자가 아니지만, 교회에서 성서의 가르침이 성차별적인 이상 여성과 남성의 평등을 실현하는 것은 불가능하다고 인식하게 되었다. 이러한 이유들에서 캐디 스탠턴은 여성에 대하여 언급한 성서의 구절을 재검토해야 한다는 결론으로 《여성의 성서》를 출간하게 된 것이다.

20세기에 들어 서구는 제2차 세계대전을 겪으면서 남성들이 전쟁에 나가고, 병원단체나 사회기구에서는 여성들의 활약이 눈에 띄게 커졌다. 1960년대에 시민권civil rights 운동이나 반전anti-war 운동과 더불어 여성의 권리 향상을 위한 운동이 무르익어갔다. 1949년에는 페미니즘의 성서라고도 불리는 시몬 드 보부아르의 《제2의 성》이 출판되었고, 1963년에 베티 프리던의 《여성의 신비》가 출판됨으로써 현대사회에서 페미니즘이 본격화하기 시작했다.[27]

그리하여 현대에 이르러서는 이전 세대의 사람들은 상상할 수도 없었던 일이 일어났다. 여성이 교수, 법률가, 목사, 의사, 행정가 등 전통적으로 남자만이 할 수 있는 일이라고 여겨지던 직업을 갖기 시작한 것이다. 이렇게 사회에서 여성과 남성의 직업이 점점 비슷해지자, 여남의 차이는 선천적인 것이 아니라 사회적인 산물이라는 주장이 두드러지기 시작했다. 이러한 추세에 따라 여성이라는 이유로 여성의 활동 범주를 제한하는 것은 남녀의 차이difference가 아닌 불평등한 차별discrimination이라고 보는 인식이 확산되었다. 시몬 드 보부아르가 《제2의 성》에서 한 유명한 말, "여성은 태어나는 것이 아니라 만들어지는 것"이라는 점이 현실적으로 증명되기 시작한 것이다. 이러한 사회정치적 변화로 인해 여성의 '평등한 권리'와 가부장제적 억압으로부터의 '해방' 요구가 확산되었다. 이러한 변화를 향한 요구는 사회 곳곳으로 확산된다.

종교에서의 페미니즘이라 할 수 있는 페미니스트 신학은 이렇게 사회의 여성운동과 밀접한 이론적 또는 인식론적 연관을 맺고 있다. 현대 페미니스트 신학은 1960년에 나온 밸러리 세이빙의 페미니스트 신학적 물음을 담은 글을 서두로 시작되었다고 할 수 있다. 이어서 1968년, 보부아르의 《제2의 성》을 교회의 문제와 연관시켜 분석하여 제2차 바티칸 공의회 직후 출판된 메리 데일리의 책 《교회와 제2의 성》 이후 페미니스트 신학은 본격화하기 시작했다고 할 수 있다.[28]

현대 페미니스트 신학은 또한, 표면적으로 드러나지는 않았지만 신학적 근거와 확증으로서 인간의 '경험'을 강조하기 시작한 미국의 종교 사상적 조류에서 간접적인 영향을 받았다고 볼 수 있다. 특히 조너선 에드워즈Jonathan Edwards, 랠프 에머슨Ralph Waldo Emerson, 윌리엄 제임스William James처럼 영향력이 큰 종교 사상가들이 종교에서 인간의 경험의 중요성을 강조한 것은 '여성의 경험'을 신학적 근거와 규범으로 삼고자 하는 페미니스트 신학의 사상적 뒷받침이 되었다고 볼 수 있다. 특히 에머슨과 제임스가 전통적인 관습을 깨고 나와 인간의 경험과 연관해서 신과 신앙에 대한 물음을 새롭게 제기한 점은 메리 데일리의 존재자Being 개념이나 쉬슬러 피오렌자의 쿠니안Kuhnian적 인식론과 같은 현대 페미니스트 신학자들의 사상에 반영된다고 할 수 있다.[29]

이런 맥락에서 볼 때, 페미니스트 신학은 사회적 평등 사상을 지닌 페미니스트 이론의 관점에서 형성되는 신학이며, 기독교에 대한 여성학적 연구의 결과로 형성된 것이라고 할 수 있다. '신학'이란 문자적으로는 '신에 대한 담론God-Talk'이라고 할 수 있다. 특히 신의 존재, 특성, 창조, 섭리, 계시, 구속의 역사 등에 관한 학문적 연구를 지칭할 수 있을 것이다. 페미니스트 신학자들은 객관적이고 추상적인 신학이란 무의미한 것이며, 신학은 인간의 구체적인 삶의 정황과 경험을 반영할 수 있어야 한다고 강조한다. 또한 인간의 사회적 정황은 그 사람의 신학에 영향을 준다는 확신을 품고 있다. 각기 다른 경험과 다른 사회적 위치는 복음을 어떻게 우리의 삶에 적용하는가에 영향을 줄 뿐 아니라, 복음의 의미와 신에 관한 우리의 이해에 결정적인 역할을 하기 때문이다. 달리 표현하면, 신학은 위에서 주어지는 것이 아니라, 이 세계를 살아가는 인간의 구체적 경험과 관점에 의하여 형성되는 것이다. 이러한 점에서 페미니스트 신학자들은 이제까지의 전통신학이 인간 전체의 경험이나 관점이 아닌, '남성'의 경험과 관점에서만 형성되어왔음을 비판한다. '인간'이라는 보편적 범주를 사용하지만, 실제로는 여성이 배제된 남성만의 관점에서 신학이 구성되어왔다는 것이다. 페미니스트 신학은 이러한 전통신학의 한계를 넘어 페미니스트적 관점에서 형성하는 신학이다.

여기에서 주지해야 할 점은 여성의 경험과 남성의 경험이 본질적으로 다르다고 주장하는 것이 아니라는 점이다. 물론 여성과 남성의 사유방식이 본질적으로 다르다는 '생물학적 본질주의biological essentialism'를 주장하는 페미니스트들도 있지만, 나는 그러한 입장은 여러 가지 한계를 지니고 있다고 본다. 페미니스트 신학이 "전통적 신학 구성에서 여성의 경험이 배제되었다"는 비판적 문제제기를 하는 것은, 가부장제에 의한 성차별의 경험과 여성에게 부여된 여러 가지 역할에서 여성들이 경험하고 있는 문제들이 전통신학에서 전혀 다루어지지 않고 있기 때문이다. 더 나아가 전통신학에서 여성의 경험과 관점이 배제되어온 것뿐 아니라, 백인이 아닌 다른 인종의 차별 경험들이 배제되어왔다는 점도 주지해야 할 사실이다. 이 점에서 흑인 해방신학, 라틴아메리카 해방신학이 등장하게 된 것은 우연이 아니다. 이런 의미에서 사람들이 이제까지 접해온 전통신학은 '백인-남성-신학white-male-theology'이라는 비판을 받기도 한다. 또한 인간중심적인 사고 때문에 자연이 착취되어왔음을 인식하고 그들의 신학에 이러한 점들을 반영하고자 한다.

이러한 의미에서 본다면 여성이 하는 신학이라고 해도 이 같은 '페미니스트' 관점이 없으면 페미니스트 신학이라고 할 수도 없으며, 또한 페미니스트 신학을 반드시 여성만 할 필요는 없는 것이다. 여성의 권리 취득에만 우선적으로 관심을 두었던 초기의 자유주의 페미니즘을 넘어 인종차별주의, 성차별주의, 계층차별주의, 생태계의 위기를 낳은 자연과 인간의 차별주의, 경제제국주의 등 현대사회가 지닌 모든 부정적인 의미의 차별은 보이지 않게 서로 관련되어 있음을 인식하고, 이러한 차별에 반대하는 현대의 페미니즘이 담고 있는 폭넓은 의미를 생각한다면, 이러한 관점에서 형성되는 '페미니스트 신학'을 '여성신학'이라고 번역하는 것은 그 의미를 좁힌다.[30] 따라서 인간의 평등이란 인종이나 성별의 차이에 제한되는 것이 아님을 인식하고, 더욱 구체적이고 포괄적인 '평등성'을 지향하는 신학을 페미니스트 신학이라고 할 수 있다고 본다.

3. 페미니스트 신학의 특성

1) 비판신학으로서의 페미니스트 신학

페미니스트 신학자들은 역사 연구와 해석학적 논의를 통하여 신학은 인간의 '문화적이고 역사적인 산물'이라는 사실을 인식한다. 또한 더 나아가서 신학뿐 아니라 성서에 나타난 이른바 신의 계시는 문화적으로 조건 지어진 개념과 문제를 함축하는 인간의 언어를 통해 표현되고 있다는 사실에 동의한다. 즉 계시와 신학은 서로 얽혀 있어서 더 이상 그 둘을 적절하게 따로 구분하기 어렵다는 것이다. 이러한 해석학적인 논의는 '가치중립적'이고 '객관적'인 신학은 불가능하다는 결론에 도달하게 한다. 이러한 현대의 해석학적 통찰은 신학과 경전이 가부장적이며 성차별적인 문화에서 형성되어왔으며, 결과적으로 그러한 편견과 가치관을 함축하고 있다는 페미니스트 신학적 전제에 큰 영향을 주었다. 그러므로 모든 성서 해석은 '가치중립적'인 것이 아니라, 해석자나 역사가의 개별적인 가치관, 전제들, 지적인 개념들, 정치, 또는 편견에 의해 영향을 받으며 이루어진다. 이러한 비판적 전제로부터 페미니스트 신학자들은 출발한다.[31]

페미니스트 신학자들은 오랜 역사에서 기독교 전통이 의식적으로든 무의식적으로든 남성 우월의 가부장적 관점에 의하여 형성되어왔다고 비판한다. 이러한 남성중심적 관점은 신학이나 역사의 모든 작업을 결정해왔으며, 그러한 작업들을 '남성의 이야기his-story'라는 뜻의 '역사history'라고 규정해왔다고 비판한다. 그러므로 만약 여성이 그들의 뿌리나 전통을 접하고 싶을 때는 그 역사를 다시 써야 하며, 신학은 그제야 비로소 '남성의 이야기'뿐 아니라 동시에 '여성의 이야기her-story'로서 온전한 모습을 갖출 수 있다는 것이다. 프랑크푸르트학파의 비판이론은 이러한 해석학적 논의에 중요한 점을 제시해주고 있다. 이 비판 이론은, 역사와 전통에 대한 비판은 역사에 대한 개념적 이해에 머무르지 않고, 그 역사와 전통이 억압과 지배에 관여하게 된다는 점까지 지적한다. 그래서 하버마스Jürgen Habermas에 따르면 고전classics은 언어와 의미의 표현일 뿐 아니라 '지배와 권력'의 표현이다.[32]

이러한 의미에서 비판신학으로서의 페미니스트 신학은 기독교 신학과 전통이 여성을 포함하여 다양한 계층의 소외와 억압을 합리화하고 강화해왔음을 분석하고 비판함으로써, 기독교의 신학, 상징, 또한 제도를 새롭게 하고자 한다. 그러므로 비판신학으로서의 페미니스트 신학이 방법론적인 전제로 삼는 것은 기독교 공동체가 품은 끊임없는 갱신의 요구와 필요성이다. 따라서 학문으로서의 신학은 기독교 공동체가 가지고 있는 이러한 끊임없는 갱신에 대한 요청성을 확장하고 실현하는 데에 관심을 둠으로써, 기독교 공동체가 자유·정의·평등의 원을 확장하는 데에 중요한 신학적 기여를 해야 한다. 바로 이러한 신학적 변혁이 비판신학으로서의 페미니스트 신학이 추구하는 목표라고 할 수 있을 것이다.

2) 해방신학으로서의 페미니스트 신학

미국의 신학대학에서 최초로 여성과 신학에 대한 강좌를 개설하고,《여정 자체가 고향이다 The Journey is Home》[33]라는 책을 쓴 페미니스트 신학자인 넬 모턴 Nelle Morton은 "상상으로 하는 실험 experiment in imagination"을 한다. 이 실험은 매우 흥미롭고 여성의 배제와 소외에 대하여 어떤 추상적인 이론보다 훌륭하게 설명한 실험이라는 평가를 받는다. 한 강연에서 모턴은 청중에게 만약 현재의 남성-여성의 입장이 완전히 거꾸로 된다면 스스로에 대해서나 신학에 대해서 어떻게 느끼게 될지 상상해볼 것을 요구했다. 모턴은 하버드 신학대학이 오랫동안 여성들의 신학적 전통을 가지고 있는 학교라고 가정해보자고 제의했다. 한 사람을 제외하고 모든 교수들은 여자이고, 학생의 대다수는 여자이며, 또한 모든 비서들은 남자이다. 그러한 곳에서 쓰이는 언어는 자명하게 여성적 특성을 띤 것이며, 'mankind'가 아니라 'womankind'가 '인간'이라는 말을 의미하게 되며 이 'womankind'라는 말 속에 남성인 'man'도 포함되는 것이라고 주장하게 된다.

또한 교수가 남성을 절대로 배제하는 것은 아니라고 하면서 'The Doctrine of Women'이라는 제목으로 인간론에 관한 강좌를 열거나, '하나님의 모성Motherhood of God'에 관하여 이야기한다고 상상해보라. 또한 로마 가톨릭 신학생 중의 한 사람이 당신에게 "당신은 남자이기 때문에, 사제로 서품 받을 수 없다"고 이야기하는 것을 상상해보라고 했다.[34] 이러한 '상상'은 지금의 현실을 거꾸로 뒤집어서 생각해보는 것이다. 최근 많이 사용되는 용어인 '미러링mirroring'의 방식이다. 여자이기 때문에 사제나 목사로 안수 받지 못하고, 신학적 용어를 포함해 많은 일상용어들이 여성을 배제하는 배타적 용어exclusive language로 사용되는 현실을 거꾸로 남자들에게 상상해보도록 하는 실험이다. 이러한 상상의 실험은 남성중심적 언어와 신학의 양태가 여성의 삶을 얼마나 제약하고 손상을 주는지 잘 설명해준다. 해방신학으로서의 페미니스트 신학은 이러한 가부장적 남성중심적 가치로부터의 해방을 추구하는 것이다.

페미니스트 신학은 남성중심적 사회에서의 '억압'의 경험에서 출발한다. 페미니스트 신학자들은 흑인 해방신학이나 라틴아메리카의 해방신학이 계층차별주의나 인종차별주의에서 야기되는 억압의 문제에만 관심을 가졌을 뿐 더욱 근원적인 억압의 형태인 성차별주의를 간과했음을 지적한다.[35] 해방신학으로서의 페미니스트 신학은 성차별주의가 이러한 인종차별주의나 계층차별주의와 상관되어 있음을 밝히면서, 인간으로서의 자유와 존엄을 위해 이러한 다양한 차별로부터의 해방을 추구하는 것이다. 이러한 의미의 해방신학으로서의 페미니스트 신학은 통전적인 인간의 해방을 향한 신의 뜻을 실현하기 위한 시도로서 이해되고 있다. 페미니스트 신학계에서 주도적인 역할을 하는 기독교 페미니스트 신학자라고 할 수 있는 레티 러셀Letty Russell, 엘리자베스 쉬슬러 피오렌자, 로즈메리 류터 등은 각기 다른 관점에서 신학적 근거와 방향을 제시하지만, 해방신학으로서의 페미니스트 신학의 기본적 관점은 공통적으로 지니고 있다.36

그러나 페미니스트 신학을 기존의 해방신학의 하나로 생각하는 데에는 페미니스트 신학자마다 각기 다른 시각을 표명한다. 해방신학과 페미니스트 신학의 연속성을 강조하는 입장과 불연속성, 즉 상이성을 강조하는 입장이 있다. 예를 들어 러셀은 페미니스트 신학과 기존의 해방신학은 여러 차이점에도 불구하고, 억압된 자들에게 좋은 소식인 복음의 해방적 메시지에 관심을 둔다는 기본적 공통점이 있다고 전제한다. 그러면서 신학적 방법론·관점·목표에서 해방신학으로서의 페미니스트 신학은 기존의 해방신학과 공통점이 있다고 본다.37 러셀이 밝히는 공통적인 신학적 방법론은 무엇보다도 해방신학의 '귀납적 방법'이다. 신학이 억압의 상황과 경험으로부터 출발하고 있다는 점은 '연역적 방법'으로 전개되어온 전통적인 신학과 해방신학이 다른 점이며, 이러한 귀납적 방식을 해방신학으로서의 페미니스트 신학도 신학적 방법론으로 적용하고 있다는 것이다.

또한 해방신학과 페미니스트 신학이 가지고 있는 공통의 관점으로는 첫째, 성서가 주는 '해방'에 대한 약속이 이들 신학의 형성에 중요한 역할을 한다는 점이다. 이러한 성서의 해방 약속에서 신은 억압된 이들의 '해방자'로서 이해된다. 둘째, 이들 해방신학자에게 인간과 세계는 역사적historical이다. 즉 인간과 세계는 굳어 있는 것이 아니라 끊임없이 변화하며, 변화 가능하다는 것이다. 셋째, 해방신학과 페미니스트 신학의 공통점은 이들이 구원을 '영적 사건'이 아닌 '사회적 사건'으로 본다는 점이다. 이러한 관점에서 보면 죄는 사적이고 종교적인 것이라기보다, 정치적이고 사회적인 의미로 이해된다.[38] 도로테 죌레 역시 해방신학으로서의 페미니스트 신학을 이해하는 데서는 러셀과 견해가 비슷하지만, 죌레는 '해방의 다차원성'을 강조한다. 즉 해방의 정치적·사회적·경제적 차원, 심리학적 차원, 종교적 차원을 서로 분리할 수 없다는 것이다.[39]

러셀이나 죌레와는 달리 기존의 해방신학과 해방신학으로서의 페미니스트 신학의 상이성을 먼저 강조하는 신학자가 있다. 예를 들어 쉬슬러 피오렌자는 다양한 종류의 억압을 하나의 범주로 '일반화'하는 것을 반대하는 입장이다.[40] 쉬슬러 피오렌자에 의하면 페미니스트 신학자들의 억압의 경험은 남미 해방신학자들의 억압의 경험과 분명히 다르다. 나는 쉬슬러 피오렌자의 이러한 관점이 더 분명한 점을 지적해주고 있다고 본다. 어떤 의미에서 보면 한국의 민중신학이나 남미의 해방신학은 그 신학을 형성해온 신학자들의 직접적인 경험에 의한 것이라기보다는 '간접적인 경험'에서 출발한다. 즉 민중신학이나 해방신학자들은 어떤 상황에서든 지식층이라는 '지식 특권층'에 속할 수밖에 없다. 다만 그들은 억압적 상황을 그들의 것으로 '선택'한 것이다.

그러나 페미니스트 신학자들은 그들 스스로가 문화적·종교적 또는 제도적 성차별의 '직접적인 경험'으로부터 신학을 시작한다. 쉬슬러 피오렌자는 기존의 해방신학과 페미니스트 신학에서의 억압을 하나의 종합적 범주로 만드는 것은 무의미할뿐더러, 억압의 구체성을 모호하게 만들어서 억압의 상황에 있는 이들이 그들에게 필요한 구체적인 방향과 전략을 조직적으로 형성하기 어렵게 만들 위험성이 있다고 지적한다. 쉬슬러 피오렌자가 해방신학과 페미니스트 신학의 차이점을 지적하는 또 하나의 측면은 성서에 대한 견해이다. 해방신학자들은 성서를 해방을 위한 투쟁에서 중요한 무기로 사용하는 데 비해, 페미니스트 신학자들은 성서가 해방적 역할뿐 아니라 억압적인 역할을 해온 것으로 이해한다.[41] 이렇게 해방을 추구하는 신학에 각기 다른 측면들이 있기 때문에, 쉬슬러 피오렌자는 해방신학이 단수liberation theology로서가 아니라 복수liberation theologies로 이야기되어야 한다고 주장한다.[42] 해방신학으로서의 페미니스트 신학과 기존 해방신학의 관계에 대한 시각이 각기 다른 러셀과 쉬슬러 피오렌자를 대표적으로 살펴보았다. 이러한 다양한 이해와 관점은 해방신학으로서의 페미니스트 신학의 의미를 더욱 깊이 있게 해준다고 할 수 있다.

제5장

페미니스트 신학과 신: 신의 젠더

1. 종교적 상징과 젠더

인간은 상징symbol을 만든다는 점에서 다른 동물과 구별된다. 상징을 만들고, 언어와 상징적 구조들을 창출함으로써 인간은 인간으로서의 정체성을 가지기 시작하는 것이다. 에리히 프롬Erich Fromm이 말하는 바와 같이, "인간은 반동물half-animal이며, 반상징적half-symbolic"이다.[1] 이러한 의미에서 본다면 '누가' 상징들을 만들며, 어떠한 사람들이 상징구조를 창출할 '권력'을 쥐고 있는가에 대한 물음은 극도로 의미심장하다고 할 수 있다. 또한 상징이란 종교의 구성에 중요한 요소 중 하나라고 볼 수 있을 것이다. 종교적 상징은 인간의 일상성을 넘어서는 어떠한 것을 의미한다. 폴 리쾨르Paul Ricoeur에 의하면 종교적 상징이란 사회구조에 대한 직접적인 표시sign나 진술statement 이상의 무엇인가를 의미하며, 이러한 의미는 한 가지로 고착되는 것이 아니라 여러 가지를 의미한다polysemic고 볼 수 있다.² 또한 카를 융 Carl G. Jung에 따르면 상징이란 인간의 가장 깊은 의식, 즉 무의식에서 생겨나는 것이어서 언어로 표현할 수 없는 것을 표현하는 능력을 가지고 있으며, 따라서 상징은 인간의 의미 추구에 필수적이다. 이러한 의미에서 상징과의 연관은 합리성을 넘어서는 삶의 가장 깊은 차원인 '의미'와의 연관이다.³

융이 상징의 '내적인 의미'를 강조한 반면, 폴 틸리히 Paul Tillich는 상징의 '초월적인 것과의 관계'를 강조한다. 틸리히에 의하면 인간의 '궁극적 관심 the ultimate concern'은 상징적으로 표현되어야만 한다. 상징적 언어만이 궁극적인 것을 표현할 수 있는 능력이 있기 때문이다.⁴ 인간은 유한하고 궁극적 관심은 무한하기 때문에 그러한 무한한 관심을 적절하게 표현하는 것은 불가능하다. 그러므로 틸리히에게 종교의 일차적 언어는 상징적이어야 한다. 상징적 언어란 언어 자체를 넘어 언어 속에 완전하게 표현되기 어려운 '너머의 세계'를 가리키기 때문이다. 그렇기 때문에, 예를 들어 신을 '아버지'라고 할 때 '아버지'라는 상징 그 자체가 신은 아니다. 단지 언어로 파악되거나 설명될 수 없는 신성神性에 대하여 '아버지'라는 상징을 통해 표현하는 것일 뿐이다.

독일의 가톨릭 종교교육가 파울 슈미트 Paul Schmidt는 카를 융의 상징 이론을 그의 교육론에 적용하고 있다. 예를 들어서 어린아이들에게 신에 대하여 설명할 때는 신을 '아버지'로서보다는 '어머니'로 설명해주는 것이 훨씬 효과적이라고 밝힌다. 어머니에 대한 경험이 그들의 인식 속에 더욱 분명하게 자리 잡고 있기 때문이다. 또한 큰 아이들에게는 하나님을 '아버지'로서 설명하는 것이 효과적이라고 하면서, 기도문을 "하나님 아버지"가 아니라 "하나님 어머니-아버지"라고 바꿀 것을 제안한다. '아버지'라는 상징만으로는 하나님이 폭넓게 제시되지 않기 때문이다.⁵

이런 의미에서 상징은 시간과 공간을 초월하여 존재하는 것이 아니라 틸리히의 말과 같이 살아 있는 물체처럼 생성되기도 하고 소멸되기도 한다.[6]

클리퍼드 기어츠는 상징체계symbolism란 "신적 현실의 모델model of divine reality과 인간적 현실을 위한 모델model for human reality"을 제공한다고 주장함으로써 상징의 중요성을 강조한다.[7] 상징은 추론, 인식, 감정, 이해의 수단이며, 역사적으로 창출되는 것이라고 기어츠는 규정한다.[8] 그러므로 종교적 상징들은 기존하는 '신적인 실재의 모델'이며, 동시에 '인간의 행위를 위한 모델'을 제시해주는 것이라고 볼 수 있다. 기어츠의 이러한 종교적 상징이론은 젠더에 관계된 상징들이 남성과 여성의 기존의 경험을 강화하는 역할을 할 수 있다는 것을 암시한다고 볼 수 있다. 이러한 맥락에서 보면, 사회정치적인 입장이나 행동은 종교적 상징과 강력한 상호관련성이 있다고 할 수 있다. 이러한 이유 때문에 기어츠의 상징이론은, 신성에 대한 여성적 상징들이 특히 여성에게 중요하다고 규정하는 캐럴 크리스트Carol Christ 같은 페미니스트 신학자들에 의하여 적극적으로 수용되고 있다.[9]

기어츠와 같은 인류학자들의 인류학적 연구들은 종교적 상징이 사회에서 인간의 구체적인 삶과 연관되어 있음을 밝히는 데 반해, 융과 틸리히의 상징이론은 상징과 문화적인 가치체계value system의 상호작용에 대한 분석이 결여되어 있다. 기어츠의 상징이론은 종교적 상징과 인간의 구체적인 삶의 연관성을 부각하고 있다는 의미에서 중요하다. 즉 기어츠의 상징이론은 상징을 인간의 삶 속에 있는 '의미의 전달자'로서 이해하는 융이나 틸리히를 넘어서, 그러한 상징이 개인적인 차원에만 머무르는 것이 아니라 사회정치적인 영역에까지 영향을 미친다는 것을 밝혀준다.

이러한 의미에서 상징이란 정치적이고 심리학적인 효과가 있다.[10] 예를 들어 한 사회의 주도적인 종교의 상징들 속에서 남성이 우월한 위치에 있을 때, 종교 밖의 사회정치 생활을 하는 데서도 사람들은 그러한 남성 우월적인 위치에 대하여 편안함을 느낀다는 것이다. 또한 동일한 원리로, 여성신을 예배하는 종교가 그 사회의 주도적인 종교일 때 사회에서 여성의 위치가 남성과 아주 동등하거나 우월하다는 것이다.[11] 특히 다수의 페미니스트 신학자들은 기독교의 상징체계가 교회와 사회에서 여성의 위치나 여성을 열등한 존재로 여기는 인식론과 인간관을 형성하는 역할을 해왔음에 동의하면서 상징에 대한 비판과 대안을 다양하게 모색한다.

　페미니스트 신학적 논의에서 기독교의 상징은 가장 큰 비중을 차지하고 있는 주제이다. 종교적 상징은 영원불변의 고정된 것이 아니라, 살아 있는 물체처럼 생성되고 소멸하는 것이라고 틸리히는 주장한다. 즉 주어진 상황이 그 상징을 무르익게 할 수 있지만, 그 상황이 바뀌면 그 상징들은 죽는다는 것이다. 그 상징들을 만들어낸 집단에서 더 이상의 반응을 얻지 못할 때 상징들은 소멸한다.[12] 이러한 틸리히의 상징 이해를 받아들여서, 특정한 종교적 상징들을 지지하던 문화적 상황이 바뀌면 상징들이 소멸한다는 '상징의 상대성'을 주장하는 페미니스트 신학자들은 새로운 상징의 창출을 신학의 주요 과제로 삼고 있다.[13] 고든 카우프만에 따르면 '기독교 신학Christian theology'이라는 말 속에서 예수 그리스도Christian는 '기독교'를, 신은 '신학'을 특정하게 해주므로, 기독교의 가장 근원적인 상징은 예수와 하나님이다. 또한 슬레이터Peter Slater는 종교 전통이란 '중심 상징central symbol' 주변에 여러 가지 '초보적 상징primary symbol'들이 밀집해서 형성된다고 보는데, 이 초보적 상징의 내용과 강조점은 시대에 따라 변할 수 있지만, 중심 상징은 해석의 다양성이 가능함에도 불구하고 종교 전통에서의 중심적 위치가 변할 수는 없다고 본다. 슬레이터에 의하면, 기독교 전통의 중심 상징은 예수 그리스도이다.[14] 이러한 의미에서 볼 때, 기독교의 상징체계에서 가장 중요한 상징이라고 할 수 있는 신과 예수에 대한 페미니스트 신학적 비판과 그에 대한 다양한 입장과 대안을 분석해보는 것은 페미니스트 신학의 핵심 주제를 이해하기 위해 필수적이라고 할 수 있다.

2. 전통적인 신 이해 비판: 상징적 위계주의의 구성

1) 신의 젠더

세계 종교에서 그 종교의 상징, 신조, 교리, 또는 제의 등을 만든 사람들은 여성이 아니라 남성이었다. 기독교의 종교사회적 지도자들 역시 남성이었다는 것은 부인할 수 없는 자명한 사실이다. 물론 피오렌자가 주장하듯이 여성은 기독교의 발전에 커다란 몫을 담당해오기도 했다.[15] 그럼에도 불구하고 남성의 대등한 파트너로서의 역할을 하도록 허용되지 않았다. 오히려 유럽의 마녀사냥, 인도의 '미망인' 화형, 중국의 전족 foot-binding 등의 역사가 보여주듯이 여성은 남성 지배 사회의 피해자들이었다.[16] 이러한 의미에서 가부장제가 4000년 동안 이 세상에서 가장 우세한 종교였다는 비판은 주목할 만하다.[17] 가부장제는 여성들에게서 에너지, 정체성, 온전한 삶을 박탈해왔으며, 모든 것을 왜곡하는 '전도의 종교 religion of reversal'라고 할 수 있다.[18] 여기서 '가부장제'란 우선 남성이 경제적으로, 정치적으로, 문화적으로 여성을 지배하는 사회조직을 지칭하는 것이다. 더 나아가서, 그러한 사회조직을 합리화하고 지지하는 '개념적 구성'에 의하여 형성되는 사고방식과 감정 등을 가리키는 것이다.

캐런 워렌Karen Warren에 의하면 인간은 자신이 인식하든 못하든, 신념체제, 가치관, 태도, 가정 등 사회적으로 형성된 개념적 구성에 따라 움직인다. 그러한 개념적 틀은 성, 인종, 계층, 나이, 종교 같은 요소들의 영향을 받는다. 가부장제적인 개념적 틀은 전통적으로 남성중심적인 신념, 가치관, 태도 등을 형성한다. 이러한 가부장제적 남성중심주의는 남성이 여성보다 '우월한 존재'라는 기준과 가정을 전제하며, 따라서 여성보다 남성에게 더 높은 가치를 부여한다.[19] 그러므로 이러한 가부장제적인 개념적 구성에서 기독교인이 신을 '남성'으로 상정하는 것은 여러 가지 문제를 야기한다. 첫째, 남성은 신성하지만 여성은 신성하지 않다는 생각이다. 둘째, 따라서 여성이 남성에게 종속되는 것은 당연하다는 '남성 지배-여성 종속'의 가치를 종교적으로뿐만 아니라 사회정치적으로도 정당화한다. 셋째, 결국 '신-남성-여성'이라는 '상징적 위계질서 symbolic hierarchy'가 형성된다.[20] 페미니스트 신학자들이 기독교의 상징을 문제 삼는 이유가 여기에 있다.

신에 대하여 말하는 것은 사회적 기반에 있는 가치들에 의하여 매개되고 형성된다. 이러한 의미에서 본다면, 신학의 내용이란 '순수 종교적'이기만 한 것은 아니며 사회정치적 구조와 분리 불가능하다고 할 수 있다. 이러한 맥락에서 보자면 신학의 언어란 언제나 사회정치적·문화역사적 상황들과 연결되어 있다는 점에서, 모든 신학은 '정황적contextual'이라고 할 수 있다. 그러므로 신의 상징은 사회 현실을 반영한다. 이러한 이유들 때문에 페미니스트들뿐 아니라 흑인 신학자들과 라틴아메리카 해방신학자들은 기존의 전통적인 신학의 내용을 비판한다. 그것은 한 사회의 지배 그룹의 이익과 가치관을 반영하는 것이기 때문이다. 라틴아메리카의 해방신학자 세군도Juan Luis Segundo는 "우리의 불의한 사회와 곡해된 신 개념은, 아주 무서운 밀접한 협력 관계에 있다"고 개탄한다.[21] 즉 사회의 지배 그룹은 정치경제적인 조건들을 조종할 뿐 아니라, 종교적 상징들을 포함한 현실 '해석'까지도 지배한다는 것이다. 이러한 의미에서 신성에 대한 상징은 사회적 구조로부터 생성되고, 또한 그것을 반영하며, 동시에 그러한 상징들은 사회적 구조를 지지하고 합리화한다. 그러므로 가부장제적 사회에서 생성된 신 이해는 구속적인 힘redemptive power을 상실한 '죽은 상징'이라고 할 수 있다.[22]

틸리히는 "신은 신에 대한 상징이다God is a symbol for God"[23]라고 말함으로써 신에 대한 페미니스트 신학적 논의에 많은 통찰을 주고 있다. 특히 그는 신을 '존재 자체Being-itself', '존재의 근원Ground of Being' 또는 '존재의 힘Power of Being' 등으로 표현하고 있다.[24] 즉 신이 '아버지'라는 상징에만 제한되는 것이 아님을 나타내주는 것이다. 신은 젠더나 인종의 한계를 넘어서는 존재라고 이론적으로는 말해도, 전통신학에서 실제로는 신의 젠더는 남성이라는 것을 자명한 것으로 간주해왔다. 그뿐만 아니라 신의 '인종'을 마치 '백인'으로 생각하는 암묵적 전제들이 있어왔다. 따라서 사람들은 신의 인종과 젠더를 '백인-남성'으로 생각해왔고, 이러한 신 이해는 다양한 신학 담론과 그 실천적 적용에서 당연한 지식으로 간주되어왔다.

이러한 '신의 젠더'에 대하여 비판적 문제제기를 한 것은 페미니스트 신학이며, 흑인 해방신학은 '신의 인종'에 문제제기를 했다. 페미니스트 신학자들은 종교적 상징이 인간의 구체적인 삶과 상호관련이 있다는 전제 아래 기독교의 신 상징을 분석한다. 신을 '아버지'라고 하는 것은 신 자체가 아니라 신에 대한 '상징'일 뿐이다. 그런데 '상징symbol'을 '사실fact'로 받아들여 '아버지 신'의 상징은 여성들을 열등한 존재로 간주하는 가치관을 강화함으로써, 여성들을 억압하는 강력한 도구로 사용되었던 것이다. 결과적으로 신의 남성성은 '종속의 신학theology of subordination'을 낳게 하여 여성의 열등성과 종속성을 신이 내린 질서로서 강조하고, 원죄의 책임을 여성에게만 전가하는 신학적 내용을 합리화했다고 볼 수 있다.[25] 기독교 전통은 신의 성이 '남성'이라는 것을 자명한 사실처럼 표현해왔으며, 이것은 인간에게 왜곡된 신 이해를 제공했다는 사실에 대한 깊은 자각이 페미니스트 신학적 통찰에 의해 고무되어야 할 것이며, '종속의 신학'이 아닌 '동등의 신학theology of equivalence'[26]을 창출할 수 있는 신 이해를 형성해야 할 것이다.

2) 신의 유일신적 초월성과 신의 백인성

전통적인 신 이해에 대한 페미니스트 신학의 비판은 신의 '남성성'뿐 아니라 초월적인 유일신적 이해에도 적용된다. 류터는 '남성 유일신 사상'은 남성적 신 이해와 여성적 신 이해가 공존하는 것이 아니라, 남성적 신 이해를 지닌 종교 조직을 통하여 가부장제적 지배의 사회 위계질서를 강화해온 사상이라고 지적한다.[27] 류터는 가부장적인 신 이해와, 사회에서 남성의 위치 사이의 분명한 상호연관성을 제시하면서, 남성 유일신 사상에서 신에 대한 여성적 이미지의 배제는 여성이 남성에게 지배받는 것을 당연하게 여기는 구조를 낳았다고 분석한다. 신의 성을 따른 남성은 신과 우선적으로 관련되며, 여성은 남성을 통하여 이차적으로 관련된다는 의식을 형성하게 된 것이다. 결과적으로 남성 유일신 사상은 우월한 초월적 영과 열등한 내재적 육체로 현실을 이분하기 시작했고, 여성과 자연은 열등한 내재적 육체성과 결부되어왔다.[28] 여기에서 남성과 여성은 초월transcendence과 내재immanence의 이원론, 즉 '남성-초월성, 여성-내재성'이라는 이원론적 상징이 되었고, 남성적 이미지와 연결된 유일신적 신은 인간 위에 존재하는 초월적 존재로 인식되었던 것이다.

많은 이들에게 신은 영적인 존재이며, 세상과 분리되어 존재하는 타계적 존재이다. 그러므로 신의 가부장적 이미지는 이 세계에서 완전히 떨어진 '분리의 이데올로기ideology of separation'를 형성하고 있으며, 이러한 신 이해가 현대적인 '분리의 이데올로기'를 산출하고 있다고 캐서린 켈러Catherine Keller는 분석한다.[29] 여기서 신은 전적으로 타자the Other이며, 절대적으로 초월적이고 전능한 존재로 인식된다. 이러한 초월적이고 전지전능성의 신 이해는 모든 종류의 파괴성을 야기하는 근원적인 문제의 원인이 된다.[30] 신의 권능, 초월성, 최고의 우월성을 강조하는 것은 결과적으로 다른 쪽을 무능하고, 종속적이며, 열등한 것으로 간주하게 하는 사고구조를 형성하기 때문이다.

초월적 신에 대한 이해는 이 세상에서의 구체적인 삶을 하찮은 것으로 간주하는 경향을 야기한다. 더 나아가서, 초월성의 남성 유일신적 이해는 또한 다양성과 다원성을 억압하는 경향을 촉발한다. 결과적으로 '백인'과 같은 지배적인 인종이나 '남성'과 같은 지배적인 성에 속한 이들이, 그렇지 못한 이들을 지배하고 억압하는 것을 합리화할 수 있는 근거를 제공한다. 북미 대륙의 백인에 의한 인디언 학살이나 흑인 노예제도에서 볼 수 있는 것처럼 신의 이름으로 다른 민족을 약탈하고, 유럽의 마녀사냥에서처럼 여성을 죽이는 경우가 역사에 무수히 존재하는 것을 보면 이러한 신 개념이 이념적으로 뒷받침한 것을 알 수 있다.

기독교의 신이 남성이고 이 세계 너머에 존재하는 초월적 존재라는 전통적인 신 이해를 비판하면서, 흑인 페미니스트들은 신의 인종race에 대해서도 문제를 제기한다. 흑인 여성 작가인 앨리스 워커는 '페미니즘'을 백인 여성들의 용어라고 규정하며 '우머니즘womanism'이라는 용어를 만들어낸다. 《컬러 퍼플The Color Purple》에서 워커는 주인공인 흑인 여성 셀리Celie가 생각하는 신에 대한 표상이 어떻게 권력을 지닌 젠더, 인종, 나이와 연계되어 있는가를 보여준다. 흑인이면서도 '백인'을, 여성이면서도 '남성'을, 젊은이이면서도 '나이 많은 이'를 신으로 생각하던 셀리는 결국 "몸집과 키가 크고, 늙고, 회색빛 수염이 났으며, 푸른 눈을 가진 백인"의 모습을 한 신의 이미지와 결별한다.[31] 그런데 이러한 신의 표상은 사실상 많은 이들이 보편적으로 지니고 있는 전통적인 신의 이미지라는 점을 워커는 《컬러 퍼플》에서 비판한다. 노예제도를 통하여 백인들이 자신들의 삶을 무참히 짓밟아온 역사를 가졌음에도 불구하고, 흑인들조차 신은 '백인'이라는 생각을 의심해보지 않았던 것이다. 셀리는 그러한 자신의 신 이해로부터 단호히 결별을 선언한다. 그리고 이 세상과 무관한 '초월적-백인-남성적 신'에서 벗어나, 이 세상에 존재하는 모든 것과 깊이 연관되어 있는 새로운 '관계적 신'의 모습을 찾게 된다.

주인공 셀리를 통하여 워커는 백인-남성으로서의 전통적 신을 넘어 새로운 신 개념을 제시한다. 그 새로운 신은 백인도, 남성도, 또는 절대적 초월성을 지닌 저세상의 존재도 아닌 '관계적 존재'이다. 백인-남성-초월적 신의 이미지는 구체적인 현실에서 여러 종류의 억압구조 속에 살아가는 사람들에게 더 이상 구속적 힘redemptive power을 지닐 수 없다. 지배와 종속의 이데올로기가 아니라 '관계성과 사랑의 신'이라는 신 이해를 구성하는 것은 현대사회에서 신학의 중요한 과제이다.

3. 페미니스트 신학적 신 이해

기독교의 전통적인 신 이해에 대한 페미니스트 신학의 대안적 이해는 두 가지로 요약할 수 있다. 첫째, 신 상징의 남성성은 남성의 권력과 권위를 합법화해주는 근거로서 신성화하고 있어, 신의 젠더를 중성화하거나 양성화하는 것이 요청된다는 입장이다. 둘째, 이러한 신 상징의 젠더만 바꾸는 것은 원래 그 속에 함축되어왔던 성차별주의를 극복하는 데 충분치 않기 때문에 신의 젠더뿐만 아니라, 신에 관련된 다른 성서적 이미지와 철학적 개념 등의 인식론적인 변화가 함께 수반되어야 한다는 입장이다.

    이러한 두 가지 대안을 제시하는 데에는 성서와 전통을 어떻게 이해하는가에 따라 각기 강조점이 달라진다. 페미니스트 신학자들이 지닌 신학적 다양성 때문에 그들의 입장을 간단하게 분류하는 것은 다소 무리가 있다. 그러나 편의상 세 가지 입장으로 분류하고자 한다. 페미니스트 신학자를 분류하는 여러 가지 기준이 있지만, 여기에서는 성서와 기독교 전통에 대하여 어떠한 입장을 취하는가에 따라 성서주의적biblical 페미니스트 신학자, 개혁주의적reformative 페미니스트 신학자, 급진주의적radical 또는 혁명주의적revolutionary이라 불리는 후기-기독교post-Christian 페미니스트 신학자 등 세 가지로 분류하고자 한다. 그러나 같은 범주에 속한 신학자라도 그들의 사상이 다양하게 전개된다는 전제 위에 이러한 분류를 이해하는 것이 필요하다.

1) 성서주의적 페미니스트 신학자들의 이해

첫째, 성서와 전통은 본질적으로 성차별주의가 아니라는 nonsexist 성서주의적 페미니스트 신학자들의 입장을 살펴보겠다. 성서주의적 페미니스트 신학자들은 성서가 본래 성차별적이 아니라고 본다. 그렇기 때문에 성차별적 문제는 성서와 기독교 전통에 대한 '올바른 해석'을 통해서 해결될 수 있다고 본다. 이들에게 신 상징의 남성성은 본질적인 문제가 아니다. 다만 그러한 상징의 남성성과 연관되어 있는 지배와 억압의 개념들이 문제인 것이다. 이러한 관점을 취하는 신학자들로는 대표적으로 트리블과 러셀을 꼽을 수 있다.

특히 트리블은 성서 전통에서 신의 여성적 상징을 제시함으로써 성서주의적 입장에 있는 이들에게 큰 영향을 주고 있다.[32] 트리블은 성서가 가부장적 문화에서 왔다는 것을 인정한다. 그러나 동시에 성서는 그 자체 안에 성차별주의를 극복하고자 하는 의도와 대안을 제시하고 있다고 본다. 성서의 의도나 대안은 신이 출산, 양육, 또는 음식이나 옷을 준비하는 것과 같은 여성적 경험이나 여성의 전통적인 역할로부터 형성된 이미지로 표현되는 점에서 발견될 수 있다고 한다. 예를 들어 〈이사야서〉 66장 9절에 보면 야훼는 출산하는 어머니로서 자신을 표현하고 있다.[33] 신의 이러한 여성적 이미지가 고대 이스라엘의 강력한 가부장적 문화에서 나왔다는 것은 '신은 성sex을 초월한다'는 성서의 근본적인 통찰을 증명하는 것이다. 그리하여 트리블은 신을 남성과 여성적 용어로 상징화하는 신학이 성서적 근거로서 정당성을 얻는다고 본다.

트리블과 마찬가지로 성서와 전통은 본질적으로 성차별주의적이 아니라는 입장에 있는 러셀은, 성서의 메시지가 본질적으로 해방의 메시지임을 강조하는 신학자이다.[34] 러셀에 따르면 성서의 이러한 해방의 메시지는 가부장적 용어 때문에 가려졌다. 그러므로 신에 대한 상징을 '아버지'라든가 '왕'과 같은 남성성으로 지칭하는 것이 아니라, 창조자 Creator, 구속자 Redeemer 또는 해방자 Liberator 등의 중성적 용어로 대치하는 것이 필요하다. 러셀에 의하면, 페미니스트 신학은 "신학의 미완성된 차원 unfinished dimension of theology"[35]에 기여할 수 있다. 신학은 끊임없이 새롭게 형성되는 것이지, 완성되거나 끝이 있는 것이 아니기 때문이다.

러셀은 성서에서 '사용 가능한 과거 usable past'와 '사용 불가능한 과거 unusable past'를 구분한다.[36] 그러면서 신에 대한 전통적인 남성적 언어를 대체할 수 있는 '사용 가능한 언어'를 찾는 작업으로서 '신의 잃어버린 이름'을 찾고자 한다.[37] 인간이 신에 대하여 쓰는 메타포는 인간이 신에 대하여, 그리고 신의 형상으로 지음 받은 남성과 여성으로서 자신에 대하여 인식하는 방식을 결정하는 중요한 것이기 때문이다.[38] 러셀에 의하면 언어는 단지 도구가 아니다. 인간의 언어는 권력을 행사할 수 있다.[39] 그렇기 때문에 성서나 기독교 전통 속에 있는 신에 대한 언어는 '남성중심주의'에서 벗어나야 하며, 또한 사적이고 영적인 spiritualized 해석으로부터 해방되어야 하는 것이다. 이렇게 페미니스트 신학자들이 지적하는 신 상징의 젠더 문제에 대하여 독일의 신학자 슈라이 Heinz-Horst Schrey는 〈신은 남성인가?〉[40]라는 논문에서 기독교가 모성적 요소를 상실한 것은 큰 손실이며, 신 상징에서 이러한 모성적 요소가 회복될 때 비로소 기독교는 구원받을 수 있다고 역설한다.[41]

2) 개혁주의적 페미니스트 신학자들의 이해

둘째, 성서와 전통은 성차별적 요소와 비성차별적 요소를 동시에 가지고 있다고 보는 개혁주의적 페미니스트 신학자들의 입장을 살펴보겠다. 이러한 입장에 있는 신학자들은, 성서와 전통의 성차별적 요소는 비성차별적 비전에 근거하여 거부되어야 한다고 본다. 이들은 성서가 본질적으로 해방의 비전을 가지고 있지만 성차별주의적 요소가 스며들었다고 본다. 이러한 시각을 지닌 신학자들로는 로즈메리 류터와 '초기 데일리Mary Daly' 등이 있다.

기독교의 상징체계에 대하여 최초로 페미니스트 신학적인 이의를 제기한 사람은 데일리이다. 데일리는 가톨릭 출신으로, 25세에 종교학으로 철학박사 학위를 받았다. 1959년에 미국의 가톨릭 계통 대학교에서 가르칠 수 있는 학위를 취득하기 위하여 신학 박사과정에 여성을 받아주었던 스위스의 프리부르Fribourg 대학에 입학하여 1963년에 신학박사 학위를 취득하고, 1965년에 철학 전공으로 철학박사 학위를 취득했다. 세 종류의 박사학위를 취득한 데일리는 학문적인 날카로운 통찰, 분석의 명증성, 해박함으로 페미니스트 신학뿐 아니라 여성학 이론의 주요 인물로 꼽히고 있다. 그는 자신의 책마다 뚜렷한 사상적 전이를 분명하게 밝히고 있어서 주목받아왔다.

'초기 데일리'란 교회와 기독교 전통에 변혁의 희망이 있다는 기대를 품고 출판한 첫 번째 책인 《교회와 제2의 성》에서의 데일리를 말한다. 초기 데일리는 교회와 기독교 전통에 변혁의 희망이 있다고 믿고 기대를 품었다. 나중에 나온 세 권의 책에서 데일리의 사상은 '중기'와 '후기'의 데일리로 나눌 수 있다.[42] 1975년에 재판으로 나온 《교회와 제2의 성》에서 데일리는 50여 쪽에 달하는 서론을 첨가하고 있다. 그 재판의 서론에서 데일리는 자신의 사상적 전이를 분명하게 밝히고 있다. 데일리는 신을 '아버지'나 '왕' 등으로 남성화하는 것은 남성의 힘이 신성한 것이라는 가치관을 심어준다고 전제한다. 그리고 "신이 남성이면, 남성이 신이다"라는 유명한 말로 신 상징의 남성화를 비판하고 있다.[43] 데일리는 물론 신이 성sex을 초월한 분이며, 하얀 수염이 났거나 남성에 속한 분이 아니라는 것을 신학이나 철학적 전통들도 전제하고 있다는 것을 안다. 그러나 신에 대한 철학적 개념이 문제가 아니라 상징의 '남성성'이 문제임을 지적하고 있다.

데일리는 상징은 그것 자체에 머무는 것이 아니라, 상징을 넘어서는 어떤 것을 지칭해야 하는 것이라는 틸리히의 상징이론을 받아들인다. 또한 신을 '아버지'라는 상징 안에 가두어놓을 때 그것은 '아버지'를 넘어서지 못하고 오히려 유한한 것—즉 남성의 힘—을 무한한 것으로 신성화하는 '우상화'를 초래한다고 데일리는 주장한다. 이럴 때의 '아버지'는 더 이상 무한한 신에 대한 상징이 될 수 없다는 것이다. 이러한 남성적 상징으로서 왜곡된 신의 이미지는 지배, 정복, 억압, 전쟁 등을 정당화하기에 '생명 사랑biophilia'이 아니라, '죽음 사랑necrophilia'의 원리로서 서구의 가부장적 문화를 강화하는 역할을 해왔다. 그러한 '죽음 사랑의 신'은 굳어 있는 '명사로서의 신'일 뿐이다. 데일리는 이런 왜곡된 신 개념이 지배와 정복의 인간성을 낳았다고 분석하면서, 이러한 왜곡된 신의 권력을 강간, 학살genocide, 전쟁의 "부정한 삼위일체Unholy Trinity"라고 표현한다.[44]

그래서 데일리가 대안으로 제시하는 신은 굳어진 '명사로서의 존재Being'가 아니라, 역동적이고 끊임없이 열려 있는 '동사로서의 존재Be-ing'

이다. 또한 틸리히의 존재 개념을 비판적으로 수용하여 '존재의 힘들Powers of Be-ing'이라는 신 상징을 제시하고 있다. 틸리히의 '존재의 힘Power of Being'이라는 용어와 데일리의 용어는 차이가 있다. 즉 데일리는 '존재Be-ing'를 명사가 아닌 동명사형으로 쓴다. 또한 '힘Powers'을 단수가 아닌 복수형으로 쓴다. 이것은 존재의 동사로서의 역동성, 그리고 복수로서의 힘의 다양성과 다차원성을 함축하는 것으로 해석할 수 있다.[45]

이러한 새로운 신 개념의 구조에서 보면, 데일리에게는 단지 '남성적 신'을 '여성적 신'으로 대체하는 것은 충분하지 않으며, 신 개념에 대한 근원적인 변화가 있어야 하는 것이다. 흑인 신학자들이 신 개념의 변화 없이 '백인 신white God'을 '흑인 신black God'으로 단순히 명칭만 대치하는 것은 자신들을 억압하는 데 쓰이던 억압자의 도구를 그대로 다시 쓰는 것과 같은 위험한 대체라고 지적한다.[46] 그러므로 신의 개념에 대한 근원적 전이 없이 신의 남성적 대명사를 여성적 대명사로, 또는 신의 이름을 남성에서 여성으로 대치하는 것은 오히려 '여장한 남자'처럼 남자가 여성의 역할까지 할 수 있다는 것을 나타낼 뿐이다. 그렇기에 단순한 젠더의 대체는 가부장적 신이 갖고 있는 근원적인 문제는 여전히 남겨놓는다고 데일리는 경고한다.[47] 후기 데일리에게 '여성신Goddess'의 개념은 남성신의 단순한 대체가 아니다. 데일리의 새로운 '여성신'은 "여성 안에 내재하는 자기 긍정적인 존재" 또는 "여성 안에 내재하는 창조적 통전성의 심원한 근원"의 의미로 쓰인다.[48] 데일리에게 고정적인 '명사로서의 가부장제적 신' 개념에서 역동적이고 활동적인 '자동사로서의 신' 개념으로의 전환은 궁극적 실재로서의 신을 올바르게 인식하기 위한 첫 단계의 페미니스트적 작업이다.

류터는 신 상징, 그리고 서구 신학의 토대로서의 대립적 이원론dualism

과 위계주의hierarchism에 대한 페미니스트 신학적 분석과 비판으로 잘 알려져 있다. 또한 가부장제, 기독교 신 개념의 가부장제적 요소가 지니고 있는 위해적 결과들에 대하여 문제를 제기한 페미니스트 신학자들 중의 한 사람이다. 류터는 기독교를 역사적으로 억압의 사회적 구조를 창출하도록 협력하는 역할을 해왔던 세속적 이념으로 간주한다. 그러면서 데일리처럼 가부장제적 이념과 사회구조의 상호작용을 분석한다. 류터는 서구 사상의 초월-내재, 합리성-불합리성, 영혼-육체, 인간-자연, 남자-여자 등의 이분법적 구별이 두 개념을 대립적인 것으로 보고 우월과 열등, 상위와 하위 등의 서열을 만드는 대립적 이원론을 야기했다고 지적한다.

류터는 이어 서구 전통에서 여성을 열등한 육체, 자연, 불합리성의 범주에 놓았다는 사실로부터 여성에 대한 부정적인 이미지가 기인함을 비판한다. 또한 현실을 대립적인 이원론적 구조로 보는 사고 양태가 모든 종류의 사회적 억압 형태에 책임이 있다고 전제하며, 정통 기독교에서 발전한 이러한 이원론이 모든 종류의 억압을 위한 모델을 제공해주었다고 분석한다. 이러한 이원론적이고 위계적인 사고구조는 남성/여성, 문화/자연, 백인/흑인, 부유한 사람/가난한 사람, 나/타자 등과 같은 특수한 이원론으로 나타나게 되었고, 전자는 우월하고 가치 있는 것으로, 후자는 열등하고 덜 가치 있는 것으로 보게 되는 억압구조를 야기한다는 것이다. 그러므로 류터는 이러한 이원론을 종교와 사회 안에서 통합시키고, 억압된 사람들의 해방을 막는 장애들을 제거하는 것이 중요한 과제라고 본다. 여기에 기독교가 '억압자의 이데올로기'가 되는 것에서 억압받는 이들을 위한 '해방의 복음'으로 변형되는 분기점이 있기 때문이다.[49]

사회적 억압의 모든 형태들이 지닌 상호관계성을 강조하면서, 류터는 성차별주의가 다른 억압의 문제로부터 분리되거나 독자적인 문제로 간주될 수 없음을 역설한다. 그러나 역사적으로 성차별주의가 '지배domination의 본래적인 형태'라는 데 동의하고, 인간의 통전성을 파괴하고 이원론의 모델 역할을 한다고 분석한다. 이러한 류터의 분석들은 여성의 해방이 이원론적 사고구조를 극복하는 열쇠라는 주장의 근거가 된다. 이러한 맥락에서 본다면 초기 데일리와 류터는 기독교가 가부장제적 이데올로기의 역할을 해왔고, 그러한 이데올로기에 의하여 남성중심적인 사회 현실이 합리화되고 강화되었다는 사실에 동의한다고 볼 수 있다.

그러나 데일리와 달리 류터는 기독교 복음의 핵심은 '해방의 예언적 성장구조'이며, 억압받는 자와 함께하는 것이라는 신념을 계속 고수한다.[50] 그러므로 '아버지로서의 신'의 이미지에 대한 류터의 반응은 데일리와 다르다. 류터에게는 신 상징의 남성성 자체가 문제가 아니라, 남성성을 '지배', 그리고 여성성을 '복종'과 일치시키는 대립적 이원론이 문제인 것이다. 그래서 "단지 남성적인 초월적 신을 여성적인 내재적 신으로 대치하는 것"만으로는 진정한 개혁은 불충분하다.[51] 또한 류터에게 성서는 데일리와는 다른 의미를 지닌다. 성서에는 이러한 성차별적인 이원론적 요소가 있을 뿐 아니라 동시에 이러한 것들을 거부하는 '페미니스트인 예수'가 있는 것으로 이해된다.

류터는 신의 여성적 상징에 많은 관심을 보이지 않는다. 류터에게 신은 남성도 여성도 아닌 '위대한 모형the Great Matrix'이다.[52] 또한 남성도 여성도 아닌 신, 즉 영어 표기로는 'God/ess'라는 대안적 신 이해를 제시한다.[53] 이 새로운 신 개념은 가부장제적 신 개념의 한계를 넘어 남성과 여성 모두에게 구속적인 경험을 할 수 있게 하는 개념이다. 그러나 류터는 '부모로서의 신God as Parents'은 인간을 언제나 의존적인 존재로 만드는 '영적인 유아주의spiritual infantilism'를 형성한다는 이유를 들어 비판적으로 본다. 더 나아가 '부모로서의 신'이라는 개념은 남성과 여성의 관습적인 역할을 강화할 수 있어서, 여성을 해방하는 개념이 아니라 가부장제를 다른 형태로 강화하는 결과를 가져올 수 있다고 본다. 류터가 대안적으로 제시하는 신 개념인 'God/ess'는 남성과 여성의 경험을 모두 통합한다. 그러나 '부드러운 여성'과 '강한 남성', '순종적 여성'과 '지배적 남성' 등 고정적인 가부장제적 개념의 통합이 아니다. 창조자로서의 신God/ess, 그리고 위대한 모형으로서 신의 이미지를 제시하는 것이다. 이렇게 새로운 대안적 신의 이미지를 제시하면서 류터는 이원론을 극복하고, 이원론적으로 대립된 모든 것들의 조화를 추구한다.[54]

3) 급진주의적 페미니스트 신학자들의 이해

셋째, 급진주의적 페미니스트 신학자들의 입장이다. 급진주의 페미니스트 신학자들은 성서와 기독교 전통을 본질적으로 '성차별주의적'이라고 본다. 그렇기 때문에 그러한 성차별적 전통은 거부되어야 하며, 현재적 경험 또는 성서 종교가 아닌, 다른 종교를 토대로 해서 새로운 종교 전통을 창출해야 한다고 본다. 이들은 남성적 신 상징이 완전히 거부되어야 하며 '여성적 신female God' 또는 '여성신Goddess'으로 대체되어야 한다고 주장한다. 이러한 입장에 서는 페미니스트들은 이른바 '기독교 후기' 페미니스트 신학자들이라 부르기도 한다. 이들 중에는 초기 이후의 데일리, 골덴버그Naomi Goldenberg, 스타호크Starhawk, 버다페스트Budapest, 스톤

Merlin Stone, 다우닝Christine Downing, 크리스트Carol Christ 등이 있다. 이러한 급진주의 입장에 서는 이들이 각기 제시하는 대안은 차이가 있지만, 주로 고대종교 전통 속에 있는 여성신의 자취를 찾아 여성신을 중심으로 새로운 '여성신 종교Goddess Religion'를 형성하고자 한다. 여기에서는 스톤과 크리스트를 대표적으로 살펴보겠다.

스톤은 《신이 여성이었을 때》[55]라는 책에서 고대 여성신의 상징이 현대의 여성들에게 큰 힘을 가지고 있음을 논한다. 스톤에 의하면 종교가 처음으로 형성되기 시작했을 때 신은 여성이었다. 스톤은 '신이 여성이었다는 사실'이, 여성의 종속을 강화하고 합리화해온 남성 우월의 가부장적 신앙과 가치관에서 여성을 해방하는 데 커다란 역할을 할 수 있다고 본다. 또한 캐럴 크리스트는 앞서 소개한 클리퍼드 기어츠의 상징이론을 수용하여 여성신의 존재 자체가 심리적 또는 정치적 효과가 있다고 밝힌다.[56]

크리스트에 따르면 여성신 상징은 다음과 같은 의미가 있다. 첫째, 여성신 상징 속에 함축된 여성의 힘power에 대한 긍정은 심리학적·정치적 효과가 있다. 페미니스트 신학에서 말하는 '힘'이란 관습적인 의미의 개념이 아니다. 관습적인 의미에서 힘의 개념은 지배, 높은 위치, 권위, 그리고 다른 사람이나 자연을 조종하는 의미를 함축하는 것으로 이해되지만, 사실상 이러한 힘의 개념은 진정한 의미의 힘이 아니며, 왜곡된 의미의 개념이다. 페미니스트 신학에서 말하는 진정한 의미의 힘은 인간을 자유케 하고, 통전적으로 만들며, 또한 분열을 하나 되게 하는 치유 능력healing power을 말한다. 즉 여성의 힘이 열등하고 위험한 것이라는 가부장제의 관점을 버리고, 여성이 자신의 힘이나 다른 여성들의 힘을 긍정적으로 인식하게 된다는 것이다. 여기에서 '여성신'은 자연과 문화,

그리고 개인적인 삶과 공동적 삶에서의 삶, 죽음, 재생의 에너지를 상징하며 여성의 힘의 아름다움을 인정하는 상징으로 이해된다.

둘째, 여성신 상징은 성서와 기독교 전통에서 부정적으로 취급되어 온 여성의 몸과 삶의 주기를 긍정적으로 인정하는 것을 의미한다. 생리, 출산, 양육 등 여성 고유의 경험은 여성이 몸, 자연, 그리고 이 세계에 더욱 밀접한 관계가 있음을 뜻하는데, 여성신 상징에서는 이러한 삶의 주요 경험과 주기가 부정적으로 이해되는 것이 아니라 창조적인 힘으로 이해된다.

여성의 몸에 대한 부정적 관점은 생리, 출산, 폐경기에 있는 여성에 대한 문화, 종교적 터부taboo에 잘 나타나 있다. 새로운 생명을 창조하는 과정인 출산은 신이 이브에게 내린 저주로 이해되며, 여성의 생리는 불결한 것으로 취급되어 생리 중의 여성은 성전에 들어가는 것이 금지되는 등 여성의 고유한 경험이 성서에서는 부정적으로 또는 저주로 나타난다. 여성신 종교는 이러한 여성의 고유 경험을 아름답고 창조적인 것으로 인식하고 고양하고자 한다. 또한 가부장적 관점에 의하여 형성된 아름다움의 기준, 예를 들어 젊은 여성은 아름답지만 나이 든 여성은 추하다고 생각하는 등의 기준은 나이 든 여성의 지혜나 통찰의 아름다움을 무가치한 것으로 만든다고 보고, 삶의 아름다움의 기준을 새롭게 형성하고자 한다.[57]

크리스트가 시도하는바, 이러한 남성신God으로부터 여성신Goddess으로의 전이는 여성을 새로운 각성과 깊은 통찰, 그리고 무엇보다도 통전적인 삶의 추구가 가능한 세계로 여성들을 인도하려는 의도로 이해되고 있다. 여성신 종교는 고대의 상징들과 새롭게 창조된 신화들을 수용하는 융합주의적syncretistic 특성을 띠고 있다. 전통적인 기독교의 신 상징을 비판하고 더 나은 대안으로서 상징을 찾는 페미니스트 신학적 시도는 신을 '아버지'로만 생각하는 이들에게는 신앙에 손상이 가는 위협적인 시도처럼 느껴질지 모른다. 그러나 이러한 시도들은 신의 의미를 새롭게 조명하고 풍성히 하는데 기여하는 하나의 신학적인 시도로 볼 수 있다. 존 캅이 지적한 바와 같이 신을 남성적 측면에만 연관시키는 성차별주의적 언어나 사상으로 인해, 역사에서 기독교 메시지의 본래 의미가 왜곡되어왔기 때문이다.[58] 만약 신의 상징이 더 이상 남성적으로만 표현되지 않고 종교와 사회에서 가부장제적 구조가 제거된다면, 신의 형상으로 지음 받은 여성의 인간성이 새롭게 드러날 것이며, 호혜적이고 평등한 개념을 지닌 새로운 신 상징이 창출될 것이다.

제6장

페미니스트 신학과 예수

1. 전통적 예수 이해 비판

기독론은 기독교 신학에서 중심 위치를 차지한다. 기독교 신학의 역사를 보면, 유럽과 북미의 남성 신학자들은 "사람들이 나를 누구라고 하느냐?"[1]는 예수의 물음에 응답하는 기독론을 형성해왔다고 볼 수 있다. 근래에 들어와서 이러한 물음은 신론과 기독론이 인간의 사회적·정치적·경제적 현실과 무관할 수 없다고 주장하는 흑인 신학자와 제3세계 신학자들에 의하여 새롭게 논의되기 시작했다. 이러한 신학자들의 논의는 대략 세 가지로 요약할 수 있다. 첫째, 인간의 삶의 조건은 의식적 또는 무의식적인 윤리적 결단으로부터 기인한다. 둘째, 신은 억압받는 자의 편에 서 있다. 셋째, 그러므로 복음은 신의 가장 중요한 뜻인 해방의 의지를 나타내 보인다.[2]

이러한 해방신학자들은 그들의 특수한 정황을 신학과 연관짓고자 하며, 그들의 정황을 반영한 신론과 기독론을 형성하고자 한다. 그들은 전통적으로 백인의 경험과 관점이 보편적인 인간의 경험과 관점으로 간주되어왔다는 사실을 비판하면서, 흑인이나 제3세계 사람들의 경험과 관점을 그들의 신론이나 기독론에 반영하고자 하는 것이다.

신론과 기독론에 대한 이러한 신학적 도전의 맥락에서, 페미니스트 신학자들은 예수의 의미를 남성의 경험만이 아닌 여성의 경험으로 형성된 정황에서 찾고자 한다. 대부분의 기독교인들에게 예수는 이 세상을 구원하기 위한 신의 유일한 성육신으로 이해된다. 그러나 가부장적 역사를 통하여 이러한 예수의 '남성성'에 주어진 중요성 때문에, 많은 여성들은 과연 "남성 구세주가 여성을 구원할 수 있는가?"[3]라고 묻는다. "남성 구세주가 여성을 구원할 수 있는가"라는 물음은 다음과 같은 물음들로 이어진다. 왜 그리고 어떻게 예수는 교회 안에서 여성의 더 나은 역할과 위치에 반대하는 도구로 쓰여왔는가? 예수의 남성성과 여성의 구원은 어떠한 관계에 있는가? 예수는 당시 존재하던 가부장적 질서에 어떻게 반응했는가? 예수는 여성들을 어떻게 대했는가? 또는 예수는 어떠한 방식으로 여성의 구세주로 여겨질 수 있는가? 이러한 물음들은 변화하는 현대사회에서 여성들이 그들의 예수에 대한 경험을 재조명하고, 동시에 전통적인 기독론이 무엇과 씨름하는지 반영하는 것이라고 볼 수 있다.

따라서 페미니스트 신학자들이 예수를 어떻게 이해하는가의 문제는 여러 가지 점에서 복합적인 성격을 띠고 있다. 그중 가장 중요한 논쟁점은 예수의 젠더, 즉 예수가 남성이었다는 사실이다. 예수가 남성이었다는 사실이 논쟁점이 되는 것은, 예수가 남성이었다는 사실 그 자체보다는 예수의 남성성이 여성에게 주는 여러 가지 부정적인 영향 때문이다.

예수의 남성성이 지닌 부정적인 영향과 관련해 논의되는 내용은 두 가지로 요약할 수 있다. 첫째, 예수의 남성성에 의해 신의 남성성이 확실한 진리처럼 인식된다는 사실이다. 즉 예수가 역사적 예수에 그치지 않고 신이 인간의 모습으로 성육한 그리스도라는 것은, 신 역시 남성이라는 이론적 근거를 제공한다는 것이다. 둘째, 예수의 남성성은 여성 안수 문제에 가장 큰 장애가 되어왔다는 점이다. 여성 안수를 반대하는 이유의 대부분은 예수가 '남성'이라는 점 때문이다. 가톨릭의 예를 본다면, 1965년 제2차 바티칸 공의회는 〈현대 세계 속의 교회The Church in the Modern World〉라는 문서에서 성에 근거한 차별을 포함하여 모든 종류의 사회적·문화적 차별을 극복해나갈 것을 요구했다.⁴ 그러나 1976년 10월 15일에 발표된 문서에 따르면 사제는 예수 그리스도를 대신하여 일하는 것이며, 따라서 '자연적 유사성natural resemblance'이 필연적으로 있어야 하므로 여성은 사제로 받아들일 수 없다고 밝히고 있다. 가톨릭교회의 이러한 입장에 대하여 류터는 다음과 같이 비판적 문제제기를 한다.

그리스도를 닮아야 한다는 이러한 이상한 입장은 흑인, 중국인 또는 네덜란드인을 1세기에 살았던 유대인으로부터 배제하지 않고, 또한 부유한 성직자를 가난한 목수의 아들로부터 배제하지 않는다. 그러므로 우리가 그리스도를 닮아야 한다는 이러한 기준은 오직 한 가지 요소, 즉 남성성에만 제한되는 것이라고 추측할 수밖에 없다.⁵

엄밀한 의미에서 '자연적 유사성'이란 예수의 생물학적 성만이 아니라, 나이, 인종, 또는 사회적 위치 등의 유사성도 포함해야 그 논리적 타당성이 있다. 그런데 유난히 예수의 성에만 그 유사성의 기준을 적용하는 것은 분명히 성차별주의적 전제에서 기인한 것이라 할 수 있다. 이런 의미에서 류터가 여성에게 사제 서품을 주지 않는 이유로 여성과 예수 사이에 '자연적 유사성'이 없다는 점을 드는 가톨릭교회의 주장을 비판하는 것은 타당하다.

이러한 맥락에서 보면, 예수와 사제직의 '자연적 유사성'에 대한 가톨릭교회의 주장은 이중적인 기준을 갖고 있다. 즉 '남성·유대인·젊은이'인 예수의 '자연 조건' 중에서 사람들이 유사성을 찾고자 하는 것은, 다른 조건은 배제한 오직 '남성'이라는 사실 한 가지만이다. 예수의 다른 자연적 조건인 '유대인-젊은이'와의 유사성은 고려하지 않는 것이다. 따라서 예수처럼 남성이 아닌 여성이기 때문에 사제직을 가질 수 없다고 하면서, 예수처럼 유대인이 아니거나 젊지 않기 때문에 사제직을 받을 수 없다고 하지 않는다는 것은 논리적 일관성을 결여한다.

예수에 대한 다각적 이해는 이른바 "기독론과 페미니즘은 양립할 수 있는가"라는 중요한 신학적 주제로 연결된다. 기독론은 기독교의 형성에 가장 중심적인 요소이기 때문에, 그 기독론이 페미니즘과 어떠한 관계 속에 있게 되는가는 의미심장한 주제일 수밖에 없다. 신성Divinity의 남성중심적인 특성에 대한 비판과 더불어 예수의 남성성에 대한 비판은 이론적인 것뿐 아니라 실제적인 문제와 연관되어 있다. 이러한 맥락에서 메리 데일리에 따르면, 여성들은 '여성을 위한 해방적 모델로서의 예수'를 거부해야 한다. 왜냐하면 결국 예수의 남성성은 여성이 자신의 잠재성을 온전히 실현하는 것을 가로막는 '남성중심주의'를 강화하게 된다. 그리고 실제로 남성 구세주에 대한 예배는 여성에게 남성 모델을 고양하고, 결과적으로 가부장제를 강화하게 된다는 것이다.[6] 만약 기독론이 본질적으로 남성중심적이라면, 기독교에서 여성이 남성과 상호 평등한 위치를 갖는다는 것은 불가능해지며, 그렇게 된다면 기독교는 신이 남성-예수를 통하여 현시했다는 것을 선포할 때마다 여성혐오를 촉진하는 종교가 되고 마는 것이다. 그러므로 가장 문제가 되는 것은 예수의 남성성 그 자체가 아니라, 신이 남성-예수를 통해서 성육했다는 신학적 이해이다.[7]

그렇다면 신의 성육으로서 신의 남성성을 확고하게 해준 전통적인 예수 이해와, 남성만이 그리스도를 대변할 수 있다는 원리를 만들게 한 예수의 남성성에 대한 문제를 기독교 전통 안에 있는 페미니스트 신학자들은 어떻게 극복하고 있는가를 살펴보자. 페미니스트 신학자들이 분석하는 페미니스트 기독론이나 예수 이해는 다양한 측면에서 조명해 볼 수 있다.

예를 들어 예수의 신성을 강조하는 '고등 기독론high Christology', 예수의 인간성을 강조하는 '저등 기독론low Christology', 예수의 메시지를 강조하는 '메시지 기독론message Christology'에 초점을 두어 분석하는 방식도 있다. 이러한 방식으로 페미니스트 신학적 기독론을 분석하는 신학자로는 영국의 후기-기독교 페미니스트 신학자인 대프니 햄프슨Daphne Hampson이 있다.[8] 또한 그 밖에 성서적·해방주의적·거부주의적rejectionist 입장의 페미니스트 기독론을 분석하는 방법도 있다. 해방주의적 기독론을 전개하는 대표적인 신학자 중 한 사람은 흑인 페미니스트 신학자인 재클린 그랜트Jacqueline Grant이다. 그랜트는 자신이 해방주의적 입장에 있다고 밝히면서, 동시에 백인 페미니스트 신학자들의 기독론에 흑인 여성들의 경험이 배제되어 있음을 지적하고 인종이나 성차별을 넘어 모든 사람들을 해방하는 '우머니스트womanist 기독론'을 제안한다.[9] 이러한 여러 가지 페미니스트 기독론이 있는데, 이 장에서 나는 특히 기독교 전통에서 논의될 수 있는 페미니스트적인 예수 이해를 세 가지로 분류하여 논의하고자 한다.

2. 페미니스트 신학적 예수 이해

1) 어머니로서의 예수

중세 후기의 여성혐오주의는 잘 알려진 사실이다. 사회적·경제적·정치적 영역뿐 아니라 신학, 철학, 과학의 분야에서 여성을 열등한 인간으로 생각하는 여성혐오는 지배적이었다.[10] 그러나 최근의 연구에 의해 중세 초기와는 달리 12~15세기에 나온 글에서 여성에 대한 긍정적인 이미지들과 은유들이 발견되고 있다. 특히 흥미로운 것은 신이나 예수가 '어머니'로서, 또는 남성성과 여성성을 지닌 '양성적 존재'으로 표현된다는 점이며, 이러한 표현들이 여성보다는 남성에 의해서 더욱 많이 쓰이고 있다는 점이다.

　'그리스도'가 역사적 예수의 생물학적인 조건인 남성에 제한되지 않는다는 점을 강조하고자 하는 페미니스트 신학자들에게, 예수의 남성성의 의미를 극소화하는 시도는 중요한 역사적 근거를 제공해준다. 중세의 이러한 관점은 최근에 이르러 신은 '아버지'이며 '어머니'라고 주장하는 페미니스트 신학자들에게 긍정적인 관심을 받고 있다. 이러한 사상은 신이나 예수를 '아버지'인 동시에 '어머니'로 표현하거나, '어머니'의 이미지를 강하게 부각하기 때문이다. 《신약성서》에 예수를 어머니로 표현한 곳은 없다. 그러나 예수 자신이 스스로를 "병아리를 날개 아래 품은 암탉"으로 표현하고(⟨마태복음⟩ 23: 37, ⟨누가복음⟩ 13: 34), 또한 잃어버린 동전을 찾는 여인의 비유를 통하여 신을 여성으로 묘사한 것은 신의 여성성을 나타내는 것으로 해석된다. 매클로플린Eleanor McLaughlin에 따르면, 현대 개신교와 비교해볼 때 중세의 전통은 양성적 신 이해를 허용했다.[11]

일반적으로 세 가지 점에서 예수 그리스도의 역할이 어머니의 역할로 표현된다. 첫째, 십자가 위에서 예수의 희생적인 죽음은 어머니가 출산하는 것으로 표현되고 있다. 둘째, 그리스도의 사랑은 자식에 대한 어머니의 무조건적인 사랑과 부드러움으로 그려진다. 셋째, 그리스도가 성만찬에서 몸과 피를 나눠주는 것은 어머니가 자식에게 젖을 먹이고 양육하는 것으로 표현되고 있다.[12]

중세의 이러한 사상을 수용하는 페미니스트 신학자들이 있는데, 이렇게 예수를 '어머니'로서 또는 남성-여성을 동시에 지닌 '양성적 존재'로서 남성과 여성을 모두 대변할 수 있다고 보는 관점은 예수가 '완벽한 인간perfect humanity'이라는 전제를 두고 있다. 예를 들어 몰렌코트Virginia Ramey Mollenkott는 "그리스도가 여성을 대변할 수 있는가"라는 문제는 예수가 성서에서 남성만으로가 아니라 완전히 남성-여성androgyne인 '완벽한 인간'으로 그려지는 점을 인식할 때 비로소 해결될 수 있다고 주장한다.[13] 또한 쉬슬러 피오렌자는 ⟨갈라디아서⟩ 3장 26~28절을 인용하면서, 인간은 모두 '신앙'을 통하여 신의 자녀가 되었으며, '세례'를 통하여 종족·신분·성의 차이가 극복되어 모두 하나라는 점을 강조함으로써 성의 구분을 넘어서고자 한다.[14]

중세의 여성 신비주의자 줄리언Julian of Norwich은 신을 아버지와 어머니로, 예수를 어머니, 형제, 구속자로 이해한다. 줄리언은 예수가 그의 복된 가슴에 우리를 눕히는 '진정한 어머니'이며, '진정한 모성'의 패러다임이라고 주장한다.[15] 줄리언이 이해하는 '진정한 모성'이란 자연, 사랑, 지혜, 지식에 속한 것, 즉 신이다.[16] 이러한 예수의 모습은 예수의 구원이라는 사역을 그의 '남성적' 품성이 아닌 '양성적' 품성으로 전환하고자 한다. 물론 이와 같이 예수 그리스도를 어머니로 표현하거나 양성으로 나타내는 '양성 기독론'은 다분히 비판의 여지를 안고 있다.[17] 그럼에도 불구하고 예수의 생물학적 성을 초월하려는 쉬슬러 피오렌자 등의 견해와 함께 예수의 남성성이 여성에게 가해오던 억압성을 극복할 수 있는 하나의 대안으로 해석될 수 있을 것이다.

2) 크리스타로서의 예수

> 내가 처음으로 크리스타Christa[18]를 보는 순간, 나는 나를 보는 것 같았다. 십자가 위에 박힌 크리스타, 그것은 나의 모습이었다. …… 움푹 파이고, 쇠약하고, 황폐해진 크리스타의 몸은 창조력이나 어떤 살아 있는 정신을 탄생시킬 수 없는 나의 쇠약함, 황폐함을 표현하고 있었다.[19]

이 글은 샌디스Edwina Sandys의 조각 〈십자가에 달린 크리스타〉를 보고 많은 여성들이 경험했던 강한 인상이 한 여인을 통해 표현된 것이다. '크리스타'는 여성 그리스도Christ를 일컫는 용어이다. 이 말은 뉴욕의 성 요한 대성당에 있는 십자가상에서 처음 등장했는데, 그 십자가 위에는 남성인 '그리스도'가 아니라 그리스도의 여성형인 '크리스타The Christa'라는 말이 쓰여 있다고 한다. 이 조각은 언어나 종족의 장애를 뛰어넘어 어떠한 설교보다도 많은 이들에게 십자가의 고난과 여성의 구체적인 삶의 고통 사이 연관을 실감할 수 있게 해주었다고 한다. 십자가의 그리스도를 남성이 아닌 여성으로 표현했다는 것은 어떠한 '사실fact'의 표현이 아니라 하나의 은유로 이해되어야 할 것이다. 남성 '그리스도'라는 말이 전통적으로 주는 무관계성, 영웅성 등의 이미지를 변혁하기 위한 메타포로서 '그리스도' 대신에 '크리스타,' 더 구체적으로는 '크리스타 공동체Christa Community'라는 용어를 쓰는 브록Rita Nakashima Brock은 크리스타 예수에 대한 새로운 페미니스트 신학적 이해를 전개한다.

　브록은 전통적인 기독론이 나사렛 예수에만 초점을 맞춤으로써, 예수가 실현하려 했던 진정한 관계성의 공동체인 '바실레이아basileia', 즉 신의 나라 실현에 대한 측면을 간과해왔다고 지적한다. 그리스도로서의 예수는, 그가 실현하고자 했던 진정한 관계성과 공동체의 연관에서 볼 때 그 의미가 온전히 살아나는 것이다. 〈마가복음〉은 지배와 복종의 양태를 피하려고 투쟁한 복음서로 평가된다. 〈마가복음〉의 기적의 기사들을 분석해보면, 예수가 지녔던 신의 나라, 즉 '바실레이아'의 비전에는 여성, 이방인, 가난한 이처럼 사회에서 소외된 자들이 포함된다. 예수의 이러한 바실레이아 비전은 사람들을 건강하게 하고, 깨끗하게 하며, 강하고 통전적으로 만들었다. 그리고 무엇보다도 사람들의 인간성과 삶을 회복해주었다.[20] 여기서 중요한 점은 이러한 바실레이아를 통한 '구원'이 영적 차원에만 머무르지 않고, 사람들이 그들의 사회적 관계에서 '통전적인 인간'으로 살아갈 수 있게 하기 위한 '통전성'을 동반했다는 점이다. 즉 인간의 육체성과 정신성, 그리고 구체적인 사회정치적 구조에서의 삶이 온전한 인간으로 회복된다는 의미이다.

　이러한 의미에서 브록은 그의 페미니스트 기독론을 '그리스도'가 아닌 '크리스타 공동체'에서 출발한다. 브록에 따르면 전통적인 기독론이

'나사렛 예수'를 남성 영웅처럼 만들어, 무엇보다도 중요한 '신의 나라'의 실현인 '예수 공동체'에서 예수를 분리함으로써 예수의 삶과 메시지의 진정한 의미가 왜곡되어왔다. 그렇기 때문에 '크리스타 공동체'는 예수와 그의 공동체에 대한 새로운 인식을 위해 요구되는 메타포로서의 역할을 한다. 그리스도 예수에 대한 남성중심주의적 해석은 '신부인 교회가 신랑인 예수에게 복종하듯이 여성은 남성에게 복종해야 한다'거나 '예수가 남성이기 때문에 남성만이 그리스도를 대변할 수 있다'는 왜곡된 신학과 그에 따른 제도적 차별을 정당화했다. 이러한 왜곡된 신학적 이해야말로 진정 예수 그리스도가 실현하고자 하던 '신의 나라 공동체'의 의미를 가려왔다.

브록의 예수는 크리스타 공동체에서 구속자 역할을 한다. 크리스타 공동체에서 예수는 균열된 관계성, 상처받은 마음, 삶의 무의미성 등을 치유하여 진정한 의미의 '통전성'을 지닌 인간으로서 삶을 회복시키는 역할을 한다. 여기에서 '통전성'의 의미는 단순한 철학적 개념뿐 아니라 구체적인 육체적·심리학적·정치적·경제적·사회학적 의미를 함축한다.[21] 브록은 크리스타로서의 예수 이해를 위하여 특히 〈마가복음〉을 중점적으로 분석하면서 예수가 가버나움에서 펼쳤던 신의 나라, 즉 소외된 자들과 맺었던 진정한 관계의 실현인 '바실레이아'의 의미에 대해 새로운 시각을 갖추게끔 하여, 가부장적 해석 때문에 가려지고 왜곡되어 온 예수 공동체―크리스타 공동체―의 의미를 회복하고자 시도한다.

헤이워드Isabel Carter Heyward 역시 브록과 같은 의미의 크리스타를 논한다. 헤이워드는《그리스도에 대하여 말하기Speaking of Christ》라는 책에서 기독교 페미니즘의 기독론적인 과제는 기독론의 출발점을 '역사의 예수'와 '신앙의 그리스도'라는 이원론적 대립의 존재론을 넘어 "정의 창출

의 윤리the ethics of justice-making"로 바꾸어나가는 것이라고 규정한다.[22]

브록은 예수의 '신성'을 강조함으로써 예수의 '남성성'을 극복하고자 하는 기독론을 전개한 퍼트리샤 윌슨-카스트너Patricia Wilson-Kastner의 기독론을 비판한다. 윌슨-카스트너는 예수를 '통전성의 주체자'이고 이 세계 '분열의 화해자'라고 함으로써, 페미니스트적인 '통전성'을 화해의 기독론적 주제로 만들고 있다.[23] 우주는 이 예수의 통전성을 향해 움직여 나아가고 있으며, 이 통전성을 깨는 것은 모두 거부당할 것이라고 강조한다.[24] 자유주의 페미니스트인 윌슨-카스트너는 페미니즘을 이 통전성의 추구로 정의한다. 그의 페미니스트 기독론은 보편화된 '새 아담New Adam'의 형태를 띤다.[25] 또한 대부분의 자유주의자들처럼 윌슨-카스트너는 상이성, 다양성, 타자성otherness을 악으로 본다.[26]

브록은 윌슨-카스트너의 이러한 기독론이 지나치게 단일화되고 추상화된 '일치성'의 개념이며, 그녀가 페미니스트적인 '통전성'의 개념을 혼동하고 있다고 비판한다.[27] 또한 브록은 예수를 해방자로 이해하는 류터의 기독론을 비판한다. 브록에 따르면, 류터가 제시하는 예언자적 전통에서 예언자들은 관계성 속에 살아가던 이들이 아니었다. 이러한 예언자적 맥락에서 예수를 이해하는 것은 예수를 일방적이고 영웅적인 모델로 만들 뿐, 구체적인 공동체의 일원이었던 예수의 모습을 결여하고 있다는 것이다.[28]

넬 모턴Nelle Morton은 문화적 상징체계를 변혁하려면 메타포metaphor가 지닌 인습타파적인 힘iconoclastic power을 사용해야 한다고 역설했다.[29] 브록은 이러한 모턴의 관점에 전적으로 동의하면서, 그리스도가 아닌 크리스타를 하나의 메타포로서 사용한다. 즉 브록에게 크리스타란 여성 그리스도를 강조하는 것이라기보다는, 하나의 메타포로서 그리스도라는 상징이 부여하던 관습적인 이해를 뛰어넘어 새로운 이해를 조명하려는 시도인 것이다. 브록에게 그리스도의 의미는 남성 또는 여성이라는 한 영웅적인 개인에 국한되지 않고, 그러한 생물학적인 범주를 넘어서는 것이기 때문이다.

3) 페미니스트/해방자로서의 예수

1971년 남성 신학자 레오나드 스위들러Leonard Swidler는 〈예수는 페미니스트였다〉는 논문을 발표했다(그는 후에 동일한 제목으로 책을 출간했다).[30] 이 글에서 스위들러는 예수가 어떻게 페미니스트였는지를 구체적인 성서적 근거 위에서 분석한다. 스위들러는 예수가 살았던 시대의 여인들이 유대교의 엄격한 가부장제 아래에서 노예와 어린이와 함께 수數에도 들어가지 못했으며, 공공장소 출입을 금지당한 열등한 위치였던 것을 분석한다. 1세기의 랍비 엘리저Elizer는 "여자들에게 토라를 보게 하기보다는 차라리 불태워버리는 편이 낫다"고 했다.[31] 여자들은 회당에서도 남자와 분리되어 앉아야 했다. 여성을 바라보는 당시의 관점은 한 랍비가 여성에 관해 쓴 다음 글에서 잘 드러난다.

> 남자아이를 가진 이는 행복하지만, 여자아이를 가진 사람은 불행하다. 남자아이가 태어났을 때는 모든 사람이 기쁨으로 넘치지만, 여자아이가 태어났을 때는 모두가 슬퍼한다. 남자아이가 이 땅에 태어나면 평화를 가져오지만, 여자아이가 이 땅에 태어나면 아무것도 가져오는 것이 없다. 우리의 선생들이 말하기를 여자에게는 네 가지 품성이 공통적으로 있는데, 그들은 먹을 것에 욕심부리고, 남의 말을 잘하며, 게으르고, 질투

를 잘한다.³²

이 내용은 마치 유교 경전에 무수히 나오는 여성 비하 구절을 읽는 듯하다.³³ 따라서 여성에 대해 이러한 부정적인 관점을 취하는 유대 남성들은 신이 자신들을 "이방인으로, 무지한 자로, 여자로 태어나지 않게 했다"는 사실에 날마다 감사기도를 드리는 것이다. 남편은 언제나 이혼할 권리가 있지만 아내는 어떤 상황에서도 이혼을 제기할 권리가 없었으며, 여자에 대한 불신이 철저한 탓에 여자는 어떤 상황에서도 법적 증인이 될 수 없었다.³⁴ 이러한 남성 우월적인 사회 분위기에서 예수가 어떻게 행동했는지를 보는 것은 예수 이해에 참으로 중요하다. 스위들러는 예수가 이러한 고도의 남성 우월과 여성 비하의 사회적 정황에서 여성을 존엄성을 지닌 한 인간으로, 그리고 평등한 존재로 대했다고 분석한다. 스위들러는 예수를 페미니스트라고, 그것도 '급진적 페미니스트'라고 결론을 내린다.

물론 예수를 페미니스트로 규정하는 것을 비판적으로 보는 견해도 있다. 예를 들어 근동Near East 문화 전문가인 옥스혼Judith Ochshorn에 따르면, 부활한 예수가 여성들에게 처음 나타났다는 것은 근동 문화에서 십자가나 무덤 주변에 애도하는 여자들이 일상적으로 있는 것을 볼 때 특이한 일이 아니다.³⁵ 또한 예수의 예화를 분석한 니콜라 슬리Nicola Slee에 따르면, 〈마가복음〉에 나오는 18가지 예화에서 주인공은 모두 남자이고, 〈마태복음〉에 나오는 85개 예화에서는 12명을 빼고 모두 남자이며, 〈누가복음〉의 108가지 예화 중에서는 9명만이 여자 주인공이다. 이러한 사실은 예수가 성차별주의를 의도적으로 거부하지 않았음을 의미한다는 것이다.³⁶ 예수는 가난한 자를 위한 혁명의 필요성은 역설했지만 성차별주의나 가부장제를 반대했다는 분명한 증거가 없으며, 예수의 예화 중에도 남성의 특권에 도전한 내용이 없다는 것이다. 이러한 의미에서 옥스혼은 예수의 메시지는 분명히 남성들을 향해 공포된 것이라고 전제한다. 따라서 예수가 여성혐오자는 아니었지만, 그렇다고 해서 페미니스트도 아니었다는 결론을 내린다.[37]

그러나 스위들러에 따르면 예수의 페미니즘은 복음을 구성하는 중요한 요소 중 한 부분이다. 예를 들어 기독교의 가장 핵심이라고 할 수 있는 부활 사건을 보면, 여성을 온전한 사람으로 간주하지 않는 강력한 가부장제 사회에서 부활한 예수가 남성이 아닌 여성에게 제일 먼저 나타났다는 것은 의미심장한 일이다.[38] 또한 마르다와 마리아 이야기(《누가복음》 10: 38~42)에서 알 수 있듯이, 여성이 토라를 배우는 등의 일이 전혀 허락되지 않던 상황에서 예수는 여성의 역할을 전통적인 부엌일에 제한하지 않고 남성처럼 영적이고 지적인 탐구를 하는 역할을 하도록 장려한다. 예수는 "마리아는 참 좋은 몫을 택하였다"(《누가복음》10: 42)고 함으로써 여성을 집안일에만 제한한 당시의 가부장제적 가치관을 분명하게 거부한 것이다.

여성에 대한 예수의 태도를 조명할 수 있는 또 하나의 다른 예는 사마리아 여인과 나눈 대화이다(《요한복음》 4: 4~42). 이 사마리아 여인과의 만남에서 예수는 당시의 관습이나 가치관에 정면으로 도전한다.[39] 유대인인 예수가 사마리아인에게 먼저 말을 건넸다는 사실, 그리고 무엇보다도 공공장소에서 남자가 여자에게 말을 건넸다는 사실은 당시 있을 수 없는 일이라는 것이다. 현대적인 용어로 표현하자면 예수는 인종차별과 성차별주의의 장벽을 파기했다고 할 수 있다. 이러한 예들로 보아, 당시의 사회적인 상황을 고려해볼 때 예수는 여성들과의 관계에서 매우 급진적인 인습타파주의자의 모습을 보여주었다고 스위들러는 분석한다. 스위들러는 이렇듯 복음서에 나타난 예수의 행적에서 여성과 관계된 부분을 세밀히 분석하여 예수가 페미니스트라는 결론을 분명하게 내리며, 다음과 같이 글을 매듭짓는다.

> 이러한 모든 증거들로 미루어 예수가 뿌리 깊은 남성 주도적인 사회에서 여성의 존엄과 평등을 강력하게 증진하고자 한 것은 명백하다. 예수는 페미니스트였다. 그것도 아주 급진적인 페미니스트였다. 예수를 따르는 이들이 이러한 그리스도를 닮을 수는 없을까?[40]

스위들러의 이러한 예수 이해는 전통적인 기독론에서 논의되는 '예수의 신성Christ of faith'이나 '예수의 인간성Jesus of history'에 관심을 갖는 것이 아니다. '신성'인가 '인간성'인가라는 교리적 논쟁의 측면이 아니라, 예수의 '메시지'와 예수의 구체적인 '삶'에 초점을 두고 있다. 이렇게 예수의 메시지에 중점을 두고 페미니스트 기독론을 전개하는 페미니스트 신학자로서 로즈메리 류터를 살펴보자.

류터는 "남성 구세주가 여성을 구원할 수 있는가?"라는 부제를 단 기독론에서 전통적인 기독론이 가부장제적으로 굳어지는 과정을 분석한다. 그리고 이러한 가부장적 기독론과는 다른 페미니스트 기독론을 전개하고 있다. 류터에 따르면, 공관복음서에 나타난 예수의 메시지와 행동은 페미니즘과 양립할 수 있다.[41] 예수는 기존의 종교적·사회적 질서를 옹호하지 않고, 오히려 소외받고 멸시받는 집단의 편에 서서 예언자적 비전을 새롭게 만들었기 때문이다. 그렇기 때문에 예수 주변의 여성들은 인습타파적인 메시아적 비전을 실현하는 역할을 할 수 있었다.

이러한 의미에서 '해방자 예수'는 특권과 박탈로 규정되는 모든 사회적 관계의 폐기를 요구하고, 평등과 사랑의 새로운 인간성을 실현할 것을 추구했다고 본다. 그러므로 류터에게 예수의 '남성성'은 사회적·상징적 의미는 있지만 궁극적 의미가 있지는 않다.

종교적이고 사회적인 위계질서에 대한 예수의 비판은 가부장제에 대한 페미니스트의 비판과 병행한다. 류터에 따르면 예언자로서 예수는 신God/dess과 세계의 관계에 대한 새로운 전망을 선포했다. 예수의 비전은 위계주의적이 아니고 '인습타파적'이다. 해방자로서 예수는 화해를 요청하고 지배구조를 거부했다. 예수는 자신의 '남성성'에 갇힌 것이 아니라, 서로 협력하는 새로운 인간성을 추구했다. 따라서 예수의 남성성은 '가부장제의 비움kenosis of patriarchy', 즉 위계적 계급 특권을 파기하고 겸손하게 자신을 낮추는 삶의 양식을 통해 새로운 인간성을 선포하는 것을 의미한다. 예수는 윤리적으로 가부장제를 초월했으며, 따라서 페미니스트 기독교의 권위와 증거가 된다고 류터는 강조한다.[42] 결과적으로 예수가 제시한 정의, 평화, 사랑의 공동체라는 전망은 가부장제를 극복하고 남성과 여성 모두를 해방하는 '개혁적 모델transformative model'[43]이 될 것이다. 이렇게 예수의 남성성을 개의치 않거나 극소화하기 위한 시도로서 예수가 페미니스트였으며 해방자였다는 사실에 초점을 두는 것은 기독교 안에 있는 페미니스트 관점에 비추어볼 때 비교적 가장 합리적인 대안적 이해로 보인다.

다이애나 테니스Diana Tennis는 예수의 남성성을 축소하지 말고 오히려 긍정적인 측면을 찾아내는 것이 중요하다고 주장한다. 테니스에 따르면, 남성인 예수가 페미니스트였다는 것은 모든 남성에게 훌륭한 모델 역할을 할 수 있다. 예수를 진정으로 따르고 대변하려는 남성은 예수의 페미니즘과 평등주의를 따르고 실천해야 하며, 예수처럼 모든 특권을 버리려는 남성은 예수의 페미니즘과 평등주의를 따르고 실천해야 하며, 예수처럼 모든 특권을 버리는 것을 배워야 하는 것이다. 이런 의미에서 예수가 남성이므로 남성만이 예수를 대변할 수 있다고 믿는 사람들에게 진정한 의미의 예수를 대변할 것을 요구할 수 있다. 이러한 맥락에서 본다면, 테니스의 주장처럼 페미니스트 예수의 죽음의 십자가는 '가부장제의 죽음'의 상징으로도 해석될 수 있을 것이다.[44]

종교적 상징에 대한 페미니스트 신학자들의 다양한 비판은 종교적 언어가 상징적인 특성을 지니고 있으며, 따라서 종교의 상징들은 여러 가지 관점으로 표현될 수 있다는 기본적인 전제에서 출발한다고 볼 수 있다. 그렇기 때문에 예를 들어 '신-아버지'라는 상징symbol과 "신은 아버지이다"라는 사실fact의 표현을 동일하다고 생각하는 것은 유한한 언어 속에 무한한 것을 제한하는 결과를 낳는다. 그러므로 종교적 상징에 대한 페미니스트 신학자들의 비판은 도로테 죌레의 표현대로 가부장제의 '상징적 감옥들symbolic prisons'을 상대화하는 작업으로 이해되어야 할 것이다.[45]

제7장

페미니스트 신학과 인간관

페미니스트 이론가들의 시각은 다양하게 분류된다. 그 시각을 분류하는 방식에는 여러 기준이 있는데, 일반적으로 적용되는 기준 가운데 하나는 '여성 억압의 기원을 어떻게 보는가'이다. 즉 여성에게 주어진 불평등의 구조는 어디에서 유래하며, 그 대안은 무엇인가를 바라보는 서로 다른 관점이 페미니스트들을 나누고 있다.

　예를 들어 자유주의 페미니스트들은 법적인 불평등성을 여성 억압의 근원으로 보고, 여성의 법적인 권리 신장을 통해 여성 억압이 해결될 수 있다고 생각한다. 반면 마르크스주의 페미니스트들은 사유재산 제도가 여성 억압을 야기했다면서, 사회주의를 통한 사유재산 제도의 폐기와 여성의 경제적 독립만이 여성 억압을 해결할 수 있는 길이라고 본다. 또한 급진주의 페미니스트들의 한 부류는 여성의 생물학적 구조가 여성 억압을 초래했다고 보면서 출산 등이 여성에 의해서가 아니라 과학에 의해서 해결될 때에만 여성 억압적 구조가 해결될 수 있다고 한다.

가톨릭 학자인 아니타 뢰퍼Anita Röper는 카를 라너와 나눈 대화에서 "인간이 여성을 통해 태어나지 않고 실험실에서 태어날 수 있을 때까지 남성은 여성에 대한 근원적인 이득을 취하고, 또한 그것을 착취할 것이다. 그때까지 '평등한 권리'의 개념은 실현되기 어려운 꿈으로 남아 있을 것이다"라고 한다. 뢰퍼의 말은 여성의 생물학적 조건을 억압의 원인으로 보는 급진주의 페미니스트들의 전제를 잘 표현한다.[1]

류터나 콜린스Sheila D. Collins 같은 페미니스트 신학자는 여성 억압이 '이원론적 사고구조'에서 유래한다고 본다. 이원론적 사상의 부정적인 영향이 기독교 인간관과 세계관의 근거가 되어왔다는 전제는 대부분의 페미니스트 신학자들이 일반적으로 적용하고 있는 관점이다. 류터에 따르면 기독교의 이원론적 구조는 기독교가 남성 유일신의 종교로 고착됨으로써 강화되었다. 또한 기독교 신학은 아리스토텔레스 같은 고대 철학자의 이원론적 사상의 영향을 받아 이른바 '신학의 아버지'라 불리는 아퀴나스 등에 의해 형성되기 시작하면서 확고해졌다.[2]

콜린스는 서구 사상의 이러한 이원론이 남성과 여성, 인종과 인종, 인간과 자연, 국가와 국가의 분리를 가져왔을 뿐 아니라 한 인간 자체 안에서 분리된 자아를 형성시켰다면서, 이원론이 인간의 악의 근원이 되어왔다고 지적한다.[3] 서구 문명의 형성에 가장 근원적인 메타포라고 볼 수 있는 기독교와 아리스토텔레스의 철학은 대립적 이원론을 확고한 근원적 원리로 만들었다.[4] 이러한 이원론은 여성뿐 아니라 자연의 열등성을 합리화하고 강화하는 사상적 근거가 되어왔다고 볼 수 있을 것이다. 그렇기 때문에 이러한 맥락에서 기독교의 인간관을 분석하는 것은 페미니스트 신학의 인간 이해에 깔린 전제를 이해하는 데 기본적인 시야를 열어주리라고 본다.

1. 전통적 인간 이해 비판

페미니스트 신학은 신학의 근원적인 변화를 추구하는데, 이러한 변화는 단순히 객관적인 언어의 변화만으로는 부족하다. 이는 앞 장에서 살펴본 바와 같이 기독교 상징의 남성성이 단순한 언어 교체만으로는 부족하다는 페미니스트 신학자들의 주장에서도 잘 나타난다. 한 종교의 인간 이해나 세계 이해는 가장 중요한 인식론적 근거가 되고 있어서, 이러한 인식론적 전제의 변화가 수행되어야 진정한 의미의 변화가 가능해진다. 페미니스트 신학자들은 기독교의 이러한 인식론적 전제가 남성중심적 이원론androcentric dualism을 바탕으로 형성되어왔다는 점을 비판한다. 더 나아가 이러한 남성중심적 이원론의 극복이야말로 현대 세계가 직면한 여러 종류의 억압—여성차별, 인종차별, 자연 파괴를 초래한 자연 억압, 제1세계의 제3세계 착취와 억압 등—문제를 해결하는 가장 근원적인 방법이라고 페미니스트 신학자들은 주장한다.

역사가들의 연구에 따르면 기독교가 남성 유일신의 상징을 가진 종교로 고착되기 이전, 고대 근동 지방의 신 상징에서는 남성신과 여성신이 동등하게 존재했다. 그러나 창조와 출산의 신으로서 강력한 힘을 지니고 있던 여성신은 사회의 혈족관계가 남성중심적으로 고착됨에 따라 남성신의 보조 역할로 하락하거나 그 존재가 가려지기 시작했으며, 고대 근동의 다신론은 히브리 유일신론의 출현으로 소멸하기 시작했다.[5] 이러한 유일신 사상이 유대-기독교 전통 속에 굳어져 신성이 오직 남성성으로만 표현되는 것이 당연하게 인식되면서 가부장적인 사회구조를 강화하는 역할을 하게 되었다. 남성만이 남성신을 직접적으로 대변할 수 있고, 따라서 여성은 노예나 어린이와 함께 가부장의 지배를 받아야 하는 낮은 계급으로 전락한 것이다.

류터에 따르면 여기에서 '신-남성-여성'이라는 상징적 계층이 설정되었으며, 남성신들과 여성신들이 하나의 육체-정신적 현실의 모형 안에 존재하는 것으로 보이던 고대 신화와 달리, 남성 유일신은 현실을 초월적이고 우월한 '정신'과 열등한 '육체'라는 이원론적 구조로 나누기 시작했다.[6] 따라서 정신-육체, 빛-어두움, 나-타자, 객관-주관, 초월-내재, 인간-자연 또는 남성-여성 등의 이원론적 사고는 전자를 우월한 것으로, 후자를 열등한 것으로 인식하게 되는 구조를 낳았으며, 이러한 대립적 이원론은 유사성보다는 차이점을 강조하면서 지배와 종속의 계층주의적 가부장제를 강화하는 역할을 했다고 볼 수 있다.

이러한 이원론적 사고구조는 서구 철학의 시조들이라 할 수 있는 아리스토텔레스, 플라톤, 소크라테스의 철학에서도 잘 나타난다. 남성과 여성을 대립적인 것으로 분류하는 이러한 이원론적인 관점 때문에 남성과 여성의 차이점이 제도화하기 시작했다. 그리스 사상에서 사적인 영역과 공적인 영역을 나누고, 사적인 영역은 동물성의 영역─자연의 영역─이자 여성의 영역으로, 공적인 영역은 자유에서 창출된 인간의 영역이자 동물성의 영역을 초월하는 남성의 영역으로 구분한 것이 대표적인 예라고 볼 수 있다.[7] 이러한 구분은 남성만을 자유로운 인간으로 고양하는 의식을 형성해왔다고 볼 수 있는데, 예를 들어 소크라테스는 남성을 의지적 존재로, 여성을 비의지적 존재로 연결하고, 플라톤은《향연Symposium》에서 여성을 남성과 동물의 중간 존재로 규정했다.[8]

또한《국가론》에서 플라톤은 그룹으로 볼 때 남자가 모든 분야에서 여자보다 우월하다고 했으며, 이러한 여성 비하적 이해는 다른 작품에서도 수없이 찾아볼 수 있다. 서양 철학의 아버지라 불리는 플라톤은

제7장 페미니스트 신학과 인간관 **165**

철학적 인간론을 처음 조직적으로 발전시켰을 뿐 아니라 선천적 남녀 계층구조를 철학적으로 형성했다고 평가받는다. 플라톤은 공공생활의 모든 분야에 여성을 포함하자고 주장해서 간혹 페미니스트라고 평가받는 경우가 있다. 그러나 그가 여성의 열등성을 언급한 내용은 분명한 남녀의 계층구조를 전제하기 때문에 페미니스트 관점에서 강한 비판을 받는다.[9]

또한 아리스토텔레스는 남성 자유시민과, 여성, 아이, 기계공, 노동자를 구분하면서, 자유시민 남성은 사적 영역 밖에 존재하는 폴리스 안에 거주할 때 그 밖의 다른 사람들이 거주하는 사적인 영역은 '부자유'의 영역으로 간주했다.[10] 여자를 이렇게 자연과 비의지적 존재로 연결하는 것은 서구 사상에서 존속해오고 있다. 여자를 '결함 있는 남자defective male'라고 주장하는 아리스토텔레스는, 특히 생명이 생성하는 과정에서조차 주도적인 역할을 하는 것은 남자이며 여자는 그 생명을 담아주는 도구로서의 역할만 한다는 잘못된 생물학적 결론 위에, 여자의 열등성을 자연적이며 선천적인 것으로 이론화했다. 이러한 그의 사상은 현대 사회학이나 심리학 속 여자에 관한 논의에서 루소와 함께 강한 영향을 끼쳐왔다.[11]

플라톤이나 아리스토텔레스가 여성을 남성보다 '축소된 능력을 가진 존재'로 규정했다면, 기독교 교리는 남녀의 차이를 '악의 관점'에서 형성했다고 볼 수 있다. 즉 여성이 남성보다 모자라는 것에 초점을 두는 것이 아니라 여성이 뭔가 남성보다 많이 가지고 있다는 것인데, 바로 여성은 남성보다 죄를 짓는 경향이 더 많고 육적 유혹에 빠질 위험이 더 많다는 것이다. 무엇보다도 성서의 이브 이야기는 여성을 이 세상에 '악을 가져온 존재'로 규정하는 데 이용되어왔다. 예를 들어 테르툴리아누스Tertullianus의 경우를 보자. 테르툴리아누스에 따르면 모든 여자는 이브의 악한 품성을 지니고 있으며, 따라서 어느 여자도 그 첫 번째 죄의 수치스러운 행위에서 벗어날 수 없다. 그렇기 때문에 테르툴리아누스에게 여자는 '악마의 통로Devil's Gateway'이다. 또한 여자는 신의 법을 어긴 최초의 인물이고, 신의 이미지인 남자를 멸망시킨 악을 행한 자이며, 그 여자의 죄 때문에 신의 아들이 죽음을 당해야 했다고 테르툴리아누스는 주장한다.[12]

이브가 지은 죄에 관한 이야기와 함께, 여성의 부차적 존재성에 대한 근거로 신학자들이 가장 많이 사용하는 이야기는 이브가 아담의 갈비뼈로 만들어졌다는 것이다. 이러한 관점은 아우구스티누스에게서 찾아볼 수 있다. 아우구스티누스에 따르면, 여자가 아담의 갈비뼈를 통해 만들어졌다는 것은 여자가 남자의 보조자로서 출산의 육체적인 과제를 수행하기 위해 만들어졌다는 것을 규정한다. 따라서 신의 형상을 닮은 남자는 영적인 존재로, 육체를 초월할 수 있는 가능성과 합리성으로 상징화하는 반면, 여자는 '물적 존재'로 상징된다.[13] 여기서 영혼-육체의 이원론적 사고가 신학적으로 형성된다. 아우구스티누스에 의해 육체에 속한 여자는 영혼에 속한 남자보다 열등한 존재로 자연스럽게 규정되는 것을 볼 수 있다.

아퀴나스는 이러한 아우구스티누스의 사상과 아리스토텔레스의 잘못된 생물학적 결론까지 수용해서 여성을 육체적·정신적으로, 또한 도덕적으로 열등한 존재라고 단호히 규정한다. 아퀴나스는 여성이 창조된 이유를 오직 '생식 능력' 때문이라고 한다. 여성의 존재 이유가 다름 아닌 여성의 생물학적 능력이라고 하는 아퀴나스의 여성 이해는 여성의 열등성을 더욱 확고하게 고착시킨 것으로 널리 알려져 있다. 아퀴나스

에게 여자는 '잘못된 남자 misbegotten male'일 뿐이다.[14]

종교개혁 이후 여성에 대한 관점에 표면적인 변화가 나타난 것으로 보인다. 그러나 종교개혁 전통에서도 여성을 여전히 열등한 존재로 본다는 점에서 종교개혁 이전에 비해 본질적인 변화는 없다고 볼 수 있다. 예를 들어 루터는 여성이 본래 남성과 평등한 존재로 지음을 받았지만 타락 이후 열등해졌으며, 이것은 '신이 내린 질서'라고 본다. 칼뱅은 루터와는 달리 여성이 태초부터 지금까지 남성과 평등한 존재라고 본다. 그런데 남성에 대한 여성의 종속은 여성의 열등성 때문이 아니라 "신이 내린 질서 Divine Order"라고 함으로써 어떤 의미에서 보면 더욱 깊이 감추어진 성차별주의 사상을 지니고 있다. 칼뱅의 이러한 사상은 카를 바르트 Karl Barth에게도 그대로 전해진다. 바르트는 남성과 여성은 '평등'하지만 여성이 남성에게 복종하고 따르는 것은 신이 정한 질서라고 규정함으로써 지배와 종속을 정당화하고 있다.[15]

전통신학에서 바르트가 차지하는 위치 때문에 페미니스트 신학적 논의에서 바르트에 대한 페미니스트 신학적 평가는 그만큼 중요하다. 바르트는 1948년 암스테르담에서 열린 WCC의 '교회에서 여성의 삶과 일'이라는 여성위원회의 의장으로 그 모임을 인도했다. 그 위원회가 바울의 말 "남성도 여성도 없다 No male and female"를 표어로 정했을 때, 그는 〈갈라디아서〉 3장 28절 이외에 바울이 남자와 여자의 관계에 대해서 말한 중요하고 올바른 구절이 있는데, 자신이 그것을 상기시켜주지 못한 것이 후회스럽다는 말을 남겼다고 한다.[16] 바르트가 생각하던 구절은 의심할 여지없이 〈고린도전서〉 11장 3절의 "그리스도의 머리가 하나님인 것같이 남자의 머리는 그리스도이고 여자의 머리는 남자"라는 내용일 것이다. 바르트는 이 〈고린도전서〉 11장 3절과 〈에베소서〉 5장 23절을 통하여 이른바 신이 세운 관계의 질서를 확정했다. 이 관계의 이러한 위계적 질서를 통하여 여자의 '남자에 대한 복종Nach-und Unter-ordnung'은 종으로서 그리스도의 모습에 비유되고, 남자는 '주님으로서 그리스도'의 모습에 비유되는 것을 볼 수 있다. 즉 '종'으로서의 복종Unterordnung과 '주님'으로서의 우월한 자리Überordnung에 있는 그리스도의 두 모습이 각각 남자와 여자의 모습으로 비유된다.[17] 더 나아가 남자에 대한 여자의 복종은 주인에 대한 노예의 복종과 같은 경우로 비유된다.[18]

여성의 복종적 위치에 대한 바르트의 이러한 주장에서 존엄성은 남자와 똑같지만 단지 기능적으로 볼 때 다를 뿐이라는 이른바 "평등하지만 다르다equal but different"는 왜곡된 평등주의를 볼 수 있다. 이러한 불균형적 평등성을 전제로 한 남녀의 질서 개념에 따라 역사 속에서 여자의 억압적 상황과 남자의 우월한 위치가 합리화되어왔다는 것은 자명한 사실이다. 바르트의 이러한 '질서' 개념은 페미니스트 신학자들에 의해 강하게 비판받고 있는데, 바르트에 따르면 남성과 여성이 본질적으로 다르게 창조되었기 때문에 남성과 여성의 상호관계가 바뀔 수 없다. 즉 남성이 A라면 여성은 B와 같으며, 따라서 여성이 남성을 따르고 복종하는 것은 B가 A 다음에 오는 것과 같다. 결과적으로 남성은 여성보다 우선성이 있고, 지도자로서 언제나 주도권을 쥐며, 이것은 남자와 여자의 관계에서 전후와 상하의 창조질서Schöpfungsordnung를 의미한다.[19] 또한 바르트는 〈에베소서〉 5장을 언급하면서 남성에 대한 여성의 복종 관계는 기독교 공동체가 예수와 맺고 있는 관계의 한 특수한 형태라고 주장함으로써 남성에 대한 여성의 복종을 성서적인 근거로 강화하고 있다.[20]

그러나 창조질서로서 여성의 종속을 설명하는 이러한 바르트의 견해는 페미니스트 신학적으로 받아들이기 어렵다. 예를 들어 몰트만-벤델Elisabeth Moltmann-Wendel 같은 페미니스트 신학자는 여성의 종속을 창조질서가 아니라 인간이 타락한 결과로 본다.[21] 또한 바르트는 시몬 드 보부아르의 《제2의 성》을 언급하면서 남성이 여성의 주인이 되고자 하는 시도들을 신화 등을 통해 분석하고 드러나게 한 것은 그 책의 장점이라고 한다. 그러나 여성이 여성성을 극복하고 남성의 역할을 함으로써 여성의 해방을 실현하려는 것은 절대로 있어서는 안 되는 일이며, 그러한 시도는 신의 지시를 거스르는 것이므로 진정한 로고스가 될 수 없다면서 페미니즘에 대해 단호하게 부정적인 시각을 표시했다.[22] 바르트의 이같이 경직된 남성과 여성의 종속적 역할 규정은, 그의 '신적 질서' 개념과 함께 바르트를 페미니스트 신학적 작업에서 수용하기 어렵게 하는 이유 중의 하나가 된다. 바르트에게서 여성성이나 남성성은 생물학적인 것도 문화적인 것도 아닌 '신이 내려주신 것'이기 때문에 여성과 남성의 역할은 분명하게 다른 것이다.[23]

지금까지 살펴본 바에 따르면, 여성에 대한 극도의 부정적인 이해를 표현하는 것은 바르트와 그 이전의 철학자들이나 교부들만이 아니다. 아시아의 유교사상 등 동서고금을 막론하고 여성이 지닌 다양성과 잠재성은 '여자답지 못하다'는 이유로 억압되어왔다. 이른바 '열등한 여성성'이나 '우월한 남성성'이 인간에게 운명적으로 부여되는 것으로 인식되고, 그 결과 여성의 역할이 양육과 가사노동에 제한되어왔다는 점이 분명해진다. 이런 의미에서 이러한 '남성다움-남성성'과 '여성다움-여성성'을 어떻게 이해하는가 하는 문제는 중요한 논쟁이 될 수밖에 없다.

2. 여성과 남성: 생물학적 성과 사회적 성

남성은 우월하며 여성은 열등하다는 인간 이해는, 남자와 여자의 '유사성'보다는 '차이성'을 강조하는 이원론적 사고에서 기인한다. 여성과 남성의 차이를 둘러싼 논의는 크게 두 가지로 나뉜다. 첫째, 여성과 남성의 차이는 생물학적인 것이어서 '선천적인 것'이라는 관점이다. 즉 여성과 남성 사이에는 각각 변하지 않는 어떤 본질essence적인 것이 있다는 '생물학적 본질주의biological essentialism' 또는 '생물학적 결정론'의 시각이다. 둘째, 여성과 남성의 차이는 생물학적인 것이라기보다 사회적으로 형성된 사회적 산물이라는 '사회구성주의social constructionism'의 시각이다.

첫째, 생물학적 결정론은 프로이트의 "인체는 운명이다anatomy is destiny"라는 말을 보편적 진리로 받아들인다.[24] 즉 남자와 여자가 지닌 생물학적인 조건의 차이는 '운명적인 것'이라는 주장이다. 특히 이러한 관점은 여성은 '결함이 있는 남자'라는 아리스토텔레스의 전제를 깔고 있다. 여성의 열등성은 선천적이라고 간주하는 것이다. 현대사회에서 사람들은 '여성은 남성보다 열등하다'는 생각을 노골적으로 드러내지는 않는다. 그러나 여성과 남성이 생물학적으로 다르다는 것을 바탕에 두고 남녀 기능의 차이를 주요 전제로 삼는 논의는, 사실상 본질적으로는 여성이 열등하다는 관점을 명시하는 것이나 다름없다. 남자와 여자는 "평등하지만 다르다"고 주장하는 생물학적 결정론은 표면적으로는 공평한 것처럼 보인다. 그러나 생물학적인 '차이'를 가지고 사회정치적 '차별'을 정당화함으로써 '반쪽 진리'가 될 위험성을 안고 있다. '평등하다'고 하지만 실제로는 의식적·무의식적으로 여성의 생물학적 열등성을 전제로 하는 것이다. 이런 맥락에서 볼 때, 여성의 종교적·정치적·사회적 영역

등 가사 영역을 제외한 공적인 영역에서의 여성에 대한 차별적 역할 규정까지 합리화하는 '허위평등주의'에 빠지는 경향이 있다.

그런데 급진적 페미니스트 중에는 이러한 생물학적 결정론을 긍정적으로 받아들이는 경우가 있다. 즉 "인체는 운명이다"라는 전제를 적극적으로 긍정한다. 그러나 전통적인 생물학적 결정론에서의 여성과 남성의 가치를 역전시켜 여성의 우월성을 강조한다. 즉 임신이나 출산처럼 여성의 생물학적 기능과 연관된 여성 고유의 경험을, 창조성을 지닌 우월한 힘으로 받아들인다. 가부장제가 여성을 억압하는 데 가장 강력한 무기로 사용되었던 '생물학적 결정론'이, 이러한 생물학적 본질주의의 견해를 취하는 페미니즘에서는 완전히 전도된다. 그래서 여성의 우월을 강조하고 여성을 지지하는 가장 강력한 근거가 되고 있다. 이렇게 생물학적 결정론을 자신들의 페미니즘에서 본질적인 전제로 삼는 페미니스트들의 이론적 핵심은, 여성에게는 여성만이 지닌 "영원히 여성적인 것eternal feminine"이 있다는 것이다. 이 생물학적 본질주의의 견해를 취하는 페미니스트들은 여성과 남성은 각기 인식구조가 다르다고 본다. 즉 여성들은 여성들이 생각하는 고유의 방식이 있고, 남성들은 남성 고유의 생각하는 방식이 따로 있다고 본다.

이러한 생물학적 본질주의적 전제는 몇몇 여성 심리학자들의 연구에서 주장되고 있다. 예를 들어 하버드 대학의 교육심리학 교수 캐럴 길리건Carol Gilligan은 에릭슨Erik Erikson, 콜버그Lawrence Kohlberg, 프로이트의 심리학을 분석하고, 여자아이와 남자아이들을 대상으로 현장연구를 했다. 그 연구를 통해 여자와 남자는 각기 다른 인식구조를 지니고 도덕적인 결단을 내린다고 결론짓는다.[25]

이렇게 여성과 남성의 본질적인 차이를 주장하는 페미니스트들은,

여성 고유의 생물학적 경험과 그 결과로 창출되는 여성 고유의 문화가 고양되어야 한다고 강조한다. 이러한 여성 고유의 문화 창출을 통해서 남성적 문화의 부정적인 요소들이 극복될 수 있다고 본다. 또한 페미니스트 신학에서 여남의 본질적인 차이를 인정하고, 더 나아가 남성의 우월성이 아니라 여성의 우월성을 믿는 입장에서는 여성신Goddess 종교를 추구하는 페미니스트들도 있다. 이렇게 남성성과 여성성을 분리하는 것은 가부장제의 무기인 '이원론'을 다시 차용함으로써 '전도된 성차별주의reverse sexism', '분리주의separatism'라는 비판을 받는다. 생물학적 본질주의를 수용하는 페미니스트들의 주장은, 전통적으로 부정적으로만 간주되어왔던 여성의 몸·임신·출산·양육 등에 긍정적 가치를 부여한다는 점에서 여성에 대한 부정적 이해를 넘어서는 전거를 마련할 수도 있다.

그러나 이 생물학적 본질주의 이론을 전적으로 받아들이는 것은 여러 가지 한계가 있다. 여성과 남성이 본질적으로 다르다고 전제하는 이들은 인간의 현실을 여전히 이중적 구조로 이해하면서, 이 세계가 오로지 '남성의 세계'와 '여성의 세계' 두 가지로만 나누어지며, 그 두 세계는 각각 따로 존재한다는 분리주의 경향을 벗어나지 못하기 때문이다. 인간을 구성하는 요소는 '생물학적 성'만이 아니라 인종, 사회적 계층, 교육 배경, 또는 가정환경 등 매우 다양하다. 인종, 계층 등에 따라 여성과 남성은 다양한 관계 속에서 살아갈 수밖에 없다. 따라서 남녀의 상호관계성이라는 차원을 인식하지 못하는 중대한 오류를 낳을 수 있다. 결과적으로 현대사회에 나타난 현상의 원인을 복합적으로 분석하기보다는 단일적 원인mono-causal으로 규명함으로써 그 현상에 대한 더욱 포괄적인 이해를 결여하게 될 위험이 있다.

둘째, 여성과 남성의 차이가 생물학적이어서 선천적이라는 전제에 반대하고, 사회학적으로 구성된 후천적인 것으로 보는 관점이 있다. 이러한 관점을 처음 사회적 인식으로 확산한 사람은 페미니즘의 고전이라고 일컬어지는 《제2의 성》을 쓴 시몬 드 보부아르이다. 보부아르는 "여자는 태어나는 것이 아니라 만들어진다"[26]라는 유명한 말을 통해 여성과 남성의 차이가 선천적인 것이 아니라는 입장을 분명하게 선언한다. 이 선언은 사실상 여성에게만 해당되지는 않는다. 이 맥락에서 보면 '남자와 여자는 태어나는 것이 아니라 만들어지는 것'이라고 할 수 있다. 여성과 남성의 본질적인 차이를 단호히 부정하는 시각이다. 그렇다고 해서 남자와 여자의 생물학적 또는 육체적 차이를 부정하는 것이 아니다. 이른바 '남성적인 것masculine' 또는 '여성적인 것feminine'이라고 인식되어온 특성들이 실제로는 '선천적'이 아니라 '문화사회적'으로 습득된 것이라는 관점이다. 그러므로 이러한 관점에서 보면 전통적으로 규정되어온 '남성성masculinity' 또는 '여성성femininity'은 생물학적 차이에 근거한 본질적인 것이 아니라, 그 생물학적 차이를 사회문화적으로 구성한 역사적 과정의 산물이다.

로즈메리 류터 역시 이러한 관점을 주장하는 페미니스트 신학자이다. 류터에 따르면 특정한 심리적 요소들을 남성이나 여성에게 결부하는 것은 심리학적인 근거가 없다. 예를 들어 '이성'을 '남성적인 것'에, 또한 '직관/감성'을 '여성적인 것'에 연결하는 것은 근거가 불분명하다는 것이다. 많은 연구들은 오히려 남성과 여성 간의 차이보다는 동성 간의 차이가 더 많다는 결론을 제시한다고 밝히면서, 남성성이나 여성성은 선천적이 아닌 후천적인 사회적 소산이라고 주장한다.[27] 또한 류터와 같은 관점에서 해리슨Beverly W. Harrison은 여성과 남성의 본질적 차이를 강조하는 길리건을 비판한다. 그는 남성과 여성이 차이점보다는 유사점이 훨씬 많으며, 생물학적 근거를 둔 여성과 남성의 차이는 종교와 사회에서 여성과 남성의 불평등한 참여를 합리화할 충분한 도덕적 근거가 되지 못한다는 입장을 밝히고 있다.[28]

다양한 연구 결과에 따르면, 인간에게는 이른바 남성성이나 여성성이라는 두 가지 품성이 아니라 오직 '하나의 인간 품성one human nature'이 있다. 여기에서 '하나의 인간 품성'이라는 표현은 모든 인간이 동일하다는 의미가 아니다. 한 인간을 남성 또는 여성이라는 생물학적 구분에 따라 규정할 수 없으며, 수천의 결을 지닌 한 '개별 인간'으로서 접근해야 한다는 의미이다. 표면적으로 분명한 생물학적 차이를 제외하면, 여성과 남성이 여성으로서 또는 남성으로서 본질적 차이를 지니는 것은 아니다.[29] 남성과 여성의 선천적 차이를 그 사회의 가치관을 형성하는 가장 본질적인 전제로 삼는 것은, 서구 사상에서만이 아니라 한국처럼 유교적 가치관이 강한 사회에서 더욱 분명하게 찾아볼 수 있다.

모든 사회의 속담이나 언론매체, 철학 등 그 사회의 지식을 담은 것들 속에 스며든 '남성적' 또는 '여성적'이라는 이미지들은, 한 인간의 가능성과 잠재성을 억누르는 결과를 가져온다. 사회적 기대에 들어맞지 않는 여성 또는 남성은, 자신의 진정한 모습이 아니라 그 사회적 기대 속에 자신을 집어넣어야 '정상인'으로 간주되기 때문에 어려움을 겪는다. 결과적으로 '통전적 자아'로서의 인간이 아니라, 자신의 본래 모습을 포기하고 사회적 기대치에 맞아떨어지는 모습만 드러내야 하는 '분리된 자아'로서의 인간으로 살아가게 하는 불행을 안겨준다고 볼 수 있다. 이러한 맥락에서 볼 때, 이제까지 나타난 이른바 '남성성'과 '여성성'의 차이는 기본적인 생물학적 차이를 제외하면, 각 성에 대한 문화사회적 요구와 영향에 따라 후천적으로 형성된 것이라고 보는 관점이 바람직하다.

　이른바 남성과 여성의 차이는 사회적 차이이며, 행동방식이나 사유 방식에서 여성과 남성의 차이가 나타나는 것은 결국 '사회적 산물'이라는 관점에서 인간을 이해한다는 것은, 인간을 남성성-여성성 또는 영혼-육체와 같은 두 축의 대립적인 이원론적 구조로 생각하지 않는다는 뜻이다. 페미니스트 신학의 인간 이해는 이러한 이원 구조를 비판하고, 더 나아가 인간을 더욱 포괄적으로 이해할 수 있는 관점을 추구한다. 이 점이 전통적인 신학에 나타난 인간 이해와 페미니스트 신학의 인간 이해의 다른 점이라고 할 수 있다.

3. 페미니스트 신학적 인간 이해

1) 독립적 자아로서의 인간

인간을 '독립적 존재independent being'로 생각한다는 것은 근세 철학의 아버지라 불리는 데카르트의 "나는 생각한다, 고로 존재한다"는 유명한 명제에 표현되어 있다. 의심하고 생각하는 이성적 행위를 하는 그 인간이야말로 인간으로서 '존재함'을 드러내는 것이다. 이는 인간을 이성적이고, 비육체적disembodied이며, 다른 것과 철저히 분리된 존재로 보는 전통적인 인간 이해이다. 이러한 인간 이해는 특히 실존철학자들의 인간 이해에서 잘 드러나는데, 시몬 드 보부아르의 인간 이해는 이런 맥락을 잘 나타낸다고 할 수 있다. 그는 "여성이란 무엇인가?"라는 유명한 물음에서 여성을 다음과 같이 정의한다.

그러므로 인간이라 할 때 그것은 남자를 말하며, 남자는 여자를 여자 스스로가 아니라 남자 자신과의 관계에서만 규정한다. 즉 여자는 하나의 온전한 자율적 존재로 여겨지지 않는 것이다. …… 남자는 여자를 생각하지 않고서 그 자신을 생각할 수 있다. 그러나 여자는 남자를 생각하지 않고는 그 자신에 대해 생각할 수 없게 되었다. …… 여성은 남성과 관련해서만 규정되고 구별된다. 그러나 반대로 남성이 여성과 관련되어 규정되지는 않는다. 여성은 보수적이며, 또한 본질적인 것의 반대인 비본질적인 존재이다. 즉 남성은 주체자the Subject이고 절대자the Absolute이지만, 여성은 타자the Other일 뿐이다.30

보부아르의 '타자'로서의 여성 개념은 페미니스트 신학자들의 사고에도 많은 영향을 주었다.31 실존주의 철학을 사상적 배경으로 하는 보부아르는 특히 헤겔의 '자아self-타자other'의 변증법적 개념과 사르트르의 '타자' 개념을 수용하여, 타자로서의 여자라는 개념을 형성했다.32 보부아르에 따르면 타자로서의 여성이 느끼는 자기소외self-alienation는 사회적 정황에서뿐 아니라 여성 자신의 육체적 조건에서도 경험된다. 즉 여성은 인류의 종족 보존 과정, 즉 임신·출산·양육 과정의 범주에 갇혀서 남성과 같은 자기충족적인 경험을 하기 어렵다는 것이다. 그렇기 때문에 여성은 보부아르의 핵심 개념인 '자유'를 경험하지 못하고 '내재immanence' 속에 갇힌다. 반면 남성은 이렇게 제한된 현실을 넘어 자유를 경험할 수 있는 '초월transcendence' 세계에 속한다.

이러한 맥락에서 볼 때 자유를 소유한 자아인 '본래적 자아'는 '자율적 인간'이자 '독립적 인간'을 말한다. 그러므로 보부아르의 여성해방은 여성을 타율적으로 만들고 의존적으로 만드는 '여성성femininity'에서 해방되는 것을 의미한다. 보부아르의 이러한 관점은 많은 점을 시사한다. 그러나 인식의 한계가 있다. 즉 '초월성'으로서 자유라는 개념과 '자아-타자' 등의 개념을 대립적인 것으로 구분한 것은 전통적인 가부장적 인간 이해를 그대로 답습하고 있다.[33]

그렇다면 어떻게 자아-타자, 자아-외부 세계, 주관-객관의 명백한 구분과 분리를 극복하고 '통전적 자아holistic self' 개념을 설정할 수 있을 것인가. 여기서 새로운 인간 이해가 요청된다. 즉 인간이란 분리된 존재가 아니라 '관계의 거미줄web of relations' 속에서 살아가는 '관계적 인간'이라는 것이다. 여성의 해방에 대한 의식이 처음으로 형성되던 단계에서 여성들의 인간 이해는 보부아르의 경우에서 볼 수 있듯이 전통적인 인간 이해에 대한 비판적 의식을 미처 지니지 못한 단계였다고 할 수 있다. 그런 단계에서 여성의 해방이란 실질적으로 '남성처럼' 되는 것이다. 즉 남성처럼 아무에게도 의존하지 않고 살아갈 수 있는 '독립적 존재', 남성처럼 얽힌 사적인 관계의 줄을 단호히 끊을 줄 아는 '초월적 존재', 남성처럼 감정을 억누를 줄 알고 육체적 조건에 무관심할 줄 아는 '이성적·합리적인 존재'가 되는 것이 자유로운 존재로서 여성의 해방을 위한 목표가 되어왔다.

인류의 역사에서 언제나 남성에게 의존적인 삶을 살아오던 여성들에게 이러한 자율적이고 독립적인 자아 요구는 여성의 자유와 해방을 위해 필연적이다. 즉 남성에게 '의존적인 존재'로 살아가는 여성들은 우선 '독립적인 존재'로 살아가는 단계로 전이해야 한다는 것이다. 그런데 이러한 '독립적 존재'의 단계가 페미니스트 신학이 지향하는 인간 이해의 최종 단계가 되어서는 안 된다. 페미니즘은 그 이론적·실천적 분석이 복합화하면서 전통적인 인간 이해 자체에 물음을 제기하기 시작했다. 페미니스트 신학의 이러한 자각은 기독교 신학의 전통적인 인간 이해가 모든 것을 대립적인 구조로 보는 '대립적 이원론' 사상을 전제로 형성되어왔다는 분석을 하기에 이르렀다. 이렇게 해서 '독립적 자아', '분리된 자아'로서의 인간 이해를 넘어 '관계적 자아', '비분리적 자아'로서의 '통전적 인간' 이해로 전이되어야 된다.

2) 관계적 자아로서의 인간

> 그 늙은 백인으로부터 돌아서서 내가 맨 처음 만난 것은 나무들이었어. 그다음은 공기였고, 그다음엔 새들이었지. 그다음엔 다른 모든 사람들이었고. …… 그런데 어느 날 내가 마치 엄마 없는 아이처럼 느끼면서 가만히 앉아 있을 때, 바로 그때, 나는 내가 모든 것의 한 부분인 것 같은 느낌이 들었어. 하나도 분리되어 있지 않고 연결되어 있는 듯이. …… 만약 내가 나무를 자른다면, 내 팔에 피가 나리라는 것을 나는 알았어.[34]

이 글은 미국 페미니스트 신학자들의 논의에 많이 인용되는 작가이며, 페미니스트와 대비되는 용어로 '우머니스트'라는 용어를 만든 앨리스 워커의 유명한 소설 《컬러 퍼플》에 나오는 구절이다. 워커는 이 용어를 통해서 같은 여성이지만 '백인 여성'과 다른 인종으로 살아가야 하는 '흑인 여성'들의 의식을 새롭게 각성시킨다. 앞서 언급한 바와 같이 워커의 소설은 신 개념, 공동체 개념, 인종차별 문제, 여성차별 문제 등에 비판적인 안목을 제시한다. 이 점에서 《컬러 퍼플》은 페미니스트 신학적인 논의에서 주요한 작품이 되어왔다.

앞에 인용한 글은 '늙은 백인'으로 상징된 초월적이고 분리적인 전통적 신 개념을 넘어서는 새로운 의식을 제시한다. 즉 초월적이고 전통적인 신 개념에서 벗어나, 이 우주에 존재하는 모든 것과의 강한 연결 의식으로의 전환을 표현한다고 볼 수 있을 것이다. 이것은 전통적인 신 개념을 넘어서는 데 그치지 않는다. 신 이해뿐만 아니라 새로운 인간 이해를 제시하는데, 그 새로운 인간 이해란 분리된 자아로서의 인간 이해를 뛰어넘은 '상호관계성 속의 인간'이다. 이러한 관계적 자아의 의미를 신학화한 것이 페미니스트 신학이 제시하는 새로운 인간 이해라고 할 수 있다.

페미니스트 신학자들이나 페미니스트 관점을 지니는 이들에게 공통적인 인간 이해가 있다. 그것은 인간을 '관계적 자아 relational self'로 이해한다는 것인데, 이 '관계적 자아'로서의 인간 이해는 페미니스트 신학에서 중요한 신학적 전제 가운데 하나이다. '관계적 인간'이란 남성-여성, 정신-육체, 나-타자 또는 인간-자연 등을 대립적으로 보는 이원론적 사고로 인간을 이해하는 것이 아니라, 이 양극이 철저히 서로 연관되어 있다는 인식에서 나온 인간 이해이다. 대립적 이원론에서는 언제나 이것이냐 저것이냐의 양자택일의 윤리적 선택이 요구되며, 결과적으로 한쪽은 더 좋은 것 또는 우월한 것으로, 그리고 다른 쪽은 더 나쁜 것 또는 열등한 것이라는 대립적 구조를 동반한다. 따라서 이 '양자택일'의 윤리적 선택 이후에는 한쪽은 다른 쪽보다 더 높은 가치를 지닌 우월한 것으로, 다른 쪽은 열등한 것으로 구별되기 때문에 '지배와 종속'이라는 '지배의 논리'를 정당화하는 계층주의적 현실이 존재하게 된다.

이러한 대립적인 이원론적 구조는 다양성을 용납하지 못한다. 더 나아가서 '나'와 다른 것은 틀리거나 나쁜 것으로 간주하게 한다. 이러한 대립적 이원론의 사유방식에서는 관계에서 나타나는 폭력과 언어의 폭력, 더 나아가서는 육체적 폭력과 살생까지 합리화할 수 있게 된다. 개인적 차원의 대립적인 이원론적 사고는 개인적인 문제로 제한될 수 있다. 그러나 이러한 사고구조가 집단적으로, 사회적으로, 국가적으로 연결될 때는 유대인 학살, 흑인 노예제도, 제1세계의 제3세계 착취, 또한 남성의 여성 비하를 자연스럽게 여기는 비인간적 결과를 낳는 것이다.

페미니스트 심리학자들은 분리적이며 독립적이고 자율적인 인간이 성숙한 인간이라는 프로이트의 이론을 비판하고, '분리'보다는 '연결', '개인'보다는 '관계'에 대한 인식과, 또한 인간이 상호 의존한다는 인식이 비로소 성숙한 인간을 만든다고 분석하고 있다. 예를 들어 낸시 초도로는 그녀의 '대상관계론object relations theory'을 통하여, 아이들이 성숙해가는 것은 '분리'에서가 아니라 중요한 타자와의 '관계'에서라고 밝힌다.[35]

또한 길리건은 칸트가 주장한 인간의 존엄과 모든 도덕성의 근거로서 '자율성'의 중요성에 물음을 제기한다. 그리고 '자율성'보다는 '연민compassion'이 더욱 중요한 도덕적 근거를 마련해준다고 주장한다.[36] 물론 자율성에 대한 문제제기란 자율성 자체를 폐기해야 한다는 뜻이 아니다. '자율성'만이 인간관계를 규정하는 원리가 될 때 벌어질 심각한 문제를 비판적으로 지적하는 것이다. 자율성을 인간관계의 중심에 놓을 때, 타자에 대한 무관심은 자연스러운 관계방식이 된다. 여기에서 '연민'이란 '타자의 고통에 함께한다suffer-with'는 의미이다. 자율성뿐 아니라 타자의 고통과 아픔에 함께하는 '연민'을 지닌 존재로서의 인간을 강조하는 것이다.

이러한 분석은 페미니스트 신학자들에게서도 찾아볼 수 있다. '관계적 존재'로서의 인간 이해는 그들의 신학구조에 큰 영향을 주고 있다. 예를 들어 흑인 페미니스트 신학자 덜로리스 윌리엄스Delores Williams에게

'공동체'는 신학의 가장 중요한 전제이다. 윌리엄스는 '관계적 독립성relational independence'이라는 개념을 중요한 것으로 제시한다. 흑인 여성들이 성차별과 인종차별의 이중적 차별구조에서 해방되기 위해 투쟁하는 데서, 그 해방은 공동체로부터의 분리가 아니라 올바른 공동체의 형성과 지속적인 관계성을 통해 실현될 수 있다는 점을 강조한다.[37]

또한 켈러Catherine Keller는 데일리, 초도로, 이리가레Luce Irigaray의 관점과 화이트헤드Alfred North Whitehead의 과정사상을 자신의 새로운 자아 개념에 수용하면서 '비분리성의 윤리ethics of inseparability'를 말한다. 켈러는 아리스토텔레스에서 보부아르에 이르는 철학과, 아우구스티누스에서 니부어에 이르는 신학을 분석하면서 이들의 이론에는 '독립'과 '자율'이라는 표상 아래 오직 '분리'만이 자아 형성의 주요한 전제가 되어 있음을 비판한다. 전통적인 신학이나 철학에서 추구하는 자유와 초월은 중요하다. 그러나 그러한 가치들은 '관계적 정황'과 '비분리성의 윤리적 정황'에서 설정되어야 한다는 것이 켈러의 결론이다.[38]

이러한 인간 이해는 류터의 인간론에서도 핵심을 이룬다. 류터는 전통적으로 '관계적'이라는 것은 여성에게, '합리적'이라는 것은 남성에게 해당되는 것으로 이해되어왔다고 분석한다. '통전적 자아whole self'는 이렇게 이원론적으로 분리되어온 성향들이 한 인간 안에서 통합되어 이루어지는 것을 의미한다. 또한 류터에게 자아는 '본질적 사회성essential sociality'을 지닌 것이다.[39] 따라서 이원론적 인간 이해의 극복은 한 인간 자신의 분리가 극복되어 '통전적 자아'를 실현하는 것을 의미할 뿐 아니라, 자아/타자의 분리성이 극복되어 타자와의 상호관계성에 대한 깊은 깨달음을 줌으로써 '관계 속의 인간'으로서 삶을 실현할 가능성을 열어주는 것을 의미한다.

그런데 여기서 이 '관계 속의 인간' 개념이 무엇인가를 비판적으로 조명해야 한다. 이 '관계'에 대한 강조는 자칫 잘못 해석될 수 있기 때문이다. '관계적 인간'이라고 할 때 '관계'란 평등주의적인 관계여야만 한다. 예를 들어 유교적 인간 이해의 핵심을 나타내는 '삼강오륜'의 경우 관계란 언제나 계층적이고 남성중심적으로 설정되어왔다. 출발점 자체가 권력의 불균형 속에서 설정된 '관계성'이란 언제나 힘없는 약자를 향한 '억압의 도구'가 된다. 페미니스트 신학에서 말하는 '관계성'이란 위계적 관계와 출발점부터 다르다는 점을 주지해야 한다. 윌리엄스는 여성들이 남성 의존적인 삶이 아니라 독립적인 삶을 사는 동시에, 자기가 속한 공동체와의 상호의존적인 삶을 적극적으로 받아들이고 그 공동체와 연대감을 나누며 살아가는 상태를 '관계적 독립성'이라고 표현한다.[40] 이 개념은 의존적 삶에서 독립을 전제로 하는 여성의 '해방'을 나타내는 동시에 '상호연관성'의 관계를 잘 보여준다. '해방'과 '자유'란 개인적인 차원과 집단적인 차원에서 동시에 실천되어야 하기 때문이다. 즉 여성의 독립을 향한 지향은 '관계적'이어야 한다.

지금까지 서구 신학이나 철학에서 남성중심적 이원론으로 이해되어온 인간 이해를 비판하고, 새로운 이해를 추구하고자 하는 현대 페미니스트 신학의 인간 이해를 살펴보았다. 이러한 새로운 인간 이해를 추구하는 것은 페미니스트 신학의 주요한 과제가 되었다. 다양한 페미니스트 신학자들의 각기 다른 강조점과 함께 '관계적 자아', '연결된 자아 connected self' 또는 '통전적 자아' 등으로 표현되는 인간 이해는 매우 중요하다. 이러한 페미니스트 신학적 인간 이해는 지구가 우주의 중심이 아니라는 사실을 발견함으로써 이전의 세계관에 근원적인 변혁을 가져온 발견에 비유해 '코페르니쿠스적 발견'이라고 할 수 있다. 페미니스트 신학의 '코페르니쿠스적 발견'은, 지구가 자전과 공전을 하듯이 실존적인 한 인간으로서의 '나'는 또한 '타자'와 분리될 수 없는 연결성을 지니고 삶을 살아간다는 사실에 대한 분명한 깨달음이며, 이러한 '연결됨'은 우리가 의식하든 못하든 이미 주어진 사실임을 발견하는 것이라고 할 수 있다. 인간의 실존existence이란 결국 '함께-실존co-existence'이라는 점, 이것이 페미니스트 인간 이해의 중요한 핵심이다.

제8장

페미니스트 신학과 자연: 남성중심주의와 인간중심주의를 넘어서

인간이 세계를, 더 구체적으로는 인간과 더불어 존재하는 것들을 어떻게 인식하고 있는가에 대한 문제는 인간 이해와 함께 사회 현실을 형성하는 중요한 인식론적 전제가 된다. 인간의 인간에 대한 이해나 자연에 관한 이해는 추상적인 인식이나 철학적 또는 신학적 개념으로만 존재하지 않는다. 인간이나 자연에 대한 이해는 인간의 구체적인 삶을 전개하는 데 큰 영향을 끼친다. 이러한 사실은 현대사회가 직면한 인종차별주의, 성차별주의, 계층차별주의 또는 자연차별주의 naturism 등 다양한 종류의 억압 문제를 더욱 근원적으로 분석할 때 드러난다.[1] 이러한 맥락에서 인간관이나 세계관에 대한 페미니스트 신학적 분석은 현대사회에 존재하는 다양한 억압의 문제들과 직간접적으로 연관을 맺고 있다는 전제 아래, 페미니스트 신학의 자연관을 전개하기로 하겠다.

1. 전통적 자연관 비판

오늘날 생태계에 대한 관심은 무엇보다도 주요한 이슈가 되고 있으며, 생태계의 위기가 초래된 원인을 다양하게 분석하고 그 문제를 해결하기 위한 다양한 대안이 제시되고 있다. 페미니스트 신학자들은 생태계의 위기가 표면적으로 드러난 이유보다는 더욱 본질적인 이유, 즉 인간의 자연 이해 또는 세계 이해에 근원적인 원인이 있음을 밝힌다. 생태문제를 다룰 때 외면적인 것이 아니라 내면적인 면을 본다는 점에서, 페미니스트 신학자들은 여느 생태학자들과 다른 독특성이 있다. 그것은 생태계의 위기가 '가부장제적인 세계관'과 밀접하게 연관되었다고 보는 관점이다.

류터는 서구 사상 속에 담긴 이원론적인 인간관과 세계관에 신학적으로 이의를 제기하고, 이러한 이원론적 관점이 야기한 문제가 '여성' 억압과 '자연' 억압임을 분석하면서, 페미니즘과 생태계의 문제가 서로 연결되어 있다고 1972년에 출간한 책에서 시사한 바 있다.[2] 생태문제를 다루는 이들은 기독교가 현대 과학기술의 자연 착취를 승인한 탓에 생태위기가 도래했다고 본다. 그러나 류터는 기독교가 생태위기의 원인을 제공했다는 이러한 견해를 비판한다. 기독교는 이원론적 세계관을 창시한 것이 아니고 이전부터 존재하던 관점을 받아들였지만, 교부들부터 시작하여 육체 경멸 anti-body, 여성성 경멸 anti-feminine 등의 사고가 기독교 신학의 주류를 이룬 것이 자연에 대한 경멸을 낳게 되었다고 밝힌다.[3]

서구 세계에서 기독교의 막대한 영향력을 고려해본다면, 생태계의 위기를 낳게 한 인식론적 근거를 기독교 신학의 이원론에서 찾는 것은 무리가 아니다. 결국 인간의 세계 이해는 전통신학의 신 개념과 밀접한 관계가 있다. 또한 이러한 신 개념의 전제가 되는 대립적인 이원론적 구조로 인간과 자연을 이해하는 인식구조는 생태계의 위기를 낳게 만드는 주요한 이념적 근거가 된다. 인간 이해에서 살펴본 바와 같이 대립적 이원론은 초월-내재, 인간-자연, 남성-여성 등을 대립구조로 이해한다. 그뿐만 아니라 신을 '위에above' 계신 초월적 존재이며 남성성을 지닌 존재로 인식하는 것은 결과적으로 남성을 여성보다 위에 있는 '초월의 영역'에, 여성을 초월보다 열등한 '아래below'인 '내재의 영역'에 속한 것으로 구분하는 계층적 이원론이 된다. 이러한 인식구조가 결국 자연이나 여성을 정복의 대상으로 인식하는 결과를 가져오는 것이다.

페미니스트 신학자들의 분석에 의하면, 자연에서 신의 내재를 보는 가톨릭 신학보다는 몰트만Jürgen Moltmann 이전의 개신교 개혁주의 신학이 창조를 '분리'로 이해함으로써 인간을 자연과 분리된 존재로 이해한다.[4] 이들 페미니스트 신학자들의 분석에 따르면, 개신교 개혁주의 신학자들은 인간을 자연의 주인이요 소유주라고 이해한 데카르트의 이원론적 사고구조를 그대로 답습한 자연관을 전개한다. 예를 들어 불트만Rulolf Bultmann에게 기독교의 인간 역사는 자연에서 분리된다. 그 주장에 따르면, 역사란 '인간의 역사'를 의미한다. 또한 그 인간은 우주의 부분이 아니라 근원적으로 세계에서 분리되어 있다.[5] 이렇게 세계를 두 종류의 현실로 분류하는 것은 불트만의 이원론적 사고구조를 잘 나타낸다.

이러한 사고구조는 인간 이해에서 살펴본 바르트의 '창조질서' 개념에서도 잘 드러난다. 이러한 이원론적 세계관은 분명한 계층구조를 형성하고 있다. 그렇기 때문에 에코페미니스트 신학ecofeminist theology은 서구 신학 전통의 위계적·이원론적 존재구조에 대한 근원적인 분석에서 시

작한다고 볼 수 있다. 이러한 계층적 존재구조는 다음과 같은 도표로 나타낼 수 있을 것이다.[6]

또한 콜린스는 이러한 위계적 존재의 사다리를 다음과 같이 더욱 자세히 표현한다.[7]

이 도표는 유대-기독교 전통에서 인간의 현실이 얼마나 계층적으로 이해되고 있는가를 잘 보여준다. 또한 〈창세기〉 1장 26~28절에 나오

는 "지구를 다스리라"는 내용에 대한 인간중심적인 해석은 인간의 자연 지배와 착취를 합리화하는 역할을 해왔다고 볼 수 있다.[8] 이러한 딜레마를 극복하기 위해 "지구를 다스리라"는 이 구절을 인간의 자연 지배가 아니라 '청지기'로서 인간의 책임 있는 역할을 규정하는 것이라고 해석한다 해도, 이 '청지기' 또는 '지배자'의 구분은 세계관에 따라 똑같은 의미를 띨 수도 있으리라고 본다. 즉 청지기 또는 관리자라는 개념은 관리자가 '관리받는 것'을 이원론적으로 분리해서 여전히 자연을 수동적이고 죽어 있는 것으로, 인간은 그 수동적인 자연 위에 있는 우월한 존재로 인식하는 구조를 벗어날 수 없기 때문이다. 따라서 문제는 여전히 더 근원적인 것, 즉 세계 이해에 있다고 볼 수 있다. 이 근원적인 인식구조의 변이가 없는 이상, 성서 해석이 달라진다 해도 결과적으로는 인간과 자연의 관계가 지배–종속, 우월–열등의 구조를 벗어나지 못하기 때문이다.

이런 맥락에서 생태계의 위기 문제에 접근해볼 때, 환경문제는 기술과학이나 사회적인 문제일 뿐 아니라 '영적'인 문제이며 '인식론적'인 문제이다. 즉 영적인 관심, 성향, 윤리적 문제에 대한 판단, 또는 신이나 세계에 대한 인식론적인 전제는 한 개인의 차원뿐 아니라 한 사회적 공동체, 더 나아가 세계적 차원에까지 영향을 주기 때문이다. 이 같은 의미에서 페미니스트 신학자인 킹Ursula King이 페미니즘에서 널리 쓰이는 모토인 "개인적인 것은 정치적인 것이다The personal is political"를 더욱 확장하여 "영적인 것은 개인적이며 정치적인 것이다The spiritual is personal and political"라고 규정한 것은 중요한 의미가 있다.[9]

지금까지 살펴본 바와 같이 계층적–이원론적인 인식에서 여성과 자연은 존재구조의 하부에 속하는 것으로 간주된다. 또한 생태계에 대한 관심이 높아지면서 자연을 여성으로 의인화하는 경향이 현저해지고 있다. 예를 들어 자연을 '어머니'라고 하는 자연의 여성화를 과연 어떻게 받아들일 수 있는가 하는 문제는 페미니스트 관점에서 조명해볼 필요가 있다.

2. '어머니 자연?': 여성의 자연화, 자연의 여성화에 대한 비판

1980년대에 이르러 급진주의 페미니스트들의 글에서 지배적인 주제가 있다면, 그것은 남성과 여성의 근본적인 차이를 분명하게 강조한다는 점이다. 부드러움·보살핌·창조성 등으로 표현되는 '여성성feminity'에 대한 찬양과 함께 폭력·공격성·지배·경쟁 등으로 표현되는 '남성성masculinity'에 대한 비판과 그 문화에 대한 회의가 극대화한 것이다. 문화적 페미니즘cultural feminism이라고도 불리는 이 급진주의 페미니즘의 새로운 형태는 가부장제의 도구였던 남녀의 선천적인 차이를 적극적으로 수용하면서, 남성성에 높은 가치를 두었던 가부장제의 관점과는 정반대로 여성성에 절대적인 가치를 부여한다. 그리하여 여성성은 '생명 사랑의 문화biophilic culture', 남성성은 '죽음 사랑의 문화necrophilic culture'라고 규정한다. 그렇기 때문에 모건Robin Morgan, 리치, 그리핀, 데일리, 스펜더 같은 페미니스트들은 여성의 도덕적·인식론적·영적인 우월성을 자명한 것으로 받아들인다. 또한 이들은 여성을 남성보다 훨씬 더 자연에 가까운 존재로 간주하고,[10] 따라서 오직 여성만이 이 지구 위에 있는 생명들의 미래를 보장할 수 있다고 주장한다.[11]

여성에게는 선천적으로 평화를 사랑하는 품성이, 남성에게는 선천적으로 폭력적인 품성이 있다고 주장하는 것은, 잠정적으로는 긍정적으로 기능할 수 있다. 즉 이제까지 가부장적 남성중심주의 사회에서 열등한 존재로 간주되어온 여성에 대한 고도의 부정적 이해를 전복하여 긍정적인 요소로 전환함으로써, 부정적인 여성 이해를 긍정적으로 전환할 수 있기 때문이다. 그러나 이러한 긍정적 기능은 오직 잠정적일 뿐이다. 나는 이렇게 여성에게 '선천적으로' 비폭력적 요소가 있다고 주장하는 것은 한 인간으로서의 여성을 왜곡하는 것이라고 본다. 남성뿐만 아니라 여성은 한 인간으로서 다양한 품성을 지닌 존재이다. 즉 여성 또한 긍정적인 요소뿐만 아니라 이기적인 면과 폭력성도 지닌 인간이라는 사실을 받아들여야 한다는 뜻이다.[12]

자연과 여성을 연결하는 사고구조는 아시아의 도교 철학에서,[13] 또한 17세기 이전의 유럽인들에게서도 찾아볼 수 있다.[14] 그런데 이처럼 여성을 자연과 동질적인 존재로 연결하는 것은 이중적인 기능을 한다. 자연에 경외심을 품은 이들에게는 긍정적인 인식으로 자리 잡을 수 있지만, 여성과 자연을 존재구조의 하부에 놓는 사고를 지닌 사람들에게는 여성과 자연을 연결하는 방식이 오히려 부정적인 의미로 쓰일 수 있다.

문화인류학자들의 연구에 따르면 여성을 '자연'에, 남성을 '문화'에 연결하는 사고구조는 문화에 따라 조금씩 차이는 있지만 세계적으로 매우 보편적인 현상이다.[15] 그런데 자연을 '여성'으로 의인화하거나, 여성과 자연을 동일 범주에 두거나, 남성과 문화를 묶어서 다른 세계의 범주로 분리하는 것은, 장기적으로 볼 때 여성을 특정한 고정된 구조 속에 가두는 기능을 하게 된다. 따라서 이러한 여성-자연의 동질화 메타포나 가치는 여성 자신의 선택에 의해서든 위계주의적인 이원론적 세계관의 이념적 규정에 의해서든, 결국 가부장제의 현상 유지적인 부정적 이데올로기로 작동할 위험성이 있다.

　이런 의미에서 생태계에 대한 관심이 높아지는 것과 함께, 여성과 자연이 상징적으로 유사하다고 보는 이 같은 전제가 과연 얼마나 타당한지, 또한 이러한 전제가 무비판적으로 받아들여질 때 어떤 결과가 주어질지 검토하는 것이 중요하다. 전통적인 세계관에 대한 페미니스트 신학적 논의를 위해서 '어머니 자연'이라는 메타포를 자연스럽게 받아들이는 것의 의미를 조명해야 하는 것이다. 또한 '어머니 자연'뿐 아니라 인간의 자연 파괴를 남성의 여성 강간과 대비하여 '자연에 대한 강간the rape of the nature'이나 '모친 살해matricide' 등으로 표현하는 생태학적 논의가 과연 장기적으로 타당한인지를 비판적으로 분석해볼 필요가 있다.

　나는 자연을 여성과 연결하는 '여성-자연'의 메타포와 인식은 다음과 같은 점에서 문제가 있다고 본다. 첫째, 자연의 개념을 왜곡한다. 둘째, '여성'이나 '어머니'에 대한 왜곡된 이미지를 고정한다. 셋째, 극복되어야 할 전통적인 이원론적인 사고구조를 오히려 재생산하고 강화한다. 따라서 나는 이 세 가지 측면에서 자연과 여성을 동질적인 개념으로 연결하는 시도와 인식을 비판하고자 한다.

　첫째, '어머니-자연' 또는 '여성-자연'이라는 개념은 '자연의 낭만화' 현상을 생산한다. 한 인간인 '여성'과 마찬가지로, '자연'은 다양한 얼굴을 가지고 있다. 자연은 부드럽고, 감각적이며, 생명을 보호하고 배려하는 역할을 한다. 그러나 동시에 거칠고, 폭력적이며, 생명을 파괴하기도 한다. 자연의 이러한 다양한 모습을 드러내지 않고 오직 '긍정적'인 한 가지 모습으로 만들면 자연은 '낭만화'되어 재현된다. '낭만화'의 위험은 자연의 전체 모습, 즉 밝은 면과 어두운 면을 모두 보려 하지 않고 밝은 면만 본다는 데 있다. 물론 이러한 '어머니 자연'이라는 인식과 메타포는 자연을 '살아 있는 여성'으로 생각하게 만들어 자연을 오용하고 훼손하는 것을 억제하게 할 수 있다. 그러나 지배적인 관점은 자연을 '수동적인 여성'으로 생각하는 것이다. '어머니-자연'을 동질화하는 이러한 관점은 자연을 여성과 마찬가지로 '필수품'으로, 그리고 남성을 받드는 하나의 '자원'으로 간주하게 한다.

머천트Carolyn Merchant는 이러한 관점의 예를 16세기 도시화가 진행되던 유럽의 자연 개념에서 찾는다.[16] 인간(구체적으로 남성)에 의해 길들여지고 정복되어 유순한 자연은, 도시 세계의 요구에 따른 인간의 염려를 해결하는 데 필요한 '물질적이고 영적인 식량'을 준비해주는 정원으로 변형될 수 있다. 이러한 관점에서 여성과 자연은 공통적인 기본 기능을 하는 것으로 이해된다. 즉 여성과 자연은 위로하고, 영양을 공급하며, 남성의 행복을 마련하는 기능을 한다는 것이다. 이렇게 해서 인간중심적이며 남성중심적인 자연 개념이 형성된다. 이러한 이미지의 여성과 자연은 모두 '복종적'이고, 본질적으로 '수동적인 것'으로 이해된다. 또한 자연과 여성은 영양을 공급하되, 결코 지배하려고 하지 않는 것으로 이해된다.

러브록James Lovelock은 그의 유명한 저서 《가이아Gaia》에서 자연을 살아 있는 것으로 간주한다. 그러나 과학기술에 의한 환경 파괴가 중지되어야 한다는 결론을 내리지는 않는다.[17] 오히려 '어머니 지구Mother Earth'로서의 '가이아'는 살아 있는 것이기 때문에 오염, 화학 쓰레기 등을 스스로 조절할 수 있으니 인간이 크게 염려할 것은 없다는 결론을 내리는 듯한 인상을 준다. 이렇게 자연을 여성으로 의인화하면서 얻게 되는 자연 개념은 자연을 있는 그대로 보게 하지 않는다. 나는 자연을 의인화하는 것을 부정적으로 본다. 자연을 자연 그 자체로 보는 것, 이것이 자연의 존엄성을 지켜주는 것이며, 자연을 인간의 경험과 시각으로 제한하는 오류를 피할 수 있기 때문이다.

둘째, '어머니-자연'의 연결에서는 '어머니'로 표현되는 여성의 이미지 역시 왜곡된다. '어머니'는 하나의 기능적 역할 속에서만 살아가는 존재가 아니다. '어머니'이기 이전에 고유한 한 인간으로 다양한 성품과 개성을 지닌 사람이기 때문이다. 그런데 이렇게 '자연'을 '어머니'로 비유하는 것은, '자연'뿐만 아니라 '어머니'에 대한 고정관념을 재생산한다. '어머니'란 유순하고, 복종적이며, 어떤 경우에건 부드럽고, 언제나 찾아가면 먹을 것을 준비해놓는 기능인으로서의 상투적인 모습이다. 이러한 이미지에서 '여성-어머니'는 '남성-아버지'와 달리 화를 낸다든지 직접적인 감정을 표현한다든지 하는 모습이 적합하지 않다. 오히려 그것은 '여성답지 못한' 것이며, '좋은 어머니'의 모습에서 벗어난다. 한 인간의 다양한 성품을 여성성이나 남성성이라는 한 가지 틀에 고정하는 것은 억압의 출발점이다. 억압이란 고정관념화에서 시작되는 것이기 때문이다. 또한 자연과 여성을 연결하는 이러한 의식은 어머니를 자연과 같은 '비인격체'로 만든다. 결과적으로 '어머니'는 각기 고유한 개성을 지닌 실제 인간이 아니라, '어머니'라는 역할을 수행함으로써만 존재하는 '기능인'으로 이해될 수 있는 위험성을 안고 있다.

셋째, '여성-자연/남성-문화'라는 이분법적 연결은 계층주의적 이원론을 그대로 고수함으로써, 사실상 통전적 인간 이해와 세계에 대한 이해를 지향하는 해방운동의 희망을 좌절시킬 위험이 있다. 또한 여성의 고유한 경험이라고 일컬어지는 생리, 임신, 출산, 수유 등도 문화와 무관한 자연적인 경험에 머무르는 것이 아니다. 따라서 그러한 이분법적 연결은 이른바 '자연적' 경험 역시 특정한 문화사회적 정황에서 형성되고 경험된다는 사실을 간과하게 만드는 위험성도 있다. 인간의 경험은 개인의 특성에 따라 또는 사회적 정황에 따라 상당히 달라질 수 있기 때문이다. 예를 들어 앤 오클리Ann Oakely는 자신이 첫째 아이를 낳고 기를 때와 둘째 아이의 경우가 매우 달랐음을 밝힌다. 이른바 여성의 '고유한 자연적 경험'이라 불리는 것은 사회적으로 또는 정황적으로 어떠한 배려와 보장을 받느냐에 따라서 아주 다른 경험이 된다고 분석한다.[18] 이런 의미에서 볼 때, 나는 자연/문화 또는 자연/역사의 분리는 사실상 인간의 구체적인 삶을 이분화하는 추상적인 개념으로만 존립한다고 생각한다. 현대사회에서 인간은 이제 무엇이 '자연적'인 것이고, 무엇이 인위적이고 '문화적'인지를 분명하게 규정하기 어려운 시대에 살고 있기 때문이다. 결국 역사 속에서 남성의 삶이나 여성의 삶은 생물학적인 필요에 의해서만 규정되어온 것이 아니라, 인간의 사회적 행동과 비전에 의해 결정되어왔다고 볼 수 있다. 종합적으로 볼 때 '여성-자연/남성-문화'의 연결은 사회적인 소산이다. 이러한 이원론적 분리는 남성과 여성 모두를 왜곡할 뿐 아니라 자연 개념까지 왜곡하는 부정적인 의미를 함축한다고 볼 수 있다.

3. 페미니스트 신학적 자연 이해

1) 에코페미니즘

'에코페미니즘ecofeminism'이라는 용어가 처음으로 쓰인 것은 1974년 프랑스의 페미니스트 도본Françoise d'Eaubonne에 의해서이다.[19] 도본은 인간과 지구의 운명이 위험에 놓여 있다고 경고하면서, 남성이 주도하는 혁명으로는 자연자원의 파괴를 해결해나갈 수 없다고 역설한다. 따라서 지구상에서 인간의 생존을 위해 생태학적 혁명을 이룩해가기 위한 여성의 잠재력을 대변하려는 뜻에서 '생태적ecological'이라는 말과 '페미니즘feminism'이라는 말을 합성하여 '에코페미니즘'이라는 말을 사용한 것이다.

생태계의 문제를 다루는 생태학ecology은 다양한 방식으로 전개된다. 우선, 자연 자체에 대한 관심보다는 인간의 생존에 대한 관심에서 전개되는 경우가 있다. 또한 생태학이 전개되기 시작하던 초기 단계에 지배적이었던 관점, 즉 자연이 그 자체로서 고유한 가치를 지니고 있다는 전제 위에 전개되는 경우도 있다. 그리고 최근에 이르러서는 자연과 인간의 '상호의존성'과 '상호연관성'에 대한 자각을 바탕으로 전개되는 경우 등이 있다.[20] 이러한 급진적인 생태학과 에코페미니즘은 여러 가지 공통점이 있다. 무엇보다도 이 두 이론/운동은 내적인 가치관의 변화가 있어야 외적인 세계의 변화가 가능하다는 공통 전제를 두고 있다. 이들은 이원론, 계층주의, 경직된 자율성, 추상적 합리주의, 인간중심주의 등의 특성을 보이는 서구 문명을 근본적으로 비판하고, 이러한 가치관의 극복을 추구한다.

그러나 '심층생태학deep ecology'이라고도 불리는 이 급진적 생태학과 에코페미니즘의 주요한 차이점은 자연이 파괴된 '근본 원인'에 대한 분석에 있다. '심층생태학'은 환경의 위기가 서구 문명의 역사적 결과라고 분석하는, 환경운동의 급진적인 견해를 말한다. 심층생태학이 '개혁환경주의reform environmentalism'와 근본적으로 다른 점은, 심층생태학은 인간중심주의를 거부하는 '비인간중심주의non-anthropocentrism'이고, 개혁환경주의는 '인간중심주의anthropocentrism'라는 점이다.[21] 심층생태학은 생태 파괴의 근본 원인을 인간중심주의적 세계관이라고 보고 있지만, 에코페미니즘은 이러한 추상적인 '인간중심주의'란 좀 더 구체적으로 살펴보면 '남성중심주의적' 세계관이라고 분석한다.[22] 에코페미니즘의 비판에 따르면, 주체가 남성들로만 구성되어 전개되는 이 심층생태학은, 그들 스스로가 비판하는 이원론 등의 가치체계들이 남성중심주의나 가부장제에 의해 형성되고 강화되어왔다는 근본적인 문제를 간과하고 있다. 결과적으로 남성중심주의적 편견에 따라 심층생태학의 이론이 형성되고 있다.[23] 이러한 점에서 에코페미니즘은 일반 생태운동과 다른 각도에서 전개된다고 볼 수 있다.

에코페미니즘은 페미니즘의 새로운 조류라고도 할 수 있다. 그러나 자유주의 페미니즘, 급진주의 페미니즘, 사회주의 페미니즘은 각각 나름대로 에코페미니즘의 관점을 형성한다.

첫째, 자유주의 사상을 근거로 삼는 자유주의 페미니즘은 인간과 자연의 관계를 새로운 법이나 규정을 통해 개선하고자 한다. 즉 자유주의 페미니스트가 보기에 환경문제는 천연자원을 지나치게 급속도로 개발한 점과 환경오염에 대하여 법적인 제재가 적절하게 이루어지지 않은 점에 원인이 있다. 그렇기 때문에 환경문제는 더욱 진보된 과학과 자연의 보존, 그리고 엄격한 규제를 가할 수 있는 개정된 법을 통하여 해결할 수 있다고 본다.

둘째, 에코페미니즘의 급진주의 페미니스트들은 '자연nature 페미니스트', '문화cultural 페미니스트', '반문화countercultural 페미니스트' 또는 '영적spiritual 페미니스트' 등의 이름으로 불린다.[24] 이들은 앞에서 언급한 바와 같이 서구 사상이 전통적으로 여성을 자연에 가까운 존재로 보고, '여성-자연'의 가치를 그것과 대비되는 '남성-문화'보다 열등한 것으로 인식해온 시각을 완전히 반대로 전도해서 '여성-자연'에 우월성을 두고 있다. 이들은 여성 고유의 경험을 여성이 지닌 창조성의 근원으로 고양한다. 인간은 자연의 한 부분이라는 전제를 강하게 깔고 있으며, 소비 억제와 오염 억제, 더 나아가서는 반핵운동 등을 적극적으로 전개하면서 여성으로 의인화한 자연의 보호에 힘쓰고 있다.[25] 그러나 이 자연 페미니스트들은 인종차별주의나 계층차별주의와 같은 사회의 구조적인 문제에 관심을 기울이지 않는다는 한계를 안고 있다.

셋째, 에코페미니즘의 사회주의 페미니스트들은 자본주의적 가부장제와, 자연이 인간의 진보를 위해 이용될 수 있다는 이데올로기 때문에 환경문제가 야기된 것으로 본다.[26] 자본주의 경제는 남성이 주도해왔으며, 여성의 무임금 가사노동과 저임금 공장 노동을 토대로 발전해왔다. 또한 자연 착취가 동시에 자본주의의 발달을 가져왔으므로, 사회주의 페미니스트들에게 자연과 여성은 가부장적 자본주의의 공동 희생자이다.

이들은 생태문제에 관한 정치적인 활동을 전개하는 데서 급진주의 페미니스트와 여러 가지 견해를 같이 나누지만, 그 목적은 다르다고 볼 수 있다. 즉 사회주의 페미니스트들이 생태문제를 다루는 목적은 반反성차별주의, 반反인종차별주의, 반反폭력, 반反제국주의 등에 있다. 이러한 목적들은 남성과 여성을 사회화socialize하는 데 필요한 것으로, 평등주의적인 사회주의 국가 형태를 지향하는 변화를 추구하는 것이다. 그렇기 때문에 이들은 여느 페미니스트들과 달리 여성 노동자, 제3세계 여성, 미국 내 소수민족 여성에게 직접 영향을 끼치는 생태문제를 중요하게 다룬다.

에코페미니즘에서 이들 세 종류의 페미니스트는 각자의 전제나 목적이 서로 다르다 해도 사실상 여러 가지로 공동의 활동을 하고 있다.

파괴된 자연을 회복하고 인간과 비인간nonhuman의 삶의 질을 향상하려는 의미에서는 다양한 에코페미니스트들이 궁극적으로 공동의 목적을 추구한다고 할 수 있다.

2) 에코페미니스트 신학

생태문제에 관심을 갖는 페미니스트 신학은 에코페미니즘과 여러 관점을 공유한다. 그러나 페미니스트 신학자들은 밖으로 드러난 자연의 오염 같은 '외면적 오염'의 문제뿐 아니라 인간의 마음·영혼·육체 등 '내면적 오염'에도 깊은 관심을 기울이고 있다. 이러한 내면적 오염에 대하여 데일리는 가부장적인 신화와 언어가 모든 영역에서 인간의 마음과 영혼과 육체를 오염시켰다고 주장한다. 데일리는 이러한 오염이 인도, 중국, 아프리카, 유럽, 미국 등 각기 다른 사회에서 어떻게 여성의 삶을 왜곡해왔는가를 그의 세 번째 책에서 비판적으로 분석한다.[27] 그렇기 때문에 페미니스트 신학자들이 생태문제를 논할 때는 전통적인 세계관이나 인간관의 부정적인 영향이 자연의 외면적인 파괴를 거쳐왔을 뿐 아니라, 모든 종류의 억압을 합리화하고 강화해오면서 인간을 내면적으로도 오염시켜왔다는 전제를 달게 되는 것이다.

그러므로 류터는 에코페미니스트 신학은 무엇보다도 서구의 신학 전통이 갖고 있는 '존재의 위계적 사슬hierarchical chain of being'을 재검토해야 한다고 주장한다. 인간을 자연보다 높은 위치에 놓는 계층적 구조에 대해 질문해야 한다는 것이다. 계층적 구조에 대한 물음은 인간이 인간 아닌 것을 소유물이나 자원으로 취급해온 권리의식에 도전하는 것을 의미한다. 더 나아가 신을 '비물체적 영'으로 인식하면서 존재사슬의 맨 위에 놓고, '비영적인 물체'를 열등하고 인간에 의해 지배되어야 하는 것으로 간주하여 맨 아래에 놓는 계층구조의 모델 자체를 재검토해야 함을 의미한다. 신은 내재도 초월도 아닌 존재자의 근원이다. 또한 '영'과 '물체'는 이원론적으로 구분되는 것이 아니라 하나로 존재하는 것이라는 '통전적holistic' 이해를 요구한다.

이러한 에코페미니스트 신학은 남성의 여성 지배나 자본가의 노동자 지배 등과 같은 사회적 지배구조를 드러나게 하며, 이러한 지배구조가 인간의 '비인간nonhuman 지배'의 모델이 된 것을 밝혀야 하는 과제를 안고 있다.[28] 그러므로 인간과 비인간이 조화를 이루고 상호협조적인 관계에서 살아가는 '생태적 사회ecological society'는 사회민주주의와 유기적 공동체에 토대를 둔 사회와 함께 페미니즘이 지향하는 비전을 구성한다.[29]

페미니스트 신학이 생태문제를 다루는 데 또 하나의 중요한 시각은 인간의 자연 억압 문제를 고립된 것으로 다루지 않는다는 점이다. 세계에 존재하는 서로 다른 종류의 억압 문제들, 즉 자연, 여성, 인종, 계층 등에 대한 억압이 구조적으로 서로 얽혀 있다고 보는 것이다. 그리스콤은 이 네 가지 억압 형태에서 세 가지는 성차별주의, 인종차별주의, 계층차별주의 등 하나의 용어로 표현되었지만, 자연에 대한 차별을 나타내는 용어만 없다는 점을 지적하면서, 인간의 자연 지배를 '자연차별주의'라는 새로운 용어로 표현한다.[30] 콜린스는 이 네 가지 억압구조를 가부장제 구조 속에 있는 '연쇄기둥interlocking pillar'이라고 표현하며, 류터는 "상호 구조지어짐interstructuring"으로 이 네 가지 지배구조를 나타낸다.[31]

이 네 종류의 억압에 가장 강력한 이념적 근거가 되는 것은 인간의 현실을 이원적으로 분류할 뿐 아니라 한쪽이 다른 쪽보다 더 높은 가치를 지녔다고 간주하는 '계층적 이원론'이다. 이러한 가치관에 따라 열등한 쪽에 대한 우월한 쪽의 지배와 억압을 자연스럽게 만드는 '지배의 논리logic of domination'가 양산된다. 이러한 '지배의 논리'를 수용할 때, 여성에 대한 억압과 자연에 대한 억압은 매우 당연하고 자연스러운 것으로 정당화된다.

페미니스트 신학은 전통적인 신학이나 철학의 이원론적 인간 이해와 세계 이해가 가져온 부정적인 영향이 여성과 남성, 그리고 이 지구 위에 존재하는 동물과 식물 등 모든 존재의 삶을 왜곡하고 분리해왔음을 비판적으로 분석한다. 남성과 여성, 성聖과 속俗, 자연과 역사, 초월과 내재, 영혼과 육체, 인간과 자연, 이 모든 것이 사실상 서로 긴밀하게 연결되어 있으며 서로 의존하고 있다는 사실을 밝힌다. 이러한 페미니스트 신학적 대안은 통전성을 향한 인식론적 전환과 새로운 인간 이해, 세계 이해를 지향하는 것으로, 단순히 낭만적인 시도가 아니다. 인간이 이 우주에서 독특한 존재라는 점은 인간의 우월성을 나타내는 것이 아니다. 또한 인간이 지성을 지니고 있다는 것은 인간이 이 지구의 생물이나 자원에 대하여 지배권이 있다는 의미가 아니다. 이러한 사실을 자각할 때 비로소 인간과 비인간의 온전한 관계가 회복될 수 있을 것이다. 할케스Catharina J. Halkes는 이러한 인간-자연의 연결성에 대한 자각과 통전적 자아의 개발 등을 가리켜 '생태적 감수성ecological sensitivity'이라고 표현한다.[32]

이러한 생태적 감수성은 신성을 체험하게 하는 새로운 영성으로 향한 문을 우리에게 열어준다. 에코페미니스트 신학이 지향하는 바는, 이원론적이고 계층적인 전통적 인식구조를 극복하고, 통전적이며 평등적인 인식구조로 전환하는 것이다. 이러한 통전적 인식구조는 인간과 비인간의 상호연결성과 상호의존성에 대한 근원적인 자각이다. 동시에 이러한 자각은 현대 페미니스트 영성에 가장 근원적인 동기를 주고 있다. '우주적 춤cosmic dance', '존재의 춤dance of being'[33]이라고도 표현되는 이러한 인간-자연의 상호연결 체험은 현대사회가 맞닥뜨린 여러 가지 문제를 새로운 관점에서 볼 수 있는 시야를 열어줄 뿐 아니라 신학의 출발점이 새롭게 변형되는 계기를 가져올 것이라고 본다.

다음은 1854년에 미국 아메리카 원주민의 족장인 시애틀Seattle이 전달했다는 글이다. 이 글은 전통적인 자연 이해를 넘어서는 에코페미니스트적인 대안 이해를 잘 표현하고 있다.

공기는 홍인종에게는 값진 것이다. 이 세계에 존재하는 모든 것—동물, 사람, 나무는 모두 같이 숨을 쉬고 있기 때문이다. …… 동물이 없다면 사람들은 무엇을 할 수 있을까? 만약 모든 동물들이 사라진다면, 사람들은 영혼의 거대한 고독 속에서 죽어갈 것이다. 그리고 동물들에게 어떤 일이 일어난다면, 곧 똑같은 일이 사람들에게도 일어날 것이다. 왜냐하면 모든 존재는 서로 연결되어 있으니까…….[34]

제9장

통전적 생태신학의 재구성:
인간과 자연의 공존을 위하여

1. 생태 '남성' 신학 이해

이제 생태문제는 어느 한 분야에 제한된 것이 아니라 대부분의 학문 분야에서 논의 주제가 되고 있다. 그만큼 생태문제가 인간의 삶에 끼치는 영향이 광범위하며, 모든 이들의 관심의 주제가 되고 있다. 신학에서도 예외는 아니어서, 생태문제는 인종문제, 여성문제와 함께 세계적인 논의의 주제가 되고 있다 해도 과언이 아닐 것이다. 그러나 신학에서 논의되는 생태문제는 남성 신학자들과 페미니스트 신학자들 간에 분명한 대화가 이루어지지 않은 채 각각 전개되고 있다. 이는 마치 남성의 현실과 여성의 현실이 따로 존재하는 것 같은 의식을 암시하는 듯하다. 이제는 두 그룹의 신학적 논의가 서로 개방되어서, 상호보충적인 자극과 변화를 줌으로써 더욱 포괄적인 신학으로 나아가야 하리라 본다.

여기에서 내가 남성 신학자들의 생태신학을 "생태'남성'신학"이라고 이름 붙인 것은 이러한 내 생각을 강조하기 위한 잠정적이며 실험적인 시도이다. 전통적인 신학 담론을 구성한 사람들은 대부분 남성들이었다. 그들의 신학에는 다른 보조적 표시어가 사용되지 않는다. '신학'은 '규범적' 신학으로 간주된다. 페미니스트 관점으로 신학을 전개할 때 '페미니스트'라는 말이 붙은 '페미니스트 신학'은 암묵적으로 신학의 '표준적인 궤도에서 벗어난 신학deviant theology'이라는 인식을 준다. 그렇기 때문에 만약 남성 신학자들의 생태신학을 '생태신학'이라 하고, 페미니스트 신학자들의 생태신학을 '생태페미니스트 신학'이라고 한다면, 이러한 인식론적 불공평성은 제거되기 어렵다.

이러한 이유에서 나는 첫째, 언어적 공평성을 부여하고, 둘째, 주도적인 신학적 논의에서 배제되어온 것들을 새롭게 인식하는 계기를 마련하기 위해 '생태남성신학'이라는 용어를 사용한다. '생태남성신학'이라는 용어는 고정관념을 흔들기 위한 실험적 용어로, 잠정적으로 사용하기 위한 것이다.

이 장에서 나는 전통적으로 남성 학자들에 의하여 전개된 '생태신학'과 '생태페미니스트 신학'의 만남에 대하여 논의해보고자 한다. 그러므로 여기에서 이루어지는 논의는 완결된 생태신학이나 이론을 제시하는 것이 아니라, 어떠한 의미의 배제나 불평등적인 요소가 존재하지 않는, 더욱 포괄적인 관점을 갖춘 '통전적 생태신학'을 추구하기 위한 시작에 지나지 않는다. 이제는 여성의 문제가 단지 페미니스트 신학자들만의 문제가 아니다. 또한 생태문제는 남성 생태신학자들만의 문제가 아니다. 우리의 현실세계는 '남성의 현실'과 '여성의 현실'로 따로따로 존재하는 것이 아니다. 남성과 여성은 물론 모든 종류의 생명체는 거미줄처럼 서로 얽혀 연관되어 있다는 명백한 사실을, 다양한 생태계의 위기가 인류의 생존을 위태롭게 하는 지금, 우리 모두 새롭게 인식해야 할 것이다.

2. 생태문제에 대한 신학적 논의

'생태학Ökologie'이라는 말은 독일의 생물학자 헤켈Ernst Häckel이 1868년 그의 저서 《창조의 자연사 The Natural History of Creation》에서 처음으로 썼다. 헤켈은 오늘날 쓰이는 의미와는 달리 '생태학'을 동물학에 속한 한 분야로, 동물 세계와 무생물/생물 세계의 관계를 연구하는 것으로 이 용어를 썼다.[1] 알도 레오폴드Aldo Leopold가 1949년에 출판한 책 《모래 마을의 달력A Sand County Almanac》은 사람들이 환경문제를 새롭게 인식하게 함으로써 환경운동의 고전이 되었다.[2] 특히 이 책의 "땅의 윤리The Land Ethic"라는 제목의 글에서 그는 공동체의 개념에 인간뿐 아니라 흙·물·식물·동물 등을 포함하는 '생명적 공동체biotic community'를 제시하면서, 생태학적 문제의 윤리적 의미를 분석했다.

레오폴드에 따르면 윤리는 '공동체의 포괄성inclusiveness of the community'에 의하여 결정된다. 예를 들어 노예를 소유물로 인식하던 때에는 노예 소유주에게 노예에 대한 도덕적인 의무가 요구되지 않았다. 즉 노예는 윤리적 의무의 범주에 포함되지 않았던 것이다. 이런 의미에서 볼 때 윤리의 역사는 인종, 나라, 그다음에 모든 사람들을 윤리적 범주에 포괄하는 확장의 역사라고 볼 수 있다. 그다음 단계는 인간이 정복자가 아니라 한 구성원이자 시민으로 바뀌는 '온전한 대지 공동체the whole land community'를 윤리적 범주에 포함하는 것이다. 이러한 생명공동체의 통전성, 안정성, 아름다움이 보존되는 윤리일 때에만 그것이 올바르다고 레오폴드는 말한다.[3] 레오폴드의 이러한 이론은 자연 본래의 가치에 대한 인식에서 출발하는 현대의 '생태중심적 윤리ecocentric ethic'를 최초로 형성한 것이라고 볼 수 있다.[4]

그러나 생태학이 공공적인 용어로 쓰이게 된 것은 1962년에 여성 생물학자 레이첼 카슨Rachel Carson이 《침묵하는 봄Silent Spring》을 출간한 이후라고 볼 수 있다.[5] 1960년대에 미국에서 발간된 두 여성의 책이 커다란 사회적 문제를 제기했는데, 하나는 1963년에 나온 프리던의 《여성의 신비》이고, 다른 하나는 바로 카슨의 《침묵하는 봄》이다. 생태문제와 여성 문제가 비슷한 시기에 사회적인 이슈로 제기되었다는 것은 두 문제가 안고 있는 연관성을 보여주기도 한다.

카슨은 이미 1941년에 DDT가 바닷물 속의 생물체에 미치는 부정적인 영향에 대한 《바닷바람 밑으로Under the Sea Wind》라는 책을 펴냈다. 그런데 사회적으로 큰 반향을 불러일으킨 카슨의 《침묵하는 봄》에 대해 살충제 산업계에서는 그녀가 주요 연구기관에 속하지 않았고 박사학위가 없다는 이유로 그 가치를 인정하려 하지 않았다. 비록 박사학위는 없었지만 그녀는 생물학 학사와 존스홉킨스Johns Hopkins 대학교에서 동물학 석사를 받았고, 이 대학교에서 이미 가르치고 있었으므로 학문적인 능력을 의심하기는 어렵다. 그러므로 1960년대의 이러한 평가절하의 우선적인 이유는 그녀가 여성이라는 사실 때문이었다고 평가된다.

카슨은 《침묵하는 봄》에서 과학적 지식과 자연과의 영적인 합일감을 결합했으며, 토양과 생물체의 조직에 쌓인 화학 살충제가 죽음을 초래하는 무서운 영향을 분석하면서 '생태학적 양심ecological conscience'을 요구했다.[6] 이 책이 나온 뒤로 생태문제를 다룬 다양한 책들이 출간되면서, 생태학은 비로소 공공의 언어로 나타나게 되었다고 볼 수 있다.

생태학을 둘러싼 신학적 논의는, 역사가 린 화이트Lynn White가 그의 널리 알려진 논문에서 성서의 〈창세기〉 때문에 인간의 자연 착취가 합리화되었다고 분석함으로써 활성화했다고 볼 수 있다.[7] 그 논문에서 화이트는 기독교의 창조론이 서구의 과학과 기술문명이 야기한 생태학적 위기의 근원이 되었다고 분석한다. 〈창세기〉의 창조 이야기는 인간의 자연 지배를 신의 계획으로 입증했고, 그 결과 기독교는 인간과 자연의 이원론을 형성했을 뿐 아니라 과학과 기술을 자연 착취의 도구로서 배양해왔다는 것이다.

화이트의 이러한 분석에 대하여 두 가지 형태의 반응이 나왔다.

첫째, 서구 역사를 보면 자연에 대한 착취 성향이 기독교 이외의 다른 근원들에도 있다는 점을 화이트가 간과한다는 것이다. 예를 들어 그리스-로마 사상도 서구 문명의 형성에 지대한 영향을 끼쳤는데, 플라톤과 아리스토텔레스는 인간의 이성적 능력에 근거하여 인간과 다른 존재들 간의 메울 수 없는 차이를 주장했다. 특히 아리스토텔레스의 사상은 기독교와 함께 서구 문명을 형성하는 가장 주도적인 메타포로 평가받고 있다.[8] 아리스토텔레스는 인간이야말로 신에 가장 가까운 존재라고 규정함으로써, 인간과 자연의 차이점을 강조했다.[9]

또한 다른 측면에서 화이트를 반박하는 견해는, 산업자본주의와 같은 제도야말로 환경파괴적인 요인들을 안고 있다는 점을 강조하는 것이다. 이러한 제도들은 기독교적 전제의 한 결과로 간주될 수도 있겠지만, 화이트는 이념의 역할을 지나치게 강조함으로써 경제적 요인들이 사회변화의 결정적인 요소라는 점을 간과하고 있다는 것이다. 더욱이 과다한 피해는 비기독교 국가에서 발생했다. 이처럼 여러 측면에서 볼

때, 화이트가 복합적인 역사적 현상을 지나치게 단순화했다고 비판하는 것이다.[10]

화이트의 분석에 대한 두 번째 비판적 반응은, 자연 착취의 정당화보다는 오히려 자연에 대한 찬미와 청지기적인 개념이 강력한 성서적 주제라고 보는 견해이다. 1970년대에는 이러한 '청지기' 역할에 대하여 여러 논문이 나왔다. 이렇게 성서에서 인간의 청지기적 역할을 강조하는 것이 안고 있는 위험성은, 여전히 자연에 대한 인간의 우월성을 내포한다는 사실이다. 따라서 인간은 언제든 이 청지기적 역할에서 '지배적 역할'로 변모할 수 있는 가능성을 지녔다.[11] 그러나 이러한 입장을 취하는 이들에 따르면, 강력한 성서적 주제인 청지기적 특성이 간과될 때 성서가 인간의 자연 파괴를 정당화하는 데 이용된다. 인간에게는 자연을 가꾸고 보호해야 하는 책임이 주어졌다. 성서 전반을 놓고 볼 때, 인간은 절대적이고 무제한적인 지배권을 갖는 것이 아니라 오히려 신 앞에서 자연에 대한 책임이 있다는 것이다. 자연은 신에 의해 창조되었기 때문에 '신의 것'이다. 이런 의미에서 볼 때 자연에 대한 성서적 관점은 '인간중심적anthropocentric'이거나 '생명중심적biocentric'이 아니라 '신중심적theocentric'이라고 볼 수 있다. 홍수 뒤 신과의 계약에는 인간만이 아니라 '모든 살아 있는 것'이 포함되며, 인간과 자연은 신의 피조물로서 동등하게 존재하는 것이다.[12]

이와 같이 생태문제에 관한 신학적 논의가 1970년대에 들어 서서히 활성화했다. 그러나 1960년대 이전까지 개신교 신학은 자연에 대한 문제를 신학적 주제로 다루지 않았다. 오히려 개신교는 가톨릭의 자연과 은총의 '신인협력설synergism'을 부정하고 은총만 강조하여 인간중심주의와 신중심주의로 나아감으로써 자연을 과학자나 착취자에게 남겨두고 말았다. 그뿐만 아니라 로마교회는 코페르니쿠스와 갈릴레이에 대하여 억압적인 견해를 보였다. 이로써 개신교가 문화적 신뢰성을 상실하고, 사회의 진보적인 흐름에 밀려 과학 방임주의적 태도를 취하면서, 자연이 과학과 기술의 요새가 되어버리고 말았던 것이다.[13]

이처럼 자연과 역사의 분리, 인간과 자연의 분리를 강조함으로써 개신교 신학은 자연의 역할을 부정하고 '자연신학'을 거부하기에 이른다. 그러나 린 화이트가 생태계 위기의 원인을 기독교에 두면서 "자연에 대한 정통 기독교의 오만orthodox Christian arrogance toward nature"[14]이라는 말로 기독교를 신랄하게 비판한 논문을 발표하고, 새로운 생태학적 의식이 사회적으로 일어난 이후, 신학은 기독교를 변증하거나 자연에 대한 새로운 신학을 형성하는 작업을 하기에 이르렀다고 볼 수 있다.

3. 생태 '남성' 신학의 종류

기독교 신학에서 생태학적 논의는 무엇보다도 예수회 신학자이며 과학자인 테야르 드 샤르댕Teilhard de Chardin의 자연철학과 자연신학의 종합에 의해 눈뜨게 되었다고 볼 수 있다. 지구를 살아 있는 유기체로 본 샤르댕의 자연신학은 '인간중심주의'라는 비판을 받기도 한다.[15] 그럼에도 불구하고 샤르댕의 자연신학은 생태신학적 논의에 많은 통찰을 주었다고 볼 수 있다. 그러나 샤르댕과 관련해서는 벌써 많은 논의가 있었기 때문에 여기에서는 다루지 않고, 여러 측면에서 페미니스트 신학과 만날 수 있는 여지가 보이는 두 조류의 생태신학을 다루기로 하겠다.

1) 창조영성에 근거한 생태신학

인간이 속한 우주에 대한 경외심을 고양하는 영성spirituality이 없다면 환경에 대한 경외심은 생기지 않을 것이다. 이러한 전제 위에 서구의 기독교 역사에서 가려져왔거나 왜곡된 영성의 전통을 새롭게 재조명하여, 생태계의 위기를 겪고 있는 이 시대에 '창조중심적 영성creation-centered spirituality'을 형성하고자 하는 움직임이 있다. 이러한 신학적 움직임의 대표적인 사람은 도미니크회의 수사이며 영성신학자인 매슈 폭스Matthew Fox이다. 폭스는 서구 사상에서 드러나는 부정적인 점을 두 가지 지적한다. 첫 번째는 가부장적 문화이고, 두 번째는 주관-객관의 이원론적 사상구조이다.[16]

폭스에 따르면, 서구의 가부장제적 문화는 여러 가지 부정적인 결과를 초래했다. 특히 이러한 가부장제적 문화는 환경에 우호적이지 않았을 뿐 아니라, 한 인간이 자신에게, 자신의 육체에게, 또한 자신의 상상 세계에 자연스럽게 접근하지 못하도록 만들었다. 또한 주관-객관의 이원론은 서구 영성의 주류를 형성해오면서 인간과 자연을 대립적인 것으로 생각하게 만들었다. 그러나 이러한 이원론적 영성이 아닌 다른 영성 전통이 있다. 다른 영성 전통이란 바로 '창조중심적 영성'인데, 이러한 창조적 영성은 이원론적 영성과 달리 자연을 인간보다 열등한 것이 아니라 신성한 것으로 생각하게 한다. 폭스는 서구 신비주의의 형태를 재조명함으로써 사회정의와 환경문제에 공헌한다. 이러한 창조영성은 육체와 영혼을 하나가 되게 하고, 과학과 예술과 우주론을 접합하며, 더 나아가 성차별주의와 인종차별주의에서 사람들을 자유롭게 하고, 자연을 인간중심주의에서 해방하는 역할을 한다.

폭스의 창조영성은 11~13세기에 독일 라인 지방에 살았던 네 명의 신비주의자들의 글에 근거를 두고 있다. 세 명은 여성 신비주의자인 힐데가르트Hildegard of Bingen, 메히틸트Mechtild of Magdeburg, 줄리언Julian of Norwich이며, 나머지 한 명은 당시 영적 지도자로서 영성운동을 이끌어갔던 남성 신비주의자 마이스터 에크하르트Meister Eckhart이다.[17] 이들의 사상적 근거는 세 가지로, 첫째로 유대교와 기독교의 경전인 성서, 둘째로 17세기 라인 지방에 기독교인으로 정착했으며 동방 기독교의 신비주의적 사상의 영향을 받았던 켈트족, 셋째로 여성의 경험이다. 폭스는 이들 네 신비주의자들의 사상을 통하여 생태학적 의식 또는 생태신학을 위한 주제를 전개한다.[18]

첫째, 생태신학을 위한 중요한 주제 가운데 하나는 창조의 은총blessing이다. '죄'에서 출발하는 전통적인 기독교와는 달리, 이들 신비주의자는 '은총'에서 시작한다. 폭스는 창조의 은총이라는 신학이 없으면, 사람들이 욕심스럽고 불만족스러워진다고 주장한다. 앞에서 말한 신비주의자들은 창조를 참으로 선한 '본래적 은총original blessing'일 뿐 아니라 신성한 기쁨과 계시의 근원으로 이해한다. 또한 창조중심적 신비주의자들은 창조가 보편적으로 선하며 은총이라고 주장할 뿐 아니라, 구체적으로 지구가 선하며 은총이라고 찬미한다.

폭스는 이 '본래적 은총'이야말로 근원적인 진리라고 주장한다. 이 '본래적 은총'의 진리는 창조가 본래 선한 것이라는 창조 이해를 강조한다. 이것이 우선적이며, 악이나 타락은 이차적이고, 본래적인 선함의 부정이다. '악'은 인간을 창조적 선함에서 소외시키지만, '본래적 은총'은 모든 존재의 진정한 품성에 그대로 남아 있게 한다. 폭스는 '죄'의 개념이 4000~6000년 전으로 거슬러 올라가 가부장제의 출현과 함께 시작되었다고 분석한다.[19] 선함은 근본적으로 관계적relational이며, 모든 존재의 상호연관성이다. 따라서 악이란 이러한 상호연관성의 부정이라고 볼 수 있다.[20]

둘째, 생태신학적 논의에 중요한 것은 이들의 신 개념이다. 가부장적 종교 전통과는 반대로, 이들 신비주의자에게 신은 '아버지'일 뿐 아니라 '어머니'로 간주된다. 예를 들어 마이스터 에크하르트는 신을 출산하는 어머니로 그렸다. 또한 줄리언은 우주를 어머니이며 아버지인 신의 신성한 '자궁'으로 생각했다. 따라서 이들에게는 육체와 영혼의 대립적인 이원론적 사상이 없으며, 더 나아가 에크하르트는 영혼은 육체를 사랑한다고 말함으로써 주도적 기독교에서 나타나는 육체 경멸 사상은 찾아보기 어렵다.

셋째, 그리스도에 대한 새로운 이해이다. 창조중심적 영성에서 그리스도는 특정한 인간들만을 위한 그리스도가 아니라, 모든 존재를 위한 '우주적 그리스도a Cosmic Christ'이다. 폭스는 고전적인 우주론적 기독론을 다시 주장하고 있다. 우주론적 기독론에서는 그리스도가 역사적 예수로만 이해되는 것이 아니라, 신의 내재적 지혜로서 우주 전체에 존재한다. 이 우주적 그리스도는 정의의 사도이며, 신과 그리스도의 '연민compassion'의 유출인 성령으로 이해된다. 이 연민이야말로 인간의 근원이고 운명이며 또한 정의의 근원이다. 연민적 치유의 방식으로 정의를 실현하고자 하는 것은 창조주의 선물로 회귀하는 것이다. 따라서 이 우주적 그리스도는 창조에서 '본래적 은총'일 뿐 아니라 창조의 완성이다. 그러므로 이 우주적 그리스도는 "본래적이며 최종적인 은총"의 다른 이름이다.[21]

중세 신비주의자들의 사상을 근거로 폭스는 기독교 전통에 새로운 생태학적 자각을 불러일으키고자 한다. 이러한 창조영성의 생태신학은 전 우주의 상호연관성, 지구에 대한 경외심, 창조된 모든 것을 향한 연민에 대한 깨달음이다. 폭스는 남성 지배에 억눌려온 경험과 문화의 직관적인 요소들을 부활시키는 것이 이러한 영성에 필요하다고 본다. 폭스는 도미니크회에서는 지지를 받았지만 교황청에서는 1988년에 1년 동안 침묵을 강요받았는데, 그 이유는 폭스가 신을 어머니로 호칭했다는 사실과 원죄의 중심성을 부인했다는 점, 그리고 열렬한 페미니즘 때문이었다. 이에 대하여 폭스는 성서와 교회 전통을 근거로 자신의 이러한 사상을 변증했다.[22]

폭스의 이러한 신학이 안고 있는 주요 결점은 '피상성'이라고 지적된다. 특히 기독교의 과거 전통을 '창조'와 '타락-구속'의 둘로 나누는 사실이 부분적으로는 옳을 수 있지만, 다양한 기독교 전통을 지나치게 단순화하여 왜곡한다는 점이 한계로 지적된다.[23] 따라서 폭스의 창조영성에 근거한 생태신학은 기독교 전통에서 중요한 죄나 죽음과 같은 문제들에 대하여 아무것도 해명하지 못하는 결과를 가져오는 것이다. 그러나 이러한 한계에도 불구하고 폭스의 생태신학이 새로운 신 이해, 그리스도 이해, 인간 이해를 제시한다는 것은 중요한 공헌이다. 이러한 새로운 이해를 바탕으로 인간과 자연, 인간과 신의 관계를 새롭게 조명하게 해준다는 점에서 폭스의 생태신학은 생태학적 위기와 관련한 신학적 논의를 풍성하게 한다고 할 수 있다.

2) 과정사상에 근거한 생태신학

생태학적인 관점에서 전통적인 기독교를 평가할 때, 기독교는 생태학적

이 아니었다고 주장하면서 서구의 과정철학사상에 근거한 새로운 세계관을 제시하는 신학이 있다. 이러한 견해는 대표적으로 존 캅과 데이비드 그리핀David Griffin이 전개한 '생태과정신학'이다. 그들은 기독교 신학자들로서 전근대적인 것과 근대적인 기독교 신앙을 모두 거부하고, 포스트모던적인 새로운 생태학적 세계관을 형성하고자 한다. 이러한 포스트모던적 세계관이 근대의 기계적이며 이원론적인 진보주의적 세계관을 넘어 생태학적 운동의 근거가 될 수 있는 세계관이라는 것이다.

인간의 자연 착취는 19~20세기의 주도적인 경제이론, 신학이론과 양립해왔다고 볼 수 있다. 그렇기 때문에 현대사회가 직면하고 있는 생태학적 위기는 이러한 경제이론과 신학이론의 변화를 요청하며, 동시에 이러한 이론들에 의해 형성되어온 현실에 대한 관점의 변화를 필요로 한다. 존 캅은 이러한 작업에서 과정사상이 새로운 대안을 제시한다고 밝힌다.[24]

널리 알려진 바와 같이 과정사상은 화이트헤드Alfred David Whitehead에 의해 전개되었다. 화이트헤드는 1927~1928년에 행한 기포드Gifford 강연 내용을 엮은 그의 주저 《과정과 실재Process and Reality》[25]에서 '유기체의 철학philosophy of organism'을 전개한다. 자신의 사상을 '유기체의 철학'이라고 일컬으면서, 그는 세계가 궁극적으로 형성되는 현실체actual entity는 물질적 또는 정신적 실체substance라기보다는 '유기체'라고 보는 것이 적합하다고 주장한다. 이 유기체 철학을 통하여 화이트헤드는 각 실체가 환경과의 관계에서만 존재한다는 점을 강조한다. 모든 존재는 그 근원적인 특성상 관계적relational이라는 전제를 둔 화이트헤드의 이러한 사상은 생태학적인 모델을 제시하는 데 적합해 보인다.

과정사상은 원자나 분자가 관계와 상관없이 근원적으로 그대로 남아 있다고 보는 전통적인 기계론적 사상에 도전한다. 원자나 분자는 독립적이고 불변하는 기계적인 것이 아니라 생태조직ecosystem이라는 것이다.[26] 과정사상의 관점에서 보면, 살아 있는 생물체든 원자든 모든 개체 존재는 그 안에 본래적인 가치를 지니고 있으며, 인간의 경험과 비인간 nonhuman의 경험 사이에는 하나의 연속성이 있다.

또한 화이트헤드는 1906년 미국 '케임브리지 여성참정권연합회'에서 미국 여성의 참정권을 옹호하는 연설을 통해 인간의 자유와 해방의 중요성을 강조함으로써, 여성에게 투표할 수 있는 권리조차 주지 않던 그 시대에 선구자적인 신학자의 모습을 보여주었다.[27] 그뿐만 아니라 그는 전통적인 남성적 신 개념을 거부하고 신의 부드러움과 응답적인 사랑, 그리고 인간의 고통을 함께 나누는 여성적 신의 모습을 추구함으로써 새로운 신 개념의 형성을 여성적이라고 불리는 이미지에 의존했다.[28] 이런 점으로 미루어 볼 때 과정철학사상에서 출발하는 생태신학은 자연에 대한 문제뿐 아니라 여성에 대한 문제에 통찰을 줄 수 있다. 나는 화이트헤드의 이 같은 사상이 과정신학에서 더욱 활발하게 발전해야 하리라고 생각한다.

종합하면, 과정사상은 두 가지 점에서 생태학적인 근거를 제공한다. 첫째, '모든 존재의 상호연관성'을 인식한다는 점이다. 둘째, 다른 창조물에 대한 '경외의 사상' 또는 '친족관계의 느낌a feeling of kinship'이다. 이런 점에서 존 캅과 데이비드 그리핀은 과정사상이 생태학적 윤리이며, 사회정의의 정책이라고 강조한다.[29]

4. 생태페미니스트 신학

1960년대에 미국에서는 반전운동, 민권운동, 여성운동, 생태운동 등 다양한 사회개혁운동이 벌어졌다. 이러한 사회개혁운동에서 담론과 운동으로서의 페미니즘에 여러 의미가 있는 두 가지 운동이 있다면, 생태운동과 여성운동이다. 생태운동은 세 가지 단계를 거치며 전개되었다고 볼 수 있다. 생태운동은 처음에는 인간의 생존문제 때문에 환경 파괴에 관심을 품게 되었다. 그다음에는 자연 역시 스스로 고유한 가치를 지니고 있다는 인식으로 확장되었다. 마지막으로는 인간과 자연의 상호의존성에 대한 인식으로까지 나아갔다. 흥미롭게도 여성운동 또한 이와 같은 세 단계를 거치며 그 인식과 운동의 범주를 확장하면서 전개되었다고 볼 수 있다.

첫 단계에서는 여성의 위치를 남성과 똑같이 만드는 데 주력하여 그들의 열등한 위치를 넘어서고자 했다. 두 번째 단계에서는 여성을 '제2의 성'으로 만드는 사회의 구조적 문제와 같은, 한층 깊은 차원의 개혁에 관심을 두게 되었다. 또한 세 번째 단계에서는 그동안 서구 백인 중산층 여성을 중심으로 했던 것을 넘어 제3세계 여성, 유색인종 여성, 노동하는 여성처럼 세계적으로 소외되어온 여성들의 문제에 관심을 갖게 되었다. 이처럼 운동의 내용이 점점 확장되면서 페미니즘은 자연 억압과 여성 억압의 연관성을 분석하게 되었다. 이미 1972년에 페미니스트 신학자 류터는 페미니스트 운동과 환경문제의 연관성을 시사한 바 있다.[30] 생태페미니스트 신학은 이렇게 자연과 여성에 대한 억압에 연관성이 있다고 전제함으로써 생태남성신학과는 출발점이 상당히 다르다.

1) 새로운 메타포에 근거한 생태페미니스트 신학

고든 카우프만에 따르면, 유대-기독교 전통에 서 있는 신학자들은 이제 가장 중심적이고 중요한 상징들인 신과 예수 그리스도, 토라를 포함하여, 우리가 물려받은 전통을 해체deconstruction하고 재구성reconstruction해야 하는 가장 급진적인 시대에 들어섰다.[31] 카우프만은 가부장적이고 제국주의적이며 승리주의적triumphalist인 메타포들로 표현되는 유대-기독교 전통의 신에 대한 모델이 핵전쟁의 위협 속에 살아가는 현대인들에게 과연 적합한가 물으면서, 현대 신학자들은 신의 주권을 진지하게 다루어야 한다고 역설한다. 카우프만은 그의 《핵 시대를 위한 신학Theology for a Nuclear Age》에서, 신이 '왕'으로 표현될 때 그것은 군사주의militarism를 지지하게 되고, '아버지'로 표현될 때 그것은 인간을 아버지한테 의존하는 아이로 만들기 때문에 도피주의escapism를 지지하게 된다고 분석한다.

카우프만의 분석에 따르면 심각한 핵문제에 대하여 미국 기독교인들의 반응은 두 가지로 나뉘는데, 이러한 '왕'과 '아버지'의 신 개념에 의존하는 그룹은 만약 핵전쟁이 일어나더라도 그 또한 신의 뜻이라고 해석한다. 따라서 핵전쟁 역시 신의 뜻이므로 미국은 악마적인 세력을 물리치기 위해 그것에 대비해야 한다고 보는 것이다. 또 다른 한 그룹은 모든 권력을 지닌 신이 핵전쟁 같은 상황도 잘 돌봐줄 것으로 해석한다. 따라서 그들은 현대사회의 다양한 위기 문제에 무관심하고 그것을 외면한다.[32] 즉 신에 대한 어느 모델도 생태학적 위기를 맞고 있는 현대사회에서 인간에게 세계를 위한 책임성을 불러일으키게 하지 않는다는 것이다.

카우프만의 이러한 분석을 진지하게 받아들이면서, 핵시대의 생태학적 위기에 직면한 현대인들, 그리고 계몽주의 시대를 지나 포스트모던 시대를 살아가는 현대인들에게 적합하고 필요한 메타포는 과연 무엇인가 하는 근원적인 물음에서 생태신학을 전개하는 신학자는 샐리 맥페이그Sallie McFague이다. 맥페이그의 분석에 따르면, 현대신학에서 심각한 문제가 되는 것은 군국주의적이고 승리주의적이고 가부장적인 기독교의 중요한 신학적 메타포들이 그대로 존속하는 상태에 있다는 점이다. 많은 신학자들은 기독교 신앙을 우리 시대에 적합한 새로운 개념으로 해석하고자 시도하고 있다. 그러나 맥페이그는 이렇게 시대에 뒤떨어진 가부장적이고 군국주의적인 억압적 메타포를 가지고 이 시대에 신학을 한다는 것은 무의미하다고 본다. 따라서 탈근대적 관점과 기독교적 관점에서 신과 세계의 관계를 새롭게 조명할 수 있는 새로운 메타포가 신학에 필요하다.

맥페이그는 이러한 새로운 메타포를 차용한 신학을 '은유적 신학metaphorical theology'이라고 명명하면서, 은유적 신학이란 신과 세계의 관계를 표현한 모든 전통적인 측면을 조직적으로 정리하는 '조직신학'과 달리 신과 세계의 관계에 대하여 상상적인 표상imaginative picture을 밝혀주는 것이라고 말한다.³³ 신학이란 기독교의 내용을 종합적이고 현대적인 방식으로 표현하기 위한 시도에서 기본적인 메타포와 모델을 창출해내는 작업이며, 신과 세계의 관계를 '재신화화remythologizing'하는 것이 이 시대에 요청되는 신학자의 과제이다.³⁴

이러한 신학자의 과제를 인식하면서 맥페이그는 생태학을 자신의 신학의 중심에 놓고, '유기적 생태학적 모델organic ecological model'을 제시한다. 이 유기체적 생태학적 모델은 "내면적 관계 유형을 창출하면서 공생적symbiotic이고 상호적인 의존성에 의해 모든 실체를 연합하는" 것이다.

이러한 생태학적 모델은 뉴턴의 물리학과 라이프니츠의 철학에 의해 형성된 '기계론적 모델mechanic model'과는 근원적으로 다르다. 이 기계론적 모델은 실체들을 이원론적이고 계층적으로 분리한다. 반면, 유기적 또는 상호적 모델은 모든 실체가 주관이면서 객관이고, 그 자체에 도구적인 가치instrumental worth뿐 아니라 본래적인 가치intrinsic value가 있다는 것을 나타낸다.[35]

이러한 유기적 모델을 신학화할 때, 맥페이그는 새로운 메타포인 '신의 몸으로서의 세계'를 유기적인 모델로 제시한다.[36] 창조보다는 주권으로서의 신에 대한 전통적인 이미지에서 볼 때, 이것은 신과 세계의 관계를 새롭게 그릴 수 있는 급진적인 메타포임에 틀림없다. 이러한 메타포에서 세계는 신의 존재 그 자체의 표현인 '성육incarnation'으로 간주된다. 그런 의미에서, 맥페이그는 '신의 몸으로서의 세계'라는 메타포가 다층적인 위기를 경험하고 있는 이 시대에 신과 세계의 관계를 나타내는 데 적합한 메타포라고 강조한다.[37] 맥페이그는 이 모델을 제시하면서 신과 세계를 완전히 분리하고, 지배와 통제를 강조하면서 신-세계의 이원론적인 구조를 강화하는, 신과 세계에 대한 군국주의적 이해를 비판한다. 도로테 죌레는 기독교가 특히 〈창세기〉 1장 26~30절을 해석하면서 신을 세계에서 완전히 분리해왔다는 점을 비판한다.[38] 그러나 이러한 메타포가 '범신론적'인 것으로 이해되어서는 안 된다고 경고한다. 인간이 자신의 몸에 한정될 수 없는 존재인 것처럼, 신은 이 세계에만 한정될 수 있는 존재가 아니기 때문이다.

맥페이그는 이러한 '신의 몸으로서의 세계'라는 메타포를 성서적으로 뒷받침하기 위해, 십자가에 달린 예수의 고통받는 사랑과 부활한 예수를 "우리의 현재에 영원한 현존a permanent presence in our present"으로서 '재신화화'할 것을 제시한다.³⁹ 이러한 메타포는 생태학적 위기를 경험하고 있는 우리에게 신의 몸으로서의 이 세계를 돌봐야 하는 책임과, 또한 우리의 고통에 참여하는 신의 현존을 분명히 깨닫게 해주는 것이라고 맥페이그는 주장한다. 그러나 '신의 몸으로서의 세계'라는 메타포를 통하여 그가 성서적 창조론을 무시하는 것은 아니다. '어머니로서의 신' 또는 '부모로서의 신God as Parent'의 메타포로서 신의 창조를 강조하는 것이다. 여기에서 창조란 정신이 물질보다 우월하고 신이 이 세계와 분리되어 있는 이원론적이고 계층적인 창조 이해가 아니라 육체적인 사건으로 이해된다. 즉 신의 자궁에서 나온 것이 이 우주라는 것이다.⁴⁰ '어머니로서의 신'이라는 메타포는 단지 신의 여성성을 강조하려는 것이 아니다. 이러한 새로운 메타포는 전통적으로 간과되어온 신의 특성을 드러내 보이고자 하는 것이다. 그와 동시에 신은 창조주이며 모든 생명의 근원이라는 분명한 신학적 언명이 함축되어 있다. 또한 여기에서는 신과 세계의 이원론이 극복되어 있다.

맥페이그는 이 세계에 대해 신이 보여주는 보편적이고 하나 되게 하며 상호적인 사랑을 '어머니로서의 신', '연인lover으로서의 신', '친구friend로서의 신'이라는 삼위일체적 방식의 메타포로 표현한다.⁴¹ 이는 각기 창조주로서의 신, 구원자로서의 신, 우리의 삶을 지탱하게 해주는 '지지자sustainer'로서의 신의 사랑을 나타내는 것으로 쓰인다. 이러한 메타포는 세계가 파괴되어가는 생태학적 위기에 직면한 현대에 신과 세계의 관계를 새롭게 밝혀줌으로써 상호성과 책임성, 그리고 사랑의 가치를 고양하고자 하는 신학적 시도로 이해되어야 한다.

핵시대에 신학한다는 것에는 새로운 분별력이 요청된다. 이러한 신학적 분별력은 총체적인 비전과 책임과 수납, 그리고 모든 인간 행위의 구성적인 성격에 대한 인식을 갖춘 것이며, 새로운 메타포를 통하여 이러한 분별력이 활성화한다는 것이 맥페이그의 생태신학에서 핵심을 이룬다. 맥페이그가 제시하는 유기적 모델은 인간을 향한 '정의의 윤리ethic of justice'에서 인간과 비인간을 함께 포괄하는 '돌봄의 윤리ethic of care' 영역으로의 확장을 요청한다.[42] 또한 새로운 변화에 언제나 개방되어 있어서, 어떤 종류이건 혁명적 시도가 범하기 쉬운 "상상을 절대화하는 폭정"을 극복하게 해준다.[43] 이러한 맥락에서 맥페이그의 새로운 메타포적 신학은 생태신학의 형성을 위한 새로운 지평을 열어주는 것이다.

2) 계약 전통과 성례전 전통에 근거한 생태페미니스트 신학: 신과 가이아

생태계의 위기는 눈에 보이는 자연계의 파괴만을 봐야 하는 문제가 아니다. 생태계의 위기는 그 위기를 초래하게 한 인간의 가치관을 근원적·비판적으로 성찰해야 하는 문제이다. 인간의 왜곡된 가치관 때문에 생태계뿐만 아니라 인간의 정신세계에도 심각한 위기가 야기되었기 때문이다. 특히 가부장적-이원론적-계층주의적 가치관이 초래한 황폐성은 이 세계에 생태계의 위기뿐 아니라 성차별, 인종차별, 계층차별 등 여러 종류의 억압적 상황을 강화하고 합리화해왔다. 이러한 다양한 억압적 상황은 서로 깊은 연관을 맺고 있다. 특히 여성에 대한 억압과 자연에 대한 억압은 '쌍둥이 억압twin oppressions'이라고 표현될 만큼 밀접한 관계가 있다.

또한 메리 데일리는 생태학적 문제의 근본 원인은 가부장제에 있으며, 따라서 환경파괴와 여성 억압 문제는 분리될 수 없는 관계라고 분석한다.[44] 생태페미니즘의 분석은 이러한 문제를 심도 있게 조명한다.[45] 만약 페미니스트 신학자들이 분석하는 바와 같이 지구에 대한 지배적이고 파괴적인 관계가 젠더, 계층, 인종 지배와 관계가 있다면, 생태문제는 과학적인 방식으로만 해결될 수 있는 것이 아니라고 하겠다.

이렇게 생태계의 파괴는 기술적인 수정에 의해서만 개선되는 것이 아니라, 다층적 억압구조의 개선과 연계되어 있다. 류터는 남성과 여성의 관계, 계층 관계, 국가 관계, 또한 인간과 자연의 관계 등 기독교를 포함한 서구 문화적 방식에 존재하는 다양한 종류의 억압적 구조에 개혁이 일어나서 '생태정의eco-justice'가 실현될 때 비로소 치유될 수 있다는 전제 위에 생태신학을 전개한다. 류터는 이러한 네 종류의 억압을 "상호구조지어짐interstructuring"[46]이라고 일컫는다. 류터는 이러한 억압에 강력한 이념적 근거가 되는 것은 '계층적 이원론'으로, 이 계층적 이원론은 인간의 현실을 이원적으로 분류할 뿐 아니라 한쪽을 다른 쪽보다 더 높은 가치가 있는 것으로 규정한다고 본다. 류터는 이러한 이원론적 사상과 억압의 문제를 《성차별주의와 신학》에서 세밀하게 분석한다.[47] 동시에 류터는 기독교 안에 이러한 가부장적이고 지배적인 문화만 있는 것이 아니라, 개혁적이며 생명 사랑biophilic적인 유산이 있다고 본다. 이러한 생명 사랑의 유산은 억압적인 유산에서 분리되어야 하며, 과거의 성서적 문화를 모두 부정적으로 판단해서는 안 된다고 전제하면서, 류터는 자신의 생태신학을 이러한 성서적 유산을 근거로 전개한다.

1992년에 출간한 《가이아와 신: 지구 치유를 위한 생태페미니스트 신학》에서 류터는 자연의 파괴와 다른 관계의 파괴를 치유하기 위해서는 새로운 인식, 새로운 상징적 문화와 영성이 요청된다고 강조한다.[48] 류터는 이러한 생태신학과 영성을 위하여 '계약적covenantal 전통'과 '성례전적sacramental 전통'을 새롭게 조명하고자 한다. 이러한 두 전통은 양자택일적인 것이라기보다는 상호보완적인 것으로 이해되어야 한다. 계약 전통은 법과 윤리적 책임의 빛에서 인간과 자연의 관계, 인간과 인간의 관계를 형성하는 반면, 성례전적 전통은 우리로 하여금 신의 우주로의 성육을 경험하게 하고 또한 신과의 교제로 부르기 때문이다. 그러나 이 두 전통 자체를 낭만화해서는 안 된다. 이 두 전통은 가부장적이고 노예제도가 존속하던 사회에서 형성되었고, 또한 고대의 지구중심적geocentric 우주론을 반영하므로 그대로 단순하게 받아들일 수 없기 때문이다. 이러한 두 전통을 가부장적인 구성에서 자유롭게 하고, 이 두 전통의 개혁적이며 생명 사랑적인 요소들이 현대의 과학적 지식과 세계적인 현실의 대화에 개입되도록 하는 것이 류터 생태신학의 핵심이다.

신을 대하는 히브리적 관점은 남성중심적이며, 인간중심적이며, 동시에 유대민족중심적이다. 신은 남성 지도자들을 통해 특정한 민족의 사람들과 관계를 맺는 것으로 보였다. 그러나 그러한 신 이해는 다른 민족도 사랑하고, 어떠한 매개 없이 여성들과 직접 관계를 맺으며, 또한 인간의 중재 없이 자연과 관계하는 신을 배제하지 않는다. 예를 들어 광야에서 이루어진 하갈과 신의 만남은 신에 대한 민족중심적이고 가부장적인 이해를 깨뜨린다.[49] 또한 성서에는 신이 자연과 직접 관계를 맺는 장면이 곳곳에 나타나 있다. 폭풍우 속에도 현존하는 신(《시편》 29편), 동물들을 위해 예비하는 신(《욥기》 38~39장) 등의 사례는 신이 자연과 직접 관계한다는 사실을 보여준다.[50]

신과의 계약에 관한 히브리적 사상은 신이 준 땅의 선물과 밀접한 관계가 있다고 볼 수 있다. 또한 이러한 계약적 관계는 안식년의 법에 가장 잘 나타나고, 희년사상과 연결된다. 희년사상은 여러 관계를 주기적으로 바로잡는다는 비전을 의미하며, 동시에 절대적인 메시아적 미래를 투사한다. 이 미래는 창조 계약의 종국적인 완성을 가져올 것이며, 사람들이 평화를 회복하고 자연과의 불화를 치유하게 한다. 학자들은 희년법이 구체적인 현실세계에서 온전히 적용된 때가 있었는지 의심한다.

그러나 류터는 성서의 희년법 사상이 우리에게 중요한 의미가 되는 것은 구속적인 '생태정의'의 모델을 제공하기 때문이라고 본다. 인간은 다른 인간과 불의한 관계를 맺고, 동물들을 혹사하며, 또한 땅을 착취한다. 그러나 이런 상태는 결코 영속적인 올바른 질서가 아니라 시정되어야 할 '무질서'라는 점을 희년사상은 일깨워준다. 이러한 무질서를 바로잡음으로써 인간 사회는 올바른 생태사회적eco-social 관계를 회복하고 새로운 출발을 하게 되는 것이다. 류터는 이러한 비전이 〈이사야서〉에 나오는 평화로운 신의 나라에서 동물들 사이의 갈등까지 극복되는 상태로 나타나 있음을 주지시킨다.[51] 이 계약적 전통은 치유하는 힘을 지니고 있다는 것이다.

《신약성서》에서 신과 이스라엘의 계약관계는 정의와 자연의 올바른 관계의 합일사상이 상실되었다. 그러나 예수의 가르침은 이러한 희년사상을 잘 간직하고 있다. 특히 〈마태복음〉 6장 9~13절의 주기도문에서는 땅 위의 정의와 올바른 관계가 수립되는 신의 나라에 대한 이해가 분명히 드러난다고 류터는 분석한다. 예수의 주기도문에서 "신의 뜻이 이 땅 위에 이루어지이다"라는 표현은 이 땅의 새로운 갱신에 대한 희망을 표현하는 것이다.

그런데 기독교가 제도화한 종교로 고착되면서 이 땅 위의 정의를 향한 관심은 점차 사라지고, 메시아로서 예수의 사역이 '우주론적이고 영적인' 이해로 대체되어버렸다. 따라서 생태적 위기에 직면한 오늘날, 인간과 비인간의 관계를 새롭게 조명해주는 이러한 계약적 비전을 회복하는 것이 요청된다. 이러한 계약적 관계에서는 인간과 다른 존재들이 상호의존적인 하나의 공동체 안에 존재하는 한 가족, 한 자매, 한 형제로 인식되기 때문이다.[52]

류터가 계약적 전통 이외에 자신의 생태신학에서 성서적 근거로 삼는 '성례전적 전통'은 새로운 그리스도 이해에서 출발한다. 류터에 따르면 그리스도는 창조의 내재적 근원이며, 동시에 그 창조물들의 궁극적인 구속적 치유로서 신의 우주적 현시이다. 창조자와 인간과 다른 모든 존재를 포함한 '우주의 구속자'로서의 그리스도에 대한 이해는 《신약성서》의 중심적인 그리스도 이해였지만, 종교개혁 시대 이후 기독교는 그리스도에 대한 이러한 총체적인 비전을 상실하고 말았다. 기독교의 우주론적 전통은 생태학적 영성에 적합하게끔 재해석해야 하지만, 중요한 것은 이러한 전통이 존재했었다는 사실이다.

이러한 재해석의 요청 문제는 생태학적인 영성과 윤리적 근거를 기독교 전통뿐 아니라 원주민 사상이나 도교 사상처럼 과거의 전통에서 찾으려는 이들이 언제나 경험해야 하는 것이라고 류터는 밝힌다.[53] 즉 현대세계에서 벌어지고 있는 생태학적인 위기는 고대부터 전해 내려온 것이 아니라 인류에게 새로운 것이기 때문에, 과거 전통에 생태학적 영성이나 윤리가 그대로 형성되어 있는 경우는 없다. 따라서 이러한 전통을 현대 상황에 비추어 재해석하는 것이 반드시 요청된다. 류터는 이러한 재해석의 과정을 거치면서 이해하는 '우주적 그리스도 Cosmic Christ'의 모습이 〈골로새서〉 1장 15~20절에 잘 표현되어 있다고 본다.[54]

그 아들[그리스도]은 보이지 않는 신의 형상이시요, 모든 피조물보다 먼저 나신 분이십니다. 만물이 그의 안에서 창조되었습니다. 하늘에 있는 것들과 땅에 있는 것들, 보이는 것들과 보이지 않는 것들, 왕권이나 주권이나 권력이나 권세나 할 것 없이, 모든 것이 그로 말미암아 창조되었고, 그를 위하여 창조되었습니다. 그는 만물보다 먼저 계시고, 만물은 그의 안에서 존속합니다. 그는 그의 몸인 교회의 머리십니다. 그는 근원이시요, 죽은 사람 가운데서 맨 먼저 살아나신 분이십니다. 이렇게 살아나심은, 그가 만물 가운데서 으뜸이 되시려고 하심입니다. 신께서는 그리스도 안에 모든 충만함을 머물게 하시기를 기뻐하시고, 그리스도의 십자가의 피로 평화를 이루셔서, 그리스도로 말미암아 만물, 곧 땅에 있는 것들이나 하늘에 있는 것들이나 다 기쁘게 자기와 화해시키셨습니다. (표준새번역, 〈골로새서〉 1: 15~20)

여기서 그리스도는 인간과 비인간을 포함한 모든 만물의 창조자이며 구속자로 이해된다. 창조자이며 구속자인 그리스도는 신의 현시이며, 우주를 창조하고 지탱하게 하는 신의 내재이고, 또한 우주를 분열하게 하는 불화를 치유하고 신과 화해하게 하는 신적인 힘Divine Power이다. 이러한 그리스도는 태초에 우주를 창조한 것이 아니라 새로운 창조new creation의 힘으로 이해되며, 우주가 본래 창조되고, 현재 새롭게 갱신되며, 신과 화해하는 원리 그 자체가 된다.

류터는 계약적 전통과 성례전적 전통에서 자연으로부터 들려오는 신성한 소리를 듣는다. 하나는 우리에게 해야 할 것과 하지 말아야 할 것을 전해주는 법과 힘의 소리이며, 대부분 약자를 위한 소리인 '신God의 소리'이다. 또 다른 하나의 소리는 역사 속에서 남성적인 소리에 억눌려왔지만 새롭게 들리기 시작하는 소리이며, 법과 지성적인 지식으로 표현되지는 않지만 우리를 새로운 교제로 인도하는 소리, 즉 '가이아Gaia의 소리'이다.

좀 더 구체적으로 분류하면, 계약적 전통에서는 자연과 약한 자를 향한 인간의 책임과 의무를 규정하는 신의 소리를 듣는다. 반면, 인간뿐 아니라 이 우주에 존재하는 모든 것의 창조주이며 구속자로 이해되는 그리스도의 전통인 성례전적 전통에서는 가이아의 소리를 듣는 것이다. 그리스의 지구 여신Earth Goddess인 '가이아'는 다음과 같은 세 가지 의미가 있다. 첫째, 가이아는 제임스 러브록의 경우에서처럼 위성 전체를 살아 있는 통합적인 유기체라고 이해하는 것을 나타내는 데 쓰인다. 둘째, 가이아는 새로운 생태적 영성을 추구하는 이들에게 하나의 종교적인 비전으로서 인격화한 존재이며, 내재화한 신성으로 이해된다. 셋째, 가이아는 유대-기독교의 남성 유일신을 대치한 예배의 대상으로 이해된다.

류터의 가이아 이해는 이러한 일반적인 이해와 다르다고 볼 수 있다.[55] 이러한 두 전통, 즉 신과 가이아 또는 계약적 전통과 성례전적 전통에 근거하여 형성된 류터의 생태학적 영성과 윤리는 새롭고 건강한 사회에 대한 비전을 담고 있다. 건강하고 좋은 사회는 남성과 여성, 각기 다른 인종과 인종, 인간과 생명공동체의 다른 구성원들, 세대와 세대, 현재 살아 있는 생명들과 앞으로 탄생할 생명들 간의 공평을 추구하는 '공평의 원리principle of equity'에서 출발해야 한다. 이러한 건강한 사회는 과학기술적 교정만으로는 실현되기 어려우며, 모든 관계가 지배와 착취의 구조로부터 '생명 사랑의 상호성biophilic mutuality'의 구조로 재구조화하는 것restructuring을 요청한다.[56] 이러한 비전을 실현하기 위해서는 모든 이들, 특히 지배적인 힘을 지닌 이들의 '심층적 회개deep repentance'가 있어야 한다.

5. 통전적 생태신학의 재구성

내가 실험적 의미로 이름 붙인 '생태남성신학'과 생태페미니스트 신학에 대한 두 가지 신학적 이해를 살펴보면서 우선 간략한 결론을 내리자면, 이 두 가지 생태신학은 각기 다른 출발점과 전개 양식에도 불구하고 내용 면에서 상이성보다는 공통성이 더 많다. 이러한 소결론을 전제로 생태남성신학과 생태페미니스트 신학의 만남을 통한 '통전적 생태신학'을 구성하기 위해 어떤 과제들이 있는지 생각해보자.

첫째, 이 두 생태신학이 근원적으로 함께 나누는 가치관이 있는데, 그 가치관은 창조영성을 근거로 한 생태신학에서는 매슈 폭스의 '본래적 복original blessing', 과정철학에 근거한 생태신학에서는 화이트헤드의 '유기체의 철학philosophy of organism', 새로운 메타포에 근거한 생태신학에서는 맥페이그의 '유기적 모델organic model', 마지막으로 살펴본 가이아와 신에 근거한 생태신학에서는 류터의 '생명 사랑의 상호성' 등으로 표현된다. 이러한 가치관은 생태계의 위기를 극복하고자 할 뿐 아니라 사실상 모든 종류의 깨진 관계를 치유하기 위해 요청되는 새로운 가치관을 나타낸다고 볼 수 있다. 이 새로운 가치관이란 모든 존재들이 지니고 있는 '본래적 가치'와 '상호연관성'에 대한 분명한 자각을 나타낸다.

둘째, 이들 생태신학이 공유하는 것은, 역사 속에서 인간의 가치관과 신학을 지배해온 남성적 요소들만 강조하는 것이 더 이상 신학적 정당성이 없다는 사실에 대한 인식이다. 그렇기 때문에 매슈 폭스 같은 신학자의 신학은 흔히 우리가 생각하는 페미니스트 신학이라고 일컬어도 좋을 만큼, 남성중심적 사고체계에 의해 억눌려온 측면들을 강조하는 것을 볼 수 있다. 결국 여성이 한다고 해서 모두 페미니스트 신학이라고 볼 수 없으며, 또한 남성이 한다고 해서 결코 페미니스트 신학이 아니라고 할 수 없다. 물론 남성이 페미니스트 신학을 하는 것이 가능한가는 단순하게 대답할 수 없는 복합적인 물음이다. 그러나 나는, 최소한 남성중심적 가치관에 신학적으로 도전하는 것은 그 철저성의 정도를 막론하고 '페미니스트 신학적'이라고 할 수 있다고 본다.

그렇다면 생태남성신학과 생태페미니스트 신학의 다른 점은 과연 무엇인가? 나는 여기서 생태남성신학이 결여한 점을 분석함으로써 차이점을 살펴보고자 한다. 생태남성신학의 결정적인 한계는 자연 억압과 여성 억압의 상호연관성을 보지 못한다는 점이다. 이 글에서 살펴본 생태남성신학이 비록 남성중심적 신관이나 가치관을 거부하고, 생태계의 문제가 인간중심적이며 인간우월주의적인 가치관에 의해 야기되었다고 보면서 이 문제를 극복하려는 신학적인 시도를 하고 있지만, 이러한 '인간중심주의'를 더 깊이 들여다보면 그것은 사실상 '남성중심주의'라는 점에 대한 분명한 인식을 결여하고 있는 것이다.

역사 속에서 자연을 정복의 대상으로, 인간보다 열등한 것으로 보아 온 의식의 이면에서는 여성을 남성보다 열등한 정복의 대상으로 인식해 왔다는 사실에 대한 포괄적인 이해가 생태신학적 시도에 수반되어야 하리라고 본다. 두 신학의 공통성과 차이성을 보면서, 나는 동시에 생태문제에 대한 신학적 논의의 딜레마를 이 신학들을 통하여 느낀다. 이러한 딜레마는 앞으로 더욱 관심을 기울여야 할 생태신학적 과제의 차원으로 연결되어야 하리라 본다. 이러한 과제가 분명히 인식될 때에 비로소 더욱 통전적인 생태신학이 가능할 것이다.

첫째, 나는 이러한 생태신학들이 포스트모더니즘적인 용어로 '거대이론grand theory'에 머물 수 있다는 사실을 인식하는 것이 필요하다고 본다. 예를 들어 인간과 자연의 상호연관성에 대한 자각이나, 모든 존재들의 본래적 가치를 인정하는 의식이 과연 우리의 현실에서 어떻게 구체적인 실천력을 지닐 수 있겠는가. 하나의 원리로서 우리는 모든 존재들과의 상호연관성과, 서로가 지닌 본래적 가치를 인식할 수 있다. 그러나 더 나은 생활을 하고 싶어 하는 이기성이 있는 인간, 생존을 향한 본성적인 의지, 또한 개발과 발전에 대한 끝없는 욕구를 펼쳐 나가고자 하는 사회들과 국가들이 엄연히 이 세계에 구체적으로 존재하는 현실을 보면서, 과연 이러한 존재론적 상호연관성의 원리들에 얼마나 큰 설득력과 보편적인 실천력이 있을지 묻지 않을 수 없다. 마르크스주의가 경제적 구조의 변혁을 통해 세계에 변혁을 가져올 수 있다고 주장하여 경제결정론에 빠지면서 '거대이론'이라는 비판을 받은 것처럼, 생태신학은 의식의 변이를 통해 이 세계의 생태문제와 모든 종류의 억압 문제가 해결될 수 있다고 주장하는 '거대이론'에 머물게 되지는 않는가. 도대체 인간은 자신의 이기성을 얼마나 극복할 수 있는가.

둘째, 나는 생태신학이 인간중심주의를 넘어 '생태중심주의ecocentrism'로 나아가야 한다는 주장에 전적으로 동감한다. 그러나 동시에 다음과 같이 묻지 않을 수 없다고 본다. 생명중심주의에서, 즉 모든 존재의 본래적 가치를 인정하는 의식 속에서 과연 세계의 생태문제를 위한, 더 나아가 모든 종류의 억압 문제에 대한 책임적 실천력을 지녀야 할 '도덕적 주체자moral agent'는 누가 될 것인가. 생태중심적 사고에도 '가치의 위계주의hiearchy of values'가 있는가. 만약 도덕적 주체자를 인간으로 정한다면 우리는 또다시 인간중심적 사고로 되돌아갈 수 있기 때문에, 나는 인간중심주의와 생태중심주의 사이의 긴장관계를 잊어서는 안 된다고 본다.

이 두 가지 물음은 물론 쉽게 답할 수 있는 것이 아니다. 이러한 문제는 우리의 구체적인 현실이나 인간성에 대한 신학적·사회정치적·경제적 분석, 그리고 심리학적이고 포괄적인 분석을 요청한다. 그러나 이러한 딜레마는 역사 속에서 인간이 품어온 더욱 아름답고 새로운 삶을 향한 유토피아적인 전망을 가로막는 '냉소적 현실주의cynical realism'에 근거한 것이 아니라, 그 유토피아적인 비전을 실현해갈 수 있는 하나의 통전적 생태신학을 형성하기 위한 과제를 제안하는 것이라고 생각한다. 생태계 파괴뿐 아니라 모든 관계의 파괴를 치유하려는 '통전적 생태신학'은, 역사 속에서 기독교가 창출해온 무수한 억압적 현실을 반복하지 않기 위해 필요하다.

이러한 통전적 생태신학은 모든 종류의 억압구조가 지닌 연관성에 대한 인식에서 출발해야 한다. 동시에 신학적인 '거대 이론'이나 추상적인 담론에만 머물지 않기 위하여 인간의 구체적인 현실에 대한 부단한 점검을 토대로 전개되어야 한다. 이렇게 될 때 더욱 다양한 관점과 차원을 수용한 '통전적 생태신학'이 각기 다른 강조점과 전개방식을 바탕으로 다양하게 꽃필 수 있을 것이다.

제10장

페미니스트 신학과 포스트모더니즘

우리는 끊임없이 변화하는 세계에 살고 있다. 이러한 사실은 고도로 발달한 자연과학과 기술문명을 통해서뿐만 아니라 철학이나 사회과학 또는 예술·문학 등 문화적 사조에서 학문적 방법론이나 표현방식 등의 근원적인 변화를 통해서 느낄 수 있을 것이다. 많은 이론가들은 현대사회가 권력, 가부장제, 권위, 정체성, 윤리의 위기를 경험하는 '새로운 시대New Age'에 들어섰다고 분석하며, 이러한 '새로운 시대'를 '포스트모더니즘의 시대'로 표현한다.[1]

우리가 직면하고 있는 시대 정황을 단순히 모두 '포스트모던'이라고 이름 붙이는 것은 문제가 있다. 그렇다고 해서 '포스트모던'이라는 용어가 우리 시대에 제기하는 변화나 문제를 외면하는 태도 또한 문제가 있다. 제인 플렉스Jane Flex는 현대 서구 사상의 큰 줄기를 페미니즘, 포스트모더니즘, 정신분석학 세 가지로 분석하면서, 이 세 가지 사상과 학문적 대화를 시도함으로써 서로 보완할 수 있는 가능성을 제시한다.[2] 이런 의미에서 포스트모더니즘을 페미니스트 관점으로 분석하는 것은 페미니스트 신학적 논의를 위해서, 또한 현대사조의 흐름을 이해하기 위한 하나의 접근방식으로서 의미가 있다.

이 장에서 나는 포스트모더니즘이 페미니즘 또는 페미니스트 신학적 논의를 위하여 어떻게 이해될 수 있는가 하는 물음을 바탕으로 첫째, 포스트모더니즘의 개괄적 이해에 대하여, 둘째, 페미니즘과 포스트모더니즘의 공통된 관점에 대하여, 셋째, 포스트모더니즘에 대한 비판적 평가와 포스트모던 페미니즘에 대하여, 넷째, 포스트모더니즘의 페미니스트 신학적 수용 가능성에 대하여 논의하고자 한다.

1. 포스트모더니즘 서설

1) 모더니즘 이해

포스트모더니즘에 접근하려면 모더니즘modernism을 이해하는 것이 중요하다. 모더니즘이 무엇인가를 둘러싼 논의는 무척이나 다양한 데 견주어 분명한 개념 규정에 대한 일치는 찾기 어렵다. 우선 모더니즘이라는 용어가 지칭하는 시대도 일치하지 않으며, 무엇을 의미하는가에 관한 의견도 다양하다.[3] 예를 들어 '근대modern'라는 용어는 공식적으로 5세기 말에 기독교적인 '현재'를 로마와 이교도의 과거와 구분하기 위해 처음으로 사용되었다. 이런 의미에서 현재 사용하고 있는 '근대'를 지칭하는 'modern'이라는 용어는 옛것에서 새로운 것으로의 전이를 나타내는 용어로도 사용된다고 볼 수 있다.

그러나 근대성modernity을 르네상스 시대로 제한하는 이들도 있으며, 12세기의 영국이나 17세기의 프랑스에 살던 사람들은 그들 스스로를 '모던'이라고 생각했다고 한다. 리오타르Jean-François Lyotard 같은 이는 모더니즘을 이성·과학·총체성totality에 대한 절대적인 주장과 동의어로 이해한다.[4] 또 어떤 이들은 예술 분야의 다양한 운동으로,[5] 그리고 하버마스처럼 모더니즘을 변호하려는 이들은 의사소통적communicative 능력의 진보적 합리성과 자율적인 개인적 주관의 지지로 이해한다.[6]

이 장에서 모더니즘을 둘러싼 다양한 역사적 또는 이념적 논의를 세부적으로 분석하기는 힘들다. 다만 모더니즘의 주요 전제들이 무엇인가에만 초점을 둘 것이다. 모더니즘의 주요 전제를 살펴보는 것은 중요하다. 단지 모더니즘을 변호하는 관점뿐 아니라, 포스트모더니즘과 페미니즘에 관한 다양한 논의들의 주요 특성을 이해하는 데 필요한 이론적 또는 정치적 배경을 제공할 수 있기 때문이다. 그러면 모더니즘의 복합성을 파악하기 위해 모더니즘의 세 가지 측면—즉 사회적·미학적·정치적 모더니즘을 살펴보자.

첫째, 사회적 근대성social modernity의 개념은 자본주의와 연관되어 형성된 경제적이고 사회적인 조직과 일치한다. 이러한 사회적 근대성은 진보주의, 과학과 기술문명의 가능성에 대한 신뢰, 이성에 대한 전적인 신뢰, 추상적인 근본주의 이념으로 형성된 자유의 이상, 실용주의 경향 등으로 그 특성을 규정할 수 있다.[7] 이러한 모더니즘 개념에서 역사란 과학과 기술문명의 지속적인 진보와 관련해 이해되며, 여기에 행정적 합리화와 경제성장 과정을 통한 사회 세계social world의 진보적 분화differentiation와 합리화rationalization를 지칭하는 근대성의 개념이 있다. 사회적 모더니즘의 또 다른 특성은 이성을 존재론적인 상태로까지 고양하려는 인식론적인 시도이다. 여기에서 모더니즘이란 문명 그 자체와 동의어가 되고 있다. 또한 이성은 산업적·문화적·사회적 진보의 근거로서 인식적이며 도구적인 용어로 이해된다. 이러한 근대성의 이해에서는 다음과 같은 점들이 문제가 된다. 첫째, 직선적인 진보의 개념 아래 형성되는 집단적 또는 개인적 정체성에 대한 관점이라는 점, 둘째, 인간의 주관이 의미와 행동의 궁극적인 근거가 된다는 점, 셋째, 지리적이고 문화적인 영토성territoriality의 개념이, 유럽 중심적 문화와 지식/권력을 통해 정당화되는 '중심과 주변center and margin'의 사고로 특정 지어진 지배와 복종의 위계주의 안에 구성되었다는 점이다.[8]

둘째, 미학적aesthetic 근대성의 범주는 이중적인 특성이 있다. 이는 모더니즘의 저항 전통과 형식미학주의formal aestheticism의 전통에서 그 예를 찾아볼 수 있다.[9] 이러한 미학적 모더니즘의 정치적·문화적 특성은 초현실주의surrealism와 미래주의futurism부터 1970년대의 개념주의적conceptualist 예술가에 이르는 전위avant-garde운동에 잘 표현되어 있다. 이 사회적 근대성과 미학적 근대성의 전통은 학문 분야뿐 아니라 이념적으로 다양한 입장들의 공동 기반을 마련하는 측면을 제공한다. 특히 대중문화에 대한 고급문화의 우월한 위치, 더 나은 세계를 형성하는 인간의 능력에 대한 신뢰, 합리성에 대한 신뢰 등의 측면이 공동의 토대를 이룬다고 볼 수 있다. 이러한 모더니즘을 지지해온 오랜 전통이 있는데, 예를 들면 마르크스·보들레르·도스토옙스키 등이다. 여기서 이성의 보편화와 해방에 관한 총체적 논의에 근거하여 형성된 자아 개념은, 서구 문화를 '문명'과 동의어로 간주하는 문화정치적 근거를 제공하게 된다. 즉 서구 문화가 인류 문명의 토대를 이룬다고 하는 서구중심적 가치가 형성된다는 것이다.

셋째, 정치적 근대성을 살펴보자. 포스트모더니즘과 페미니즘의 다양한 논의들이 이론적·정치적으로 가장 강력하게 비판한 것은 지금까지 살펴본 사회적 모더니즘과 미학적 모더니즘이었다고 볼 수 있다. 그러나 페미니즘에 의해서는 논의되어왔지만 포스트모더니즘에 의해서는 무시되어온 모더니즘의 또 다른 전통이 있다. 바로 모더니즘의 세 번째 전통이라 할 수 있는 '정치적 모더니즘political modernism'이다. 이 정치적 모더니즘은 사회적 모더니즘이나 미학적 모더니즘과 달리, 계몽주의 이상에서 야기된 인식론적이고 문화적인 이슈에 초점을 맞추지 않는다.[10]

정치적 모더니즘은 정치적 자유주의political liberalism와 경제적 자유주의economic liberalism의 구분에 근거한 프로젝트를 구성한다. 경제적 자유주의에서 '자유'의 개념은 자본주의 시장의 역동성과 뒤섞여 있다. 반면 정치적 자유주의에서 '자유'의 개념은 지난 몇 세기 동안 서구에서 발전해 온 민주주의적 혁명에 담긴 원칙·권리와 연관되어 있다. 민주주의적 혁명에서 나온 이러한 이상은, 인간이란 행동을 취하고 미래를 구상하고 서로 협정하는 데 그들의 이성을 사용해야 하며, 인간이 한 일과 그들의 존재에 대하여 책임적이어야 한다는 내용을 포괄한다.[11] 좀 더 구체적으로 표현하면, 정치적 모더니즘이란 고통의 원인을 제거하고, 평등·자유·정의의 원칙에 의미를 부여할 수 있는 인간의 능력에 그 근거를 둔 것이다. 이 정치적 모더니즘의 전통은 포스트모더니즘에 대한 비판과 모더니즘을 변호하는 논의에서 가장 강력하게 취해지는 모더니즘 전통이 되고 있다.

2) 포스트모더니즘 이해

'포스트모더니즘postmodernism'이라는 용어는 1950년대 후반 문학비평에서 하우Irving Hoew와 레빈Harry Levin이 처음으로 쓰기 시작했다. 1960년대에 들어 피들러Leslie Fiedler와 하산Ihab Hassan과 같은 문학비평가들이 본격적으로 썼다. 1970년대 초반과 중반을 거치면서는 처음에는 건축, 그다음에는 춤, 연극, 미술, 영화, 음악에 이르기까지 비로소 광범위한 의미로 사용되었다. 1970년대 후반에 이르러 포스트모더니즘은 프랑스의 리오타르와 크리스테바Julia Kristeva에 의해, 그리고 독일의 하버마스에 의해 논의되었다.[12]

이렇게 하여 예술과 사회이론에서 모더니즘과 포스트모더니즘 논의는 현대 서구지성사의 중요한 주제가 되었다고 볼 수 있다. 1980년대 이후 포스트모더니즘이라는 용어는 영화·연극·춤·음악·미술·건축 등의 분야와 철학·신학·정신분석학, 과학·테크놀로지·광고·생활양식 등 각 분야에 큰 영향력을 발휘하는 사상으로 등장할 만큼 주요 이슈가 되고 있다.[13] 포스트모더니즘이 무엇인가는 어떤 관점에서 보느냐에 따라 아주 다르게 나타날 수 있기 때문에, 일반적인 개념을 알기 위해서는 복합적으로 조명하고 포괄적으로 접근할 필요가 있다.

포스트모더니즘은 현대 세계의 세 가지 현저한 문화 현상을 대변한다고 볼 수 있는데, 포스트모던 예술, 포스트구조주의post-structuralism 철학, 후기산업사회postindustrial society 이론 등이다. 1979년에 처음 출간된 리오타르의《포스트모던의 조건》은 이 세 가지를 모두 다루므로 포스트모더니즘 논의에서 많이 참조되는 것 중 하나이다. 리오타르는 철학·정치학·사회이론 등의 분야에 포스트모더니즘을 소개한 사상가로, 그의 책은 포스트모더니즘의 고전이라 받아들여질 정도로 널리 읽히고 있다.[14] 리오타르의 분석에 따르면, 포스트모더니즘의 출현에 가장 주요한 동기가 된 것은 모더니즘에 대한 부정적인 관점이다. 따라서 포스트모더니즘의 가장 중심적인 특성은 모더니즘에서 주장되는 총체성, 이성, 보편성universality에 대한 비판이라고 할 수 있다. 이러한 비판은 리오타르의 《포스트모던의 조건》에서 가장 강력하게 발전해왔다고 볼 수 있다. 총체성에 대한 계몽주의의 개념을 비판하면서 리오타르는 포스트모던의 개념이 계몽주의적 전통의 '메타 서사meta narratives'에 대한 불신과 밀접한 관계가 있다고 주장한다.[15] 리오타르는 모더니즘을 변호하는 하버마스 등을 비판하면서, 이성과 일치성에 대한 주장은 역사, 해방, 지식을 하나로 묶는 '거대 서사grand narratives'를 포괄할 때 지식과 권력의 사물 안에 있는 그들 자신의 함축성을 부정하게 되며, 따라서 그 안에는 지배와 조정의 요소가 자리 잡게 된다고 밝힌다.[16]

그러나 포스트모더니즘을 단순히 '모더니즘으로부터의 이탈'로 이해하는 것은 한계가 있다. 예를 들어 프랑스에서는 오늘날에도 포스트모더니즘이 미국에서처럼 모더니즘과의 단호한 결별을 의미하지는 않는다.[17] 또한 포스트모더니즘 논의에서 많이 거론되는 이론 가운데 하나인 포스트구조주의에서는 포스트모더니즘을 언급하지 않는다.[18] 프랑스의 포스트모던 페미니스트로 알려진 크리스테바는 모더니즘과 포스트모더니즘의 차이를 언급조차 하지 않는다.[19] 리오타르는 "포스트모더니즘은 모더니즘 그 자체 안에서 순환되는 단계"라고도 규정한다.[20]

여기에서 프랑스의 모더니즘과 독일의 모더니즘 사이에는 중요한 차이점이 있다. 프랑스에서 모더니즘은 니체에서 시작되는 '미학적 모더니즘'인 반면, 독일에서 하버마스를 중심으로 논의되는 모더니즘은 계몽주의 전통의 '정치적 모더니즘'이라는 점이다. 이렇게 모더니즘을 대하는 각기 다른 관점 때문에 포스트구조주의를 포스트모더니즘이 아니라 모더니즘의 한 이론이라고 보는 시각도 있다.[21]

이런 의미에서 볼 때, 포스트모더니즘에는 모더니즘을 근원적으로 부정하는 관점, 그리고 모더니즘의 부분적인 면에 대해서는 부정적이지만 종합적으로는 모더니즘을 긍정하는 관점이 있다. 리오타르의 《포스트모던의 조건》에 서문을 쓴 제임슨Fredric Jameson이 분석하기를, 리오타르에게 포스트모더니즘은 아도르노Theodor Adorno의 고등근대주의high modernism를 다시금 긍정하는 하나의 부분이며, 따라서 리오타르에게 포스트모더니즘은 새로운 고등근대주의의 재귀와 재창출을 약속하는 것으로 이해되고 있다면서 다음과 같은 도표를 제시한다.[22]

	Anti-모더니스트	Pro-모더니스트
Pro-포스트모더니스트	울프Tom Wolfe 젠크스Charles Jencks	리오타르 Jean-François Lyotard
Anti-포스트모더니스트	타푸리Manfredo Tafuri	크래머Jonathan Kramer 하버마스Jürgen Habermas

포스트모더니즘을 포괄적으로 이해하려면 인식해야 할 점이 또 있다. 그것은 두 종류의 포스트모더니즘이 존재한다는 점인데, 이 두 가지 포스트모더니즘의 존재가 포스트모더니즘을 이해하는 데 혼돈을 주기도 한다. 하나는 모더니티를 거부하면서 현상 유지를 찬미하는 '반동reaction의 포스트모더니즘'이고, 다른 하나는 모더니티와 현상 유지를 모두 거부하는 '저항resistance의 포스트모더니즘'이다.[23]

포스터의 분석에 따르면, '반동의 포스트모더니즘'은 신보수주의자들이 주장하는 것이다. 이들은 모더니즘을 하나의 스타일로 축소하여 비난하거나 완전히 문화적인 실패로 취급한다. 반동의 포스트모더니즘에서는 프리모던premodern 또는 포스트모던의 요소들이 생략되고 인본주의적 전통만 보존된다. 반면 '저항의 포스트모더니즘'은 모더니즘의 공식적인 문화뿐 아니라 '반동적 포스트모더니즘'의 그릇된 규범성false normativity에 대항하는 것으로 나타난다.[24] 포스터나 제임슨은 반동의 포스트모더니즘이 현대 소비사회의 명령과 양립한다고 비판한다.[25] 이렇듯 다양한 포스트모더니즘의 여러 측면을 전제하면서, 페미니즘과의 논의에서 일반적으로 거론되는 포스트모더니즘의 특성을 좀 더 구체적으로 살펴보자.

첫째, 포스트모더니즘의 특성은 앞에서도 언급한 바와 같이 총체성, 이성, 근원주의foundationalism에 대한 부정이라고 할 수 있다. 리오타르가 분석하는 포스트모던의 조건은 "합법화의 거대 담론grand narratives of legitimation"이 더 이상 신뢰할 만하지 않다는 것이다. 이 '거대 담론'이 의미하는 것은 이성과 자유의 점진적인 진보의 계몽주의 이야기, 헤겔의 정신의 변증법, 마르크스의 계급투쟁을 통한 인간의 해방이론 등이다. 여기에서 진실과 정의의 개념은 우발적이고 역사적인 인간의 사회적 현실과 무관한, 인간의 구체적인 역사성을 초월하는 '메타 서사'가 되어버린다.[26] 이렇게 될 때 인간의 역사성과 다양성은 총체성으로 통합되어버리고, 이성은 권력을 보좌하는 것으로서의 기능을 얻게 된다. 그러므로 포스트모더니즘이 거부하는 이성의 개념은 냉담하고, 초월적이며, 절대적인 의미를 지닌 것으로서의 이성이다.

이성의 개념에 관한 논의는 주요한 이슈가 되고 있다. 특히 내면적 논리inner logic에 따라서 과학과 도덕, 예술의 영역을 개발하려는 베버Max

Weber주의자들의 구상은 포스트모더니스트들에게 비판받고 있다.[27] 포스트모더니스트들의 반응은 이러한 영역들의 분리에 대한 비판뿐만 아니라 각 영역의 '내면적 논리'에 대한 재평가를 의미한다고 볼 수 있다. 포스트모더니스트들은 인간의 역사나 시간·공간과 무관한 이성 대신, 이성과 과학을 언어와 권력의 관계에 대한 광범위한 역사적·정치적·사회적 투쟁의 한 부분으로 이해한다.

이러한 정황에서 열정/이성, 객관적/주관적 해석의 구별은 더 이상 분리된 실재로 존재하지 않으며, 그러한 것들은 특정한 담론과 사회적 권력형태의 결과를 대변한다. 결과적으로 이러한 이슈는 더 이상 단순한 인식론적 문제가 아니라, 정치적이고 규범적인 이슈가 되는 것이다. 펠러Gary Peller는 "포스트모더니즘은 우리의 사회정치적이며 지성적 전통에서 이제까지 보편적인 지식, 진리, 객관성, 이성이라고 제시되어온 것이 사실상 사회권력의 특수한 형태의 결과일 뿐이라는 사실을 밝혀준다"[28]면서 이러한 문제를 분명하게 지적하고 있다.

이 첫 번째 특성의 긍정적인 측면을 살펴보면, 포스트모더니즘은 이성, 권위, 진리, 윤리, 정체성의 구성에 역사적이며 우발적인 것들이 우선적으로 주요하다고 주장함으로써, 이른바 '대변의 정치학politics of representation'과 '사회투쟁'을 위한 근거를 마련해주는 점이라고 할 수 있다. 즉 지금까지 인류를 '대변'해오던 이들은 사회정치적·종교적 권력을 지닌 이들이었다. 이러한 상황에서 중심을 벗어나 주변부에 있는 이들을 '대변'하고자 하는 '대변의 정치학'은 평등·정의·해방의 지평을 중심부만이 아니라 주변부로 확장한다는 점에서 중요하다. 또한 근원주의에 대한 포스트모더니즘의 공격은 논쟁과 대화의 가능성을 확장해주기 때문에 탁월한 정치적 행위라는 평가를 받고 있다.

근원주의는 진리 또는 지식에 변하지 않는 토대foundation가 있다고 믿는 것으로, 그 '토대'에 대한 절대화를 자연적인 것으로 만든다. 그런데 그 '토대'를 이루는 것은 사실상 종교적·사회정치적 권력의 집중을 통해 형성되기 때문에 문제가 된다. 더 나아가 포스트모더니즘은 지식과 주관성의 형성에 권력과 가치의 문제를 제기함으로써 인종, 젠더, 사회적 계층과 같은 이념적이고 구조적인 요인이 드러나게 한다. 그러나 그렇다고 해서 근본주의의 와해가 진부한 상대주의나 위험한 허무주의에 빠지는 것은 아니다. 오히려 궁극적 의미의 부재는 인간의 능동적인 개입과 민주주의적 정치의 가능성을 첨예화한다.[29]

포스트모더니즘의 두 번째 특성으로는, 포스트모더니즘이 모더니즘의 문화적 정치학에 도전한다는 점을 들 수 있다. 이것은 문화를 정치적 주제와 집단적 투쟁의 구성에서 근원적인 것으로 다시 이론화하기 위한 논의를 제공할 뿐 아니라, 문화를 대변representation과 권력power의 정치학으로 이론화한다. 에밀리 힉스Emily Hicks는 모더니즘이 특정한 종족·계급·젠더에 특권을 주는 엄격한 테두리 안에서 문화를 형성해왔다고 분석한다.[30]

이러한 모더니즘의 논의에서 문화는 지배와 종속, 불평등의 관계를 재생산하는 역할을 한다. 더 구체적으로 표현하자면, 이러한 모더니즘의 문화정치학에서는 유럽의 문화가 문명의 중심으로 여겨지며, '고급문화high culture'는 비본질적인 '대중문화'에 반대되는 본질적인 것으로 규정된다. 여기서 포스트모더니즘은 모더니즘에 의해 경직된 테두리와 구분을 뛰어넘어 이제까지와는 달리 문화를 사회적이며 역사적인, 끊임없이 변화하는 것으로 이해하고자 한다. 문화란 고정불변의 것이 아니라, 다양한 권력구조에 의해 지속적으로 형성되고 다양한 요소들과 영향을 주고받는 것이기 때문이다.

포스트모더니즘의 이 두 번째 특성이 지닌 긍정적인 의미를 살펴보자. 첫째, 모더니즘의 문화정치학에 대한 포스트모더니즘의 도전은 문화와 권력의 관계를 둘러싼 논의를 확장한다. 둘째, 이러한 포스트모더니즘의 도전은 문화가 중심-주변이라는 위계적 계층질서의 형성, 그리고 지배-종속의 후기 제국주의적 형태를 재생산하는 데 어떻게 관여해왔는가에 대해 문제를 제기한다.

스피박 Gayatri C. Spivak 은 이런 측면에서 포스트모더니즘이 인종, 성, 사회적 계층을 다시 고찰하게 할 뿐만 아니라 역사를 읽는 새로운 방식을 제공한다고 평가한다. 즉 포스트모더니즘은 종속 그룹의 정체성과 힘을 다시 주장할 수 있는 방식으로서의 역사적 지식을 형성하는 데 기여한다는 것이다.[31] 여기서 이제까지 유럽 중심적인 문화가 다른 문화나 전통보다 우월하다는 것을 진리처럼 여겼던 지배적인 개념이 강력한 근원적 도전을 받는다. 어떤 의미에서 보면 포스트모더니즘의 도전은 서구의 가부장적 문화와 서구 민족중심주의에 대항한 도전이라고 볼 수도 있다. 이 점에서 포스트모더니즘은 여성이나 소수민족이 새로운 정체성을 형성할 수 있는 근거를 찾는 데 단서를 제공한다.

포스트모더니즘의 세 번째 특성은 고급문화와 대중문화의 구분을 깨면서 이른바 엘리트문화를 거부하고, 대중적이고 일상적인 것을 가치 있는 것으로 인식하면서 진지한 연구 대상으로 삼게 한다는 점이다. 여기서 유의할 것은 포스트모더니즘이 가치 있는 것으로 평가하는 대중문화의 개념이다. 포스트모더니즘은 상품생산과 청중의 소극성이 결합되어 배타적으로 형성된 대중문화는 거부하고, 화해와 투쟁의 자리로서의 문화, 또한 권력과 정치에 관한 담론을 통해 그 문화를 구성하는 원리가 설정되는 대중문화에 가치를 부여한다.[32] 이 점은 영화 제작, 저술, 예술, 문학비평이나 사회비평 등 다양한 분야에 새로운 형태를 가져오는 결과를 낳았다고 할 수 있다.

2. 페미니즘과 포스트모더니즘

페미니즘과 포스트모더니즘은 최근 가장 중요한 정치문화적 추세로 등장했다고 볼 수 있다. 이 두 조류는 여러 면에서 공통점을 나누기도 하고, 동시에 많은 면에서 각기 다른 견해를 가지고 있다. 또한 포스트모더니즘을 바라보는 페미니스트의 시각도 다양하게 나타나기 때문에, 두 조류의 관계를 규명해보는 것은 이 시대적 정황을 읽어낸다는 점에서 매우 의미 있는 작업이다.

1) 페미니즘과 포스트모더니즘의 공통점

최근 백인 중심의 페미니스트들이 가장 많이 비판받는 측면이 있다면, 그것은 페미니즘의 이론화를 통해 백인 여성들의 '특수한 경험'을 모든 여성에게 적용하는 '보편 경험'으로 만들었다는 점이다.[33] 그러므로 1960년대부터 1980년대까지 페미니즘의 주된 이론들은 백인 여성들의 특수 경험의 '보편화universalization'를 반영하는 것이라고 할 수도 있다.[34] 남성의 경험을 여성과 남성 모두에게 적용할 수 있는 보편적 경험으로 만든 전통적인 학문에 도전하던 백인 페미니스트들은, 백인 여성의 경험을 흑인 여성이나 다른 민족 여성의 경험을 뛰어넘는 보편적 경험으로 만듦으로써, 백인 아닌 여성의 경험의 차이와 다양성을 인식하지 못하는 오류를 낳았다. 이러한 '왜곡된 보편화'를 시정하기 위해 현대 문화를 지배하고 있는 계몽주의 전통을 근원적으로 검토해야 할 필요가 생겼다. 포스트모더니즘의 모더니즘 비판에서 그 출발점은 다르지만 '모더니즘에 대한 비판적 검증'이라는 공동의 목표를 두게 된 것이다. 또한 이러한 보편화에 대한 비판 이후 페미니스트 이론에는 여성들 간의 '상이성difference'을 둘러싸고 진지한 논의가 시작되었다. 모더니즘의 '일치성unity'이나 '총체성'에 대한 포스트모더니즘의 비판은 '상이성에 대한 찬양celebrating of difference'으로 이어지는데, 이것은 페미니즘이 여성들 간의 상이성을 존중해야 한다는 강조와 유사한 점이 있다.

특정 경험의 '보편화'에 대한 비판적 거부와 더불어 페미니즘이 포스트모더니즘과 공동의 관점을 취하는 것은 학문의 '가치중립적value-neutral'인 방법론에 대한 비판이다.[35] 인간의 구체적인 삶의 정황과 무관한 가치중립적 방법론에 대한 비판은, 현대에 이르러서는 페미니즘뿐만 아니라 흑인 해방운동이나 포스트모더니즘에 의해서도 강력하게 형성되고 있다. 학문의 각 분야에서 등장하는 가치중립적 방법론에 대한 이러한 비판의 근거는, 인간의 경험과 관점은 그 사람의 특정한 상황에 따라 제한될 수밖에 없다는 사실에 대한 인식이다.

이른바 가치중립적인 학문적 방법론은, 역사에서 서구 세계의 우월성에 대한 인식을 변함없는 객관적 진리로서 학문에 각인해왔다는 점에 대한 비판이 되기도 한다. 그러므로 계몽주의 전통에서의 학문적 방법론의 중립성neutrality이나 객관성objectivity에 대한 주장은 비서구적인 문화, 학문의 주류에서 배제된 여성, 또한 권력을 지니지 못한 계층의 관점을 비정상적인 것으로 배제하는 부정적인 결과를 야기하게 된다. 개별인들 사이에, 집단과 집단 사이에 권력의 불균형으로 인한 차별과 억압이 존재하는 현실세계에서 '중립성'을 지킨다는 것은 이미 불가능하며, 그 중립성을 주장하는 것은 기존의 권력구조를 인정하는 현상 유지에 기여하게 될 위험성이 있기 때문이다.

근대의 객관성이나 보편화가 안고 있는 문제점이 포스트모더니즘에 의해 비판받은 이후, 우리는 이제 진리, 이성, 인간의 품성, 전통에 대한 정의 등을 규정할 때 절대적인 개념을 규정하는 것이 아니라, 역사적이며 사회적인 '물음'으로 이러한 개념들을 다시 규명해야 한다. 즉 '누구의' 진리, '누구에 의해' 이해된 이성, '누구의' 역사, 또한 '누구의' 전통인가에 대한 사회역사적 물음에 따라 이러한 개념들이 규명되어야 한다는 것이다. 이런 측면에서 포스트모더니즘과 페미니즘은 공통의 관점을 공유하고 있다.

이제까지의 논의를 토대로 페미니즘과 포스트모더니즘의 또 다른 공통성을 찾아본다면, 두 사상이 모두 해체적deconstructive 성격을 지녔다는 점을 들 수 있다. 포스트모더니즘은 현대 서구 문화에서 당연하게 여겨온 언어구조, 자아 개념, 권력, 지식, 진리 등과 관련된 신념을 우리와 분리하여 이에 대한 회의적인 태도를 취하게끔 만든다. 즉 새로운 기준과 새로운 개념을 형성하기 위하여 전통적으로 확고하게 자리 잡고 있는 신념과 개념들을 해체하는 것이다. 여기에서 '해체'란 '파괴'가 아니라는 점을 주지해야 한다. 해체란 어떤 의미에서는 '끊임없는 긍정hyper-affirmation'의 기능을 한다. 고정되고 왜곡된 총체적 이해에 균열을 냄으로써 새로운 의미의 창출이 가능하게 하는 사건이다. 이러한 해체적 균열은 파괴적 균열이 아니라 '변혁적 균열'이다.

옳고 그름에 관한 절대적으로 객관적인 기준이 없을 때, 권력을 가진 자가 규정하는 것이 진리로 남는다는 것은 포스트모더니즘 분석이 잘 드러낸다. 여기서 '권력'의 개념은 정치경제적인 의미뿐 아니라 인간의 모든 활동 범주로까지 확장될 수 있다. 권력의 중심과 지식의 중심은 일치한다는 의미에서의 권력과 지식power/knowledge의 관계는 페미니즘에서도 진지하게 논의하게 되었다. 결과적으로 서구 문화에서 형성된 이러한 개념들은 구체적으로 '서구 남성'들의 경험과 관점을 개념화하고 반영한 것이라는 페미니즘의 분석에 이론적인 근거를 제공한다고 볼 수 있다. 이런 의미에서 "단일적인 이론적 논의를 거부하는 것"은 현대 페미니즘의 주된 입장이며, 동시에 포스트모더니즘의 입장이기도 하다.

2) 페미니스트 관점에서 본 포스트모더니즘 비판

(1) 하버마스의 비판

포스트모더니즘에 대한 가장 대표적인 비판은 모더니즘에 대한 강력한 변호에서 출발한 하버마스의 비판이라고 볼 수 있다. 하버마스의 포스트모더니즘 비판은 널리 알려졌는데, 페미니스트 관점에서 바라보는 포스트모더니즘에 대한 논의를 위해서도 중요하다. 하버마스의 모더니즘 변호는 포스트모더니즘과 후기구조주의에 대한 비판으로서, 그리고 프랑크푸르트학파의 아도르노와 호르크하이머Max Horkheimer의 합리성에 대한 비판적 관점을 수정하고자 한다는 점에서 중요한 의미가 있다.

하버마스는 계몽주의를 버리는 것이 아니라, 계몽주의를 새로운 형태로 되살리고자 하는 의도를 강력하게 지니고 있다. 이 점이 바로 하버마스가 아도르노나 호르크하이머와 다른 점이다. 계몽주의에 대한 시각에서 보자면, 아도르노와 호르크하이머는 하버마스보다는 프랑스의

이론에 더 가깝다.[36]

하버마스는 총체적 이론을 거부하고, 인식론적인 근거를 부정하며, 이성과 진리는 언제나 권력과의 관계에 함축되어 있다고 보는 포스트모더니즘을 근대성으로의 퇴보인 동시에 근대성에 대한 위협이라고 분석한다. 또한 포스트모더니즘과 모더니즘은 역설적인 관계에 있다고 본다.[37] 하버마스에 따르면, 포스트모더니즘은 미학적 모더니즘의 가장 부정적인 차원, 즉 모든 규범적인 것에 저항하는 아방가르드avant-garde의 측면을 수용하고 확장하여 초현실주의surrealism의 시도를 그대로 반영한다. 한편으로는 근대사회적 삶의 근거로서 보편적 이성, 권리, 자율성 등을 거부함으로써 사회적 모더니즘의 구도를 부정한다. 이 점에서 포스트모더니즘과 모더니즘은 역설적인 관계에 있는 것이다.

하버마스는 푸코나 데리다 같은 후기구조주의적 포스트모더니스트들을 가리켜, 자신들의 철학적 근거를 비합리주의나 반계몽주의의 다양한 이론들 속에서 찾는 '신진 보수주의자young conservatives'라고 일컫는다.[38] 포스트모더니즘이 이성의 법칙을 통한 민주주의의 가능성 등을 함축하는 근대성의 미완성 과제를 부당하게 포기하고 만다고 비판한다. 여기에서 포스트모더니즘은 "구보수주의, 신보수주의, 신진 보수주의old, neo, young conservativism" 등 다양한 종류의 보수주의 가운데 하나로 평가된다. 또한 포스트모더니즘은 모더니즘의 가장 기본적인 전제를 거부하고 '상이성'을 지나치게 강조하면서 결과적으로 일치와 이성에 대한 모더니즘의 신뢰를 파괴하게 된다. 이로써 현대 삶에서 모더니즘의 해방적인 공헌 가능성을 인식하지 못하는 실책을 범하는 것으로 하버마스는 비판한다.

하버마스의 모더니즘 변호에서 중심적인 것은 '도구적 합리성

instrumental rationality'과 '의사소통적 합리성communicative rationality'의 구분이다. 하버마스는 도구적 합리성에 대한 다양한 비판은 받아들인다. 그러나 상호이해, 명증성, 일치, 소통할 수 있는 능력으로 규정지을 수 있는 의사소통적 합리성에 대한 신뢰는 확고하다. 합리성을 한 가지가 아니라 도구적 합리성과 의사소통적 합리성, 두 종류로 보는 하버마스의 이러한 구분에서 가장 핵심이 되는 것은 단지 상이성에 대한 주장이나 권력의 정치학 자체에 근거하지 않는다. 다만 무엇이 합리적인가를 규정하기 위한 개념적이고 언어적인 추구에 근거한 '민주주의의 개념'이다. 하버마스의 이러한 관점은 권력과 정치학, 근대성에 대한 특이한 관점일 뿐 아니라, 또한 아르노위츠S. Arnowitz가 지적한 바와 같이 이성과 지식 습득에 대한 특수한 개념을 정당화하는 것이라고 볼 수 있다.[39] 그리하여 포스트모더니즘이 '이성의 포기'를 '지배로부터의 자유'라고 믿는 것을 하버마스는 반박하는 것이다.

하버마스의 보편적 가치 추구는, 인간해방을 위한 투쟁에 필요한 구성요인을 대변하는 것으로서 진보적인 그룹에게 긍정적으로 받아들여지기도 한다.[40] 그러나 페미니스트들에 의해서는 백인·남성·유럽 중심적 문화를 정당화하는 것으로 비판받기도 한다. 예를 들어 프레이저N. Frazer는 하버마스가 그의 저서 《교제적 행위에 대한 이론》[41]에서 젠더 문제를 전혀 언급하지 않은 점을 지적하면서,[42] 이러한 사실은 '심각한 결핍'이라고 하버마스의 이론을 비판한다.[43] 프레이저는 하버마스의 《교제적 행위에 대한 이론》을 중심으로 하버마스의 사회비판 이론을 분석하면서, 하버마스의 사회비판 이론은 남성 지배와 여성의 종속을 불가해하게 만들고, 그러한 지배와 종속의 이념적 합리화를 다시금 반복함으로써 현대 여성운동의 노력과 바람에 대해 분명히 해명하는 데 기여하지 못한다고 평가한다.

　모더니즘의 결점은 더 깊은 차원의 계몽에 의해 보완될 수 있다고 보는 하버마스의 모더니즘 변호는 모더니즘 속에서 생산적이고 해방적인 측면을 찾고자 한다는 점에서 긍정적으로 평가될 수 있다. 그러나 포스트모더니즘의 다양한 형태를 구분하지 않고 모두 '반근대적'이며 '신보수주의적'인 것으로 단순하게 처리한 점, 그리고 서구 문화와 전통을 변호함으로써 유럽 중심적 남성문화를 정당화하는 데 이용되는 이성의 개념을 강화하여 가부장제나 계급·종족·젠더 등의 문제를 간과한다는 점은 비판적으로 지적될 수 있다.

(2) 페미니스트의 비판

페미니즘과 포스트모더니즘의 관계를 회의적인 시각으로 바라보는 페미니스트들은 "포스트모더니즘이 과연 여성을 위한 이론이 될 수 있는가?"라는 물음에 부정적으로 답한다. 예를 들어 디 스테파노Christine Di Stefano는 포스트모더니즘이 남성에게 필요한 이론이 아닌지 밝히고 있다.[44] 남성들은 이미 자신들의 '계몽enlightenment'을 경험했기 때문에 '탈중심적 자아decentered self 의식'이나 그들의 진리에 대한 이제까지의 절대적인 주장 등에 겸허한 의식을 지닐 수 있다. 반면, 자신들의 '계몽'을 한 번도 경험해보지 못하고 통전적인 자아의식을 지녀보지 못한 여성들에게 포스트모더니즘의 그러한 요구는, 강해본 경험이 없는 이들에게 약해질 것을 요구하는 것과 같기 때문이다. 이러한 지적은 의미 있는 통찰을 준다.

　또한 하딩Sandra Harding은 페미니즘이 객관주의나 해석주의interpretivism에 대항하기 위해서는 '페미니스트 인식론'이 필요하다고 역설하면서, 포스트모더니즘이 인식론을 지나치게 외면하거나 포기하는 것을 비판한다.⁴⁵ 웰치Sharon Welch는 리오타르가 여성을 교환의 대상으로 규정하고, 푸코M. Foucault가 자아와 섹슈얼리티의 개념을 규정하는 데 남성중심적인 관점만을 반영하고 있음을 지적한다. 그러면서 푸코와 리오타르가 여성이 문화 창출에 남성과 마찬가지로 핵심적이라는 사실을 인정하지 않는다고 비판한다.⁴⁶ 또한 데리다Jacques Derrida의 '상징적 질서symbolic order' 비판은 페미니스트들에게 긍정적으로 받아들여지기도 하지만, 그는 여성을 남성적 관점으로 신비화하고 낭만적으로 묘사함으로써 여성 개념을 왜곡한다고 비판받는다.⁴⁷ 페미니스트들의 포스트모더니즘 비판은 이렇게 다양한 측면에서 전개되고 있다. 중심적인 비판을 크게 두 가지로 요약한다면, 포스트모더니즘의 '상대주의적 경향성'과 '이론 포기'라고 볼 수 있다. 이 두 가지 비판을 좀 더 자세히 살펴보자.

첫째, 포스트모더니즘에 대한 페미니스트의 비판에서 중요하다고 할 수 있는 점은, 포스트모더니즘이 상대주의로 빠질 위험성에 대한 것이라 할 수 있다. 포스트모더니즘은 '절대성'에 대한 주장을 비판하고 거부하면서 "고정된 것이란 없다"고 주장한다. 이러한 탈절대성을 강조하면서 진리의 일원성이 아니라 다원성과 역동성에 대한 인식을 강조하는 것은 포스트모더니즘의 강점이 될 수도 있다. 그러나 동시에 모든 진리의 균등성을 주장하는 이러한 관점에서 야기될 수 있는 위험성은 바로 '상대주의'에 빠질 수 있다는 것이다. 그렇게 해서 사회적 불평등 구조에 대한 무감각 또는 무관심에 빠져 정의의 개념을 실현하는 데 어떠한 역할을 하지 못하게 할 수 있다.

포스트모더니즘의 이러한 상대주의적 경향은 포스트모더니즘이 역사성을 결여했다고 비판받는 요인이 되기도 한다. 그런데 조금 더 성찰해보면 절대주의 비판이 즉각적으로 상대주의로 이어지는 것은 아니다.

관계적 진리relational truth 또는 근사적 진리approximate truth라는 개념이 등장하는 이유이다.

둘째, 포스트모더니즘에 대한 페미니즘의 비판은 포스트모더니즘의 '이론 포기'에 대한 비판적 시각이라 할 수 있다. 포스트모더니즘의 가장 중요한 특징은 본질주의나 전체주의, 또는 진리나 이성에 대한 절대적 주장과 보편화에 대한 강력한 비판과 거부라고 볼 수 있다. 이러한 비판과 거부는 여러 가지 긍정적이고 저항적인 근거를 제시했지만, 그렇게 해서 야기될 수 있는 부정적인 측면이 또 있다. 바로 사회에 면면히 존재하는 성차별주의나 인종차별주의와 같은 불의한 상황에 대한 보편적 이론화 작업까지 부당한 것으로 인식되기 쉽다는 점이다. 만약 포스트모더니즘이 거대 서사를 거부함으로써 다양한 문화 속에 공통적으로 자리 잡고 있는 성차별주의를 해명하는 데 범문화적인 범주를 거부한다면, 젠더에 대한 이론적 범주를 정당화할 수 있는 페미니즘의 발판은 없어지고 만다는 것이다. 이러한 비판은 여러 측면에서 유효하다고 볼 수 있다. 차별과 억압의 문제에 대해서는 미시적 접근뿐만 아니라 거시적 접근이 요청되기에, 미시 서사small narrative뿐만 아니라 거대 서사가 필요하기 때문이다. 해방의 문제는 이 두 축의 나선형적 구조 속에서 차별과 억압의 문제를 풀어낼 수 있는 단서들을 창출해야 할 것이다.

3. 포스트모던 페미니즘

포스트모던 페미니즘은 크게 미국과 프랑스 페미니스트들에 의해 전개되어왔다. 그러면 먼저 미국에서 전개된 포스트모던 페미니즘을 살펴보고, 그다음에 프랑스에서 전개된 포스트모던 페미니즘을 살펴보자. 이 두 줄기는 아주 다른 분위기에서 포스트모더니즘을 전개하고 있다. 지면이 제한된 탓에 인물별로 세세히 살펴보기는 힘들지만, 포스트모던 페미니즘을 크게 두 줄기로 다루는 것은 전체적인 맥을 짚는 데 도움이 된다.

1) 미국의 포스트모던 페미니즘

포스트모던 페미니즘 이론은 언제나 모더니즘과 변증법적인 관련을 맺어왔다. 페미니즘은 평등성·사회정의·자유 등과 같은 모더니즘의 주제에 관심을 기울여온 동시에, 동시에 특수성과 우연성을 간과한 모더니즘의 보편적 법칙에 관한 주장에는 비판적인 시각을 취해왔다. 결과적으로 포스트모던 페미니즘은 모더니즘과 포스트모더니즘 사이의 이분법적인 대립성을 거부하고, 두 사상의 중심적인 전제들을 비판적으로 수용하는 입장을 취한다. 페미니즘은 모더니즘을 자기비판적인 담론으로서 받아들인다. 그러나 유색인종 여성이나 레즈비언, 또는 여성 노동자들처럼 사회에서 소외된 그룹의 여성들은 모더니즘이 지닌 유럽 중심주의에 강력히 도전하기 시작했다.

미국의 이러한 포스트모던 페미니스트 중에는 흑인 페미니스트 벨 훅스bell hooks(Gloria Jean Watkins), 인도 출신의 학자 스피박 등이 있다. 이들 페미니스트는 포스트모더니즘의 주요 사상을 수용하면서도 포스트모더니즘이 간과하는 계급차별, 인종차별 또는 여성차별의 문제들을 날카롭게 비판적으로 분석함으로써 더욱 포괄적인 관점을 형성한다. 또한 프레이저 같은 백인 페미니스트 역시 포스트모더니즘과 페미니즘이 각각의 장점을 살려서 각 사상의 약점을 서로 보완할 수 있다고 보는 포스트모던 페미니스트이다. 미국에는 포스트모던 페미니스트라고 할 수 있는 페미니스트들이 다양하게 있어서 특정한 한두 사람을 대표적인 인물로 지칭하기는 어렵다. 그런데 이들의 공통적인 특징이 있다면, 현재까지 백인 남성들이 주축이 되어 전개해온 포스트모더니즘의 중심적인 전제들이 안고 있는 약점, 간과하는 점 또는 그 사상의 한계성 등을 비판하면서 확장한다는 점이다.

　미국의 포스트모던 페미니즘이 지닌 다양성을 단순하게 서술하는 것은 한계가 있다. 그럼에도 불구하고 포스트모던 페미니즘에 대한 개괄적인 이해를 위하여 이 사상의 기본적인 전제들을 몇 가지로 요약해 보자.

　첫째, 포스트모던 페미니즘은 '사회비판의 우선성'을 강조한다. 이러한 강조는 포스트모더니즘의 보편법칙에 대한 인식론적인 도전의 중요성을 정치적인 투쟁의 의미로 다시 규정하려는 것이다. 포스트모던 페미니즘의 "사회비판의 우선성 강조"는 포스트모더니즘이 인식론적인 문제에 우선적으로 관심을 두는 것을 넘어서고자 한다. 즉 "인식론적인 것이라기보다는 정치적이고 윤리적인"[48] 주제로 확장하는 것이다. 1970년대 이후 미국에서 전개된 페미니즘에 가장 중요한 모토가 있다면 그것은 "개인적인 것은 정치적인 것이다"라는 개념이다. 벨 훅스는 페미니즘은 자의식적으로 정치적이라며 다음과 같이 표현한다.

상이성을 직시하고, 지배와 서로 연결되어 있는 구조인 성$_{sex}$, 인종, 사회적 계층에 대한 우리의 인식을 확장하면서 집단적으로 과제를 수행해나가는 것은 우리로 하여금 연대성의 진정한 의미를 깨닫게 해준다. 이것은 페미니스트 운동의 가장 기초가 되는 것이다. 이러한 작업이 없다면 우리는 가부장적 지배에 저항할 수 없으며, 또한 서로 소외된 채로 남고 만다. …… 성차별주의와 성차별적 지배를 제거하기 위한 투쟁은 우선적으로 페미니스트 운동을 신뢰해야 하며, 동시에 이러한 과제를 수행하기 위해 우리 자신을 정치적으로 준비하려면, 우리는 먼저 어떻게 연대감을 지닐 수 있는지, 어떻게 함께 투쟁할 수 있는지를 배워야 한다.[49]

상이성에 대한 인식, 그리고 동시에 정치적 연대성의 의미를 부각하는 벨 훅스의 이러한 포스트모던 페미니즘적인 관점은 인식론적이고 미학적인 관심 때문에 정치적이고 사회윤리적인 문제를 도외시하는 포스트모더니즘의 경향이 안고 있는 한계성을 적극적으로 수정할 수 있는 대안을 제시한다. 또한 벨 훅스는 자아와 정치적 현실의 밀접한 관계를 표현하는 "개인적인 것은 정치적인 것이다"라는 모토의 의미를 재정립한다. 벨 훅스는 대부분의 경우 개인적인 경험이나 고통을 호소하고 억압자를 규명하는 것이 집단적인 정치적 저항의 비판적 의식과 연결되지 않는다고 지적한다. 이런 경우의 개인적인 상황 규명naming은 현실에 대해 또 다른 오해나 왜곡된 인식을 불러일으킬 수 있다는 것이다.[50]

나는 벨 훅스의 이러한 지적이 포스트모더니즘의 상이성에 대한 찬양과 결합한 '목소리의 정치학politics of voice'이라고도 할 수 있는 '이야기하기storytelling' 방식의 위험성을 자각할 수 있게 만든다고 본다. 물론 요즘 여러 분야에서 널리 수용되고 있는 이러한 '이야기하기' 방식은 자아가 모든 정치화 작업에 우선적인 근거가 된다는 점을 강조한다는 깊은 의미가 있다. 그러나 많은 경우 '이야기하기' 방식은 자기도취나 자기승화 또는 반지성주의로 빠지는 경향이 있다는 점 또한 간과해서는 안 된다.

'이야기하기'가 그러한 차원으로 제한될 때, 현실에 대한 이해를 제한할 뿐더러 왜곡하는 부정적인 결과를 야기할 수 있다. 개인적인 경험의 이야기라 할지라도 그 개인적인 것이 어떻게 사회정치적 정황과 연결될 수 있는가에 대한 성찰이 동반되어야만 그 '이야기하기' 방식이 변혁적 인식과 실천으로 연결될 수 있기 때문이다. 결국 포스트모던 페미니즘이 사회비판을 우선적으로 강조하는 것에서 중요한 사실은, 먼저 '개인적인 것'과 '정치적인 것'의 긴장을 유지하는 것이 매우 중요하다는 점이다. 이러한 긴장관계를 무시하면 '정치적인 것'이 '개인적인 것'으로 와해되거나, 페미니즘의 정치적인 영역이 고통의 호소나 분노의 언어, 그리고 그로 인한 분리주의의 영역으로 제한되기 쉽다는 점에 대한 인식이라고 볼 수 있을 것이다.

둘째, 포스트모던 페미니즘은 포스트모더니즘이 이성과 총체적 이론을 전면적으로 거부하는 것에 복합적인 견해를 취한다. 포스트모던 페미니스트들은 포스트모더니즘이 이성의 역사적이고 우연적·문화적인 구성을 강조하면서도, 어떻게 이성이 남성중심적인 담론의 한 부분으로 형성되어왔는가를 보지 못한 점, 또한 비판적 이성이 사회비판으로서의 기능을 하고 있음을 간과한다고 지적한다.[51] 벨 훅스를 비롯한 일부 페미니스트들은 비판적 이성과 추상적 담론의 힘을 전면적으로 부정하는 것은 간혹 가부장제를 뒷받침하는 역할을 할 수 있다고 지적한다. 따라서 오직 소수의 경험만을 반영하는 모더니즘의 이성 개념이 비판받아야 한다는 것은 중요하지만, 비판적 이성의 긍정적인 역할은 적극 수용해야 한다고 주장한다.

또한 포스트모더니즘이 총체적 이론을 전면적으로 거부하는 것과 달리, 포스트모던 페미니즘은 단일한 경험이나 규범을 보편적인 것으로 규정하는 총체적 이론에 대해서는 포스트모더니즘과 마찬가지로 거부하면서도, 페미니스트 이론에는 특수하고 구체적인 것을 더 넓은 역사적 또는 관계적 정황에 놓고 해석하는 총체적 이론grand/meta narratives이 요구된다는 점을 분명히 하고 있다. 총체성의 모든 개념을 부정하는 것은 사회적·정치적·세계적 조직들을 형성하는 다양한 관계가 어떻게 서로 연관되어 있으며 영향을 주고 있는가 하는 문제를 해명하지 못하는 결과를 낳을 수 있기 때문이다.[52]

셋째, 포스트모던 페미니즘은 포스트모더니즘의 상이성에 대한 찬양을 비판적으로 수용한다. 포스트모더니즘의 '상이성difference' 찬양은 세계의 문화와 종족의 차이를 적극적으로 부각함으로써 이제까지 서구 문화 중심주의 때문에 역사에서 소외되어온 다양한 인종이나, 남성중심적인 가치관에 의해 부차적 존재로 여겨져온 여성들의 소리를 듣게 하는 긍정적인 역할을 했다고 볼 수 있다.[53] 예를 들어 이러한 상이성에 대한 인식의 중요성은 한국처럼 단일 민족으로 이루어진 사회에서는 실감하기 어려울 수도 있다. 그러나 한국 사회도 점차 다인종사회로 진행되고 있으며, 특히 미국처럼 다양한 문화나 인종이 공존하는 사회에서는 다양한 사람들 간의 상이성에 대한 인식이 소수민족의 정체성을 형성하는 데 중요한 근거를 마련한다고 볼 수 있다. 즉 상이성에 대한 인식이 없을 때는 백인중심적인 서구 문화가 하나의 규범적인 위치를 차지하기 때문에, 그 밖의 문화나 유색인종은 비정상적인 것, 열등한 것으로 여겨진다.

각기 다른 문화나 종족의 상이성에 대한 인식은, 각각의 문화가 우월이나 열등의 관계가 아니고 단지 서로가 다를 뿐이며 저마다 고유한 영역이 있음을 자각하게 함으로써 자기 정체성 확립에 중요한 출발점이 될 수 있다. 또한 여성들 사이의 인종이나 사회적 계층의 상이성에 대한 인식은 페미니스트 이론이나 과제가 다양하게 형성되어야 한다는 것을 자각하게 해주었다.

그러나 이렇게 상이성에 대한 인식만 강조할 때 생길 수 있는 부정적인 측면이 있다. 그것은 엄연히 현실에 존재하는 불평등 구조에 근원적인 물음을 제기하지 않는다는 점이다. 여기서 포스트모던 페미니즘은 "어떻게 상이성의 정치학이 서로 다른 것의 단순한 분리를 넘어서는 것으로 쓰일 수 있는가?"라는 비판적인 문제제기를 한다.[54] 결과적으로 포스트모던 페미니즘이 주장하는 '상이성의 페미니스트 정치학'은 상이성과 연대성의 공존을 추구한다. 동시에 상이성과 평등성의 논의는 이분법적으로가 아니라 "이러한 관점이 불평등 구조를 조장하는가 아닌가"에 대한 논의로 초점을 맞추고 있다고 볼 수 있다. 나는 포스트모던 페미니즘의 이러한 관점이 여러모로 상당히 깊은 통찰을 줄 수 있다고 본다. 평등의 반대는 불평등이지 상이성이 아니며, 또한 상이성이 '분리'를 의미하는 것은 아니기 때문이다.

포스트모더니즘의 '상이성 찬양'이 안고 있는 딜레마를 극복하기 위해서는 현재 나타난 상이성을 무작정 포용하거나 또는 반대로 무작정 무시해버려서는 안 된다. 그 상이성들 간의 권력구조를 비판적으로 조명할 필요가 있다는 것이다. 우선 그러한 상이성이 '위계적 상이성'일 때는, 그 위계적 상이성이 야기한 구조에 대한 조직적인 비판이 있어야 한다. 즉 단지 '상이한 것'만이 아니라, 상이한 것들 사이에 우월과 열등의 가치구조가 작동하는지를 조명해야 하는 것이다. 그다음으로는 단일 정체성이나 평등성에 근거하여 상이성을 제거하는 것이 아니라, 상이성에 근거하여 평등성을 추구해야 한다. 그러므로 스콧J. Scott이 지적한 것처럼 권력구조로부터의 배제와 포괄에 초점을 맞추면서 상이성에 근거하여 권력에 도전하는 것은 상이성에 대한 단순한 고양이나 낭만화가 바지기 쉬운, 불평등구조에 대한 무감각성을 극복할 수 있는 것이라 하겠다.55 이 점에서 포스트모던 페미니즘의 상이성에 대한 찬양은 포스트모더니즘의 이해와 다르다고 할 수 있다.

2) 프랑스의 포스트모던 페미니즘

최근까지 포스트모던 페미니즘은 주로 프랑스 페미니즘을 지칭하는 것으로 이해되어왔다. 대표적으로 시루Hélène Ciroux, 이리가레, 크리스테바 등을 꼽을 수 있는 프랑스의 포스트모던 페미니스트들은 각기 다른 전제를 가지고 있다. 그러나 공통적인 것은 그들이 데리다나 라캉Jacques Lacan 같은 프랑스 포스트모던 철학자들의 철학적 관심을 공유한다는 점이다. 이들은 데리다와 같이 해체적이며, 라캉과 같이 전통적인 프로이트의 정신분석학 이론과 실습을 재해석하는 데 관심을 둔다.

그러나 그들이 이러한 철학자들의 사상을 무비판적으로 추종하는 것은 아니다. 이들 프랑스 페미니스트들은 데리다나 라캉의 철학적 관점에서 남성중심적인 요소를 비판하고 분석한다.56 이들 포스트모던 페미니스트는 포스트모더니즘의 모든 것은 다원적이고 상이하다는 전제 때문에, 사실상 페미니즘을 포함한 어떤 종류의 '이즘-ism'이라는 라벨도 자신들에게 붙여지는 것을 거부한다.57 프랑스 포스트모던 페미니스트들의 특성을 몇 가지로 단순화하기는 어렵다. 그러나 이들이 데리다의 해체적인 관점, 라캉의 정신분석학적 관심, 보부아르의 실존주의 사상의 줄기를 지니고 있다고 보는 것은 큰 무리가 아닐 것이다.

포스트모던 페미니즘에서 중요한 전제 가운데 하나는 '여성이 왜 제2의 성sex인가' 또는 '여성은 왜 타자로서 존재하는가'를 최초로 페미니즘의 중심 주제로 삼은 보부아르의 사상이라고 볼 수 있다. 그러나 프랑스의 포스트모던 페미니스트들은 보부아르의 '타자the other'로서의 여성 개념을 '극복해야 할 것'으로 받아들이지 않고 그 '타자성otherness'의 장점을 강조한다. 즉 '타자성'은 현실세계와 거리를 유지하면서 기존의 가치관, 규범, 가부장제가 실천되는 것을 비판할 수 있게 해준다는 것이다. 그러므로 이러한 타자성은 억압이나 열등성으로만 남는 것이 아니라 개방성, 다원성, 다양성, 상이성을 가능하게 하는 존재방식으로 이해되고 있다.

타자성이 안고 있는 긍정적인 측면의 강조는 포스트모던 페미니즘의 해체적 관점에서 중심 주제가 되고 있다. 이러한 해체주의적 관점은 모든 것에 비판적인 태도를 취하며, 보편적인 개념 규정의 추구를 거부한다. 또한 전통적으로 대립적인 것으로만 규정되어온 이성/감성, 아름다움/추함, 자아/타자 등의 대립적 구분에 도전한다는 의미에서 '반본질주의antiessentialism'라고 할 수 있다.[58]

자기 정체성이나 객관적 진리가 불가능하다고 보는 이러한 해체주의적 성향은 세 명의 프랑스 포스트모던 페미니스트들의 사고에서 지배적이라고 볼 수 있다. 이러한 프랑스의 포스트모던 페미니스트들은 구체적인 사회문제에 대한 분석을 결여하고 있다는 비판을 받기도 한다.[59] 또한 그들이 명증성을 거부한다는 점, 그들의 언어에 대한 분석이 너무 복잡하고 모호해서 일반적으로 파악되기 어렵다는 점은 비판받고 있다.[60] 그러나 소외된 이들과 주변부에 있는 이들의 타자성이 지닌 가능성을 부각하고, 언어분석이나 정신분석을 토대로 비대립적인 사고를 추구한다는 점에서 긍정적으로 평가할 수 있다.

지금까지 살펴본 바와 같이, 프랑스의 페미니스트들과 달리 미국의 포스트모던 페미니스트라고 불릴 수 있는 이들은 훨씬 다양한 폭을 지니고 있다. 이들은 정신분석학이나 해체주의 자체에만 관심을 갖는 것이 아니라 포스트모더니즘이 구체적인 여성문제에 어떻게 적용될 수 있는가에 폭넓은 관심을 둔다. 나는 성차별의 문제를 포함하여 다층적 차별의 문제를 다루는 데에는 특히 다양한 학문적 주제와 방법론을 도입하는 '간학제적' 관점을 수용해야 하며, 더 나아가서 '초학제적transdisciplinary' 관점과 접근방식이 요청된다고 본다. 젠더 문제를 한 분야의 관점으로만 분석하면 구체적인 삶 속에서 사실상 서로 얽혀 있는 다양한 측면을 간과하기 쉽고 구조적으로 분석하기 어려운 탓에, 여성문제나 페미니즘의 과제를 좁은 관점에서 한계 지을 수 있기 때문이다. 예컨대 류터 같은 페미니스트 신학자의 글은 신학뿐 아니라 사회학·심리학 등의 관점도 취하기 때문에 여성문제를 분석하는 데 한층 종합적이고 포괄적인 통찰을 준다. 동시에 프랑스 페미니스트들의 언어분석이나 정신분석에 대한 깊이 있는 연구는 간과하기 쉬운 미묘한 부분에 대한 심층적 분석을 제공한다는 점도 높게 평가될 수 있다.

4. 포스트모더니즘의 페미니스트 신학적 수용 가능성

페미니스트 신학적으로 포스트모더니즘을 어떻게 받아들일 수 있는가 하는 문제는 포스트모더니즘의 다양한 형태에 대한 인식과 함께, 페미니스트 신학이 어떤 의미의 포스트모더니즘을 비판적으로 수용할 수 있는가에 대한 분석으로 윤곽을 잡을 수 있다. 흔히 '포스트모더니즘'이라고 하면 데리다의 해체deconstruction를 연상하게 되는데, 이 해체적 관점은 포스트모더니즘적인 사고에서 중요하다.

그러나 이러한 '해체'가 구체적으로 어떠한 역할을 하는가에 대해서는 참으로 다양한 관점이 있다. 해체에 대한 비판적 견해로는 예를 들어 해체는 "반노동자계급, 반공산주의, 인종차별주의적인 것",[61] "보수적인 주도권에 관여해온 것" 또는 "보수적인 것도, 혁명적인 것도, 진보적인 것도 아닌 것" 등과 같은 비판이 있다.[62] 또한 이와는 정반대의 긍정적인 평가를 살펴보면 "해체는 급진적으로 민주적이며 평등주의적인 사회주의를 위한 철학적 근거이다. …… 해체는 비판적 마르크스주의로 구체화할 수 있다"[63]와 같은 견해가 있다.

또한 해체에 대한 이해가 다양한 것처럼 포스트모더니즘에 대한 이해도 다양하며, 그에 따른 분류도 다양할 수밖에 없다. "반동의 포스트모더니즘과 저항의 포스트모더니즘"이 있는가 하면, "정착적establishment 포스트모더니즘과 급진적·비판적 포스트모더니즘",[64] 그리고 "긍정적 포스트모더니즘과 회의적 포스트모더니즘"[65] 등의 분류도 있다. 그러나 이러한 분류가 공통적으로 보여주는 것은, 이론이나 담론은 그것들이 적용되고 기능하는 정황에 따라 긍정적인 역할을 할 수 있다는 사실이다. 이런 의미에서 본다면 하나의 이론이 안고 있는 한계나 위험을 보지 않고 전적으로 긍정만 한다든가, 정반대로 그 사상이 함축하는 깊은 의미와 공헌점을 새겨보지 않고 전적으로 부정해버리는 태도는 모두 무의미하며 위험하다. 어떠한 사상이든 그에 대한 평가는 우리의 구체적인 정황이나 관점에 비추어 비판적인 관점을 통해 여과되어야 한다. 이러한 관점에서 볼 때, 페미니스트 신학이 수용할 수 있는 포스트모더니즘은 포스트모더니즘의 긍정적인 요소를 받아들이는 동시에, 그 사상의 취약점과 한계성을 비판하고 극복하는 형태의 포스트모던 페미니즘의 관점이라고 할 수 있다.

이런 맥락에서 보면, 기독교 전통의 가부장적인 상징이나 언어·가치관 등을 해방적 관점에서 비판하고 해체하는 비판적인 관점으로서의 포스트모더니즘은 수용될 수 있다. 동시에 페미니스트 신학이 '부정과 비판의 언어'로서만이 아니라 기독교의 메시지에 대한 현대적 이해와 평등주의적 공동체로서의 새로운 모습을 제시하기 위해서는, '긍정과 가능성의 언어'를 동시에 지녀야 한다. 간혹 페미니스트 신학자들이나 포스트모더니스트들이 부정적인 평가를 받는 경우는 그들의 언어가 '부정과 비판의 언어'로만 끝날 때이다. 페미니스트 신학이 기존 현실의 문제점들을 지적하고 비판하는 '부정과 비판의 언어'를 반드시 지녀야 한다는 것은 가장 근원적이고 중요한 출발점이다. 동시에 새로운 세계와 관점을 제시하는 '긍정과 가능성의 언어'까지 갖춰야 한다는 것은 페미니스트 신학이 포스트모더니즘의 해체적 관점을 겸비하는 동시에, 다시금 그 해체적 관점을 뛰어넘어 추구해야 할 과제이다.

미국의 페미니스트 신학자들 중에는 이러한 포스트모더니즘의 관점을 비판적으로 수용하여 자신의 이론을 펼치는 이들이 있다. '상이성'과 '연대'의 문제를 윤리적인 관점에서 다루는 웰치, 언어분석을 통해 페미니스트 신학의 근거를 형성하고자 하는 레베카 촙Rebecca Chopp, 신 상징의 분석과 다양하고 새로운 신의 이미지를 제시하는 맥페이그 등을 예로 들 수 있다.[66]

지금까지 포스트모더니즘은 이른바 제1세계를 중심으로 전개되어 왔다고 볼 수 있다. 제3세계의 포스트모더니즘에 대한 조직적인 연구는 아직 찾아보기 힘들다. 그런데 제3세계의 포스트모더니즘은 '근대성modernity'을 '서구 사상'과 동일하게 이해하면서 근대성에 대한 포스트모더니즘의 거부와 비판을 서구 사상에 대한 거부와 비판으로 이해하는 경우가 있다. 이들은 제1세계가 제3세계를 식민지화하는 과정에서 토착문화의 순수성이 왜곡되었다고 전제하며, 토착문화가 보존되어 있고 살아 있는 과거로의 회귀를 지향하고자 한다. 이처럼 '과거로의 회귀'를 모더니즘을 극복하는 하나의 방법으로 도입하는데, 이는 단순한 과거의 복제가 아니라 질적으로 다르고 새로운 내용을 함축하는 것이라고 강조하곤 한다.[67] 그러나 근대의 극복을 이러한 토착주의nativism나 서구 때문에 '오염되지 않은' 과거로의 회귀를 통해 이루고자 하는 시도에는 여러모로 한계가 있다.

　　제3세계의 포스트모더니즘은, 어떤 의미에서 보면 서구적 진리 개념은 부정하고 자신들의 고유한 진리와 자기 문화의 우월성을 주장한다고 볼 수 있다. 스피박은 제3세계가 모더니즘의 저자들에 의해서 왜곡되어왔음을 비판한다. 데리다의 책을 영어로 번역하여 세계적으로 알려지기 시작한 스피박은 페미니즘, 해체주의, 제국주의 비판에 대한 저서를 출간하는 인도 출신의 포스트모던 페미니스트이다.[68] 스피박에 따르면 인도의 힌두법은 영국의 식민지법에 의해 왜곡되어 해석되어왔다. 스피박은 이렇게 왜곡된 제3세계의 모습은 모더니즘적 방식으로는 시정될 수 없으며, 데리다적인 해체적 방식을 통해 재해석되어 그 고유의 전통이 보존되어야 한다고 강조한다.[69] 그러나 제3세계의 이러한 포스트모더니즘이 안고 있는 위험성이 있다. 그것은 바로 가부장적인 결혼제도나 가정에서 여성의 전통적인 역할도 다시 합리화할 수 있는 근거가 될 수 있다는 점이다. 또한 여성이나 제3세계처럼 소외된 그룹이 포스트모더니즘을 수용하는 것은 부정적으로 평가되기도 한다. 포스트모더니즘은 제3세계 내의 소외와 경제제국주의 같은 문제를 다룰 때 세계를 조직적으로 분석하지 않기 때문이다.[70]

만약 한국의 페미니스트 신학이 포스트모더니즘의 해체적 특성을 수용한다면, 서구 모더니즘의 영향을 받아 왜곡된 한국 고유의 종교나 문화를 새로운 관점에서 재평가해야 하는 동시에, 그러한 과거로의 복귀가 그 속에 함축된 가부장적인 가치마저 재승인하는 결과를 낳지 않도록 비판적으로 접근해야 한다. 이른바 한국의 '고유문화'라는 이름 아래 다양한 차별적 구조와 반인권적 구조들이 이상화되고 미화되는 '문화적 알리바이'로 쓰이지 않도록 경계해야 하는 것이다.

한국의 페미니스트 신학이 포스트모더니즘의 해체적 방식을 수용한다면, 무엇보다 먼저 조선시대 이후 한국에서 개인적·사회적 가치관을 형성해온 유교적 인간관과 세계관의 남성중심적 전제를 근원적으로 비판하는 작업이 필요하다.[71] 유교적 가치관은 현대 한국 사회의 거의 모든 측면에 깊숙이 침투해 있어서 기독교인이라도 이러한 유교적 가치관에서 완전히 벗어나기는 어렵기 때문이다.

기독교 문화권에 있는 서구의 사회 성향은 개인주의individualism로, 유교 문화권에 있는 한국을 비롯한 동아시아는 가족주의familism로 그 특성이 구별된다.[72] 유교 문화권의 가족 개념은 모든 인간관계에서 가장 기본이 되는 중요한 위치를 차지한다. '아버지'의 권위를 가장 존중하는 이러한 '가족'의 안정이 유지되고 조화를 이루기 위해 필연적인 것은 '남성에 대한 여성의 종속'이다. 이러한 유교적 가족주의 개념은 21세기에 들어선 지금도 한국의 교육제도, 종교기구, 정치구조, 사회단체, 대인관계 등 사회의 모든 측면에 자리 잡고 있다. 이러한 가부장적 가치관에 대한 조직적인 분석과 해체는 한국의 페미니스트 신학을 형성하는 데 중요한 출발점이다. 그러한 작업은 종교나 사회에서 여성의 외면적인 조건을 갱신하기 위한 노력과 함께 그러한 불평등 구조를 낳은 보이지 않는 근거를 밝혀내는 것으로서, 사실상 더욱 근원적인 변화를 추구하는 것이기 때문이다.

제11장

이데올로기와 유토피아: 유토피아적 페미니스트 방법론의 모색

1. 지식사회학적 관점으로 보는 젠더와 종교

이 장에서 나는 기독교와 유교의 이데올로기적 요소, 도교道敎와 페미니스트 신학의 유토피아적인 요소를 페미니스트 관점에서 분석하고자 한다. 특히 페미니스트 관점을 통하여 기독교·유교·도교에 나타난 '이데올로기적' 측면과 '유토피아적' 요소를 중점적으로 분석하고 평가하려 한다. 이러한 작업을 위해 페미니스트 관점과 함께 지식과 "그 지식 담지자의 사회적 위치"의 상호관련성을 추적하는 지식사회학sociology of knowledge적인 관점이 수용될 것이다.[1]

여기에서 '지식knowledge'이란 매우 광범위한 의미로, 정치경제적인 이념, 종교적인 교리나 신조, 세계관과 예술·철학은 물론 유머나 속담 등 사람들의 모든 사고 범주를 가리킨다. '젠더와 종교'라는 광범위한 주제를 조명하기 위해 도입되는 지식사회학적 관점의 주요 이슈는, 어떻게 지식이 사람들의 사회 현실에 대한 이해를 재창출하고, 누가 그 지식을 만들어내며, 그 지식이 어떤 조건 속에서 발생되는지 등에 관한 것이다. 또한 상투적이고 왜곡된 의미로 종교와 사회 내 여성의 존재를 조직적으로 규정한 지식들을 분석하는 것 등이 될 것이다.

내가 지식사회학적 관점을 차용하는 이유는, 지식사회학이 종교 안에서의 젠더 이미지를 분석하고 사회 저변에 깔려 있는 가부장적 구조를 드러나게 하는 데 중요한 통찰을 주기 때문이다. 지식사회학적 이해에 따르면, '순수하고 객관적인 지식'이란 존재할 수 없다. 이 점에서 지식사회학이 주는 통찰의 핵심은, 모든 지식은 사회적으로 규정된 정황에서 존재하며, 그 지식을 창출한 자의 가치가 주입된 것이고, 따라서 객관적이고 중립적인 지식이란 불가능하다는 점을 인식하게 하는 것이다. 이러한 맥락에서 해방신학자 제임스 콘James Cone은 "사람들이 신, 예수 그리스도, 교회에 대하여 생각하는 것은 사회 내에서 그들 자신의 사회적이고 정치적인 위치와 분리될 수 없다"고 주장한다.[2] 즉 종교적 담론에서도 객관적이고 중립적 인식은 불가능하며, 그 밖의 종교적 '지식'은 그 지식을 만들어내는 사람들의 위치에 따라 각기 다른 지식을 형성할 수 있게 한다.

이 장에서는 우선 카를 만하임Karl Mannheim의 잘 알려진 책《이데올로기와 유토피아》[3]의 분석에 따라, 오랫동안 사회에서 남성중심적 정신을 정당화하는 역할을 해왔던 기독교와 유교에 나타난 가부장적 요소가 지닌 '이데올로기'의 기능을 분석할 것이다. 그다음에 그러한 가부장적 이데올로기에 대한 '유토피아'적인 반응으로서 도교와 페미니스트 신학을 다루고자 한다. 여기에서 내가 사용하는 '가부장제'라는 용어는 두 가지 의미가 있다. 첫째, 가부장제는 남성이 여성을 경제적으로, 정치적으로, 문화적으로 지배하는 사회체제를 지칭한다. 둘째, 가부장제는 이러한 사회체제를 지지하고 합리화하는 개념적인 구조에 의해 만들어지는 사고방식이나 느낌의 방식 등을 가리키며, 동시에 그러한 인간관과 세계관을 통틀어 지칭하기도 한다.

만하임은 지식사회학의 문제를 다룬 《이데올로기와 유토피아: 지식사회학 입문》에서 '이데올로기ideology'를 지배계층이 그들의 이익에 얽매여 기존의 현실을 유지하려는 데에만 연연할 뿐 그들의 지배를 반대하거나 개혁하려는 것을 받아들이려 하지 않는 사고구조라고 정의한다.[4] 반면에 '유토피아utopia'는 이데올로기가 지속시키고자 하는 것을 개혁하려는 피지배층의 노력을 반영하는 사고구조를 지칭한다.

기독교와 유교가 어떤 의미에서는 여성의 열등성과 남성 우월 사상을 고취하고 강화하는 역할을 해왔다는 사실은 벌써 충분히 지적되었다. 이런 측면에서 기독교와 유교에 담긴 가부장적/계급주의적 이데올로기의 요소를 비판적으로 조명하며, 이러한 이데올로기를 극복하고 새로운 현실을 창출하려는 유토피아적 구조를 살펴보는 것은 여러 의미에서 중요하다.

유토피아적 사유방식의 사례로 유교 문제에서는 도교를, 기독교 문제에서는 페미니스트 신학을 대비하고자 한다. 페미니스트 신학적 담론에서는 특히 메리 데일리와 로즈메리 류터의 관점을 중심으로 조명할 것이다. 이 두 페미니스트 신학자들은 기존의 현실이 아닌 다른 새로운 대안적 현실에 대한 분명한 비전을 제시하고 있기 때문이다. 다른 페미니스트 신학자들에게 미래에 대한 비전이 없다는 뜻은 아니지만, 단순히 미래에 대한 비전이 있다는 것만으로 유토피아적이라고 할 수는 없다. '유토피아'적이라는 것은, 만하임의 '유토피아'에 대한 개념 규정에 비추어볼 때 단순한 '소원하는 사유wishful thinking'의 표현이 아니다. 기존의 가부장적 세계관과 사회구조 자체를 근본적으로 비판하고, 더 나아가서 새로운 사회질서, 새로운 문화, 새로운 세계관을 창출하고자 하는 강력하고 구체적인 전망을 지니는 동시에 개혁적 가능성을 제시하는 '의지적 사유will-full thinking'를 지칭하는 것이다.[5]

한국의 페미니스트 신학이 기독교뿐 아니라 유교에 대해 검증하는 것은 다음과 같은 이유에서 중요하다. 첫째, 기독교는 서구 문명에서 모든 사회적 또는 개인적 가치체계를 형성하는 데 가장 강력한 영향을 끼쳤기 때문이다. 역사학자 게르다 러너Gerda Lerner는 신성神性; the Divine에 대한 관계에서 여성의 가치를 낮게 평가한 기독교의 상징체계symbolism가, 아리스토텔레스의 사상과 더불어 서구 문명의 형성에 가장 중요한 메타포가 되었다고 분석한다. 특히 기독교의 남성 유일신 상징은 종교와 사회 안에서 여성의 열등한 위치를 신에게서 주어진 것으로 여기게 한다는 것이다. 러너는 기독교의 이러한 남성중심적 상징들이 여성의 종속을 '자연스러운 것natural'으로 보이게 함으로써 사실상 그러한 여성의 종속이 '보이지 않는 것invisible'이 되어왔다고 분석한다. 이러한 은유적 구성이 결국 가부장제를 '사실'로, 하나의 '이데올로기'로 견고하게 확립해온 것이다.[6]

기독교의 가부장적 요소는 19세기 이후 페미니스트들에게 본격적으로 비판받기 시작했다. 특히 기독교의 남성 유일신 사상이 종교적인 구조를 통해서 가부장적 규범을 지닌 사회적 계급조직을 강화해왔다는 점이 지적되기 시작했다. 하나님은 남성이라고 여겨져왔으며, 성서의 세계가 인간관계에서 하나의 절대적인 규범 역할을 해왔다는 사실이 종교와 사회 내에서 여성의 열등한 위치를 합리화하고 강화해왔다는 것이다. 그리하여 페미니스트 신학자들은 기존의 사상구조와 다른 구조에서 새로운 하나님 이해를 표현하고자 하며, 더 나아가서 기존의 사회와 다른 사회, 즉 인간과 인간, 인간과 자연 사이에 착취가 사라지고 소외가 극복되며, 계급주의적-가부장적 구조가 없는 이상적인 사회를 그리게 되는 것이다. 그러므로 여성의 관점에서 종교와 사회의 어떠한 강력한 변화를 추구하는 유토피아적인 이상을 건설하기 위해 기독교의 가부장적인 이데올로기 요소들을 검증·비판하는 것은 필수적이라고 볼 수 있다.

한국 페미니스트 신학의 기독교와 유교 분석이 중요한 두 번째 이유로는 유교가 한국을 포함한 동아시아 사회에 끼친 지대한 영향을 들 수 있다. 앞서 언급한 바와 같이 기독교가 서구 사회의 가치관을 형성하는 데 주도적인 역할을 한 데 견주어 유교는 동아시아 사회의 가치관을 형성하는 데 중요한 역할을 해왔으며, 동시에 동아시아의 전통적인 사회에서 여성의 위치를 하락시키는 데 주도적인 역할을 했다고 할 수 있다.

여성을 비하하는 공자의 기본적인 사상은 다음과 같은 말에 잘 표현되어 있다. "그[공자]는 인간 사회에 대한 그의 가르침을 가부장적 가정, 조상 숭배, 효에 근거하여 전개했다. 이러한 구조 속에서 여성의 기능이란 간단하고 분명한 것이다. 그것은 네 개의 알파벳으로 만들어진 단어, 즉 '순종 obey'이다. 여자는 순종하게끔 만들어진 인간 a creature born to obedience 이다."[7] 이러한 맥락에서 볼 때, 남한 인구의 25퍼센트 이상이 기독교인이라 해도 그 기독교인들은 자신이 의식하든 못하든 유교적 사고에서 완전히 자유롭기 어렵다. 조선시대 이후로 한국 사회의 정치사회적·개인적인 가치체계는 기본적으로 유교적 가치관에 근거하여 형성되어왔기 때문이다.

가부장적·계급주의적 구조인 유교와 대조적으로, 도교는 창조적인 힘을 표현하는 데 여성적인 상징을 사용한다. 그뿐만 아니라 남성과 여성을 포함한 모든 대립물의 평등과 조화를 주장한다. 이런 의미에서 한국의 페미니스트 신학이 기독교와 유교를 검증하고, 이 두 종교가 지닌 가부장적 이데올로기를 극복하기 위한 하나의 시도로, 도교와 현대 페미니스트 신학자들의 유토피아적인 이상을 발굴하여 페미니스트 신학의 이론적인 토대를 형성하는 것은 의미 있는 신학적 시도라고 할 수 있다. 이러한 시도를 위해 우선 '이데올로기'와 '유토피아'의 개념이 어떤 의미로 쓰이는지 분석하고, 그다음에 이 두 개념을 사용하여 유교-도교, 기독교-페미니스트 신학을 조명해볼 것이다. 그리고 마지막으로 도교와 페미니스트 신학의 유토피아적 전망이 안고 있는 한계를 극복하기 위한 페미니스트 신학적 방법론을 모색해보고자 한다.

2. 이데올로기와 유토피아: 개념적 이해

현대의 사회과학과 인문과학 분야의 저작에 많이 나타나는 '이데올로기'라는 말은 복잡하고 오랜 역사를 담고 있으며, 철학적이고 정치적인 기원을 두고 있다.[8] 그 기원을 간략히 살펴보면, 철학적인 기원은 로크, 버클리, 흄, 칸트가 주장한 의식철학philosophy of consciousness의 발전에서 찾을 수 있다. 의식철학은 우주에 대한 고전적이고 중세 기독교적인 존재론적ontological 합일성을, 인식하는 주체의 주관적인 인식론적epistemological 합일로 대체했다. 특히 인식하는 개체가 대변하는 이러한 주관적 합일이 왜곡된 것을 경고하는 베이컨Francis Bacon의 우상론은 '이데올로기'에 대한 현대적 개념의 시조라고 할 수 있을 것이다. 여기에서 '우상idols'이란 편견을 말한다. 베이컨에 따르면 인간은 "종족의 우상, 동굴의 우상, 시장의 우상, 극장의 우상" 등 네 가지 우상에 사로잡혀 있다. 이 모든 것은 인간의 본성 그 자체에서 기인하기도 하고, 때로는 특정한 개인에게서 생기기도 한다. 또한 전통이나 어떤 사회에서 기인하기도 하는데, 이 모든 것은 오류의 근원이다. 어떤 경우건 이런 우상들은 모두 진정한 앎에 도달하는 데 큰 장애가 된다.[9]

'이데올로기'의 정치적인 기원은, 형이상학을 거부하고 인류학적이고 심리학적인 근거에서 문화과학cultural science을 추구하고자 했던 프랑스 계몽주의 시대 철학자들의 '편견에 대한 이론'으로 거슬러 올라간다. 종교적 기만에 관한 이들의 이론은, 사회 현실에 대한 종교적·형이상학적 왜곡의 도움을 얻어서 사람들을 자기에게 종속시키려는 기만적인 정치 지도자에게 대항할 수 있는 개념적 근거에 정치적인 의미를 제공했다. 이러한 정치적인 요소가 '이데올로기'라는 말의 탄생에 나타난다. 이데올로기라는 용어는 나폴레옹이 자신의 정치적 야심에 반대하던 일군의 철학자들을 '이데올로기주의자들ideologists'이라는 말로 비난하자 드트라시Destutt de Tracy가 자신의 이념과 과학을 가리켜 '이데올로기'라고 부름으로써 만들어졌다.[10]

카를 마르크스에 이르러 이데올로기라는 말은 두 가지 의미로 쓰이게 된다. 첫째, 이데올로기란 기만당하고 착취당하는 대중을 통제하기 위한 무기로서 지배계층이 이용하는 왜곡된 이념을 지칭한다. 둘째, 허위의식false consciousness이나 현실을 있는 그대로 보기를 거부하는 정치적인 자기 패배의 표명을 나타낸다. 마르크스의 '특수special 개념으로서 이데올로기'는 오직 지배계층의 이념만을 공격한다.

반면 만하임은 마르크스의 이러한 개념을 확장해서 모든 사회적 행위자들의 사고를 가리키는 '일반적general 개념의 이데올로기'를 등장시킨다. 만하임은 또한 이데올로기를 '총체적total 이데올로기'와 '특수한particular 이데올로기'로 구분한다. 전자는 한 시대 또는 구체적인 역사적·사회적 그룹의 이념을 지칭하는 반면, 후자는 사람들이 그들의 반대편에서 제시하는 이념에 회의적인 것을 나타낸다.[11] 간략히 말하면, 만하임의 이데올로기 개념은 현상 유지를 합리화하면서 현실 왜곡을 함축하는 세계를 신뢰하는 체제를 가리킨다. 또한 그는 마르크스와 맥을 같이 하여, 이데올로기는 현실에 대한 사회적 규정을 왜곡함으로써 그들의 위치를 정당화하고 특정한 그룹의 이익을 제공하는 것으로 간주한다.

이러한 이데올로기적인 사고와 반대로 유토피아적인 사고는 개혁을 추구하는 피억압계층의 투쟁을 반영한다. 만하임에 따르면, 유토피아라는 개념은 현실을 초월하고 기존 질서의 결속을 깨는 지향성을 지칭하며, 일반적으로 유토피아적인 사고는 이것을 평가하는 사람들의 사상이나 감정이 기존 질서에 결속되어 있을 때는 실현 불가능한 것으로 간주된다. 그런데 기존 사회체제의 관점에서 볼 때는 실현 불가능하지만, 기존 사회체제가 변혁된 다른 체제에서는 실현 가능한 유토피아가 있다. 이런 의미에서 만하임은 유토피아의 특성을 '상대적 실현 불가능성relative unrealizability'과 '절대적 실현 불가능성absolute unrealizability'으로 구분한다. 그가 '유토피아'라는 말을 쓸 때는 언제나 상대적으로 실현 불가능한 의미로 쓰고 있다.[12] 이 유토피아적인 사고는 그 시대의 사회구조를 부분적으로 또는 전체적으로 개혁하려는 목적이 있는 계층이 지닌 지향성이라고 할 수 있다.

3. 가부장제적 이데올로기와 평등주의적 유토피아: 유교와 도교

조선의 창업자가 유교를 사회적·정치적 프로그램의 기초로 삼았을 때, 유교는 한국 사회에 남계 친족관계의 원리를 소개했다. 그것은 구조적으로 오직 남성만을 사회에 상응하는 주체적 구성원으로 만들고, 여성은 사회에서 의존적인 존재로 격하했다. 그렇다고 해서 한국 사회에서 여성이 언제나 소외되고 의존적인 존재는 아니었다. 예를 들어 유교가 소개되기 전 고려시대에는 여성들이 사회적으로 비교적 독립적인 위치를 차지했고, 재산도 아들과 딸이 동등하게 상속했으며, 제사에서도 여성이 배제되지 않았다고 한다.[13] 그러나 조선시대에 이르러 계층주의적이고 남성 지배적인 유교의 가르침은 정치적 이론과 모든 사회적 관계—군주와 신하, 아버지와 아들, 남편과 아내—의 방식 속에 스며들기 시작하여, 결국은 국가의 철학적 기초가 되었다.

유교에서 가정은 성스러운 공동체로서 고양되고, 국가를 포함한 다른 모든 사회적 집단은 가정에 그 근거를 둔 것으로 이해되었다. 잘 알려진 바와 같이 오륜은 부자유친父子有親·군신유의君臣有義·부부유별夫婦有別·장유유서長幼有序·붕우유신朋友有信으로 구별되며, 유교 경전에서 인간의 가장 중요한 관계의 틀을 나타낸다.[14] 특이한 것은 오륜 중에서 '가정'이 세 가지 관계를, '사회'는 다른 두 가지 관계를 형성하는 토대가 된다는 점이다. 그런데 여기서 친구 사이의 관계(붕우유신)를 제외한 다른 네 관계는, 본질적으로 한 계층이 우월한 위치에 서고 다른 계층은 상대적으로 열등한 위치에 서는 위계주의적 특성을 띠고 있다는 점이다. 이 관계들이 정상적인 기능을 발휘하려면 부자父子·부부夫婦·장유長幼 사이의

높고 낮은 위치를 설정하는 위계주의가 필요하다. 이러한 유교의 오륜에서 여성의 복종이 요구되는 것은 자명한 사실이다. 공자가 말했다고 전해지는 다음 내용은 이러한 사실을 뒷받침해준다.

> 여자들도 인간임에는 틀림없다. 그러나 그들은 남자보다는 낮은 계급에 있으며, 결코 남자들과 완전히 평등한 상태에 이를 수는 없다.
> 그러므로 여자들을 교육하는 목적은 정신적인 계몽이나 수양이 아니라 전적인 복종을 가르치기 위함이다.[15]

이러한 맥락에서 보면, 여자가 된다는 것은 복종하는 것을 뜻한다. 그런데 여성의 복종에 대한 여성 자신의 묵인을 확보하기 위한 확실한 수단은 이념적인 메커니즘을 이용하는 것이다. 복종의 규범을 고양하기 위한 우주론적인 근거는 고대 중국의 음양사상에서 찾아볼 수 있다. 이 음양사상에 따르면 우주는 상호작용하는 두 가지 요소인 음陰과 양陽으로 이루어져 있다. 음은 여성적인 것이며 양은 남성적인 것이다. 음은 어둡고 유약하고 수동적인 반면에, 양은 밝고 강하고 능동적이다. 이러한 우주론적 원리를 남녀관계에 적용해서 남자는 하늘의 강한 성격을 지닌 존재로, 여자는 땅의 수납적인 성품을 지닌 존재로 여겨지게 되었다. 본래 의미는 상호작용적이며 대립적이 아닌 보충적 원리인 음양론이, 우월한 것과 열등한 것의 관계라는 위계주의적 원리로 변형된 것이다.[16]

이 같은 우주적 모형에 비추어볼 때 인간의 질서에서 여성이란 땅과 같이 낮은 것으로서 열등한 존재이며, 여성의 적절한 행동규범은 땅과 같이 유약하고 수동적이며 순종적인 태도를 보이는 것이다. 이렇게 변형된 우주론적 원리가 공자와 그의 후계자들의 가르침에 뒤섞여서 남성에 대한 여성의 복종을 정당화하고 강화하는 역할을 한 '가부장적 이데올로기'로 쓰여왔다. 그것은 땅이 하늘과 다른 것처럼, 여성은 남성과 다를 뿐 아니라 열등하다는 남성 우월의 이데올로기를 심었다. 더구나 유교 경전들은 여성의 성품에는 천성적으로 남성을 사악함에 사로잡히게 하는 악한 면이 있을 것이라고 제시한다. 예를 들어 사서오경 가운데 하나인 《시경》에는 다음과 같은 내용이 있다.

> 지혜로운 남자는 성벽을 쌓지만,
> 지혜로운 여자는 그것을 뒤엎는다.
> 지혜로운 여자는 아름답지만,
> 부엉부엉 울어대는 올빼미와 같다.
> 여자는 긴 혀를 가지고 있으며,
> 악의 장본인이다.
> 무질서는 하늘에서 내려진 것이 아니라 여자에 의해 만들어졌다.
> 교육될 수 없는 이들이 있는데,
> 그들은 바로 여자와 거세된 남자들이다.
> ……
> 여자들은 누에를 치고
> 비단 짜는 일만 묵묵히 해야 한다.[17]

여기서 여성의 성품과 천성에 대한 가장 명백한 비판을 찾아볼 수 있다. 즉 여성은 파괴적이고, 부모에게 효성스럽지 못한 올빼미 같으며, 무질서를 가져오는 장본인이다. 그러기에 여성은 집 안에서 일만 하는 것이 알맞다고 함으로써 여성의 활동영역을 제한한다. 결과적으로 여자가 과거시험을 치러 어떤 공적인 기관에서 일한다든가 집안일이 아닌 일에 관심을 품는 것은 금지되고, 여자답지 못한 일로 여겨진다. 또한 유교의 모든 주요 의식에는 여자가 참여할 수 없고, 오직 남자에 의해서만 그 의식이 진행된다. 그러므로 유교적 제사는 남성의 의식men's ritual인 반면에, 귀신숭배라든지 샤머니즘 또는 미신 등은 여성의 의식women's ritual으로 생각되어왔다.[18] 여기에 '남존여비' 사상이 분명해진다. 《시경》에 보면 다음과 같은 글이 있다.

아들들이 태어나면 부드러운 옷이 입혀져,
좋은 잠자리에서 자게 될 것이고,
권장權杖을 가지고 놀게 될 것이고,
그들의 울음소리는 커다랄 것이다.
……
딸들이 태어나면 헝겊 조각에 싸여,
바닥에서 자게 될 것이고,
기왓장을 가지고 놀게 될 것이다.
선한 일을 하든 악한 일을 하든 그것은 그들 소관이지만,
그들은 오직 귀신이나 음식에 대해서,
그리고 부모에게 걱정거리가 안 되는 것에 관해서만 생각해야 한다.[19]

위의 글을 봐도 여자의 운명은 태어나면서부터 남자와는 다르다고 가르친다. 문제는 이러한 고전에서 가르치던 남존여비 이데올로기가 현대에도 팽배해 있다는 점이다. 유교적 가치관에 따라 여자들은 우주적 질서라는 이름으로 남녀의 불평등한 구조를 받아들이도록 배워온

것이다.

이러한 남성 우월적인 유교와 달리 도교의 가르침은 여성의 위치를 고양하는 역할을 한다. 도교는 노장사상으로 알려진 '철학으로서의 도교'와 노장사상이 전화한 것으로 알려진 '종교로서의 도교'가 있다. 여기에서는 특히 노자의 《도덕경》을 중심으로 한 철학으로서의 도교를 다룰 것이다.

노자의 《도덕경》에서는 우주적인 창조성을 "신비스러운 여성적인 것"으로 비유한다. 이러한 사실은 우선 여성의 긍정적인 자기 이해에 큰 영향을 끼칠 수 있다. 도교는 창조적인 힘으로서 여성적인 상징들을 사용할 뿐 아니라 모든 존재의 존재론적 평등의 근거를 제공한다. 이런 점에서 볼 때, 도교는 위계적이며 가부장적인 유교적 가치관을 극복하고 다른 대안적 현실을 추구한다는 의미에서 '유토피아적'이라고 볼 수 있다. 《도덕경》의 저자와 쓰인 연대에 관해서는 여러 가지 학설이 많지만, 도교 연구가로 잘 알려진 쓰다 소키치津田左右吉는 《도덕경》이 맹자(기원전 372~289) 이후에 편찬된 것이라고 주장한다. 이 주장은 노자가 맹자 이후에 실존한 역사적인 인물이었으며, 《도덕경》이 유교적 가치관에 대한 의도적인 비판서라는 주장을 뒷받침한다.[20]

유교적 사상이 남성의 지배와 여성의 복종을 합리화하고 강화하는 역할을 한 반면, 도교는 그러한 가치관을 비난하고 여성적인 지혜를 추구한다. 《도덕경》은 도道를 물, 어린이, 여자, 어머니, 골짜기, 어두움, 낮은 것, 문(자궁), 텅 빈 그릇 등의 상징들로 표현하는데, 대부분의 상징은 여성적인 이미지를 함축하고 있다.

골짜기의 신은 결코 소멸하지 않습니다.

골짜기의 신은 신비로운 여성으로 불립니다.

그리고 신비로운 여성의 문(자궁)은,

하늘과 땅이 생겨나는 근원입니다.

그것은 태고부터 존재해왔지만,

아무리 써도 메마르지 않습니다.

-《도덕경》제6장.[21]

신적인 창조성을 여성적인 상징으로 표현하는 것은 여성의 힘을 긍정적인 것으로 평가한다는 매우 깊은 의미를 담고 있다. 니덤Joseph Needham은 "만약 우리가 음과 양을 나누어 생각할 수 있다면, 도교는 음의 사상이고 유교는 양의 사상이라고 할 수 있을 것이다"라고 함으로써 도교의 경향을 음陰적인 것으로 규정한다.《도덕경》은 전통적으로 남성적인 것으로 여겨진 것들, 즉 지배적이고 폭력적이며 강하고 공격적이며 경쟁적인 성향을 단호히 거부하고, 그 대신 전통적으로 여성적인 것 또는 여성의 역할로 규정되어왔던 것을 칭송한다.[22] 예를 들어《도덕경》에 보면 "여성적인 것은 고요함으로써 남성적인 것을 이긴다"[23]는 말이 나온다. 이러한 분위기는《도덕경》의 기본적인 사상 배경이 되고 있다.《도덕경》제1장에 규정되어 있듯이 궁극적으로 도는 언어로 표현할 수 없는 것이다. 그러나 도는 어떤 창조적인 힘, 비공격적인 행위 등에 현시되며, 대모the Great Mother라든지 여성의 창조적인 능력 등으로 상징된다.

여성적인 상징을 사용하는 것 외에 도교에서 또 다른 중요한 점은 존재하는 사물의 '존재론적인 평등'을 지향한다는 점이다. 노자에 따르면 도는 모든 것을 포용하며 어느 한 곳에 치우치지 않는 공평한 것이다. 모든 것은 평등한 자격으로 대우받는다. 즉 모든 것은 "존재론적으로 평등하다."[24] 이런 의미에서 첸Ellen Chen은 도교의 사랑이란 그녀의 자궁에서 모든 사물을 생성해내는 '어머니 자연'을 뜻한다고 주장한다.[25] 인간과 자연을 포함한 모든 존재는 하나의 우주적 삶을 나누고 있는 것이다. 이렇게 이해할 때 인간은 특별한 존재로서의 의미를 지니지 않으며, 따라서 인간중심주의 사상은 찾아보기 어렵다.

모든 존재를 평등한 것으로 이해하는 것은 노자뿐 아니라 장자의 사상에서도 마찬가지이다.[26] 그러므로 평등에 관한 도교적 개념은 그 의미가 가정과 사회와 국가로 확장된다 해도, 사랑의 개념이 인간에게로 좁혀지는 유교와는 매우 대조적인 모습을 이룬다. 유교에서는 남자 조상들이나 아버지가 존재의 뿌리이고, 그 밖의 다른 이들은 가지에 지나지 않는다고 이해된다. 이러한 의미에서 유교적 효孝란 '아버지들'에게 복종하고 따르는 것을 의미한다.[27] 유교의 이러한 국부적인 사랑 개념을 장자는 질병과 같은 것으로 다루고 거부한다.[28]

종합해보면, 도교의 여성적 상징의 표현은 여성이 남성보다 열등하다는 생각을 거부하게 만들고, 더 나아가 종교와 사회에서 여성들의 적극적인 참여를 격려하는 근거를 제시한다고 할 수 있다. 따라서 이러한 여성적 상징은 여성을 평등한 존재로 인식하게 하는 심리학적이고 정치적인 효과를 불러온다고 할 수 있다.[29] 도교는 여성성을 고양함으로써 가부장적 이데올로기로서의 유교와 분명한 대비를 이룬다. 더 나아가서 모든 대립적 관계가 상쇄되고 모든 존재의 평등이 실현되는, 소외가 극복되는 사회를 꿈꾸는 유토피아적인 사상을 담고 있다. 이런 의미에서 볼 때 남성의 여성 지배뿐 아니라 그 밖의 다양한 지배구조를 거부하는 페미니스트 신학, 생태계의 위기를 가져온 전통적인 인간중심적 세계관을 비판하고 새로운 세계관을 형성하고자 하는 생태신학 등은 도교 사상에서 풍부한 이론적 근거를 제시받을 수 있다.

이처럼 도교 철학이 지닌 긍정적인 측면은 여러 가지로 평가할 수 있다. 그러나 동시에 한계와 위험 또한 안고 있다고 생각한다. 경계해야 할 위험성은, 도교에서 드러나는 여성성의 고양이 전통적으로 여성에게 주어졌던 성역할까지 칭송함으로써 그러한 덕목들이 여전히 여성의 '참다운 덕'이라고 이상화할 수 있는 소지가 있다는 점이다. 그리하여 여성이 단지 기능인으로서만이 아니라 다양한 잠재력을 지닌 개별적 인간으로서 살아가기 위한 투쟁에 소극적이 될 수 있다. 여성을 전통적인 역할에 가둔 채 한 인간으로서의 모습을 보지 않으려 한다면, 그것은 도교 철학이 담긴 심오한 의미를 왜곡하는 것이다. 이러한 한계와 위험성에 대한 경각심을 작동시킨다면, 도교 철학의 유토피아적인 이상은 다양한 종류의 지배와 우월의식을 단호하게 비판하고 넘어서는 페미니스트 신학의 세계관을 더욱 풍요롭게 해줄 이론적 근거를 제공한다고 할 수 있다.

4. 가부장제적 이데올로기와 평등주의적 유토피아: 기독교와 페미니스트 신학

대부분의 페미니스트 신학자들은 기독교가 신의 젠더를 '아버지'로 남성화함으로써 종교와 사회에서 남성의 여성 지배를 정당화하고 강화해 왔다고 본다. 페미니스트 신학자들은 성서에 나오는 결혼과 가정에 대한 구절, 목회에서 여성의 배제를 나타내는 것, 여성의 열등성이나 복종에 관한 성서의 여러 본문, 또는 남성중심적인 종교적 상징 등을 비판적으로 분석한다. 페미니스트 신학자들의 분석을 통해서 보면, 기독교의 신이 남성으로 상징화됨으로써 가부장적 이데올로기가 남성의 권력구조를 강화하고, 동시에 가부장적 세계를 현실세계의 전형으로 고착하는 결과를 가져왔다.

페미니스트 신학자들 중에서 기독교의 상징체계에 대하여 신학적으로 처음 근원적인 문제제기를 한 사람은 데일리이다. 자신의 유명한 책 《하나님 아버지를 넘어서》에서 데일리는 기독교의 상징들을 비판적으로 분석하고, 기독교는 "아버지와 아들의 종교 a religion of the Father and the Son"라고 규정한다. 데일리에 따르면, "만약 신이 남자라면, 남자가 신이 된다."[30] 분명히 기독교에서 신은 남성적인 은유로 시사되어왔고, 그렇게 해서 기독교는 전반적으로 남성적인 것으로 형성되어왔다. 기독교의 중심이 되는 예수도 남성이며, 성서에 등장하는 선지자와 사도와 교회 지도자 모두가 남성이다. 성서의 이러한 남성중심적 상징이나 내용은 여성을 억압하는 종교적 기능을 해왔다.

《하나님 아버지를 넘어서》에서 데일리는 여성해방을 위한 3단계 방법론, 즉 해방-거세-악령 추방 liberation-castration-exorcism을 제시한다.[31] '해방'은 페미니스트 운동의 방법인 동시에 목적이다. 특히 여성 자신, 세계, 신에 대해서 말할 수 있기 위한 언어의 해방은 여성해방에 그 근거를 두고 있다.[32] '거세'는 성차별적 세계의 구조를 반영하고 지속하는 언어와 이미지의 제거를 의미한다. 데일리에 따르면 인간의 문명은 전체적으로나 부분적으로나 가부장제와 성차별주의의 산물이다. 그러므로 문명에 대한 검증과 비판은 여성해방으로 나아가는 데 필수적인 첫 번째 주요 단계이다. '악령 추방'은 일반적으로는 문명에 대한 개념적인 비판이며, 구체적으로는 전통적인 신학에 대한 비판인데, 데일리는 이

것을 "남근중심적 가치체계phallocentric value system를 제거하는 것"이라고 표현한다.³³

데일리는 특히 남성 신male God을 거세해야 하는 세 가지 이유를 들고 있다. 첫째, 현대의 해방된 여성은 우리의 문명 속에 성차별주의가 속속들이 스며들어 있다는 사실을 점차 인식하고 있다. 그런데 이 세계의 문명을 형성하는 데 결정적인 영향을 끼쳐온 것은 가부장적이고 위계적이며 성차별적인 유대-기독교 전통이다. 유대-기독교 전통에 있는 남성신의 이미지는 남성 지배적 문명의 존재론적인 근거가 되어왔다. 이러한 사실은 사회를 병들게 하는 성차별적 제도와 기구들이 왜 오랜 역사 속에서 면면히 존재해왔는지를 설명해준다. 그러므로 만약 현대 여성들이 성차별적 억압에서 벗어나고자 한다면, 모든 아버지들의 아버지이고, 왕 중의 왕이며, 모든 가장家長들의 가장이고, 성차별적 문화의 상징인 남성으로서의 신을 거세해야만 한다는 것이다.

둘째, 여성의 해방은 초월성transcendence을 요구한다.³⁴ 여성해방의 본질적인 양태로서 초월성은 새로운 시대, 새로운 장을 향한 도약이다. 초월성은 자기독립과 자기충족, 자기완성과 자기통합적 통일성의 '성초월적suprasexual 실존'이다. 여성해방을 위한 이러한 초월성에 남성신은 부적절하다.

셋째, 여성해방을 위해 남성 하나님을 거세해야 하는 이유는, 여성의 해방이 역사적으로 또는 존재론적으로 무無; nothingness와의 대면³⁵을 요구하기 때문이다. 여성들은 역사 속에서 그들 자신의 소리를 갖지 않았기 때문에 결국 역사를 갖고 있지 못하다. 에덴동산에서 이브는 아담이 동물들의 이름을 지을 때 침묵하고 있었다. 이름을 지을 수 있다는 것은 현실을 규명하고 만들 수 있는 권력을 갖는다는 것을 의미한다. 권력 있는 사람들이 역사를 만든다. 그러므로 해방이란 남성의 역사적 공간을 꿰뚫고 나와서 여성이 자신들 고유의 역사를 창출하는 것을 의미한다. 남성으로서의 신을 거세한 뒤—이 말은 상당히 복합적인 의미를 함축하는 것으로 이해해야 한다—철저한 무無와의 대면을 통해서 여성들은 비로소 사물과 사건의 이름을 지을 수 있고, 여성의 본래 모습으로 이 세상을 가꾸어갈 수 있다는 것이 데일리의 주장이다.

데일리의 분석에서 볼 수 있는 바와 같이, 이 지구상에서 여성은 가장 소외되어온 창조물이라고 할 수 있을 것이다. 여성은 한 인간으로서의 자신이 아니라 언제나 어떤 것, 즉 남성과의 관계에서만 존재해왔다. 굳이 보부아르의 표현을 빌리지 않더라도 여성은 '주체'가 아닌 '타자'로 존재해왔다. 보부아르는 '타자' 개념을 '진정한 자아authentic self'에 반대되는 부정적인 개념으로만 쓴다. 반면 데일리는 보부아르의 개념을 뛰어넘어, "여성 고유의 언어를 말하고 듣는 여성"—즉 가부장적 세계에서 해방된 여성—을 '타자'라고 규정한다.[36]

지금까지 여성은 언제나 누구의 딸, 누구의 아내 또는 누구의 엄마로 존재해왔다. 실제로 대부분의 한국 여성들은 특별한 사회적 위치에 있지 않는 한 결혼 후에 자신의 이름을 상실한다. 사람들이 결혼한 여성을 누구의 엄마, 누구의 아내로 부르는 것은 바로 '타자'로서의 여성의 삶을 드러낸다. 친하게 지내는 사이라도 여자들끼리 서로의 이름을 모르는 경우가 허다하다. 자신의 고유한 이름이 불리지 않는다는 것은, 여성의 주체적 자기이해에서나 한 사회에서 여성의 책임성에 대한 이해에 몹시 부정적인 영향을 끼친다. 이러한 여성의 타자로서의 삶의 정황은 여성에 대한 유교의 가르침인 '삼종지도'와 어긋나지 않는다. 유교의 삼종지도에 따르면 여성은 언제나 아버지, 남편, 아들 등 남성에 의존해서 살아야 하고, 가족관계를 통해서만 자신의 존재가 인식된다. 이러한 유교적 '허위의식false consciousness'을 보여주는 것 가운데 하나가 여성의 '이름의 상실'이라고 볼 수 있는 것이다. 여성이 가부장적 세계에서 타자로서의 존재가 된 큰 요인의 하나로 신의 남성성을 들고 있는 데일리의 분석은, 기독교가 가부장적 이데올로기로서의 역할을 해왔다는 결론에 이르게 한다.

기독교의 신의 상징에 문제를 제기한 또 다른 페미니스트 신학자는 류터라고 할 수 있다. 류터는 남성 유일신 사상이 종교적 구조를 토대로 가부장적 규범의 사회적 계급주의를 강화했다고 분석한다. 그러한 상징체계를 통하여 '신-남자-여자'라는 하나의 위계주의적인 상징적 서열이 현실에서 고착되기 때문이다.[37] 또한 류터는 여성이 자신의 여성성을 부정하지 않고는 자기 자신을 이상적인 신의 형상을 닮은 인간상에 반영하거나 동일시할 수 없기 때문에 예수를 남성으로, 진정한 신의 형상imago Dei으로 특정화하는 것은 여성에게 문제가 된다고 다음과 같이 밝힌다.

> 그리스도는 우리 인간이 죄를 통하여 잃었고 구속의 은총을 통하여 본래성을 되찾은, 구원받은 인류를 위한 모형이다. 그러나 상징으로서의 그리스도는 페미니스트 신학을 하는 데 문제가 된다. 기독론적 상징은 남성 지배를 강화하는 데 사용되어온 것이다.[38]

기독교의 이러한 남성적 상징은 교회에서 그리스도의 대변자로서의 여성을 배제했다. 그뿐만 아니라 창조와 구속에서도 '제2의 성the second sex'으로 만들었다. 사람들은 오직 남성만이 신의 모습을 표준적으로 소유한다고 생각하며 전통적인 기독교 신학을 형성해왔다. 그리하여 기독교의 핵심적인 상징체계의 남성성은 전통적인 신학자들의 여성에 대한 관점에 부정적인 영향을 미쳤다. 예를 들어 테르툴리아누스나 아우구스티누스 같은 신학자들은 여성의 제사장직을 강력히 반대했다. 아우구스티누스의 주장을 살펴보자.

> 그러면 어떻게 해서 사도들이 우리에게 남자는 신의 형상이므로 그의 머리를 가리는 것이 금지되었지만, 여자는 신의 형상이 아니기 때문에 그녀의 머리를 가리도록 운명 지어졌다고 가르쳤겠는가? …… 신의 형상인 그녀의 남편과 함께라면 여자는 똑같이 신의 한 형상일 수 있지만, 여자 단독으로는 신의 형상일 수 없다. 그러나 남자는 단독으로라도 온전하고 완벽하게 신의 형상이다.[39]

교부들의 여성혐오 사상은 현대의 문화사나 논쟁에 축적되었다. 여성을 비하하는 교부들의 글은 일일이 나열하기 힘들 정도로 많다. 교부 중 한 사람인 제롬 Jerome 은 여자가 세상보다 그리스도를 더욱 섬기려 한다면 여자가 되는 것을 그만두고 남자가 되어야 한다고 한다.[40] 이러한 여성혐오 사상은 기독교 전통에서 한두 사람의 특수한 생각이 아니라, 기독교 역사 속에 흐르고 있는 남성 우월주의를 단편적으로 드러내는 것에 지나지 않는다. 이런 맥락에서 보면 인간으로서의 존엄성과 가치는 오직 남성에게만 적절한 것이라는 결론, 즉 '남성'과 '인간'은 동일시된다는 결론이 나온다. 그렇다면 어떻게 여성이 인간으로서의 존엄성과 가치를 지니고 온전한 인간으로서 삶을 살아갈 수 있겠는가.

여기서 여성의 유토피아적인 사상이 등장하게 된다. 기존의 가부장적이며 위계적인 인간관이나 세계관을 변혁하지 않고는 여성의 온전한 삶이 불가능하기 때문이다. 그리하여 데일리 같은 페미니스트 신학자는 가부장적이며 고착되어 있고 동사의 역동성을 죽이는 '명사noun로서의 신Being'이 아니라, 끊임없이 열려 있고 적극적인 희망의 행위를 행하는 '동사verb로서의 신Powers of Be-ing' 개념을 새롭게 창출한다. 이러한 새로운 대안적 신 상징의 창출을 통해서 '비억압적인 사회nonoppressive society'에 대한 유토피아적 전망을 제시하는 것이다. 이러한 비억압적인 사회에 대한 유토피아적 전망 속에서 폭력, 지배, 자연과 여성에 대한 강간, 전쟁 등으로 그 특성을 나타낼 수 있는 남성성의 문화는 악으로 규정된다. 류터 같은 신학자는 인간과 비인간의 생태학적 구조가 서로 대립하는 것이 아니라, 조화와 상호보조적인 관계로 하나가 되는 유토피아적인 '생태적 사회ecological society'를 모색한다.[41]

비록 이들 페미니스트 신학자들은 각기 다른 방법을 전개하지만, 이상적인 유토피아적 사회를 꿈꾼다는 공통점이 있다. 나는 절대적으로 실현 불가능한 유토피아가 아니라 "상대적으로 실현 불가능한 유토피아relative unrealizability of utopia"를 향한 꿈은 역사를 이어온 원동력이 되어왔다고 본다. 페미니스트 신학자들의 이러한 유토피아적인 이상은 그 자체로 정치적인 효력을 지닌다. 유토피아적인 이상 없이는 어떤 종류의 해방적 변혁운동도 꾸준히 이어질 수 없기 때문이다.

5. 유토피아적 페미니스트 방법론의 모색

이상과 같이 지식사회학적인 관점을 수용하여, 종교적 상징이나 철학과 같은 특정한 지식이 사회에서 그 지식을 받아들이는 사람들의 구체적인 실존과 어떤 관계를 맺는지 살펴보았다. 이러한 분석을 통하여, 어떤 지식이 이데올로기화하면 그 지식은 모든 사람들의 자유와 존엄을 극대화하기보다는 약자에게 복종과 그 지식의 절대성을 주장하며 약자를 억압하는 도구가 되어서, 힘을 가진 이들의 이익을 극대화하고 기존 체제를 강화하는 역할을 하게 된다는 점이 밝혀졌다. 이런 의미에서 나는 일반적으로는 신학이, 구체적으로는 페미니스트 신학이 수용해야 할 방법론은 '유토피아적'이어야 한다고 본다.

성서에서 유토피아 전통은 예언자 전통에서 찾아볼 수 있다. 그 예언자 전통은 신의 이름으로 지배와 종속과 이기심, 불의한 사회질서를 정당화하고 인정하는 종교적 이데올로기를 날카롭게 비판했다. 이러한 맥락에서 류터는 페미니즘의 성서적 근거로 '예언자적 원리the prophetic principle'를 내세운다. 이 해방적인 예언자 전통은 억압받는 사람들에 대한 신의 방어와 변호, 기존의 권력과 권력자들에 대한 비판, 불의가 극복되고 정의와 평화가 지배하는 이상적인 사회에 대한 전망, 이데올로기 또는 종교에 대한 비판 등 네 가지 의미를 담고 있다.[42] 페미니스트 신학이 억압적 이데올로기가 되는 것을 경계하기 위하여, 나는 페미니스트 신학의 방법론은 유토피아적 방법론이어야 한다고 본다.

만하임은 유토피아적인 사상은 상대적으로 약한 소수에 의해서 생겨난다고 보았다. 그들의 사상은 기존 현상에 급진적으로 도전하고, 그들의 희망을 불확실한 미래에 둔다. 그 미래가 가까운 미래든 먼 미래든, 그러한 대안적 미래는 지금의 현실과 완연히 다른 미래이다. 이러한 '아직 오지 않은 미래'에 대한 유토피아적 관점은 높게 평가되어야 한다. 그것은 인간 실존의 내면적인 목표를 표현하는 것이기 때문이다. 더욱

이 이러한 유토피아적인 사상은 상실한 채로 남아 있을 수 있는 미래를 가능성의 영역으로 열어놓는다. 도교와 페미니스트 신학에서 보는 유토피아적 사상은 인간성의 온전한 실현에 대한 희망의 표현이며, 종교와 사회에 자리 잡고 있는 위계적·가부장적 이데올로기와 남성중심적·인간중심적 세계관을 변화하게 만드는 힘을 지녔다고 할 수 있다.

그렇다면 이러한 유토피아적인 사상을 바탕으로 페미니스트 신학을 전개할 때 수용할 수 있는 방법론은 어떠한 전제 위에서 출발해야 하는가. 만하임은 만약 유토피아적 사상을 지닌 혁명적인 그룹이 현실에서 힘을 얻을 때, 그 유토피아적인 사상은 언제든지 형성된 질서를 방어하고, 복종과 질서와 통합을 요구하는 '이데올로기'로 변형될 수 있다고 말한다.

여기서 페미니스트 신학이 '이데올로기화'하는 것을 피하기 위해 수용할 수 있는 '페미니스트 유토피아적 방법론feminist utopian methodology'은 첫째, 무엇보다도 자기비판적이어야 한다. 새로운 사회를 꿈꾸는 유토피아적인 사상은 언제나 또 다른 이데올로기가 될 수 있는 가능성이 있기 때문에 페미니스트 신학의 방법론은 언제나 비판에 대해 열려 있어야 하는 것이다. 둘째, 유토피아적 방법론은 끊임없이 다양성diversity과 다원성plurality을 향해 열려 있어야 한다. 페미니스트 신학이 획일성uniformity—이것은 통일성unity과 다르다—과 단일성을 주장할 때, 그것은 또 하나의 억압적 이데올로기가 될 수 있기 때문이다. 셋째, 유토피아적 방법론은 희망의 근거로서 여성의 이익만이 아니라 인간과 인간, 인간과 자연의 '상호관련성interconnectedness'에 깊이 관심을 가져야 한다. 이러한 상호관련성을 인식하는 것이 우리에게 승리를 보장해주지는 않지만, 오늘의 어두운 현실, 즉 억압과 지배의 이데올로기가 인간성을 파괴하고 자연을 황폐화하는 폭력적 비관계성의 현실 한가운데에서 우리 희망의 근거가 되기 때문이다.

제12장

페미니스트 신학의 미래: 이론과 실천적 과제

1. 페미니스트 신학, 개념적 재고찰

젠더와 종교의 문제를 다루면서 나는 해방신학자 메츠Johann Baptist Metz가 '기독교의 실패'를 지적하는 것을 의미 있게 느꼈다. 어느 종교든지 인간의 삶을 더욱 자유롭고 풍성하게 만들고자 하는 의지는 모두 있을 것이다. 하지만 역사에는 그러한 고귀한 의도들이 인간의 이기성과 왜곡된 인간 이해 탓에 제대로 꽃피지 못하는 경우가 무수히 많았다. 특히 인종이나 사회 계층구조를 막론하고 역사 속에서 이러한 왜곡 때문에 끊임없이 피해를 받아온 이들이 바로 여성이라고 할 수 있을 것이다.

페미니스트 신학은 이렇게 왜곡되고 가려진 기독교의 메시지를 바로잡아 억압의 이데올로기가 아니라 해방의 복음이 되게 하려는 의도를 품고 출발했다고 볼 수 있다. 불완전한 인간이 만드는 불완전한 제도와 전통은 언제나 수정과 개혁을 요구하기 때문이다. 메츠에 따르면 기독교는 역사에서 실패를 거듭해왔는데, 그 실패는 지적인 실패가 아니라 이 세계의 비인간화와 황폐화를 개혁하기 위한 '실천의 실패'이다.¹ 즉 더 나은 공동체의 이상을 실현하기 위한 노력에 기독교는 실패해왔다는 것이다.

메츠의 이러한 지적은 특히 다층적인 억압의 문제가 심각하게 대두하는 현대사회에서 기독교뿐만 아니라 모든 종교의 과제와 책임성을 새로이 각성하게 한다. 이런 맥락에서 볼 때, 부차적인 존재로서 여성의 문제를 정식으로 제기하면서 등장한 페미니즘은 현대사회에서 가부장제를 심판하고, 회개와 변화를 촉구하는 예언자적 운동이라고 할 수 있을 것이다. 성서의 예언자들이 정의를 구축하기 위하여 심판과 회개를 요청하는 것은 신 앞에서 모든 인간이 평등하다는 근원적인 평등성에 대한 기독교적 인간 이해에 근거한다고 볼 수 있기 때문이며, 여성의 존엄성과 평등성에 대한 주장 역시 인간의 근원적인 평등성에 근거하기 때문이다.

페미니즘의 신학적 표명인 페미니스트 신학이, 여성들의 경험이나 관점이 전통적인 신학적 논의에서 배제되어왔을 뿐 아니라 여성의 억압적 삶이 신학적으로 합리화되고 강화되어왔다는 사실을 비판하는 것은 기독교의 실천적 실패를 회복하기 위한 작업이다. 사랑과 정의의 종교적 메시지를 선포하면서 젠더에 근거하여 차별하는 것은 사실상 종교의 올바른 실천을 불가능하게 하는 것이기 때문이다.

그렇다면 페미니스트 신학을 무엇이라고 규정해야 하는가. 현대에 이르러 '페미니스트 신학'이라는 용어의 의미는 두 가지로 나뉜다. 첫째는 하나의 '특수한 신학적 추구', 즉 하나의 '특수한 신학 분야'로 이해되는 것이다. 둘째는 신학 일반에 적용되는 신학적 방법과 내용에 대한 어떤 '특별한 관점', 즉 '페미니스트 관점'을 취하는 신학으로 이해되는 경우이다. 그러나 페미니스트 신학은 대부분 전자의 의미, 즉 특수한 신학 분야로 이해되기 때문에 결과적으로 일반적인 신학 논의에서 배제되고 마는 결과를 야기해왔다. 종교와 사회에서 성차별주의와 가부장적 가치관에 대한 근원적인 비판에서 출발한 페미니스트 신학은, 2000여 년 기독교 역사에서 남성들의 관점만을 반영해온 기존의 신학과 다른 시각에서 출발한다는 점을 분명히 하고 여성의 관점을 반영한다는 의미에서 신학에 '페미니스트'라는 말을 덧붙이게 된 것이다.

이렇게 출발한 페미니스트 신학이 현대에 이르러서는 여성의 문제뿐 아니라 이 세계에 존재하는 다양한 종류의 억압 간 상호연관성에 대해 예민한 관점을 제공해주는 것으로서, 이제는 하나의 '특수한 신학적 추구'가 아니라 '페미니스트 관점,' 즉 '평등주의적 관점' 또는 '더 정의로운 사회를 지향하는 관점'으로 이해되어야 할 단계에 왔다. 이런 의미에서 페미니스트 신학이 일반적인 신학 논의에서 소외되고 배제되는 것이 아니라 광범위하게 수용되어, 여러 위기와 불의한 상황에 직면하고 있는 현대사회에서 신학이 더욱 포괄적이고 총체적인 관점을 갖추게끔 기능할 수 있어야 한다.

그렇다면 페미니스트 신학이란 과연 무엇인가. 나는 여기서 페미니스트 신학을 다시 고찰하기 위하여 페미니스트 신학이 무엇인가를 세 가지로 정리해보고자 한다.

첫째, 페미니스트 신학은 '신학하는 주체의 포괄성'을 제시한다. 지금까지 신학하는 주체자는 언제나 남성이었다. 여성에게는 신학 교육의 기회가 주어지지 않았으며, 따라서 종교 지도자로서의 역할도 수행할 수 없었다. 결국 신학한다는 것은 남성의 일이었으며, 남성의 경험과 관점만을 반영하는 것이었다. 신학이 인간의 신 경험을 반영하는 것이라고 할 때, 신학을 하는 '주체'가 누구인가는 분명 중요한 출발점이 된다. 신학하는 주체와 상관없는 신학은 불가능하기 때문이다. 남성들만이 신학적 '발화의 주체 speaking subject'였으며, 여성은 '발화의 객체 spoken object'였다. 이제 페미니스트 신학자들은 이러한 신학의 주체와 신학적 내용의 상관관계를 인식하면서, 지금까지의 신학이 남성의 관심과 경험만을 반영했다는 사실을 밝히고, 신학의 주체가 남성이나 제1세계의 사람들뿐 아니라 이제까지 신학의 주체로 간주되지 않았던 여성, 흑인, 그리고 이른바 제3세계의 사람이 될 수 있음을 강조한다.

둘째, 페미니스트 신학은 '신학적 내용의 포괄성'을 제시한다. 즉 이제까지 신학 논의에서 배제되어왔으며 비학문적인 범주로 간주되어온 새로운 주제와 대상을 신학의 내용으로 받아들인다는 것이다. 남성들만의 경험이나 관심뿐 아니라 여성들의 경험과 관심도 신학의 대상에 포함되며, 더 나아가 백인들의 경험이나 관심뿐 아니라 흑인·아시아인들의 경험과 관심 등이 모두 신학의 대상으로 포괄되어야 한다는 입장을 취한다. 이러한 맥락에서 볼 때, 페미니스트 신학적 작업을 한다는 것은 비판적인 동시에 창조적인 관점이 요청되는 일이라고 할 수 있다. 지배적인 억압구조나 가치관, 정의에 관한 협소한 개념 규정—강자를 위한 정의 규정—에 대해서는 비판적이며, 새로운 평등공동체를 지향하기 위한 작업에 대해서는 창조적인 관점을 지닌다는 것이다.

셋째, 페미니스트 신학은 '새로운 신학방법론'을 제시한다. 이제까지의 전통적인 신학과 달리, 페미니스트 신학은 구체적인 현실에서 드러나는 여성의 억압적 상황에서 출발하기 때문에 분명히 새로운 신학의 방법을 강구하게 된다. 정신을 육체보다 중요한 것으로 간주하는 이원론적인 신학적 방법론이 아니라, 삶의 모든 측면을 통전적으로 보고자 하는 신학의 방법론을 제시하는 것이다. 예를 들어 '구원'이나 '죄'에 대한 신학적 접근은 더 이상 '영적인 측면'으로만 논의되지 않는다. 인간의 모든 차원, 즉 영적·개인적·사회적 차원에서 죄나 구원을 둘러싼 논의가 전개되는 것이다. 이러한 의미에서 페미니스트 신학의 신학적 방법은 언제나 '프락시스praxis'와 이론의 밀접한 관계에서 이루어진다고 볼 수 있다. 페미니스트 신학은, 토머스 쿤Thomas Kuhn의 용어를 빌리자면, 신학적 '패러다임의 전환paradigm shift'[2]을 시도하는 것이다.

페미니스트 신학이 제시하는 것을 이렇게 세 가지로 요약해볼 때, 페미니스트 신학은 더 이상 '여성들만을 위한 신학'이나 '여성들에 의한 신학'인 '특수한 분야'가 아니라, 성차별주의를 비롯한 모든 종류의 차별은 죄라는 전제에서 정의를 실천하고 선을 추구하는 '관점'으로 이해되어야 한다. 즉 페미니스트 신학에서 제시하는 관점은 모든 신학의 전제가 되어야 한다는 것이다. 인종차별주의나 가난한 자에 대한 부자의 억압, 또는 강자가 약자에게 가하는 억압을 죄라고 보면서도 역사에서 여성에게 가해진 여러 종류의 차별과 억압에는 무관심한 신학이 되어서는 안 된다는 것이다. 이런 의미에서 페미니스트 신학은 '남성들의 신학'과 대립하거나 신학의 여러 분야에서 독립하여 존재하는 '특수한 분야'가 아니라, 포괄적인 의미의 '정의와 평등을 실현하고자 하는 관점'임을 인식하는 것이 중요하다.

2. 페미니스트 신학의 과제: 예언자적 상상력의 실천과 이론화

신학의 과제는 현재 있는 것을 단순히 해석하기만 하는 것이 아니다. 해석은 새로운 세계에 대한 희망의 비전을 제시하는 것으로까지 나아가야 한다. 그것은 기존의 문화적 인식이나 개념에 대안적인 것을 제시하는 '예언자적 상상력prophetic imagination'[3]을 실천하는 것이다. 페미니스트 신학적 관점에서 이러한 예언자적 상상력을 실천하기 위하여, 나는 다음과 같이 페미니스트 신학이 지녀야 할 관점을 모색하고자 한다.

첫째, 페미니스트 신학은 '다양성에 대한 지속적인 인식'을 지녀야 한다. 여기에서 말하는 '다양성'이란 페미니스트 신학적인 '관점이나 방법론의 다양성', 페미니스트 신학의 '과제의 다양성' 등이라고 할 수 있다. 여성의 경험은 페미니스트 신학에서 핵심적인 전제가 된다. 남성의 경험이 아닌 여성의 경험을 주장하는 것은 페미니스트 신학적 구성을 확장하고 풍요하게 만들어왔다. 그러나 페미니스트 신학적 전개에서 '여성의 경험'이라는 규정 자체에 대한 비판이 나오기 전까지, 사실상 여성의 경험은 주로 백인 여성의 경험과 관점을 전제로 한 것이었다. 예를 들어 흑인 페미니스트 신학자인 델로리스 윌리엄스는 흑인 여성의 경험이 백인 여성의 경험과 같을 수 없다는 점을 분명히 밝힌다.[4] '여성의 경험'이라는 이름 아래 인종, 사회적 위치 또는 개인적인 특성 등 여성들 사이의 상이성이 간과되어왔던 것이다.

전통적으로 남성의 경험과 관점을 규범적normative인 것으로 여겨온 인식론적 전제에 반기를 들고, 그동안 배제되고 열등한 것으로 간주되어온 여성의 경험을 부각한 것은 백인을 중심으로 형성된 초기 페미니스트 신학이 기여한 점이다. 그러나 여성의 경험이라는 개념이 보편적인 것으로 자리 잡아감에 따라 과연 보편적으로 규정될 수 있는 여성의 경험은 어떤 내용인가에 대한 물음이 제기되었고, 결과적으로 이제까지 여성의 경험이라고 한 것은 모든 여성의 경험이라기보다 백인 여성의 경험이 보편화한 개념으로 사용되었다는 사실이 지적되었다. 포스트모더니즘에서도 주요 주제가 된 이러한 상이성에 대한 인식은 특히 흑인 여성들에 의해 날카롭게 제기되었다. 흑인 여성 작가 오드르 로드Audre Lorde는 이 문제를 다음과 같이 지적한다.

> 물론 여성 억압은 종족적 또는 인종적 경계가 없다. 그러나 이러한 사실이 그러한 상이한 인종적 또는 종족적 경험들과 동일하다고 할 수는 없는 것이다. …… (데일리의) 자매성sisterhood이라는 개념에 아직 인종차별주의가 있음을 나는 본다.[5]

> 여성들 사이의 상이성을 검증하지 않고, 또한 빈곤한 여성들, 흑인 여성들, 제3세계 여성들, 레즈비언 여성들의 중요한 경험을 고려하지 않고 페미니스트 이론을 논의한다는 것은 오만이다 …… 학문적 페미니스트들이 강력한 강점으로서의 상이성을 인식하는 데 실패하는 것은 가부장제의 첫 번째 잘못을 극복하고자 하는 데 실패하는 것과 같다.[6]

'상이성'을 '열등한 것'으로 취급하며 '하나'로 보편화하려던 가부장적 습관을 페미니스트들도 똑같이 행하고 있다는 점을 경고한 것이다. 이런 점은 데일리, 류터, 피오렌자 등 대표적인 페미니스트 신학자 세 명을 분석한 실라 데바니Shiela Greeve Davaney도 예리하게 분석했다.[7] 이처럼 페미니스트 관점이나 방법론을 단순하게 일반화하거나 하나로 통합하고자 하는 것, 또는 페미니스트 신학의 과제를 단일하게 구성하고자 하는 것은, 페미니스트 신학이 상이성과 다양성을 죽이는 또 다른 도그마 역할을 할 위험성을 지닌다는 뜻이다. 또한 여성들 사이에 엄연히 존재하는 여러 가지 차이를 '여성의 경험'이라는 하나의 개념으로 묶어버리고자 할 때, 그것은 가부장제의 도구를 또다시 쓰는 것과 다름없다.

다양성을 균질화한 '하나'로 통합하고자 하는 것은 특히 해방운동이 언제나 빠질 수 있는 실천적 또는 이론적 유혹이며 욕구이다. 많은 경우 '다름'이란 '분리'를 의미하는 것으로 이해되기 때문이다. 사람들은 흔히 다름을 경계하면서 '우리는 하나다'라는 동질성이 있어야 연대를 나눌 수 있다고 생각한다.

그러나 페미니스트 신학을 하는 이들은, 페미니스트 신학의 관점이나 방법론, 또한 과제의 다양성을 긍정적으로 수용하는 것이 서로의 연대성과 신뢰를 강하게 하고, 더 나아가 페미니스트 신학을 풍성하게 꽃피우는 데 가장 중요한 밑거름이 된다는 점을 인식하는 것이 중요하다. '연대'란 동질성에 근거한 '동질성의 연대solidarity of sameness'를 넘어 '다름의 연대solidarity of alterity'로까지 이어져야 하기 때문이다. 남성과 여성의 다름, 인종 간의 다름, 장애 여부의 다름, 성적 지향의 다름, 사회적 계층의 다름뿐만 아니라 하나의 동일 집단 안에서도 개별인들 사이의 다름이 페미니스트 신학적 작업과 그 실천에 담겨야 하는 것이다. 즉 '다름'을 인식할 때 집단 간의 다름만이 아니라, 집단 내부에서 개별인들의 다름까지 인식하는 것이 중요하다. 이렇게 '다름'을 인식하게 될 때 페미니스트 관점, 방법론, 과제의 다양성이 필요하다는 인식에 이르게 된다.

둘째, 페미니스트 신학은 여성 억압과 불평등구조에 대한 비판적인 '이론화 작업'을 끊임없이 심화할 필요가 있다. 어떤 구체적인 변화를 추구하는 운동은 구체적인 억압이나 차별의 경험에서 출발하기 때문에, 외면적으로 이미 존재하는 억압과 억압자를 규정하고 표현하는 것을 일차적인 과제로 삼게 된다. 그러나 성차별주의를 정치적인 억압의 다른 구조적 형태와 관련시키기 위해서는 단순히 성차별주의를 드러내는 것뿐만 아니라, 그러한 차별과 억압을 야기하게 된 근원적이고 내면적인 동기나 요인 또는 가치관을 종합적으로 분석하는 이론화 작업이 요청된다. 이러한 비판적인 이론화 작업이 약해지면 여성운동이나 페미니스트 신학의 지속성을 보존하거나 공감대의 폭을 넓히기가 어렵다. 치열한 이론화 작업은 현대사회의 다층적 억압과 차별구조의 '교차성 intersectionality' 문제도 보게 하고, 결과적으로 성차별 같은 한 종류의 차별이 어떻게 인종·계층·동성애·장애·나이·외모 차별 등 다른 종류의 차별구조와 맞물려 있는지를 드러나게 한다는 점에서 매우 중요하다.

그러나 이러한 이론화의 중요성에 대한 강조가 인간의 감성이나 직접적인 경험의 중요성을 약화하려는 것은 아니다. 페미니스트 신학을 살아 있는 신학이게 하는 것은 다른 이들의 억압 문제를 해결하고자 하기 때문이 아니라, 바로 여성 자신의 구체적인 차별의 경험에서 출발하기 때문이라는 페미니스트 신학 고유의 특성 때문이다. 그러나 이론적인 해명이 없으면 페미니스트 신학의 주제가 특정한 그룹에만 속하는 사소한 것이 되며, 따라서 중요하지 않은 것으로 인식되기 쉽다.

그러므로 페미니스트 신학이 외면적인 변화와, 이론화 작업을 통한 내면적인 변화를 동시에 추구해나가는 것은, 페미니스트 신학의 과제를 설정하거나 지속성을 위해서 갖춰야 할 주요한 요소 가운데 하나이다. 억압에 대한 비판적 이론 없이 지속적인 운동과 개혁을 기대하기는 어렵다는 사실에 대한 분명한 인식이 필요하다. 이 점에서 '좋은' 이론은 곧 변혁적 실천이다.

셋째, 나는 페미니스트 신학이 지녀야 할 요소를 '건강한 회의주의 healthy skepticism'라고 본다. 해방신학자나 페미니스트 신학자 등 변화와 해방을 추구하는 이들의 글이나 강연을 읽고 들을 때 간혹 페미니스트 신학을 하는 나 자신도 강한 거부감을 느낄 때가 있다. 그것은 그 사람의 제한된 경험과 관점이 설득력 있는 해명의 단계조차 거치지 않은 채 그대로 보편적인 경험이나 절대적인 기준으로 부각되었을 때이다. 굳이 포스트모더니즘의 보편성 추구에 대한 비판을 근거로 하지 않는다 해도, 하나의 해방운동이나 신학이 최후까지 지켜야 할 것이 있다면 그것은 회의주의적인 '인식론적 겸허함'이다.

여기에서 말하는 '회의주의'란 부정적이고 냉소적인 상대주의적 회의주의가 아니라, 신학자나 운동가가 자기 관점이나 기준에 대하여 끊임없는 자기비판적 태도를 잃지 않는 것을 의미한다. 또한 그러한 해방운동이나 신학만이 유일한 진리를 함축하는 것으로 절대화하여 또 다른 억압적 도그마의 형태가 되지 않도록 끊임없는 자기검증을 하는 것을 의미한다. 이러한 건강한 회의주의는 해방의 필연성을 주장하는 것이 다른 복합적인 삶의 요소마저 부정하는 것이 되지 않도록 지켜주고, 해방의 차원을 더욱 폭넓은 역사적 관점에서 역설할 수 있게 한다고 본다.

인간이 사회 정황에서 독립적으로 존재하는 완전한 진리를 소유하기란 불가능하다. 모든 지식이나 이론은 완전한 것이 아니라 관계적 relational인 것이다. '절대적 진리absolute truth'가 아니라 '근사적 진리approximate truth'를 말할 때, 페미니스트 신학적 논의들이 다른 차원의 문제들을 수용할 수 있는 여백을 얻게 된다. 이 '근사적 진리'라는 말은 만하임의 글에서 나왔다. 지식사회학이 상대주의에 빠지는 것이 아닌가 하는 비판에 대해 만하임은 상대적이 아니라 '관계적'이라고 해명하면서, 그러므로 인간은 완전한 진리가 아니라 '근사적 진리'의 의식만이 가능하다고 밝히고 있다.

나는 만하임의 이러한 생각에 전적으로 동의한다.[8] 앞서 페미니즘에 관한 논의에서 다양한 페미니즘 각각의 강조점들을 살펴보았듯이 사실상 인간의 현실은 다양한 문제들과 뒤섞여 있어서, 예를 들어 마르크스주의 페미니즘 이론에서처럼 '계층class' 개념 하나만으로 또는 급진주의 페미니즘 이론에서처럼 '성sex' 개념 하나만으로는 현실 분석이 불가능하기 때문이다.

흑인 신학자 코넬 웨스트Cornel West는 정통 마르크스주의의 문화와 종교 분석이 틀리지는 않았지만 지나치게 협소한 나머지 그 문화와 종교 안에 있는 긍정적인 요소들을 보지 못했음을 밝히면서, 현실을 단일 개념으로 분석하는 것이 가질 수 있는 한계를 분석한다.[9] 페미니스트 신학이 항상 자기비판적인 시각을 고수하는 동시에, 절대성 주장이 야기할 수 있는 억압적 구조를 분명히 인식하면서 복잡한 현실세계에 대한 폭넓은 분석을 토대로 논의를 전개한다면, 더 다양한 차원의 문제들을 수용할 수 있는 폭넓은 신학적 관점을 형성할 수 있을 것이다.

넷째, 페미니스트 신학은 '아직 아닌 것not-yet'에 대한 강한 전망을 지녀야 한다. 비판신학으로서의 페미니스트 신학은 기존의 가부장적 전제와 구조에 대한 '해체의 언어'를 갖추는 동시에 '가능성의 언어'를 갖춰야 한다. 만일 페미니스트 신학이 현실에 대한 부정적인 언어로 일관한다면 생동감을 상실하게 되리라고 본다. 페미니스트 신학은 기존의 불의한 질서를 해체하면서도 대안적 현실에 대한 비전을 제시해야 한다. 아직은 경험되지 않았지만, 기존의 억압적 상황이 극복된 대안적 현실에 대한 전망을 제시해야 한다는 뜻이다. 비전을 창출한다는 것은 강력한 변혁의 동기를 부여한다. 이러한 '아직 아닌 것'에 대한 전망은 우리 현실에 존재하는 여러 종류의 불의한 구조가 극복되는, 다가올 미래에 대한 강한 희망의 표현이며, 페미니스트 신학을 살아 있게 만드는 힘이다. 그러나 이러한 '아직 아닌 것'에 대한 전망이 미래에 대한 낭만적인 환상을 의미하지는 않는다. 이 전망은 그러한 낭만주의를 거부하고, 대안적인 미래를 향하여 열린 역사의식을 지니며, 구체적인 삶의 현장에서 다양한 변화의 작업을 수행하는 이들에 의하여 창출된다.

3. 한국의 페미니스트 신학: '위험한 기억'의 종교를 향하여

현대의 페미니스트 신학 논의는 어떤 새롭고 특출한 유행 신학이나 '여성의 신학'으로서 제2격의 신학genitive theology이 아니다. 페미니스트 신학은 기독교 신학이 역사에서 신학하는 패러다임의 전환을 첨예화한 것이라고 볼 수 있다.[10] 학문의 여러 분야에서 이미 널리 논의되어온 바와 같이, 미국의 물리학자이자 과학사가인 토머스 쿤이 규정한 '패러다임'이란 "어떤 특정한 공동체나 구성원들에 의해 공유되는 신념, 가치, 테크닉 등의 총괄적 복합체constellation"를 의미한다.[11]

이러한 개념에 비추어본다면, 페미니스트 신학이란 전통적으로 기독교 공동체가 보유해온 남성중심적 또는 가부장적 가치체계, 신조, 신학의 전적인 전이를 요구하는 '탈가부장적인postpatriarchal 신학적 관점'에서 출발하는 신학이다. 그러므로 가부장적이며 남성중심적인 패러다임을 넘어 평등주의적 패러다임을 향한 전이는 신학의 어떤 특정한 분야에만 제한되는 것일 수 없다. 즉 신학의 여러 분야에서 이러한 패러다임의 전이가 이루어져야 하는 것이다. 그렇다면 페미니스트 신학도 신학의 한 분야가 아닌 각 분야에서 전개되어야 한다. 또한 '신학하기doing theology'에 다양한 입장과 관점이 있듯이, 페미니스트 신학을 한다는 것에도 다양한 입장과 관점이 있는 것은 자연스러운 일이다.

한국에 '페미니스트 신학'을 둘러싼 논의가 소개된 것은 1980년대 초부터라고 할 수 있다. 서구 페미니스트 신학자들의 책이 번역되어 소개되면서, 한국에서도 페미니스트 신학에 관한 논의가 서서히 진행되기 시작했다.[12] 1980년대 초부터 지금까지 나온 페미니스트 신학 자료[13]를 검토해보면 한국에서 페미니스트 신학은 성서신학, 조직신학, 역사신학, 기독교윤리학, 실천신학, 기독교교육 분야에서 전개되었다기보다는 페미니스트 신학에 대한 개론적 이해와 성서 연구, 교회 갱신과 통일운동 등의 분야에 집중되었다.[14] 이러한 작업들은 페미니스트 신학적 관점을 구체적인 현장과 연결해 확장하려는 노력으로 높이 평가받아야 한다. 1980년에 창설된 '여신학자협의회'의 활동은 페미니스트 신학과 구체적인 현장의 연결을 활성화하는 데 기여했다.

이제 한국에서 페미니스트 신학은 더욱 성숙한 단계로 나아가야 할 시점에 이르렀다. 페미니스트 신학이 '여성의 신학'인 제2격의 신학으로 제한되지 않기 위하여, 그리고 페미니스트 신학적 관점이 신학의 여러 분야에서 '신학함'의 패러다임 전이를 불러오기 위하여 이제 한국에서 페미니스트 신학적 작업들은 다양한 차원으로 확산되어야 할 때가 되었다.

여성의 의식화 작업과 연대감의 결성을 위해 페미니스트 신학에 관심을 둔 이들만의 모임은 참으로 중요하며, 이제까지 한국의 여성신학계는 이런 작업을 나름대로 성실히 수행해왔다. 그러나 페미니스트 신학이 어떻게 한국 신학계에 패러다임의 전환을 가져오고, 그리하여 신학 교육현장에 구체적인 변화를 일으킬 수 있는가의 문제는 심층적으로 분석되지 않았다. 이제 '이론과 실천'을 이분화하는 관점은 넘어서야 한다. 가장 좋은 이론이야말로 가장 훌륭한 운동과 실천에 연결될 수 있기 때문이다. 이론화 작업을 실천적이 아니라고 보는 한, 또는 '운동'이나 '실천'의 개념을 지나치게 협소하게 설정하는 한, 성숙한 운동이나 실천을 기대하기는 어렵다. 우리가 몸담고 살고 있는 현대사회는 고도의 이론과 이데올로기로 무장한 채 전개되는 사회이기 때문이다. 이론화 작업이 결여될 때, 변혁을 위한 운동이나 실천은 빙산의 일각만 다루는 한계를 지닐 수밖에 없으며, 따라서 꾸준한 생명력과 더 넓은 공감대를 형성하기 어렵다.

페미니스트 신학이 한국에 소개된 이후로 오랜 시간이 흘렀다. 그러나 정작 한국의 신학계와 교회들에는 어떤 변화가 일어났는가. 페미니스트 신학적 관점이 조직신학·성서신학·역사신학·기독교윤리학·실천신학·기독교교육 등 전반적인 신학 교육에 반영되고 있는가. 여성 신학생이나 여성 목사의 수는 점점 늘어나고 있는데, 교단과 신학계에서 여성의 위치나 지도력은 어떻게 변화되었는가. 페미니스트 신학이 한국에 소개된 이후 몇몇 신학대학에 페미니스트 신학 강좌가 개설되었다는 점을 빼면, 사실상 한국 신학계에 근원적인 변화가 있다고 보기는 참으로 어렵다. 이러한 현상은 페미니스트 신학을 신학의 특수한 한 분야로만 이해하는 데서 야기된 것이기도 하다.

페미니스트 신학을 '특수한 신학'이라고만 보는 것은 페미니스트 신학을 신학의 변두리로 몰아내는 결과를 초래하고 만다. 페미니스트 신학은 신학의 특수한 분야가 아니라, 신학하기의 새로운 패러다임이다. 페미니스트 신학이 신학의 변두리로 특수화되는 이러한 상황에서 신학생들은 그들의 신학적 패러다임을 새롭게 형성할 기회를 마련하기 어렵다. 또한 여성 신학생들은 자신들의 미래를 위한 역할 모델role model을 찾을 수 없다. 페미니스트 신학이 한국에 소개된 지 오랜 시간이 지났는데도, 정작 교단·교회·신학계의 결정기구에서 여성들은 여전히 배제되어 있기 때문이다. 신학계와 교단 지도부는 여전히 남성들로만 구성되어 있다.

또한 아무리 교회 여성의 의식을 개혁하고자 해도 그 여성들이 속한 교회의 목회자들이 받은 신학 교육은 새롭게 등장하는 평등주의적 관점을 수용하기 어렵게 한다. 결국 한국 기독교인의 70퍼센트가 넘는 여성들은 여전히 남성중심적인 성서 해석과 신학에 의해 인도되고 있다. 그러므로 신학계의 변화, 교단의 변화가 이루어지기 전에는 정작 페미니스트 신학적 관점이 구체적인 실천력을 갖추기가 참으로 어렵다. 이러한 변화가 수행되기 위해서는 다양한 노력이 뒤따라야 한다.

첫째, 한국 신학계와 교단들은 '정의와 평등'의 개념을 둘러싸고 더욱 공평한 원리에 입각하여 여성의 교단적 또는 신학적 활동을 구체적으로 배려해야 한다.

둘째, 이러한 변화와 더불어 한국의 페미니스트 신학은 이제 더욱 다양하고 심층적인 신학적 작업을 해야 할 것이다. 신학적 패러다임의 전이가 신학의 여러 분야에서 일어나게 하려면 조직신학·성서신학·기독교윤리학·역사신학·실천신학·기독교교육 등 신학의 여러 분야에서 페미니스트 신학적 작업이 심도 있게 전개되어야 한다.

셋째, 한국의 페미니스트 신학은 이러한 기존 신학 분야에서의 작업

외에, 한국의 전통문화나 종교가 현대 한국인의 가부장제적 심성과 남성중심적 가치관을 형성하는 데 막대한 영향을 끼치고 있다는 사실을 인식하고, 이에 대해 더욱 포괄적인 비판적 분석을 해야 할 것이다. 유대-기독교적 전통만 있는 서구 사회와 달리 한국 사회에는 다양한 종교적 전통이 있기 때문이다. 이러한 다양한 종교 전통은 기독교인이든 아니든 한국 사회에서 살아가는 이들의 삶을 형성해온 주요 요인들이 되어 여성과 남성의 삶을 직간접적으로 지배하고 있다. 페미니스트 관점을 토대로 이러한 종교 전통과 젠더 문제를 연구하는 것은 그 안에 스며든 가부장적 요소들을 밝혀내고, 평등주의적 요소들을 고양하는 작업을 가능하게 할 것이다. 동시에 문화와 종교의 상호관계에 대한 연구를 활성화하여 평등사회를 지향하기 위한 노력을 한층 구체적으로 전개할 수 있게 할 것이다. 여기에서 흔히 있을 수 있는 과거 전통에 대한 낭만화나 이상화는 오히려 그 속에 깃든 가부장적 가치관을 보지 못하게 하므로 경계해야 한다.

한국에서 페미니스트 신학은 여전히 그 담론 형성의 초기 단계를 지나고 있다. 이제 신학하는 여성들은 종교와 사회에서의 성차별주의를 일반적으로 인식한다고 볼 수 있지만, 한국 교계와 신학계 전체를 볼 때 성차별주의에 대한 인식은 페미니즘이 이론과 운동으로 전개된 서구 신학계나 교계에 견주어 아직 기초적인 단계에도 이르지 못했다. 경제적 측면과 같은 문제에는 세계적인 추세에 민감하게 반응하지만, 성차별주의를 인식하는 데서는 예외이다. 그렇기 때문에 교계의 결정기구나 신학 교육기관에 여성들이 배제되어 있는 현실이 문제라고 인식조차 못한다. 이 같은 상황에서 여성들의 지도력을 기르기 위한 장기간의 물질적 또는 구조적 배려는 상상조차 하기 어려운 실정이다. 관점이 진보적이라는 교단들도 젠더 문제에 대해서는 고답적인 관점을 포기하지 못한다. 이러한 현실이 변화하려면 다차원적인 변화가 요구된다.

    이러한 상황에서 페미니스트 신학적 관점으로 신학을 하고, 젠더 인식을 지니고 종교를 연구하며 개입한다는 것은 한국 현실에 대해 더욱 포괄적인 분석을 요청한다. 인종적 다양성은 있지만 종교적으로는 단일성을 띤 서구의 신학계나 교단 상황과 달리, 한국은 인종적 단일성과 종교적 다양성을 지닌 사회이다. 이 점에서 한국의 신학계와 종교계를 지배하는 가치관들은 더 복합적인 요인들에 따라 구성되고 있다. 그렇기 때문에 페미니스트 신학적 관점으로 전개되는 신학에서 한국의 종교·문화·사회에 대한 다각적인 연구와 분석, 간학제적 방식이 적극적으로 수용된다면 성차별주의적 가치관을 한층 근원적으로 밝혀낼 수 있을뿐더러, 그에 대한 대안적 신학을 형성하는 데 도움이 될 것이다.

    나는 이제 한국의 페미니스트 신학의 미래, 더 나아가 종교와 젠더 문제가 심층화하는 미래를 위하여 페미니스트 신학이 일반적으로 결여하는 것을 조명하고자 한다. 첫째, 서구의 페미니스트 신학뿐 아니라 한국의 페미니스트 신학은 지금까지 조직적인 정치사회적 분석을 해내지 못했다. 따라서 한국 사회, 교계, 신학계, 종교계 안에 존재하는 성차별주의는 물론 계층, 성적 지향, 장애 등에 근거한 다른 억압구조들이 맺는 상호연관성을 분석하지 못했다. 둘째, 다층적 억압에 대한 포괄적인 분석이 부족한 탓에 페미니스트 신학은 인간해방이 의미하는 구체적인 사회의 이상과 프락시스를 결여하고 있다. 셋째, 억압구조로부터 해방을 지향하는 페미니스트 신학은 인간의 죽음·질병·좌절 등 인간의 실존적인 문제에 관한 주제를 경시해왔다. '여성'이라는 젠더 집단에 대한 제한적인 관심 탓에, 오히려 한 인간으로서 지니고 있는 다양한 실존적 문제에 신학적인 관심을 기울여오지 않았다고 볼 수 있다.

이러한 것들은 억압적 구조들에 의해 직접적으로 야기되는 고통과 일치시킬 수 있는 것은 아니지만, 인간의 다층적 실존적 문제들은 억압 구조들과 직간접적인 관계가 있다. 미래의 페미니스트 신학은 인간이 보편적으로 지닌 실존적인 물음들에 어떻게 페미니스트 신학적 관점으로 답할 수 있는지 관심을 두어야 한다. 심리학적이고 사회정치적인 차원뿐 아니라 실존적인 차원의 문제에도 관심을 기울여야만 더욱 포괄적인 신학을 전개할 수 있기 때문이다.

유교적·가부장적 가치관이 종교·사회·정치·문화·교육 등 여러 차원에 철저히 전제되어 있는 한국 사회에서 페미니스트 신학적 관점을 지니고 신학을 한다는 것은 부단한 인내와 용기, 예리한 분석과 포괄적인 연구를 필요로 한다. 이러한 각 차원은 각기 독립적으로 존재하는 것이 아니라, 보이게 또는 보이지 않게 서로 밀접한 관계를 맺고 있기 때문이다. 종교 차원의 분석이 다른 차원으로까지 확장되어 연구되어야 하는 이유가 바로 여기에 있다.

여기에서 나는 페미니스트 신학을 하는 이들이 이론과 실천, 문화와 종교를 병합하는 지도자와 사상가로서 '유기적 지성인organic intellectual'이 되어야 한다고 생각한다.[15] 신학은 더 이상 추상적인 세계만을 다룰 수 없으며, 삶의 다양한 차원의 주제를 다루어야 하기 때문이다. 페미니스트 신학은 인간의 자유와 희망에 대한 기독교의 메시지를 구체적으로 실천하고 신학화하는 것이며, 비판과 비전을 동시에 지닌 관점이다. 또한 절망·좌절·억압의 기억과 함께, 아주 순간적이지만 역사 속에서 자유와 해방 공동체의 기억을 모두 품은 채 전개되는 신학이다.

한국인으로서, 종교인으로서, 신학하는 이로서, 여성으로서, 그리고 무엇보다도 한 인간으로서, 고통과 희망의 두 차원을 지닌 이러한 '위험한 기억dangerous memory'[16]을 품고 신학을 전개할 때, 한국의 페미니스트 신학은 더욱 폭넓고 다양하게 확산되고 열매를 맺어 정의로운 공동체를 이루어나가는 데 기여할 수 있을 것이다. 종교가 인간과 살아 있는 생명들의 고통과 더 나은 미래를 향한 희망의 저장소로서 '위험한 기억'을 끊임없이 담보할 때, 그 종교는 인간의 구체적인 삶에 실천적으로 개입하는 살아 있는 종교가 될 것이다.

주

초판 머리말

1   독일의 대학교에서는 박사과정 지도교수를 가리켜 'Doktor Vater'(직역하면 '박사-아버지'라는 뜻)라고 부르곤 한다. 대학의 교수가 대부분 남성이던 시절에 만들어진 용어이다. 그래서 지도교수가 여성이라면 독일식으로는 'Doktor Mutter'(박사-어머니)라는 호칭을 사용해야 한다. 그런데 '어머니Mutter'라는 용어 대신 '자매Schwester'라고 바꾸는 것에는, '어머니-자식'이라는 위계적 관계가 아니라 '자매'라는 평등관계를 맺고자 한다는 의도가 있다. 내가 독일에서 미국 대학으로 갔을 때 쾰러 교수와 우선적으로 사용하던 언어는 독일어였다. 쾰러 교수는 독일에서 공부했기에 독일 대학교의 이러한 분위기를 잘 알고 있었다. 나와의 관계에서 이러한 새로운 용어를 사용함으로써 나와 자신의 관계를 평등관계로 규정하고자 했던 것이다.

1장

1   Cf. Benjamin Beit-Hallahmi and Michael Argyle, *The Psychology of Religious Behaviour, Belief and Experience* (New York: Routledge, 1997), pp. 139-146, 그리고 David de Vaus and Ian McAllister, "Gender Difference in Religion: A Test of the Structural Location Theory," *American Sociological Review*, 52. 4 (January, 1987): pp.472-281.

2   젠더를 둘러싼 더욱 상세한 논의는 John Money, "Gender: History and Usage of the Term in Sexology and Its Relationship to Nature/Nurture," *Journal of Sex & Marital Therapy*, vol. 11, no. 2(1985): pp. 71-79; Terrie Goldie, *The Man Who Invented Gender: Engaging the Idea of John Money, Sexuality Studies* (Vancouver, Canada: UBC Press, 2015); 그리고 Joan Scott, "Gender: A Useful Category of Historical Analysis," *The American Historical Review*, vol. 91, no. 5 (December 1986): pp.1053-1075; 그리고 더

욱 비판적인 젠더 논의는 Joanne Meyerowitz, "A History of 'Gender,'" *The American Historical Review*, vol. 113, no. 5 (December, 2008): pp. 1346-1356을 참고하라.

3   "Letter of Pope John Paul II to Women"은 다음 링크에서 볼 수 있다. https://w2.vatican.va/content/john-paul-ii/en/letters/1995/documents/hf_jp-ii_let_29061995_women.html.

4   Jacques Derrida, *The Gift of Death*, trans. David Willis (1992; Chicago: University of Chicago Press, 1995), p.5.

2장

1   Dale Spender, ed. *Men's Studies Modified: The Impact of Feminism, on the Academic Discipline* (New York: Pergamon Press, 1981).

2   맥마혼에 관해서는 다음을 참고하라. Alfred N. Page, "Theresa McMahon's 'Women and Economic Evolution': a Retrospective View," *Journal of Economic Literature* (Mar. 1976): pp.63-65.

3   Simone de Beauvoir, *The Second Sex* (1949; New York: Knopf, 1953).

4   Mary Ritter Beard, *Women as Force in History: A Study in Traditions and Realities* (1946; New York: Collier, 1973). 메리 비어드에 대한 새로운 조명은 Berenice A. Carroll, "Mary Beard's Woman as Force in History: A Critique," in *Liberating Women's History: Theoretical and Critical Essays*, Ed. Berenice A. Carroll (Urbana: University of Illinois Press, 1976)을 참고하라.

5   Cf. "Women's Studies," *Encyclopedia of Feminism*, ed. Lisa Tuttle (New York: Facts on File, 1986).

6   Sarah B. Pomeroy, et al. *Women's Realities, Women's Choices: An Introduction to Women's Studies*, Hunter College Women's Studies Collective (New York: Oxford University Press, 1983), p.5.

7   Cf. The National Women's Studies Association, *NWSA Directory of Women's Studies Programs, Women's Centers and Women's Research Centers*, 1990 edition; Marylyn J. Boxer, "For and About Women: The Theory and Practice of Women's studies in the United States," *Signs: Journal of Women in Culture and Society*, vol. 7, no. 3 (Spring 1982): p.7.

8   여성학에 대한 방법론적 논의는 다음을 참조하라. Gloria Bowels and Renate D. Klein, eds., *Theories of Women's Studies* (London: Routledge, 1983). 간학제적 방법론에 대해서는 Sandra Coyner, "Women's Studies as an Academic Discipline: Why and How to Do it," *Theories of Women's Studies*, pp.52-58을 참고하라.

9   Margaret Anderson, *Thinking about Women: Sociological and Feminist Perspectives* (New York: MacMillan Publishing Co., 1983).

10 Dorothy Smith, *The Everyday World as Problematic: A Feminist Sociology* (Boston:

Northeastern University Press, 1987).

11 Sigmund Freud, "Some Psychological Consequences of the Anatomical Distinction Between the Sexes," *Standard Edition of the Complete Psychological Works*, vol. 19 (London: Hogarth Press and Institute of Psychoanalysis, 1925), p.252.

12 프로이트에 대한 페미니스트적 분석은 Karen Horney, *Feminine Psychology* (New York: W. W. Norton, 1967); 그리고 Nancy Chodorow, *The Reproduction of Mothering: Psychoanalysis and the Sociology of Gender* (Berkeley: University of California Press, 1978), 특히 제7장 "Object-Relations and the Female Oedipal Configuration"을 참조하라.

13 이들의 논의에 관해서는 다음을 참고하라. Nancy Chodorow, *The Reproduction of Mothering: Psychoanalysis and the Sociology of Gender*; Juliet Mitchell, Psychoanalysis and Feminism (1974; New York: Vintage Books, 1975).

14 Walter Mischel, "A Social Learning View of Sex Differences in Behavior," *The Development of Sex Differences*, ed. Eleanor Maccoby (Stanford: Stanford University Press, 1966).

15 Juliet Mitchell, *Psychoanalysis and Feminism*.

16 Rosemary R. Ruether, *Sexism and God-Talk: Toward a Feminist Theology* (Boston: Beacon Press, 1983), pp.111-12.

17 Sandra Bem, "The Measurement of Psychological Androgyny," *Journal of Consulting and Clinical Psychology*, vol. 42, no. 2 (1974): p.42.

18 Elizabeth Cady Stanton and Revising Committee, *The Woman's Bible*, vol. I & II (1895 and 1898; Seattle: Coalition Task Force on Women and Religion, 1974). 캐디 스탠턴의 생애는 Elizabeth Griffith, *In Her Own Right: The Life of Elizabeth Cady Stanton* (New York and Oxford University Press, 1984)을 참고하라.

19 Mary Daly, *The Church and the Second Sex* (Boston: Beacon Press, 1968).

20 Mary Daly, *Beyond God the Father: Toward a philosophy of Women's Liberation* (Boston: Beacon Press, 1973).

21 Phyllis Trible, *Texts of Terror: Literary-Feminist Readings of Biblical Narratives* (Philadelphia: Fortress Press, 1984).

22 Ruether, *Sexism and God-Talk*.

23 이들의 신학적 연구에 대해서는 각각 다음의 책을 참고하라. Elizabeth Schüssler Fiorenza, *In Memory of Her: A Feminist Theological Reconstruction of Christian Origins* (New York: Cross Road, 1983); Isabel Carter Heyward, *The Redemption of God: A Theology of Mutual Relation* (Washington, DC: University Press of America, 1982); Judith Plaskow, *Sex, Sin and Grace: Women's Experience and the Theologies of Reinhold Niebuhr and Paul Tillich* (Washington, .DC: University Press of America, 1980); Carol Christ, *Diving Deep and Surfacing: Women Writers on Spiritual Quest* (Boston: Beacon Press, 1980); 그리고 Naomi Goldenberg, *Changing of the Gods: Feminist and*

the End of Traditional Religions (Boston: Beacon Press, 1979).

24 힌두교, 오스트레일리아 원주민의 종교, 불교, 유교, 도교, 유대교, 이슬람교, 기독교 등 세계의 종교들과 여성의 문제를 다룬 책이 있는데, 심도 있게 다루지는 않았지만 기본적인 문제들을 분석한 것으로는 다음을 참고하라. Arvind Sharma, ed., *Women in World Religions* (Albany, NY: State University of New York, 1987).

25 Clifford Geertz, "Religion as a Cultural System," *Reader in Comparative Religion*, eds. William L. Lessa and Evon V. Vogt (New York: Harper & Row, 1972).

3장

1   Barbara Ehrenreich and Deirdre English, *For Her Own Good* (Garden City, New York: Anchor Books, 1979), p.20.
2   Alison M. Jaggar, *Feminist Politics and Human Nature* (Sussex: The Harvester Press, 1983), pp.6-7.
3   Mary Wollstonecraft, *Vindication of the Rights of Woman*, ed. Carol H. Poston (1792; New York: W. W. Norton, 1975).
4   John S. Mill, *The Subjection of Women* (1869; London: J. M. Dent, 1965).
5   Jaggar, *Feminist Politics and Human Nature*, p.33.
6   Michael J. Sandel, ed., *Liberalism and Its Critics* (New York: New York University Press, 1984), p.4.
7   Zillah Eisenstein, *The Radical Future of Liberal Feminism* (Boston: Northern University Press, 1986), pp.96-99.
8   Wollstonecraft, *A Vindication of the Rights of Woman*, p.56.
9   Ibid., p.34.
10 Judith A. Sabrosky, *From Rationality to Liberation* (Westport, Conn.: Greenwood Press, 1979), p.31.
11 이 글들은 모두 다음 책에 수록되어 있다. John Stuart Mill and Harriot Taylor Mill, *Essays on Sex Equality*, ed., Alice S. Rossi (Chicago: University of Chicago Press, 1970).
12 John Smart Mill and Harriet Taylor Mill, "Early Essays on Marriage and Divorce," *Essays on Sex Equality*, p.86.
13 Harriet Mill, "Enfranchisement of Women," *Essays on Sex Equality*, p.95.
14 Ibid., p.105.
15 John Mill, "The Subjection of Women," *Essays on Sex Equality*, p.154.
16 Ibid., p.213.
17 Wollstonecraft, *A Vindication of Women*, p.39.
18 John Stuart Mill, *Autobiography* (London: Oxford University Press, 1924), pp.179.
19 Eleanor Flexner, *Century of Struggle: The Woman's Rights Movement in the United States* (New York: Belknep Press, 1996).

20 Simone de Beauvoir, *The Second Sex* (1949; London: Penguin Books, 1972).
21 Betty Fridan, *The Feminine Mystique* (1963; New York: Dell, 1974).
22 데일리가 시몬 드 보부아르의 사상을 자신의 사상적 출발점으로 삼고 쓴 책이 *The Church and the Second Sex* (Boston: Beacon Press, 1968)이다.
23 Fridan, *The Feminine Mystique*, pp.69-70.
24 Ibid., pp.22-27.
25 Ibid., p.380.
26 Rosemary Tong, *Feminist Thought: A Comprehensive Introduction* (San Francisco: Westview Press, 1989), p.24.
27 Betty Fridan, *The Second Stage* (New York: Summit Books, 1981).
28 Ibid., p.27.
29 Zillah Eisenstein, *The Radical Future of Liberal Feminism* (Boston: Northeastern University Press, 1986), p.190.
30 Ibid., p.176.
31 Zillah Eisenstein, *The Radical Future of Liberal Feminism* (New York: Longman, 1981), pp.201-14.
32 Jean Bethke Elshtain, *Meditations on Modern Political Thought: Masculine/Feminine Themes from Luther to Arendt* (New York: Penn State University Press; Reprint edition, 2001).
33 Jean Bethke Elshtain, "Liberal Feminism: Why Can't a Woman Be More Like a Man?" *Public Man, Private Woman: Women in Social and Political Thought* (Princeton, NJ: Princeton University Press, 1981), pp.228-255.
34 Jagger, *Feminist Politics and Human Nature*, p.28.
35 Ibid., pp.40-42.
36 Ruether, *Sexism and God-Talk*, pp.223-28.
37 Jaggar, *Feminist Politics and Human Nature*, pp.215-24.
38 Frederick Engels, *The Origin of the Family, Private Property, and the State* (1942; New York: International Publishers, 1972).
39 Jaggar, Feminist Politics and Human Nature, p.52.
40 Engels, *The Origin of the Family Private Property and the State*, p.119.
41 Ibid., p.113.
42 Ibid., p.119.
43 Ibid., pp.128-29.
44 Ibid., p.135.
45 Ibid., pp.71-72.
46 Ellen Malos, "Introduction," *The Politics of Housework*, ed., Ellen Malos (London: Allison & Busby, 1980), p.17.
47 Mariarosa Dalla Costa and Selma James, "Women and the Subversion of the

48 Dalla Costa and Selma James, "Women and the Subversion of the Community, pp.35-36, 그리고 Wendy Edmond and Suzie Fleming, "If Women Were Paid for All They Do," *All Work and No Pay*, eds., Wendy Edmond and Suzie Fleming (London: Power of Women Collective and Falling Wall Press, 1975), p.8.

49 Wendy Edmond and Suzie Fleming, "If Women Were Paid for All They Do," p.9.

50 Margaret Benston, "The Political Economy of Women's Liberation," *Monthly Review*, 21. 4 (September 1969): p.16

51 Carol Lopate, "Pay for Housework?" *Social Policy*, 5. 3 (September-October 1974): p.212, 그리고 pp.29-31.

52 Roslyn L. Feldberg, "Comparable Worth: Toward Theory and Practice in the United States," *Signs: Journal of Women in Culture and Society*, 10. 2 (Winter 1984): pp.311-313.

53 Heidi Hartmann, "The Unhappy Marriage of Marxism and Feminism: Towards a More Progressive Union," *Women and Revolution: A Discussion of the Unhappy Marriage of Marxism and Feminism*, ed., Lydia Sargent (Boston: South End Press, 1981), p.2.

54 Elshtain, *Public Man, Private Woman*, pp.254-286.

55 Alison M. Jagger and Paula S. Rothenberg, *Feminist Frameworks* (New York: McGraw-Hill, 1984), p.186.

56 Marilyn French, *Beyond Power: On Women, Men and Morals* (New York: Summit Books, 1985), p.72.

57 Barbara Burris, "The Fourth World Manifesto," *Radical Feminism*, eds., Anne Koedt, Ellen Levine, and Anita Rapone (New York: The New York Times Co.,1973), pp.337-38.

58 Kate Millet, *Sexual Politics* (Garden City, NY: Doubleday, 1970), p.25.

59 Ibid., pp.43-46.

60 Kate Millet, "Sexual Politics: A Manifesto for Revolution," *Radical Feminism*, pp.366-67.

61 Ibid., p.366.

62 Bonnie Kreps, "Radical Feminism: I," *Radical Feminism*, p.339.

63 Mary Daly, "The Qualitative Leap Beyond Patriarchal Religion," *Quest*, 1. 4 (Spring 1975): p.31.

64 Rosemary Tong, *Feminist Thought: A Comprehensive Introduction* (San Francisco: Westview Press, 1989), p.4.

65 Joyce Trebilcot, "Conceiving Wisdom: Notes on the Logic of Feminism," *Sinister Wisdom*, 3 (Fall 1979): p.46.

66 Marilyn French, *Beyond Power*, p.443.
67 Shulamith Firestone, *The Dialectic of Sex: The Case for Feminist Revolution* (New York: Bantam Books, 1970).
68 Ibid., pp.1-12.
69 Ibid., p.12.
70 Ibid., p.4.
71 Sigmund Freud, 'The Passing of the Oedipus Complex," *Sexuality and the Psychology of Love* (New York: Collier Books, 1968), p.181.
72 프로이트의 이러한 관점에 대한 비판은 Betty Fridan, *Feminine Mystique*, pp.93-95를 참고하라.
73 여성의 생물학적 조건과 종속성의 연관에 대한 보수주의적 관점을 다룬 것으로는 George Gilder, *Sexual Suicide* (New York: Quadrangle Books, 1973); Lionel Tiger, *Men in Groups* (New York: Random House, 1969)를, 그리고 페미니스트 관점을 다룬 것으로는 Mary Vetterling-Braggin, ed., "Femininity," "Masculinity," and "Androgyny": *A Modern Philosophical Discussion* (Totowa, NJ: Rowman and Littlefield, 1982)을 참고하라.
74 Firestone, *The Dialect of Sex*, p.12.
75 Jagger, *Feminist Politics and Human Nature*, pp.93-94.
76 Adrienne Rich, *Of Woman Born: Motherhood as Experience and Institution* (New York: W. W. Norton, 1976), p.40.
77 Mary Daly, *Gyn/Ecology: The Metaethics of Radical Feminism* (Boston: Beacon Press, 1978), p.194와 그 밖의 여러 곳에 언급되어 있다.
78 Susan Griffin, *Woman and Nature: The Roaring Inside Her* (New York: Harper Colophon, 1980).
79 Daly, *Gyn/Ecology*, p.11.
80 이 책의 제11장을 참고하라.
81 Jagger, *Feminist Politics and Human Nature*, p.97.
82 Iris Young, "Socialist Feminism and the Limits of Dual Systems Theory," *Socialist Review*, 10, 2/3 (March-June, 1980): p.174.
83 Juliet Mitchell, *Psychoanalysis and Feminism* (New York: Vintage Books, 1974), p.412.
84 Juliet Mitchell, *Women's Estate* (New York: Pantheon Books, 1971), pp.100-101.
85 Mitchell, *Psychoanalysis and Feminism*, pp.415-416.
86 Heidi Hartmann, "The Unhappy Marriage of Marxism and Feminism," *Women and Revolution*, p.10.
87 Ibid., pp.15-19.
88 Ibid., p.19.
89 이중구조론에 대한 더욱 자세한 논의는 다음을 참고하라. Linda Phelps, "Patriarchy and Capitalism," *Quest*, vol. II, no. 2 (Fall 1975); Zillah Eisenstein, "Developing a

Theory of Capitalist Patriarchy," *Capitalist Patriarchy and the Case for Socialist Feminism*, ed., Zillah Eisenstein (New York: Monthly Review Press, 1979), pp.5-40.

90 Tong, *Feminist Thought*, p.175.
91 Young, "Beyond the Unhappy Marriage: A Critique of the Dual System Theory," *Women and Revolution*, p.50.
92 Ibid., pp.52-62.
93 Ibid., p.58.
94 Jaggar, *Feminist Politics and Human Nature*, p.353.
95 Ibid., p.308.
96 Ibid., pp.309-310.
97 모성에 대한 분석으로는 Adrienne Rich, *Of Woman Born: Motherhood as Experience and Institution*을 참고하라.
98 Jaggar, *Feminist Politics and Human Nature*, pp.315-17.
99 Alice Walker, *In Search of Our Mother's Gardens: Womanist Prose* (San Diego: Harcourt Brace Jovanovich, 1983).
100 Ibid., xi-xii.
101 Delores Williams, "Womanist Theology: Black Women's Voice," *Weaving the Visions: New Patterns in Feminist Spirituality*, eds. Judith Plaskow and Carol Christ (San Francisco: Harper & Row, 1989), pp.182-83. 델로리스 윌리엄스는 대표적인 우머니스트 신학자 중의 한 사람으로, 특히 흑인 여성 작가들의 문학작품을 통해 신학적인 주제를 발전시키고 있다. 이러한 주제에 관한 논의는 다음을 참고하라. Delores Williams, "Women's Oppression and Lifeline Politics in Black Women's Religious Narrative," *Journal of Feminist Studies in Religion* (Fall 1985); "Black Women's Literature and the Task of Feminist Theology," *Immaculate and Powerful: The Female in Sacred Image and Social Reality*, eds. Clarissa W. Atkinson, Constance H. Buchanan, and Margaret R. Miles, The Harvard Women's Studies in Religion Series (Boston: Beacon Press, 1985).

4장

1 John Rowan, *The Horned God: Feminism and Men as Wounding and Healing* (New York: Routledge & Kegan Paul, 1987), p.1.
2 "Redstockings Manifesto," Clause III, *Sisterhood is Powerful: An Anthology of Writings from the Women's Liberation Movement*, ed. Robin Morgan (New York: Random House, 1970), p.534. 이 그룹에 관해서는 Judith Hole and Ellen Levine, *Rebirth of Feminism* (New York: Quadrangle Books, 1971), pp.136-42를 참고하라.
3 Dorothee Sölle, *The Strength of the Weak: Toward a Christian Feminist Identity*, trans. Robert and Rita Kimber (Philadelphia: Westminster Press, 1984), p.85.

4   Paul Hornacek, "Anti-Sexist Consciousness Raising Groups For Men," *For Men Against Sexism: A Book of Readings*, ed., Jon Snodgrass (Albion: Times Changes Press, 1977), 126.
5   Rosemary Radford Ruether, "Patriarchy and the Men's Movement: Part of the Problem or Part of the Solution?," *Women Respond to the Men's Movement*, ed. Kay Leigh Hagan (San Francisco: Harper, 1992), 16.
6   John Cobb, et al., "Roundtable Discussion: The Influence of Feminist Theory on My Theological Work," *Journal of Feminist Studies in Religion*, 7. 1, Spring (1991): pp.95-126.
7   Alfred N. Whitehead, "Liberty and the Enfranchisement of Women," *Process Studies*, VII/1, Spring (1977): pp.37-39.
8   John B. Cobb and David R. Griffin, eds. *Process Theology: An Introductory Exposition* (Philadelphia, PA: The Westminster Press, 1976). 신 개념과 여성문제에 대하여 특별히 3장 "God as Creative-Responsive Love"와 8장 "The Church and Women's Liberation"을 참조하라.
9   John Cobb, "Feminism and Process Thought: A Two-Way Relationship," *Feminism and Process Thought*, ed. Sheila Greeve Davaney (New York: The Edwin Mellen Press, 1981), pp.32-61.
10 Marjorie Hewitt Suchocki, "Openness and Mutuality in Process Thought and Feminist Action," *Feminism and Process Thought*, pp.62-82.
11 Marjorie Hewitt Suchocki, *God, Christ, Church: A Practical Guide to Process Theology* (1982; New York: Crossroad, 1989), pp.16-18.
12 Valerie Saiving, "The Human Situation: A Feminine View," *Journal of Religion*, 40 (April 1960).
13 John Cobb, et al., "Roundtable Discussion."
14 Judith Plaskow, *Sex, Sin and Grace: Women's Experience and the Theologies of Reinhold Niebuhr and Paul Tillich* (Washington: University Press of America, 1980).
15 Gordon Kauffmann, *The Theological Imagination: Constructing The Concept of God* (Philadelphia: Westminster Press, 1981); *Theology for a Nuclear Age* (Philadelphia: Westminster Press, 1985).
16 John B. Cobb, Jr., et al" "Roundtable," pp.95-105.
17 Mark Kline Taylor, *Remembering Esperanza: A Cultural-Political Theology for North American Praxis* (Maryknoll, NY: Orbis Books, 1990).
18 Ibid., pp.80-82.
19 특히 다음의 저서를 참고하라. John A. Phillips, *Eve: The History of an Idea* (New York: Harper & Row, 1984); William Phipps, *Influential Theologians on Wo/man* (Washington: University Press of America, 1981); Leonard Swidler, "Jesus was a Feminist," *The Catholic World* (Jan. 1971): pp.177-83. 스위들러는 이 글을 확장해서

단행본으로 출간했다. *Jesus Was a Feminist: What the Gospels Reveal about His Revolutionary Perspective* (Sheed & Ward, 2007). 또한 스위들러의 책 *Woman in Judaism: The Status of Women in Formative Judaism* (Metuchen, NJ: The Scarecrow Press, 1976)도 도움이 된다. Brian Wren, *What Language Shall I Borrow? God-Talk in Worship: A Male Response to Feminist Theology* (1989; New York: Crossroad, 1991); Arthur Brittan, *Masculinity and Power* (Oxford: Basil Blackwell, 1989); Jonathan Snodgrass, *For Men Against Sexism: A Book of Readings* (Albion, CA: Times Change Press, 1977); 그리고 Stephen Heath, "Male Feminism," *Men in Feminism*, eds. Alice Jardine and Paul Smith (New York: Methuen, 1987).

20 Richard Holloway, ed., *Who Needs Feminism? Men Respond to Sexism in the Church* (London: SPCK, 1991).

21 Ibid., pp.1-10.

22 Ibid., p.10.

23 Daniel C. Maguire, "The Feminization of God and Ethics," Presidential Address to the Society of Christian Ethics, *The Annals of the Society of Christian Ethics*, ed. Larry Rasmussen (Dallas: The Society of Christian Ethics, 1981), p.2.

24 Elaine Showalter, "Critical Cross-Dressing: Male Feminists and the Woman of the Year," *Raritan*, 3. 2 (Fall 1983): p.133.

25 Elizabeth Cady Stanton, et al., eds. *History of Woman Suffrage* (New York: Charles Mann, 1881 and 1882), vol. 1(1881), pp.67-74; vol. II (1882), pp.403-404를 참조하라.

26 Elizabeth Cady Stanton, ed. "Introduction," *The Original Feminist Attack on the Bible: The Woman's Bible* (1895, 1898; New York: Arno, 1974). 스탠턴의 《여성의 성서》의 의도를 현대적으로 반영한 책은 Carol A. Newsom and Sharon H. Ringe, eds. *The Women's Bible Commentary* (Louisville, Kentucky: Westminster /John Knox Press, 1992)이다. 캐디 스탠턴의 《여성의 성서》에 대한 더욱 자세한 페미니스트 신학적 논의는 Elisabeth Schüssler Fiorenza, *In Memory of Her: A Feminist Theological Reconstruction of Christian Origins* (New York: Crossroad, 1983), pp.7-14를 참고하라.

27 Simone de Beauvoir, *The Second Sex*, trans. H. M. Parshley (1949; New York: Alfred A. Knopf, 1953), 한국어 번역본은 《제2의 성》(살림출판사, 2007); Betty Fridan, *The Feminine Mystique* (New York: Morton, 1963), 한국어 번역본은 《여성의 신비》(이매진, 2005).

28 Mary Daly, *The Church and the Second Sex* (Boston: Beacon Press, 1968), 한국어 번역본은 《교회와 제2의 성》(여성신문사, 1997), 그리고 Valerie Saiving, "The Human Situation: A Feminine View"를 참조하라.

29 William Clebsch, *American Religious Thought* (Chicago: University of Chicago Press, 1973) pp.98-99, 108-109; Daly, *Beyond God the Father* (Boston: Beacon Press, 1973), p.21; 그리고 Fiorenza, *Bread Not Stone: The Challenge of Feminist Biblical Interpretation* (Boston: Beacon Press, 1984), pp.48-49를 참조하라.

30 성차별주의, 인종차별주의, 경제제국주의의 상호관련성을 분석한 고전으로는 다음의 글을 참조하라. Lillian Smith, *Killers of the Dream* (1949; New York: W. W. Norton & Co., 1974); John Kenneth Galbraith, "How the Economy Hangs on Her Apron Strings," *Ms. Magazine*, May 1974, vol. II, no. 11.

31 Elisabeth Schüssler Fiorenza, *In Memory of Her: A Feminist Theological Reconstruction of Christian Origins*, pp.4-37을 참조하라.

32 Jürgen Habermas, "Der Universalitätsanspruch der Hermeneutik 1970," *Kultur und Kritik* (Frankfurt, 1973), pp.264-301; Albrecht Wellmer, *Critical Theory of Society*, trans. John Cumming (New York: Herder and Herder, 1971), pp.41-51.

33 Nelle Morton, *The Journey is Home* (Boston: Beacon Press 1985).

34 Nelle Morton, "Preaching the Words," Ibid..

35 이러한 비판에 대하여 Jacquelyn Grant, "Black Theology and the Black Woman," *Black Theology: A Documentary History*, eds. James Cone and Gayraud Wilmore (Maryknoll, NY: Orbis Books, 1979)를 참조하라.

36 Letty M. Russell, *Human Liberation in a Feminist Perspective: A Theology* (Philadelphia: Westminster Press, 1974); Elisabeth Schüssler Fiorenza, *Bread Not Stone*; Rosemary Radford Ruether, *Liberation Theology: Human Hope Confronts Christian History and Power* (New York: Paulist, 1972)를 참조하라.

37 Letty M. Russell, "A Feminist Looks at Black Theology," *Black Theology II: Essays on the Formation and Outreach of Contemporary Black Theology*, eds. Calvin E. Bruce and William R. Jones (Cranbury, NJ: Associated University Presses, 1978).

38 Dorothee Sölle, "The Gospel and Liberation," *Commonweal* 22 (December 1972): pp.270-73.

39 Dorothee Sölle, *The Strength of the Weak: Toward a Christian Feminist Identity* (Philadelphia: Westminster Press, 1984), pp.80-81.

40 Elisabeth Schüssler Fiorenza, *Bread Not Stone*, pp.43-63을 참조하라.

41 앞에서 언급한 캐디 스탠턴의 성서 이해를 참조하라.

42 Schüssler Fiorenza, *Bread Not Stone*, pp.45.

5장

1 Erich Fromm, *The Heart of Man: Its Genius for Good and Evil* (New York, 1964), pp.116-17.

2 Paul Ricoeur, "The Symbol Gives Rise to Thought," *Ways of Understanding Religion*, ed. Waiter H. Capps (New York: Macmillan, 1972), pp.309-17; 그리고 *The Symbolism of Evil*, trans. E. Buchanan (Boston: Beacon Press, 1967)을 참조하라.

3 Carl G. Jung, *Psychological Reflections*, ed. Jolande Jacobi (New York: Harper & Row, 1961). 융의 이론에 대한 페미니스트 신학적 수용과 비판과 관련해서는 특히 Naomi

R. Goldenberg, "Jungian Psychology and Religion," *Changing of the Gods: Feminism and the End of the Traditional Religions* (Boston: Beacon Press, 1979)를 참조하라.

4 Paul Tillich, *Dynamics of Faith* (New York: Harper & Brothers Publisher, 1957), p.41.

5 Paul Schmidt, *Vater-Kind-Bruder: Biblische Begriffe in Anthropologischer Sicht* (Düsseldorf, 1978), pp.133-35.

6 Paul Tillich, *Dynamics of Faith*, 특히 제3장 "Symbols of Faith"를 참조하라.

7 Clifford Geertz, "Religion as a Cultural System," *Anthropological Approaches to the Study of Religion*, ed. Michael Banton (New York: Tavistock Publications, 1966), pp.1-46.

8 Ibid., p.97.

9 Carol Christ, "Why Women Need the Goddess: Phenomenological, Psychological, and Political Reflections, *Womanspirit Rising: A Feminist Reader in Religion*, eds. Carol Christ and Judith Plaskow (San Francisco: Harper & Row, 1979)를 참조하라.

10 Ibid., p.274.

11 이러한 문제에 대한 연구로는 Peggy Reeves Sanday, *Female Power and Male Dominance: On the Origins of Sexual Inequality* (Cambridge: Cambridge University Press, 1981)를 참고하라.

12 Paul Tillich, *Dynamics of Faith*, p.43.

13 Mary Daly, *Beyond God the Father*, p.15.

14 Gordon D. Kaufman, *Theology for a Nuclear Age* (Philadelphia: The Westminster Press, 1985), p.21; Peter Slater, *The Dynamics of Religion* (San Francisco: Harper & Row, 1978), pp.28-34.

15 쉬슬러 피오렌자는 *In Memory of Her: A Feminist Theological Reconstruction of Christian Origins* (New York: Crossroad, 1983)에서 초기 기독교가 형성되는 과정에서 여성들의 지도자적 역할을 밝히고 있다.

16 여성과 관련한 이러한 비극적인 역사적 사실들에 대한 더욱 자세한 논의는 Mary Daly, *Gyn/Ecology: The Metaethics of Radical Feminism* (Boston: Beacon Press, 1978), pp.113-222를 참조하라.

17 Mary Daly, *Gyn/Ecology*, p.39.

18 Ibid., p.16.

19 Karen Warren, "Feminist and Ecology: Making Connections," *Environmental Ethics*, 9 (1987): p.6.

20 Rosemary Radford Ruether, *Sexism and God-Talk: Toward a Feminist Theology* (Boston: Beacon Press, 1983), p.53.

21 Juan Luis Segundo, *Our Idea of God* (Maryknoll, NY: Orbis, 1974), p.8.

22 Nelle Morton, *The Journey is Home* (Boston: Beacon Press, 1985), p.172.

23 Paul Tillich, *Dynamics of Faith*, p.46.

24 Paul Tillich, *Systematic Theology*, vol. I (Chicago: University of Chicago Press, 1951),

pp.235-38.

25 Rosemary R. Ruether, "Christianity," *Women in World Religions*, ed. Arvind Sharma (Albany, NY: State University of New York Press, 1987), p.208.
26 Ibid., p.209.
27 Ruether, *Sexism and God-Talk*, p.53.
28 Ibid., p.54.
29 Catherine Keller, "Warriors, Women, and Nuclear Complex: Toward a Postnuclear Postmodernity," *Sacred Interconnection: Postmodern Spirituality, Political Economy and Art*, ed. David Ray Griffin (Albany, NY: State University of New York Press, 1990), p.70.
30 Carter Heyward, *The Redemption of God: A Theology of Mutual Relation* (Washington, DC: University Press of America, 1982), p.156.
31 Alice Walker, *The Color Purple* (New York: Harcourt Brace Jovanovich, 1982), p.178.
32 Phyllis Trible, "Depatriarchalizing in Biblical Interpretation," *Journal of the American Academy of Religion*, 41, no. 1(1973): pp.31, 33; 그리고 *God and the Rhetoric of Sexuality* (Philadelphia: Westminster Press, 1978)를 참조하라.
33 Trible, *God and the Rhetoric of Sexuality*, pp.65, 66, 70을 참조하라.
34 Letty Russell, *Human Liberation in a Feminist Perspective* (Philadelphia: Westminster Press, 1974); 그리고 *The Liberating Word* (Philadelphia: Westminster Press, 1976)를 참조하라.
35 Russell, *Human Liberation in a Feminist Perspective*, p.53.
36 Ibid., p.78. 그리고 '사용 가능한 과거(usable past)'를 둘러싼 논의는 Eleanor McLaughlin, "The Christian Past: Does It Hold a Future for Women?" *Womanspirit Rising*, eds. Carol Christ and Judith Plaskow (San Francisco: Harper & Row, 1979), pp.94-95.
37 Russell, *Human Liberation in a Feminist Perspective*, pp.96ff.
38 Letty Russell, *Household of Freedom: Authority in Feminist Theology* (Philadelphia: Westminster, 1987), p.53.
39 Ibid., p.47.
40 Heinz-Horst Schrey, "Ist Gott ein Mann?: Zur Forderung einer Feministische Theologie," *Theologische Rundschau*, 44 (1979): pp.227-38.
41 하나님 이미지에 대한 구체적인 논의에 관해서는 해방신학자 보프Leonardo Boff의 *The Maternal Face of God: The Feminine and Its Religious Expressions*, trans. Robert R. Barr and John W. Dierckmeier (1979; San Francisco: Harper & Row, 1987); 그리고 Johannes Baptist Metz and Edward Schillebeeckx, eds. *God as Father?* (New York: The Seabury Press, 1981)에 나오는 여성·남성 신학자들의 여러 관점에서 서술한 논문들을 참고하라.
42 Mary Daly, *The Church and the Second Sex* (Boston: Beacon Press, 1968). 데일리의 생애는 데일리의 자서전 *Outercourse: The Be-Dazzling Voyage* (San Francisco: HarperSanFrancisco, 1992)를 참고하라.

43 Mary Daly, *Beyond God the Father: Toward a Philosophy of Women's Liberation* (Boston: Beacon Press, 1973), p.19.
44 Ibid., pp.114-22.
45 데일리의 이러한 존재 개념에 대해서는 *Pure Lust: Elemental Feminist Philosophy* (Boston: Beacon Press, 1984), p.423을 참조하라.
46 Daly, *Beyond God the Father*, p.19.
47 Daly, *Pure Lust: Elemental Feminist Philosophy*, p.403.
48 Daly, *Gyn/Ecology*, p.111.
49 Rosemary Ruether, *Liberation Theology: Human Hope Confronts Christian History and American Power* (New York: Paulist Press, 1972), p.1.
50 Ruether, *Sexism and God-Talk*, pp.31-33.
51 Ruether, *Gaia and God: An Ecofeminist Theology of Earth Healing* (San Francisco: HarperSanFrancisco, 1992), p.4.
52 Ruether, "A Religion for Women," *Christianity and Crisis* (December 1979): p.310.
53 Ruether, *Sexism and God-Talk*, p.46.
54 Ibid., p.71.
55 Merlin Stone, *When God was a Woman* (New York: Dial Press, 1976).
56 Carol Christ, "Why Women Need the Goddess: Phenomenological, Psychological, and Political Reflections," *Womanspirit Rising: A Feminist Reader in Religion*, eds. Carol Christ and Judith Plaskow (San Francisco: Harper & Row, 1979),
57 여성의 생리와 출산을 종교적 경험과 제의로서 연구한 것으로는 Rita M. Gross, "Menstruation and Childbirth as Ritual and Religious Experience in the Religion of the Australian Aborigines," *The Journal of American Academy of Religion*, 45. 4 (1977): Supplement pp.1147-81을 참조하라.
58 John Cobb, "The Trinity and Sexist Language," *Christ in a Pluralistic Age* (Philadelphia: Westminster Press, 1975).

6장

1 〈마가복음〉 8: 27.
2 이러한 관점에 대한 더욱 자세한 논의는 다음을 참고하라. James Cone, *A Black Theology of Liberation* (New York: Orbis, 2010); Gustavo Gutierrez, *A Theology of Liberation* (Maryknoll, NY: Orbis Bools, 1973); Bonino Jose Miguez, *Doing Theology in a Revolutionary Situation* (Philadelphia: Fortress Press, 1975); J. Deotis Roberts, *Liberation and Reconciliation* (Philadelphia:Westminster Press, 1971); Virginia Fabella, ed. *Asian Struggle for Full Humanity* (Maryknoll, NY: Orbis Books, 1980); Virginia Fabella and Sergio Torres, eds. *Irruption of the Third World: Challenge to Theology* (Maryknoll, NY: Orbis Books, 1983); Rosemary Radford Ruether, *Liberation Theology*

(New York: Paulist Press, 1972).

3   Rosemary Radford Ruether, "Christology: Can a Male Savior Save Women?" *Sexism and God-Talk: Toward a Feminist Theology* (Boston: Beacon Press, 1983).
4   Karl Rahner and Herbert Vorgrimler, *Kleines Konzilskompendium* (Freiburg, Basel and Vienna, 1966), p.476.
5   Rosemary Ruether, *To Change the World: Christology and Cultural Criticism* (New York: Crossroad, 1981).
6   Daly, *Beyond God the Father*, p.19.
7   Ibid., p.79.
8   Daphne Hampson, *Theology and Feminism* (Oxford: Basil Blackwell, 1990)을 참고하라.
9   Jacqueline Grant, *White Women's Christ and Black Women's Jesus: Feminist Christology and Womanist Response*, AAR Series. 64 (Atlanta, GA: Scholars Press, 1989).
10   Eleanor C. McLaughlin, "Equality of Souls, Inequality of Sexes: Women in Medieval Theology," *Religion and Sexism: Images of Women in the Jewish and Christian Traditions*, ed. Rosemary Ruether (New York: Simon and Schuster, 1974), pp.213-66; 그리고 Julia O'Faolain and Lauro Martines, eds. *Not in God's Image* (New York: Harper & Row, 1973)를 참조하라.
11   Eleanor C. McLaughlin, "'Christ My Mother': Feminine Naming and Metaphor in Medieval Spirituality," *Nashotah Review*, 15 (1975): pp.366-86. 또한 어머니로서의 예수에 대해서는 다음을 참고하라. Eleanor McLaughlin, "Women, Power and the Pursuit of Holiness in Medieval Christianity," *Women of Spirit: Female Leadership in the Jewish and Christian Traditions*, eds. Rosemary Ruether and Eleanor C. McLaughlin (New York: Simon and Schuster, 1979), pp.100-30; Elaine Pagals, *The Gnostic Gospels: A New Account of the Origins of Christianity* (New York: Random House, 1979), pp.48-69.
12   Caroline Walker Bynum, *Jesus as Mother: Studies in the Spirituality of the High Middle Ages* (1982; Los Angeles: University of California Press, 1984), pp.110-69.
13   Virginia Ramey Mollenkott, "The Androgyny of Jesus," *Daughters of Sarah* (March 1976), p.4.
14   Fiorenza, *In Memory of Her*, pp.151, 208-18, 264를 참조하라.
15   Julian of Norwich, *Revelations of Divine Love*, tr. C. Wolters (Harmondsworth: Penguin Classics, 1966), pp.165-173.
16   Julian of Norwich, *Julian of Norwich: Showings* (New York: Paulist, 1978), pp.296-98.
17   예를 들어 양성기독론에 대한 류터의 비판은 참고할 만하다. 류터는 그리스도가 규범적으로 남성으로 인식되는 한, 남성인 그리스도가 여성적인 측면도 함께 지니고 있다는 양성기독론은 오히려 남성중심적 편견을 더 강화할 뿐이라고 비판한다. Ruether, *Sexism and God-Talk*, p.130.
18   Rita Nakashima Brocks, *Journeys by Heart: A Christology of Erotic Power* (New York:

Crossroad, 1988), p.113.

19 Edwin Hunter, "Reflections on the Christa from a Christian Theologian," *Journal of Women in Religion*, 4 (February 1985): p.30.
20 Elizabeth Schüssler Fiorenza, "The Basileia Vision of Jesus as the Praxis of Inclusive Wholeness," *In Memory of Her: A Feminist Theological Reconstruction of Christian Origins* (New York: Crossroad, 1983), pp.118-130.
21 Brock, *Journeys by Hearts*, pp.62, 그리고 50-53.
22 Carter Heyward, *Speaking of Christ: A Lesbian Feminist Voice*, ed. Ellen C. Davis (New York: Pilgrim, 1989), p.21.
23 Patricia Wilson-Kastner, *Faith, Feminism and the Christ* (Philadelphia: Fortress, 1963), p.52.
24 Ibid., p.53.
25 Ibid., pp.91-92.
26 Ibid., p.100.
27 Brock, *Journeys by Hearts*, pp.60-62.
28 Ibid., pp.63-66. 톰 드라이버도 기독론에서 공동체의 중요성을 강조하는 신학자이다. 드라이버의 기독론은 Tom Driver, *Christ in a Changing World: Toward an Ethical Christology* (New York: Crossroad, 1981)를 참고하라.
29 Nelle Morton, *The Journey is Home* (Boston: Beacon Press, 1985), pp.194-98.
30 Leonard Swidler, "Jesus was a Feminist," *Catholic World* (January 1971): pp.177-83. 이 논문은 Kenneth Aman, ed. *Border Regions of Faith: An Anthology of Religion and Social Change* (Maryknoll, NY: Orbis Books, 1988)에도 실려 있다. 나중에 스위들러의 논문이 확장되어 출간된 같은 제목의 책은 다음과 같다. *Jesus Was a Feminist: What the Gospels Reveal about His Revolutionary Perspective* (Plymouth, UK: Sheed & Ward, 2007). 또한 스위들러의 *Biblical Affirmation of Women* (Philadelphia: Westminster Press, 1979)도 참조하라.
31 Leonard Swidler, "Jesus was a Feminist," *Border Regions of Faith*, p.30.
32 Ibid., p.32.
33 여성에 관한 유교의 편견에 대해서는 이 책의 제11장을 참고하라.
34 Leonard Swidler, "Jesus Was a Feminist," p.31.
35 Judith Ochshorn, *Female Experience and the Nature of the Divine* (Bloomington, IN: Indiana University Press, 1981), p.170.
36 Nicola Slee, "Parables and Women's Experience," *The Modern Churchman*, 26. 2 (1984): pp.73-74.
37 Ochshorn, Ibid., p.173.
38 부활의 증인으로서의 여성에 대해서는 〈요한복음〉 20장, 〈마태복음〉 28장, 〈마가복음〉 16장, 〈누가복음〉 24장을 참고하라.
39 이러한 해석에 관해서는 Gail R. O'Day, "John," *The Women's Bible Commentary*, eds.

Carol A. Newsom and Sharon H. Ringe (London: SPCK, 1992), p.295 참조.
40   Swidler, "Jesus was a Feminist," p.38.
41   Rosemary Radford Ruether, "Christology: Can a Male Savior Save Women?" *Sexism and God-Talk: Toward A Feminist Theology*, pp.116-38.
42   Ibid., p.137. 류터의 기독론에 관한 더 자세한 논의는 Mary Hembrow Snyder, *Christology of Rosemary Radford Ruether: A Critical Introduction* (Mystic, CT: Twenty Third Publications, 1988)을 참고하라.
43   Mary J. Buckey, "The Rising of the Woman Is the Rising of the Race," *Proceedings of the Catholic Theological Society of America*, 34 (1979): pp.48-63.
44   Diane Tennis, *Is God the only Reliable Father?* (Philadelphia: Westminster Press, 1985), pp.104-105.
45   Dorothee Sölle, *The Window of Vulnerability: A Political Spirituality*, trans. Linda M. Maloney (Minneapolis: Fortress Press, 1990), p.70.

7장

1   Anita Röper, *Ist Gott ein Mann? Ein Gespräch mit Karl Rahner* (Düsseldorf: Patmos Verlag, 1979), p.51. 급진주의 페미니즘의 다양한 관점에 대해서는 이 책의 제3장을 참조하라.
2   Rosemary Radford Ruether, *Sexism and God-Talk: Toward a Feminist Theology* (Boston: Beacon Press, 1983), pp.53-54, 그리고 96을 참고하라.
3   Sheila heila D. Collins, *A Different Heaven and Earth: A Feminist Perspective on Religion* (Valley Forge, PA: Judson Press, 1974), p.173.
4   Gerda Lerner, *The Creation of Patriarchy* (New York: Oxford University Press, 1986), p.10.
5   이러한 문제에 대하여 신학뿐 아니라 고고학·인류학·문학 등 여러 분야에서 연구가 이루어졌는데, 특히 이 주제와 관련한 페미니스트 신학적 논의를 위해서는 다음을 참고하라. William Foxwell Albright, *From the Stone Age to Christianity: Monotheism, and the Historical Process* (Baltimore: Johns Hopkins University Press, 1957); Judith Ochshorn, *The Female Experience and the Nature of the Divine* (Bloomington: Indiana University Press, 1981); Carole Ochs, *Behind the Sex of God: Toward a New Consciousness-Transcending Matriarchy and Patriarchy* (Boston: Beacon Press, 1977); Peggy Reeves Sanday, *Female Power and Male Dominance: On the Origins of Sexual Inequality* (Cambridge, England: Cambridge University Press, 1981); Merlin Stone, *When God was a Woman* (New York: Harcourt Brace Jovanovich, 1976); Rosemary Radford Ruether, "Sexism and God-Language: Male and Female Images of the Divine," *Sexism and God-Talk*.
6   Ruether, *Sexism and God-Talk*, pp.53-54.

7   Mary O'Brien, "Feminist Theory and Dialectical Logic," *Signs*, 7, 1 (1981): pp.144-57.
8   Susan Moller Okin, *Women in Western Political Thought* (Princeton, NJ: Princeton University Press, 1979), pp.25-26.
9   플라톤에 관한 이러한 논의에 대해서는 Julia Annas, "Plato's Republic and Feminism," ed. Martha Lee Osborne, *Women in Western Thought* (New York: Random House, 1979), pp.24-33을 참조하라.
10 Jean Bethke Elshtain, *Public Man, Private Woman* (Princeton, NJ: Princeton University Press, 1981), pp.12, 46.
11 Okin, *Women in Western Political Thought*, p.11.
12 Tertullian, "On the Apparel of Women," cited in Katherine M. Rogers, *The Troublesome Helpmate: A History of Misogyny in Literature* (Seattle: University of Washington Press, 1966), p.14.
13 M. E. Hawkesworth, *Beyond Oppression: Feminist Theory and Political Strategy* (New York: Continuum, 1990), p.22.
14 Rosemary Radford Ruether, *Sexism and God-Talk*, pp.94-99.
15 Ruether, "Misogynism and Virginal Feminism in the Fathers of the Church," ed. Rosemary Radford Ruether, *Religion and Sexism: Images of Woman in the Jewish and Christian Tradition* (New York: Simon and Schuster, 1974); Ruether, *Sexism and God-Talk*, pp.94-99; Mary Daly, *Beyond God the Father: Toward a Philosophy of Women's Liberation* (Boston: Beacon Press, 1973), p.3을 참고하라.
16 "Letter to Christopher Barth," cited Eberhard Busch, *Karl Barth: His Life from Letters and Autobiographical Texts*, trans. J. Bowden (London: SCM Press, 1976), p.358.
17 Karl Barth, *Mann und Frau* (München: Siebenstern Taschenbuch, 1951), p.90. 이 책은 바르트의 *Die Kirchliche Dogmatik* III, Teil 4에서 "Mann und Frau"를 뽑아 단행본으로 만든 것이다.
18 Barth, *Mann und Frau*, p.89.
19 Ibid., pp.83-84.
20 Ibid., pp.89.
21 창조질서와 여성의 해방에 관한 몰트만-벤델의 관점에 대해서는 Elisabeth Moltmann-Wendel, "Letztes Glied in der Kette der Befreitem, Theologie und Emanzipation der Frau," *Evangelische Kommentare*, 8 (1975): p.672; 그리고 *Freiheit, Gleichheit, Schwesterlichkeit: Zur Emanzipation der Frau in Kirche und Gesellschaft* (München: Kaiser Verlag, 1977), p.71을 참고하라.
22 Barth, *Mann und Frau*, pp.72-73.
23 바르트는 만약 자신이 미국에 살았다면 '해방신학'을 했을 것이라고 했다는데, 그가 말하는 '해방'의 의미는 여성들의 '해방'과 관련짓기는 어렵다. 이에 관한 논의에 대해서는 Clifford Green, "Liberation Theology?: Karl Barth on Women and Men," *Union Seminary Quarterly Review*, 29. 4 (Spring-Summer 1974)를, 그리고 바르트와 관련한

좀 더 구체적인 페미니스트 신학적 논의로는 다음의 논문들이 참고가 될 것이다. Joan Arnold Romero, "The Protestant Principle: A Woman's Eye View of Barth and Tillich," ed. Rosemary Radford Ruether, *Religion and Sexism*; Elizabeth Clark and Herbert Richardson, "The Triumph of Patriarchalism in the Theology of Karl Barth," *Women and Religion: A Feminist Sourcebook of Christian Thought* (New York: Harper & Row, 1977); Paul S. Fiddes, "The Status of Woman in the Thought of Karl Barth," *After Eve: Women, Theology and the Christian Tradition*, ed. Janet Martin Soskice (London: Marshall Pickering, 1990).

24 섹슈얼리티에 관한 프로이트의 이러한 시각을 페미니스트 관점에서 분석하고 비판한 것으로는 다음을 참고하라. Luce Irrigaray, *Speculum of the Other Woman*, trans. Gilligan E. Gill (New York: Cornell University Press, 1985).

25 Carol Gilligan, *In a Different Voice: Psychological Theory and Women's Development* (Cambridge, MA: Harvard University Press, 1982). 길리건 외에 남녀의 본질적인 차이를 주장하는 심리학자들로는 초도로 Nancy Chodorow, 디너스타인 Dorothy Dinnerstein, 베이커 밀러 Jean Baker Miller 등이 있다. 이들은 각기 다른 강조점과 주제를 토대로 이론을 전개하지만, 남녀가 본질적으로 다르다고 보는 것은 공통적인 기본전제라고 할 수 있다. Nancy Chodorow, *The Reproduction of Mothering* (Berkeley and Los Angeles: University of California Press, 1978); Dorothy Dinnerstein, *The Mermaid and the Minotaur: Sexual Arrangements and Human Malaise* (New York: Harper & Row, 1977); Baker Miller, *Toward a New Phycology of Women* (Boston, MA: Beacon Press, 1986)을 참고하라.

26 Simone de Beauvoir, *The Second Sex* (1949; New York: Vintage Books, 1952), p.301.

27 Ruether, *Sexism and God-Talk*, pp.111-12.

28 Beverly Wildung Harrison, *Making the Connections: Essays in Feminist Social Ethics*, ed. Carol S. Robb (Boston: Beacon Press, 1985), xii-xiv.

29 Eleanor Emmons Maccoby and Carol Nagy Jacklin, *The Psychology of Sex Differences* (Stanford, CA: Stanford University Press, 1974).

30 Simon de Beauvoir, *The Second Sex*, xviii-xix.

31 예를 들어 데일리의 첫 번째 책 *The Church and the Second Sex* (Boston: Beacon Press, 1968)는 보부아르의 타자로서의 여성 개념을 직접 적용한 것이며, 또한 류터의 *New Woman/New Earth: Sexist ideologies and Human Liberation* (New York: Seabury Press, 1975)도 보부아르의 타자로서의 여성 개념을 출발점으로 삼고 있다.

32 Josephine Donovan, *Feminist Theory; The Intellectual Traditions of American Feminism* (New York: Frederick Ungar Publishing Co., 1985), p.120.

33 Mary Daly, *Pure Lust: Elemental Feminist Philosophy* (Boston: Beacon Press, 1984), pp.136-38; Catherine Keller, "Feminism and the Ethic of Inseparability," *Weaving the Visions: New Patterns in Feminist Spirituality*, eds. Judith Plaskow and Carol P. Christ (San Francisco: Harper & Row, 1989), p.258.

34 Alice Walker, *The Color Purple* (New York: Harcourt Brace Jovanvich, 1982), p.167.
35 Chodorow, *The Reproduction of Mothering*.
36 Carol Gilligan, *In a Different Voice*. 이 책은 심리학적으로뿐만 아니라 윤리학적으로도 많이 논의되고 있는데, 이러한 논의와 관련해서는 다음을 참고하라. Eva Feder Kittay and Diana T. Meyers, eds. *Women and Moral Theory* (New York: Rowman & Littlefield, 1987).
37 Delores S. Williams, "Womanist Theology: Black Women's Voices," eds. Judith Plaskow and Carol P. Christ, *Weaving the Visions: New Patterns in Feminist Spirituality* (San Francisco: Harper & Row, 1989).
38 Keller, *From a Broken Web: Separation, Sexism, and Self* (Boston: Beacon Press, 1986); "Feminism and the Ethics of Inseparability," *Weaving the Vision*을 참고하라.
39 Reuther, *Sexism and God-Talk*, p.112. 더 구체적인 논의를 위하여, 페미니스트 신학적 관점에서 라인홀드 니부어의 신학을 류터와 비교 분석한 본Judith Vaughan의 다음 책은 남성 주류로 이어진 신학 전통의 인간 이해와 페미니스트 신학의 인간 이해에 좋은 참고가 될 것이다. *Sociality, Ethics and Social Change: A Critical Appraisal of Reinhold Niebuhr's Ethics in the Light of Rosemary Radford Ruether's Works* (Lanham, MD: University Press of America, 1983).
40 Judith Plaskow and Carol Christ, eds. *Weaving the Vision: New Pattern in Feminist Spirituality*, p.182.

8장

1 '자연차별주의'라는 용어에 관한 설명은 이 책의 200쪽을 참조하라.
2 Rosemary Radford Ruether, "Mother Earth and the Megamachine: A Theology of Liberation in a Feminine, Somatic and Ecological Perspective," *Liberation Theology: Human Hope Confronts Christian History and American Power* (New York: Paulist Press, 1972).
3 Ibid., pp.121-22.
4 대표적으로는 Catharina Halkes, *New Creation: Christian Feminism and the Renewal of the Earth*, trans. Catherine Romanik (Westminster: John Knox Press, 1991), p.78; Mary Grey, *Redeeming the Dream: Feminism, Redemption and Christian Feminism* (London: SPCK, 1989), p.47을 참고하라.
5 Rudolf Bultmann, *Glauben und Verstehen* IV (Tübingen, 1933-65), p.128, cited in Halkes, *New Creation*, p.79.
6 Rosemary R. Ruether, *Sexism and God-Talk: Toward a Feminist Theology* (Boston: Beacon Press, 1983), p.85.
7 이 도표는 Elizabeth Dodson Grey, *Patriarchy as a Conceptual Trap* (Wellesley, MA: Roundtable Press, 1982), p.83에 나오는 것이다. Collins, *A Different Heaven and Earth*:

A Feminist Perspective on Religion (Valley Forge, PA: Judson Press, 1974) p.66.

8 "지구를 다스리라"는 창세기 1장의 내용에 관한 해석을 종합적으로 연구한 것으로는 Lynn White, "The Religious Roots of Our Ecological Crisis," *Science*, 155 (1967): pp.1203-07을 참조하라.

9 Ursula King, *Women and Spirituality: Voices of Pretest and Promise* (London: Macmillan Education LTD, 1989), p.206.

10 Leonie Caldecott and Stephanie Leland, eds. *Reclaim the Earth: Women Speak Out for Life on Earth* (London: The Women's Press, 1983), p.1.

11 Robin Morgan, "Feminism is the Key to our Survival and Transformation," *The Anatomy of Freedom* (Oxford: Martin Robertson, 1983), p.283.

12 여성에게 선천적으로 비폭력적 요소가 있다고 주장하는 것에 대한 비판으로는 bell hooks, *Talking Back: Thinking Feminist/Thinking Black* (Boston, MA: South End Press, 1989), pp.94-95를 참고하라. (저자 이름의 스펠링이 소문자인 것은 저자의 의도이다.)

13 특히 노자의 《도덕경》을 보면 '도'에 대한 상징이 자연으로, 또한 여성적인 이미지로 표현되고 있다. 이러한 점의 부정적인 면과 긍정적인 면을 둘러싼 논의는 이 책의 제 11장을 참고하라.

14 Judith Todd, "On Common Ground: Native American and Feminist Spirituality Approaches in the Struggle to Save Mother Earth," ed. Charlene Spretnak, *The Politics of Women's Spirituality: Essays on the Rise of Spiritual Power within the Feminist Movement* (New York: Anchor Books, 1982), p.430.

15 특히 1970년대에 이러한 주제를 다룬 논문을 발표하여 많은 관심을 모았던 오르트너Sherry B. Ortner의 "Is Female to Male as Nature is to Culture?" *Women, Culture and Society*, eds. Michelle Z. Rosaldo and Louise Lamphre (Stanford, CA: Stanford University Press, 1974), 그리고 오르트너의 결론에 대한 비판적 논의로는 Carol P. MacCormick and M. Strathern, eds. *Nature, Culture and Gender* (New York: Cambridge University Press, 1980)를 참고하라.

16 Carolyn Merchant, *The Death of Nature: Women, Ecology and the Scientific Revolution* (San Francisco: Harper & Row, 1980), p.3.

17 James E. Lovelock, *Gaia: A New Look at Life on Earth* (Oxford: Oxford University Press, 1979).

18 Ann Oakely, *Taking it like a Woman* (London: Jonathan Cape, 1984), p.217.

19 Françoise d'Eaubonne, "Feminism or Death," *New French Feminisms: An Anthology*, eds. Elaine Marks and Isabelle de Courtivron (Amherst: University of Massachusetts Press, 1980).

20 Halkes, *New Creation*, p.109.

21 이 주제에 관한 구체적인 논의를 위해서는 다음을 참조하라. John Rodman, "Four Forms of Ecological Consciousness Reconsidered," *Ethics and the Environment*, eds.

22　Donald Scherer and Thomas Attig (Englewood Cliffs, NJ: Prentice Hall, 1983).
22　Karen Warren, "Feminism and Ecology: Making Connections," *Environmental Ethics*, 9. 1(1981): pp.3-20.
23　Ariel Kay Salleh, "Deeper than Deep Ecology: The Eco-Feminist Connection," *Environmental Ethics*, 6 (1984): pp.339-45.
24　Charlotte Bunch, "Beyond Either/Or Feminist Options," *Quest*, 3(1976): pp.2-17; 그리고 Hallie Iglehart, "Unnatural Divorce of Spirituality and Politics," *Quest*, 4 (1978): pp.12-24를 참조하라.
25　페미니스트들의 반핵운동에 대한 기본적인 논의는 Susan Koen and Nina Swain, *Aint No Where We Can Run: Handbook for Women on the Nuclear Mentality* (Norwich, VA: WAND, 1980)를 참조하라.
26　Carolyn Merchant, "Ecofeminism and Feminist Theory," *Reweaving the World: The Emergence of Ecofeminism*, eds. Irene Diamond and Gloria F. Orenstein (San Francisco: Sierra Club Books, 1990), p.103.
27　Mary Daly, *Gyn/Ecology: The Metaethics of Radical Feminism* (Boston: Beacon Press, 1978).
28　Ruether, "Toward an Ecological Feminist Theology of Nature," *Healing the Wounds: The Promise of Ecofeminism*, ed. Judith Plant (Philadelphia, PA: New Society Publishers, 1989), p.145.
29　Ruether, *Sexism and God-Talk*, pp.85-92, 232-34를 참조하라.
30　Joan L. Griscom, "On Healing the Nature/History Split in Feminist Thought," *Women's Consciousness, Women's Conscience: A Reader in Feminist Ethics*, eds. Barbara Hilkert Anderson, et al. (San Francisco: Harper & Row, 1985).
31　Sheila D. Collins, *A Different Heaven and Earth: A Feminist Perspective on Religion* (Valley Forge: Judson Press, 1974), p.161; Ruether, *New Woman/New Earth: Sexist Ideologies and Human Liberation* (New York: Seabury, 1975)을 참고하라.
32　Halkes, *New Creation*, p.122.
33　Starhawk, "Ethics and Justice in Goddess Religion," *The Politics of Women's Spirituality*, p.418.
34　"The Unforked Message of Chief Seattle," *Flesh and Spirit: A Religious View of Bicentennial America* (Gamariel, Washington D.C.: Community for Creative Non-Violence 1976), p.73, cited in Grey, *Redeeming the Dream*, p.40.

9장

1　Hans Magnus Enzensberger, "A Critique of Political Ecology," *Ideology of/in the Natural Science*, eds. Hilary Rose and Steven Rose (Cambridge, Mass.: Schenkman Publishing Co., 1980), p.136.

2   Aldo Leopold, *A Sand County Almanac: And Sketches Here and There* (1949; New York: Oxford University Press, 1989).
3   Ibid., pp.224-25.
4   Carolyn Merchant, *Radical Ecology: The Search for a Livable World* (New York: Routledge, 1992), p.74.
5   Rachel Carson, *Silent Spring* (Boston: Houghton Mifflin, 1962). Cf. Sue V. Rosser, "Feminist Scholarship in the Science: Where Are We Now and When Can We Expect a Theoretical Breakthrough?" *Feminism and Science*, ed. Nancy Tuana (Bloomington: Indiana University Press, 1989), p.4.
6   Rachel Carson, *Silent Spring*, pp.1-37.
7   Lynn White, "The Historical Roots of Our Ecological Crisis," *Ecology and Religion in History*, eds. David Spring and Eileen Spring (New York: Harper & Row, 1974). 이 논문은 *Science*, 155 (1967)에 처음 발표되었으며, 그 이후 환경과 생태를 다룬 여러 책에 발표되었다.
8   Gerda Lerner, *The Creation of Patriarchy* (New York: Oxford University Press, 1986), p.10.
9   John Passmore, *Man's Responsibility for Nature* (New York: Charles Scribner's Sons, 1974)의 제1장을 참조하라.
10 Lewis W. Moncrief, "Cultural Basis of our Environmental Crisis," *Science*, 170 (1970): pp.508-12.
11 자연에 대한 인간의 청지기적 역할을 강조하는 것으로는 다음을 참고하라.
    H. Paul Santmire, *Brother Earth* (New York: Thomas Nelson, 1970); Wesley Granberg-Michaelson, *A Worldly Spirituality: The Call to Take Care of the Earth* (San Francisco: Harper & Row, 1984); Loren Wilkensen et al., *Earthkeeping: Christian Stewardship of Natural Resources* (Grand Rapids: Eerdmans, 1980); Douglas J. Hall, *Imaging God: Dominion as Stewardship* (New York: Friendship Press, 1986).
12 이러한 관점에 대해서는 Bernhard W. Anderson, "Creation in the Bible," *Cry of the Environment: Rebuilding the Christian Creation Tradition*, eds. Phillip Joranson and Ken Butigan (Sante Fe: Bear, 1984)을 참고하라.
13 Harold H. Oliver, "The Neglect and Recovery of Nature in Twentieth Century Protestant Thought," *Journal of the American Academy of Religion*, LX (Fall 1992): pp.379-80.
14 Lynn White, "Historical Roots of Our Ecological Crisis," p.1207.
15 Paul Santmire, *The Travail of Nature: The Ambiguous Theological Promise of Christian Theology* (Philadelphia: Fortress Press, 1985), p.209.
16 Matthew Fox, "Creation-Centered Spirituality from Hildegard of Bingen to Julian of Norwich: 300 Years of an Ecological Spirituality in the West," *Cry of the Environment: Rebuilding the Christian Creation Tradition*, eds. Phillip N. Joranson and Ken Butigan

(Santa Fe: Bear & Company, 1984), p.85.
17　Ibid., p.86.
18　Ibid., pp.86-101.
19　Matthew Fox, *Original Blessing: A Primer in Creation Spirituality* (Santa Fe, NM: Bear and Co., 1983), p.46.
20　Fox, *Original Blessing*, p.229.
21　Matthew Fox, *The Coming of the Cosmic Christ* (San Fransisco: Herper & Row, 1988), pp.135-53.
22　Matthew Fox, "A Call for a Spiritual Renaissance," *Green Letter*, 5. 1 (Spring 1989): pp.4, 16-17.
23　Rosemary R. Ruether, "Matthew Fox and Creation Spirituality," *The Catholic World* (July/August 1990): pp.168-72; Ruether, *Gaia and God: An Ecofeminist Theology of Earth Healing* (San Francisco: HarperSanFrancisco, 1992), pp.241-42를 참조하라.
24　John B. Cobb, Jr., "Process Theology and an Ecological Model," *Cry of the Environment*, p.229.
25　Alfred North Whitehead, *Process and Reality*, eds. David Ray Griffin and Donald W. Sherburne (New York: Free Press, 1978).
26　John B. Cobb, Jr.," "Ecology, Science, and Religion: Toward a Postmodern Worldview," *The Reenchantment of Science: Postmodern Proposals*, ed. David Ray Griffin (Albany, NY: State University of New York Press, 1988), pp.99-108.
27　Alfred N. Whitehead, "Liberty and the Enfranchisement of Women," *Process Studies*, 7. 1 (Spring 1977).
28　화이트헤드의 신 개념과 여성문제에 관해서는 John B. Cobb and David R. Griffin, eds. *Process Theology: An Introductory Exposition* (Philadelphia, PA: The Westminster Press, 1976), pp.41-62, 132-35를 참고하라.
29　John Cobb and David R. Griffin, *Process Theology* (Philadelphia: Westminster Press, 1975), 79.
30　Rosemary R. Ruether, *Liberation Theology* (New York: Paulist Press, 1972).
31　Gordon Kaufmann, "Nuclear Eschatology and the Study of Religion," *Journal of the American Academy of Religion*, 51 (1983): p.13.
32　Gordon Kaufmann, *Theology for a Nuclear Age* (Philadelphia: Westminster Press, 1985).
33　McFague, *Models of God*, p.92. 은유신학에 관한 더 자세한 논의는 Sallie McFague, *Metaphorical Theology: Models of God in Religious Language* (Philadelphia: Westminster 1982)를 참조하라.
34　McFague, *Models of God*, ix-xii.
35　Ibid., p.11.
36　Ibid., p.61.

37 Ibid., p.62.
38 Dorothee Sölle with Shirley A. Cloyes, *To Work and to Love: A Theology of Creation* (Philadelphia: Fortress Press, 1984), pp.14-19.
39 McFague, *Models of God*, pp.59, 72.
40 Ibid., p.110.
41 Ibid., pp.97-180.
42 Ibid., pp.12-13.
43 Rosemary R. Ruether, "Envisioning Our Hope: Some Models of the Future," *Women's Spirit Bonding*, eds. Janet Kalven and Mary I, Buckley (New York: Pilgrim Press, 1984), p.335.
44 Carolyn Merchant, *Radical Ecology: The Search for a Livable World* (New York: Routledge, 1992), p.185; Mary Daly, *Outercourse: The Be-Dazzling Voyage: Containing Recollections from my Logbook of a Radical Feminist Philosopher* (San Francisco: HarperSanFrancisco, 1992), p.108를 참고하라. 또한 자연과 여성이 어떻게 남성의 지배에 놓이게 되었는가에 대한 분석은 Marylin French, *Beyond Power: On Women, Men, and Morals* (New York: Summit Books, 1985)에서 특히 제2장을 참조하라.
45 류터는 여러 측면에서 생태페미니즘의 이론을 같이 나누고 있다. 생태페미니즘과 관련한 더욱 분명한 이론은 Merchant, *Radical Ecology*; Irene Diamond and Gloria Feman Orenstein, eds. *Reweaving the World: The Emergence of Ecofeminism* (San Francisco: Siera Books, 1990)을 참고하라.
46 Rosemary R. Ruether, *New Woman/New Earth: Sexist Ideology and Human Liberation* (New York: Seabury, 1975).
47 Rosemary R. Ruether, *Sexism and God-Talk: Toward a Feminist Theology* (Boston: Beacon Press, 1983).
48 Rosemary R. Ruether, *Gaia and God: An Ecofeminist Theology of Earth Healing* (San Francisco: HarperSanFrancisco, 1992).
49 하갈에 대한 페미니스트 신학적 해석은 Phyllis Trible, *Texts of Terror: Literary Feminist Readings of Biblical Narratives* (Philadelphia: Fortress Press, 1984), pp.9-35를 참조하라.
50 Ruether, *Gaia and God*, p.209.
51 〈이사야서〉 65: 17-22, 24-25.
52 Ruether, *Gaia and God*, pp.207-227.
53 Ibid., p.206.
54 Ibid., p.232.
55 Ibid., p.4. 류터의 가이아 이해는 이러한 일반적인 이해와 다르다고 볼 수 있다.
56 Ibid., pp.254-58.

10장

1   이러한 포스트모더니즘에 대한 분석으로는 다음을 참조하라. Hal Foster, ed. *The Anti-Aesthetics: Essays on Postmodern Culture* (Washington: Bay Press, 1983); Andreas Huyssen, *After the Great Divide* (Bloomington: Indiana University Press, 1986); Linda Hutcheon, *The Politics of Postmodernism* (New York: Routledge, 1989); Stanley Aronowitz and Henry A. Giroux, *Postmodern Education: Politics Culture and Social Criticism* (Minneapolis: University of Minnesota Press, 1991).

2   Jane Flax, *Thinking Fragments: Psychanalysis, Feminism, and Postmodernism in the Contemporary West* (Berkeley: University of California Press, 1990).

3   Jürgen Habermas, "Modernity versus Postmodernity," *New German Critique*, 22 (Winter 1981): pp.3-4.

4   Jean-François Lyotard, *The Postmodern Condition: A Report on Knowledge*, trans. Geoff Bennington and Brian Massouri (Minneapolis: University of Minnesota Press, 1984).

5   Carles Newman, *The Post-modern Aura: The Age of Fiction in an Age of Inflation* (Evanston, Illinois: North Western University Press, 1985).

6   특히 하버마스의 모더니즘 변호는 포스트모더니즘에 대한 비판적 논의에서 주요 이슈가 되고 있다. 다음을 참조하라. Jürgen Habermas, "Modernity versus Postmodernity"(이 논문은 Foster, ed. *The Anti-Aesthetic*에 "Modernity—An Incomplete Project"라는 제목으로도 소개되어 있다); 그리고 역시 하버마스의 *The Philosophical Discourse of Modernity*, trans. F. Lawrence (Cambridge: MIT Press, 1987). 모더니즘을 종합적으로 분석한 것으로는 Marshall Berman, *All that is Solid Melts into Air: The Experience of Modernity* (New York: Simon & Schuster, 1982); Eugene Lunn, *Marxism and Modernism* (Berkeley: University of California Press, 1982); Richard Bernstein, ed. *Habermas and Modernity* (Cambridge: MIT Press, 1985); David Frisby, *Fragments of Modernity* (Cambridge: MIT Press, 1986); Neil Larsen, *Modernism and Hegemony: A Materialist Critique of Aesthetic Agencies* (Minneapolis: University of Minnesota Press, 1990)를 참조하라. 또한 모더니즘에 대한 비판적인 입장과 변호적인 입장의 두 가지 상이한 관점을 분석한 것으로는 M. Berman, "Why Modernism Still Matters," *Tikkun*, 4. 1(1988): pp.11-14, 81-86; Nelly Richard, "Modernism and Periphery," *Third Text*, 2 (1987/1988): pp.5-12를 참조하라.

7   Matei Calinescu, *Five Faces of Modernity: Modernism, Avant-garde, Decadence, Kitsch, Postmodernism* (Durham, NC: Duke University Press, 1987), p.41.

8   이 점에 관해서는 다음 논문을 참조하라. Stanley Aronowitz, "Postmodernism and Politics," *Social Text*, 18(1987/1988): pp.94-114.

9   Charles Newman, "Revising Modernism, Representing Postmodernism," ed. Lisa Appignanesi, *Postmodernism: ICA Documents* (London: Institute of Contemporary Arts, 1986), pp.32-51.

10 이 문제에 대해서는 다음 논문을 참고하라. Ernsto Laclau, "Politics and the Limits of Modernity," ed. Andrew Ross, *Universal Abandon: The Politics of Postmodernism* (Minneapolis: University of Minnesota Press, 1988); Chantal Mouffe, "Radical Democracy: Modern or Postmodern?" ed. Andrew Ross, *Universal Abandon: The Politics of Postmodernism*.
11 Mark Warren, *Nietzsche and Political Thought* (Cambridge: MIT Press, 1988), ix-x.
12 Andreas Huyssen, "Mapping the Postmodernism," *Feminism/Postmodernism*, ed. Linda Nicholson (New York: Routledge, 1990), p.237. 이 논문은 *New German Critique*, 33 (Fall 1984): pp.5-52; Huyssen, *After the Great Divide: Modernism, Mass Culture, Postmodernism*에도 실려 있다.
13 Ihab Hassan, *The Postmodern Turn: Essays in Postmodern Theory and Culture* (Ohio: Ohio State University Press, 1987), xi.
14 Nancy Frazer and Linda Nicholson, "Social Criticism without Philosophy: An Encounter between Feminism and Postmodernism," ed. L. Nicholson, *Feminism/Postmodernism*, pp.21-22.
15 Lyotard, *The Postmodern Condition*, xxiv.
16 Ibid., p.82.
17 Huyssen, "Mapping the Postmodernism," p.244.
18 HIbid., p.265.
19 Julia Kristeva, "Postmodernism?" *Bucknell Review*, 25. 11(1980): pp.136-141.
20 Lyotard, "Answering the Question: What is Postmodernism?" *The Postmodern Condition*, pp.71-82. 리오타르는 포스트모더니즘을 정의하는 데 일관성 없는 태도를 보인다고 비판받기도 한다. Alex Callinicos, *Against Postmodernism: A Marxist Critique* (New York: St. Martin Press, 1990), p.2.
21 포스트구조주의를 모더니즘으로 볼 것인가, 포스트모더니즘으로 볼 것인가에 대한 논의는 Huyssen, "Mapping the Postmodernism," pp.258-271의 'Poststructuralism: Modern or Postmodern?'을 참고하라.
22 Fredric Jameson, *Postmodernism, or the Cultural Logic of Late Capitalism* (Durham: Duke University Press, 1991), p.61.
23 Foster, "Postmodernism: A Preface," *The Anti-Aesthetic*, xii.
24 Ibid.
25 Fredric Jameson, "Postmodernism and Consumer Society," ed. Foster, *The Anti-Aesthetic*, pp.111-125.
26 Frazer and Nicholson, "Social Criticism without Philosophy," ed. Nicholson, *Feminism/Postmodernism*, p.22.
27 Lyotard, *The Postmodern Condition*, p.76.
28 Gary Peller, "Reason and the Mob: The Politics of Representation," *Tikkun*, 2. 3 (1987): p.30.

29 Laclau, "Politics and the Limits of Modernity."
30 Emily Hicks, "Deterritorialization and Border Writing," ed. R. Merrill, *Ethics/Aesthetics: Post-Modern Postitions* (Washington, D.C.: Maisinneuve Press), pp.47-58.
31 Gayatri Chakravorty Spivak, *In Other Worlds: Essays in Cultural Politics* (New York: Methuen, 1987); Trinh T. Minh-Ha, *Women, Native, Other: Writing Postcoloniality and Feminism* (Bloomington: Indiana University Press, 1989)을 참고하라.
32 Huyssen, "Mapping the Postmodernism," pp.244-247; Henry A. Giroux and Roger Simon, "Critical Pedagogy and the Politics of Popular Culture," *Cultural Studies*, 2. 3(1988): pp.294-320 참조.
33 백인 페미니스트들의 인종차별주의와 그들의 경험을 보편화하는 문제에 대한 비판은 대표적으로 bell hooks, *Feminist Theory from Margin to Center* (Boston: South End Press, 1984); Gloria Joseph, "The Incompatible Menage a Trois: Marxism, Feminism and Racism," *Women and Revolution*, ed. Lydia Sargent (Boston: South End Press, 1981), pp.91-107; Audre Lorde, "An Open Letter to Mary Daly," *Sister Outsider* (Freedom, CA: The Crossing Press, 1984)를 들 수 있다.
34 Nicholson, *Feminism/Postmodernism*, 1.
35 '가치중립적' 방법론에 대한 페미니스트 신학적인 비판적 논의는 피오렌자의 다음 책에서 심도 있게 다루어졌다고 할 수 있다. E. Fiorenza, *In Memory of Her: A Feminist Theological Reconstruction of Christian Origins* (New York: Crossroad, 1983)에서 특히 제1장 "Toward a Feminist Critical Hermeneutics"를 참고하라.
36 Andreas Huyssen, "Mapping the Postmodernism," *Feminism/Postmodernism*, ed. Linda Nicholson (New York: Routledge, 1990), pp.251-58.
37 Jürgen Habermas, "Modernity—An Incomplete Project," *The Anti-Aesthetic: Essays on Postmodern Culture*, ed. Hal Foster (Washington: Bay Press, 1983), p.5.
38 Habermas, "Modernity—An Incomplete Project," p.14.
39 Stanley Aronowitz, "Postmodernism and Politics," *Social Text*, 18 (1987/1988): p.103.
40 Brian Epstein, "Rethinking Social Movement Theory," *Socialist Review*, 20.1 (1990): pp.35-65.
41 Jürgen Habermas, *The Theory of Communicative Action* (Boston: Beacon Press, 1984).
42 우리말로 '성'이라고 번역되는 용어는 영어로 두 가지가 있는데, 하나는 '섹스(sex)'이고 또 다른 하나는 '젠더gender'이다. 여기에서 'sex'는 남성과 여성이라는 단순한 생물학적인 구분을 의미하지만, 'gender'는 문화적인 구분을 의미한다. 즉 젠더는 선천적이고 생물학적인 남녀가 아니라, 후천적이고 사회문화적으로 형성된 남녀를 구분할 때 쓴다.
43 Nancy Frazer, "What is Critical about Critical Theory," *Feminism as Critique: On the Politics of Gender*, eds. Seyla Benhabib and Drucilla Cornell (Minneapolis, MN: University of Minnesota Press, 1987), p.32.
44 Christine Di Stefano, "Dilemma of Difference: Feminism, Modernity, and

Postmodernism," *Feminism/Postmodernism*, ed. Linda Nicholson (New York: Routledge, 1990).

45 Sandra Harding, *The Science Question in Feminism* (Ithaca and London: Cornell University Press, 1986), pp.15-29.

46 Sharon Welch, *A Feminist Ethic of Risk* (Minneapolis: Fortress Press, 1990), p.149.

47 Rosemarie Tong, *Feminist Thought: A Comprehensive Introduction* (San Francisco: Westview Press, 1989), p.222.

48 Donna Haraway, "Situated Knowledge: The Science Question in Feminism and the Privilege of Partial Perspective," *Feminist Studies*, 14. 3(1989): p.579.

49 bell hooks, *Talking Back: Thinking Feminist/Thinking Black* (Boston: South End Press, 1989), p.25.

50 Ibid., p.32.

51 이 점에 관해서는 Irene Diamond and Lee Quinby, *Feminism & Foucault: Reflections on Resistance* (Boston: Northeastern University Press, 1988); bell hooks, *Talking Back*을 참고하라.

52 Nancy Frazer and Linda Nicholson, "Social Criticism Without Philosophy: An Encounter between Feminism and Postmodernism," *Universal Abandon: The Politics of Postmodernism*, ed. Andrew Ross (Minneapolis: University of Minnesota Press, 1988), p.91. 이 논문은 Linda Nicholson, ed. *Feminism/Postmodernism*에도 같은 제목으로 실려 있다.

53 포스트모던 이론들을 이해하기 어려운 이유 가운데 하나는 후기구조주의의 포스트모더니스트들이 고도의 언어분석과 함께 신조어를 만들어서 그들의 텍스트에 쓰고 있기 때문일 것이다. 예를 들어서 '차연差延, différance'이라는 말은 데리다가 만든 신조어이다. 기존의 '상이성 또는 차이difference'라는 말이 나타내지 못하는 것을 나타내기 위하여 '차이difference'라는 명사형에는 없지만 'differ(다르다)'와 'defer(지연하다)'라는 동사형에 포함된 두 의미를 살려서 e를 a로 바꾼 말이다. 프랑스어로 '차이difference'와 '차연différance'의 발음은 같다. 즉 단어를 눈으로 봐야만 두 개념이 각각 다르다는 점을 알 수 있는 것이다. 데리다는 '차연'이라는 신조어를 통해서 의미의 총체성은 고정될 수 없다는 것을 드러내는 동시에 서구 형이상학의 '음성중심주의phonocentrism'를 비판하고 있다. '차연'에 대해서는 Jacques Derrida, *Postitions* (Chicago: University of Chicago Press, 1981), pp.39-40을 참조하라.

54 Cora Kaplan, "Deterritorializations: The Rewriting of Home and Exile in Western Feminist Discourse," *Cultural Critique*, 6 (1987): p.194.

55 Joan W. Scott, *Gender and the Politics of History* (New York: Columbia University Press, 1988), pp.176-77.

56 Rosemarie Tong, *Feminist Thought*, pp.217-19.

57 Toril Moi, "Introduction," *The Kristeva Reader*, ed. Toril Moi (New York: Columbia University Press, 1986), 9; *Sexual/Textual Politics: Feminist Literary Theory* (New York:

Methuen, 1985), pp.130-31.
58 Hélène Cixous and Catherine Clement, "Sorties," *The Newly Born Woman*, trans. Besty Wing (Minneapolis: University of Minnesota Press, 1986), pp.63-65.
59 Jane Flax, "Postmodernism and Gender Relations in Feminist Theory," *Feminism/Postmodernism*, ed. Linda Nicholson (New York: Routledge, 1990), p.47.
60 Claire Duchen, *Feminism in France: From May '68 to Mitterrand* (London: Routledge & Kegan Paul, 1986), p.102.
61 Barbara Foley, "The Politics of Deconstruction," *Rhetoric and Form: Deconstruction at Yale*, eds. Robert C. Davis and Ronald Schleifer (Norman: University of Oklahoma Press, 1985), p.118. Cited in Pauline Marie Rosenau, *Post-Modernism and the Social Science: Insights, Inroads, and Intrusions* (Princeton, NJ: Princeton University Press, 1992), p.138. '해체'에 관한 다음의 세 인용문도 이 책에서 재인용한 것이다.
62 Russel Berman, "Troping to Pretoria: The Rise and Fall of Deconstruction," *Telos*, 85 (Fall 1990): p.8. 포스트모더니즘이 좌익인가 우익인가 하는 정치적 성향을 둘러싼 논의는 포스트모던 방식을 고무한 것으로 평가받는 하이데거와 문학과 문학비평에서 데리다의 해체방식을 미국에 전한 인물로 높이 평가받는 드 만Paul de Man이 나치를 적극적으로 후원했다는 사실이 1987년과 1988년에 밝혀진 뒤 활발해졌다고 볼 수 있다. 특히 하이데거와 나치즘의 관계를 다룬 것으로는 다음을 참고하라. Victor Farias, *Heidegger and Nazism* (Philadelphia: Temple University Press, 1989).
63 Michael Ryan, *Marxism and Deconstruction: A Critical Articulation* (Baltimore, MD: Johns Hopkins University Press, 1982), pp.41-43.
64 Ben Agger, *The Decline of Discourse: Reading, Writing, and Resistance in Postmodern Capitalism* (New York: Falmer Press, 1990).
65 Pauline M. Rosenau, *Post-Modernism and the Social Science*, p.14.
66 이 페미니스트 신학자들이 포스트모던 관점을 적용하는 것에 대해서는 Sharon Welch, "An Ethic of Solidarity and Difference," *A Feminist Ethic of Risk* (Minneapolis: Fortress, 1990); Rebecca S. Chopp, *The Power to Speak: Feminism, Language, God* (New York: Crossroad, 1989); Sallie McFague, *Models of God: Theology for an Ecological, Nuclear Age* (Philadelphia: Fortress Press, 1987)를 참고하라.
67 Aysegül Baykan, "Women between Fundamentalism and Modernity," *Theories of Modernity and Postmodernity*, ed. Bryan S. Turner (Newbury Park, CA: Sage, 1990), p.137.
68 스피박의 사상에 대해서는 다음을 참고하라. Jacques Derrida, *Of Grammatology*, trans. G. C. Spivak (Baltimore: Johns Hopkins University Press, 1976)의 서문; "Imperialism and Sexual Difference," *Oxford Literary Review*, 8(1986): pp.225-40; "Can the Subaltern Speak?" *Marxism and the Interpretation of Culture*, eds. Cary Nelson and Lawrence Grossberg (Urbana, IL: University of Illinois Press, 1988); "Feminism and Deconstruction, Again: Negotiating with Unacknowledged Masculinism,"

Between Feminism and Psychoanalysis, ed. Teresa Brennan (New York: Routledge, 1989); *In Other Worlds: Essays in Cultural Politics* (New York: Methuen 1987).
69 Gayatri Chakravorty Spivak, "Can Subaltern Speak," pp.271-30.
70 Nancy Hartsock, "Foucault on Power: A Theory for Women?" *Feminism/Postmodernism*, ed. Linda Nicholson, pp.159-60.
71 유교의 합리성과 이성의 규율을 고양하는 측면에서 볼 때, 유교를 동아시아의 '모더니즘'으로, 또한 노자의 《도덕경》 1장을 통해서 드러난 도교 철학을 '포스트모던적 정신'을 지닌 사상으로 생각할 수 있다.
72 Gilbert Rozman, ed. *The East Asian Religion: Confucian Heritage and Its Modern Adaptation* (Princeton, NJ: Princeton University Press, 1991), p.17.

11장

1 Robert A. Clark and S. D. Gaede, "Knowing Together: Reflections on a Holistic Sociology of Knowledge," *The Reality of Christian Learning: Strategies for Faith-Discipline Integration*, eds. Harold Heie and David Wolfe (St. Paul, MN: Christian College Consortium, 1987), pp.55-57.
2 James Cone, *God of the Oppressed* (New York: The Seabury Press, 1975), p.45.
3 Karl Mannheim, *Ideology and Utopia: An Introduction to the Sociology of Knowledge* (1936; New York: A Harvest/HBJ Books, 1985).
4 Ibid., p.40.
5 Ibid., pp.192-93.
6 Gerda Lerner, *The Creation of Patriarchy* (New York: Oxford University Press, 1986), pp.9-10.
7 David and Vera Mace, *Marriage: East and West* (Garden City, New York: Doubleday & Company, Inc., 1959), p.67.
8 Gunter W. Remmling, ed. *Towards the Sociology of Knowledge: Origin and Development of a Sociological Thought Style* (London: Routledge & Kegan Paul, 1973), pp.16-19.
9 Frank Thilly, *A History of Philosophy* (1914; New York: Holt, Rinehart and Winston, 1961), p.287.
10 Mannheim, *Ideology and Utopia*, pp.71-73.
11 Ibid., pp.55-56, 77-78.
12 Ibid., pp.195-99.
13 Mark Peterson, "Women Without Sons: A Measure of Social Change in Yi Dynasty Korea," *Korean Women: View From the Inner Room*, eds. Laurel Kendall and Mark Paterson (New Haven, CT: East Rock Press, 1983), pp.33-44.
14 Mencius, *A Source Book in Chinese Philosophy*, trans. and complied by Wing-Tsit Chan (Princeton, NJ: Princeton University Press, 1963), pp.69-70.

15 Margaret E. Burton, *The Education of Women in China* (New York: Fleming H. Revell Company, 1911), p.19.
16 Theresa Kelleher, "Confucianism," *Women in World Religions*, ed. Arvind Sharma (Albany, NY: State University Press, 1987), pp.139-40; Diana Paul, "Portrait of the Feminine: Buddhist and Confucian Historical Perspectives," *Studies in History of Religion*, ed. A. K. Navain (Dehli: D. R. Publishing Co., 1980), pp.209-17.
17 *Shih Ching: The Book of Odes*, trans. B. Karlgren (Stockholm, 1950), pp.264, 561-62.
18 Laurel Kendall, *Shamans, Housewives, and Other Restless Spirits: Women in Korean Ritual Life* (Honolulu, Hawaii: University of Hawaii Press, 1987), p.27.
19 *Shin Ching*, pp.306-307.
20 Toshihiko Izutsu, *Sufism and Taoism: A Comparative Study of Key Philosophical Concepts* (Berkeley, CA: University of California Press, 1983), p.288-89.
21 Arthur Waley, *The Way and Its Power: A Study of the Tao Te Ching and Its Place in Chinese Thought* (New York: Grove Press, 1958).
22 Ibid., p.59.
23 《도덕경》61장.
24 존재론적인 평등(ontological equality)의 개념에 관한 더 자세한 내용은 다음 글을 참조하라. Chang Chung-ying, "Chinese Philosophy: A Characterization," *Introduction to Chinese Philosophy*, eds. Ame Naess and Alastair Hannay (Oslo: Universitesforlaget, 1972), p.149.
25 Ellen Marie Chen, "Tao as the Great Mother and the Influence of Motherly Love in the Shaping of Chinese Philosophy," *History of Religions*, 14 (1974): p.55.
26 *Chuang Tzu: Inner Chapters*, trans. Gia-Fu Feng and Jane English (New York: Vantage Books, 1974), ch. 2.
27 《주역》4: 18, *The Four Books: The Great Learning, The Doctrine of the Mean, Confucian Analects, and the Works of Mencius*, trans. James Legge (Taiwan: Culture Book Co., 1970).
28 Ellen M. Chen, "Tao as the Great Mother and the Influence of Motherly Love in the Shaping of Chinese Philosophy," p.60.
29 여성적 상징의 중요성에 관해서는 제4장에서 논의한 캐럴 크리스트의 글을 참조하라. "Why Women Need the Goddess: Phenomenological, Psychological, and Political Reflections," *Womanspirit Rising: A Feminist Reader in Religion*, eds. Carol Christ and Judith Plaskow (New York: Harper & Row, 1979), pp.273-87.
30 Mary Daly, *Beyond God the Father: Toward a Philosophy of Women's Liberation* (Boston: Beacon Press, 1973), p.19.
31 Ibid., pp.7-11.
32 Ibid., p.8.
33 Ibid., p.10.

34 Ibid., p.26.
35 Ibid., p.28.
36 Ibid., p.10.
37 Rosemary R. Ruether, *Sexism and God-Talk: Toward a Feminist Theology* (Boston: Beacon Press, 1983), p.53.
38 Ibid., p.114.
39 Ibid., p.95.
40 Daly, *The Church and the Second Sex*, p.85.
41 Ruether, *Sexism and God-Talk*, pp.232-33.
42 Ibid., pp.22-24.

12장

1 John Baptist Metz, *Faith in History and Society: Toward a Practical Fundamental Theology* (New York: Seabury Press, 1980), pp.75-76.
2 Thomas Kuhn, *The Structure of Scientific Revolution* (Chicago: University of Chicago Press, 1970).
3 Walter Brueggemann, *The Prophetic Imagination* (Philadelphia: Fortress Press, 1978), p.13.
4 Delores Williams, "Black Women's Literature and the Task of Feminist Theology," *Immaculate & Powerful: The Female in Sacred Image and Social Reality*, The Harvard Women's Studies in Religion Series, eds. Clarissa W. Atkinson, et al. (Boston: Beacon Press, 1985), p.10.
5 Audre Lorde, "A Letter to Mary Daly," *Sister Outsider: Essays & Speeches* (Freedom, CA: The Crossing Press, 1984), p.70.
6 Audre Lorde, "The Master's Tool Will Never Dismantle the Master's House," *Sister Outsider*, pp.84, 112.
7 Sheila Greeve Davaney, "The Limit of the Appeal to Women's Experience," *Shaping New Vision: Gender and Values in America*, eds. Clarissa W. Atkinson, et al. (Ann Arbor, Michigan: UMI Research Press, 1987).
8 Karl Mannheim, *Ideology and Utopia: An Introduction to the Sociology of Knowledge* (1936: New York: A Harvest / HBJ Books, 1985), p.84.
9 Cornel West, "Prophetic Afro-American Christian Thought and Progressive Marxism," *Prophesy Deliverance!: An Afro-American Revolutionary Christianity* (Philadelphia: Westminster Press, 1982).
10 '패러다임의 전환'에 대해서는 Thomas S. Kuhn, *The Structure of Scientific Revolutions* (1962; Chicago: University of Chicago Press, 1970); *Essential Tension: Selected Studies in Scientific Tradition* (Chicago: University of Chicago Press, 1978)을 참조하라.

11　Thomas S. Kuhn, *The Structure of Scientific Revolutions*, p.175.
12　1980년대 초를 전후해서 나온 페미니스트 신학 번역서로는 다음을 참조하라. Letty Russell, 안상님 역, 《여성해방의 신학》, 대한기독교서회, 1979; L. Russell, 김상화 역, 《해방의 말씀》, 대한기독교서회, 1980; Rosemary Ruether, 손승희 역, 《새 여성 새 세계》, 대한기독교서회, 1980; Catharina Halkes, 김희은·안상님 역, 《페미니스트 신학 입문》, 대한기독교서회, 1983.
13　기독교여성평화연구원 편, 〈한국페미니스트 신학 관련자료 총목록〉, 《여성·평화》, pp.283-325 참조.
14　주요 자료로는 다음을 참조하라. 손승희, 《페미니스트 신학의 이해》, 한국신학연구소, 1989; 이우정, 《한국기독교 여성 백년의 발자취》, 민중사, 1988; 박순경, 《민족통일과 페미니스트 신학의 과제》, 대한기독교서회, 1988.
15　'유기적 지성인'이라는 개념은 안토니오 그람시Antonio Gramsci에 의해 발전했다. '유기적 지성인'의 개념에 대해서는 Cornel West, *Prophesy Deliverance!*, p.121 참조.
16　Sharon Welch, *Communities of Resistance and Solidarity: A Feminist Theology of Resistance* (Maryknoll, NY: Orbis, 1985), pp.32-54.

참고문헌

박순경, 《민족통일과 페미니스트 신학의 과제》, 대한기독교서회, 1988.
서광선, 〈한국종교와 여성〉, 《한국 기독교의 새 인식》, 대한기독교출판사, 1985.
_____, 〈여성과 종교 과목 개발을 위한 신학적 제안〉, 《여성학 영역별 연구》, 이화여대 한국여성연구소 편, 이화여대출판부, 1989.
손승희, 《페미니스트 신학의 이해》, 한국신학연구소, 1989.
여신학자협의회 편, 《한국페미니스트 신학과 민족통일》, 여신협, 1989.
_____, 《함께 참여하는 페미니스트 신학》, 대한기독교서회, 1992.
안상님, 《이야기 페미니스트 신학》, 대한기독교서회, 1992.
이우정, 《한국기독교 여성 백년의 발자취》, 민중사, 1988.
이우정 외, 《현대한국 여성론》, 삼민신서, 1986.
이우정 편역, 《여성들을 위한 신학》, 한국신학연구소, 1985.
이효재, 《한국의 여성운동》, 정우사, 1989.
정현경, 〈페미니스트 신학의 유형과 한국적 수용 및 비판〉, 《기독교사상》(1989년 11월~1990년 1월).
최옥자, 〈한국여성운동사〉, 《한국역사와 기독교》, 기독교사상 편집부 편, 대한기독교서회, 1983.

Anderson, Bernard W., "Creation in the Bible," *Cry of the Environment*, Ed. Phillip Joranson and Ken Bucigan, Bear, 1984.
Anderson, Hilkert, et al., eds. *Women's Consciousness, Women's Conscience: A Reader in Feminist Ethics*, Harper&Row, 1985.
Anderson, Margaret, *Thinking about Women: Sociological and Feminist Perspectives*, Macmillan Publishing Co., 1983.

Baykan, Aysegül, "Women between Fundamentalism and Modernity," *Theories of Modernity and Postmodernity*, Ed. Bryan S. Turner, Newbury Park, Sage, 1990.

Beard, Mary Ritter, *Women as Force in History: A Study in Tradition and Realities*, 1946; Collier, 1973.

Boff, Leonard, *The Maternal Face of God: The Feminine and Its Religious Expressions*, Trans. Robert R. Barr and John W. Dierckmeir, 1979; Harper&Row, 1987.

Bowel, Gloria and Renete Duelli Kline, ed. *Theories of Women's Studies*, Routeledge&Kegan Paul, 1983.

Boxer, M. J., "For and About Women: The Theory and Practice of Women's Studies in the United States," *Sign: Journal of Women in Culture and Society*, 1982.

Brennan, Teresa, ed. *Between Feminism and Psychoanalysis*, Routledge, 1989.

Brock, Rita Nakashima, *Journeys by Heart: A Christology of Erotic Power*, Crossroad, 1988.

Bunch, Chalotte, "Beyond Either / Or Feminist Options," *Quest*, 3(1976): 2-17.

Burton, Margaret E., *The Education of Women in China*, Fleming H. Revell Company, 1911.

Bynum, Caroline Walker, *Jesus as Mother: Studies in the Spirituality of the High Middle Ages*, 1982; University of California Press, 1984.

Caldecott, Leonie and Stephanie Leland, eds. *Reclaim the Earth: Women Speak Out for Life on Earth*, The Women's Press, 1983.

Callinicos, Alex, *Against Postmodernism: A Marxist Critique*, St. Martin Press, 1990.

Carson, Rachel, *Silent Spring*. Boston: Houghton Mifflin, 1962.

Chan, Wing-Tsit, trans. and complied., *A Source Book in Chinese Philosophy*, Princeton University Press, 1963.

Chodorow, Nancy, *The Reproduction of Mothering: Psychoanalysis and the Sociology of Gender*, University of California Press, 1978.

Costa, Dalla and Selma James, *The Power of Women and the Subversion of Community*, Falling Wall Press, 1972.

Christ, Caro, "Why Women Need the Goddess: Phenomenological, Psychological, and Political Reflections," *Womanspirit Rising: A Feminist Reader in Religion*, eds. Carol Christ and Judith Plaskow, Harper & Row, 1979.

_____, *Diving Deep and Surfacing: Women Writers On Spiritual Quest*, Beacon Press, 1980.

Christ, Carol and Judith Plaskow, eds. *Weaving the Vision: New Patterns in Feminist Spirituality*, Harper & Row, 1989.

Chopp, Rebecca, *The Power to Speak: Feminism, Language, God*, Crossroad, 1989.

Chung, Hyun Kyung, *Struggle to be in the Sun Again: Introducing Asian Women's Theology*,

Orbis Books, 1990.

Cobb, John, "The Trinity and Sexist Language," *Christ in a Pluralistic Age*, Westminster Press, 1975.

_____, "Feminism and Process Thought: A Two-Way Relationship," *Feminism and Process Thought*, Ed. Sheila Greeve Davaney, The Edwin Mellen Press, 1981.

_____, "Process Theology and an Ecological Model," *Cry of the Environment: Rebuilding the Christian Creation Tradition*, Eds. Phillip N. Joranson and Ken Butigan, Bear & Company, 1984.

_____, "Ecology, Science, and Religion: Toward a Postmodern Worldview," *Reenchantment of Science: Postmodern Proposals*, Ed. David Ray Griffin, State University of New York Press, 1988.

Collins, Sheila D., *A Different Heaven and Earth: A Feminist Perspective on Religion*, Judson Press, 1974.

Daly, Mary, *The Church and the Second Sex*, Beacon Press, 1968.

_____, *Beyond God the Father: Toward a Philosophy of Women's Liberation*, Beacon Press, 1973.

_____, *Gyn/Ecdogy: The Metaethics of Radical Feminism*, Beacon Press, 1978.

_____, *Pure Lust: Elemental Feminist Philosophy*, Beacon Press, 1984.

_____, *Outercourse: The Be-Dazzling Voyage*, HarperSanFrancisco, 1992.

Davaney, Sheila Greeve, ed. *Feminism and Process Thought*, The Edwin Mellen Press, 1981.

Davis, Ellen C., ed. *Speaking of Christ: A Lesbian Feminist Voice*, Pilgrim, 1989.

D'Eaubonne, Françoise. "Feminism or Death," *New French Feminism: An Anthology*, eds. E. Marks and I. de Courtivron, University of Massachusetts Press, 1980.

De Beauvoir, Simone, *The Second Sex*, 1949; Knopf, 1953.

Derrida, Jacques, *Positions*, University of Chicago Press, 1981.

Diamond, Irene and Gloria F. Orenstein, *Reweaving the World: The Emergence of Ecofeminism*, Sierra Club Books, 1990.

Donovan, Josephine, *Feminist Theory: The Intellectual Traditions of American Feminism*, Seabury Press, 1975.

Edmond, Wendy and Suzie Fleming, eds. *All Work and No Pay*, Power of Women Collective and Falling Wall Press, 1975.

Ehrenreich, Barbara and Deirdre English, *For Her Own Good*, Anchor Books, 1979.

Eisenstein, Zillah, *The Radical Future of Liberal Feminism*, Northern University Press, 1986.

_____, ed. *Capitalist Patriarchy and the Case for Socialist Feminism*, Monthly Review Press, 1979.

Elshtain, Jean Bethke, *Public Man, Private Women: Women in Social and Political Thought*, Princeton University Press, 1981.

_____, *Meditations on Modern Political Thought: Masculine/Feminine Themes from Luther to Arendt*, Penn State University Press; Reprint edition, 2001.

Engels, Friedrich, *The Origin of the Family, Private Property, and the State*. 1942 ; International Publisher, 1972.

Enzensberger, Hans Magnus, "A Critique of Political Ecology," *Ideology of/in the Natural Science*, eds. Hilary Rose and Steven Rose, Schenkman Publishing Co., 1980.

Fiddes, Paul S., "The Status of Woman in the Thought of Karl Barth," *After Eve: Women, Theology and the Christian Tradition*, Ed. Janet Martin Soskice, Marshall Pickering, 1990.

Firestone, Shulamith, *The Dialectic of Sex: The Case for Feminist Revolution*, Bantam Books, 1970.

Flax, Jane, *Thinking About Fragments: Psychoanalysis, Feminism, and Postmodernism in the Contemporary West*, University of California Press, 1990.

Flexner, Eleanor, *Century of Struggle: The Woman's Right Movement in the United States*, Belknep Press, 1996.

Foster, Hal, ed. *The Anti-Aesthetics: Essays on Postmodern Culture*, Bay Press, 1983.

Fox, Matthew, *Original Blessing: A Primer in Creation Spirituality*, Bear and Co., 1983.

_____, "Creation-Centered Spirituality from Hildegard of Bingen to Julian of Norwich: 300 Years of an Ecological Spirituality in the West," *Cry of the Environment: Rebuilding the Christian Creation Tradition*, Eds. Phillip N. Joranson and Ken Butigan, Bear & Company, 1984.

_____, *The Coming of the Cosmic Christ*, Harper & Row, 1988.

Frazer, Nancy, "What is Critical about Critical Theory," *Feminism as Critique: On the Politics of Gender*, Eds. Seyla Benhabib and Drucilla Cornell, University of Minnesota Press, 1987.

French, Marilyn, *Beyond Power: On Women, Men, and Morals*, Summit Books, 1985.

Freud, Sigmund, "Some Psychological Consequences of the Anatomical Distinction Between the Sexes," *Standard Edition of the Complete Psychological Works*, Hogarth Press, and Institute of Psycho-Analysis, 1925, Vol. 19.

_____, *Sexuality and the Psychology of Love*, Collier Books, 1968.

Fridan, Betty, *Feminine Mystique*, 1963; Dell, 1974.

_____, *The Second Stage*, Summit Books, 1981.
Frirestone, Shulamith, *The Dialectic of Sex*, Bantam Books, 1970.
Geertz, Clifford, "Religion ax a Cultural System," *Anthropological Approaches to the Study of Religion*, Ed. Michael Banton, Tavistock Publications, 1966.
Gilder, George, *Sexual Suicide*, Quadrangle Books, 1973.
Gilligan, Carol, *In a Different Voice: Psychological Theory and Women's Development*, Harvard University Press, 1982.
Goldenberg, Naomi, *Changing of the Gods: Feminist and the End of Traditional Religions*, Beacon Press, 1979.
Goldie, Terrie, *The Man Who Invented Gender: Engaging the Idea of John Money*, Sexuality Studies, UBC Press, 2015.
Grant, Jacquelyn, "Black Theology and the Black Woman," *Black Theology: A Documentary History*, Ed. James Cone and Gayraud Wilmore, Orbis Books, 1979.
_____, *White Women's Christ and Black Women's Jesus: Feminist Christology and Womanist Response*, AAR Academy Series, 64, Scholars Press, 1989.
Green, Clifford, "Liberation Theology?: Karl Barth on Women and Men," *Union Seminary Quarterly Review*, 29. 4 (Spring-Summer 1974).
Grey, Elizabeth Dodson, *Patriarchy as a Conceptual Trap*, Roundtable Press, 1982.
Grey, Mary, *Redeeming the Dream: Feminism, Redemption and Christian Feminism*, SPCK, 1989.
Griffin, Susan, *Women and Nature: The Roaring Inside Her*, Harper Colophon, 1980.
Griscom, Joan L, "On Healing the Nature / History Split in Feminist Thought," *Women's Consciousness, Women's Conscience: A Reader in Feminist Ethics*, Eds. Barbara Hilkert Anderson, et al., Harper & Row, 1985.
Gross, Rita M., "Menstruation and Childbirth as Ritual and Religious Experience in the Religion of the Australian Aborigines," *The Journal of American Academy of Religion*, 45. 4 (1977): 1147-81.
Habermas, Jürgen, "Modernity versus Postmodernity," *New German Critique*, 22 (Winter 1981).
_____, *The Philosophical Discourse of Modernity*, Trans. F. Lawrence, MIT Press, 1987.
Hagan, Kay Leigh, *Women Respond to the Men's Movement*, HarperSanFrancisco, 1992.
Hageman, Alice, ed. *Sexist Religion and Women in the Church: No More Silence!*, Association Press, 1974.
Halkes, Catherina, *New Creation: Christian Feminism and the Renewal of the Earth*, John Knox Press, 1991.

Hall, Douglas, *Imaging God: Domination as Stewardship*, Friendship Press, 1986.

Harding, Sandra, *The Science Question in Feminism*, Cornell University Press, 1986.

Harrison, Beverly Wildung, *Making the Connections: Essays in Feminist Social Ethics*, Ed. Carol S. Robb, Beacon Press, 1985.

Hartsock, Nancy, "Foucault on Power: A Theory for Women?" *Feminism / Postmodernism*, ed. Linda Nicholson, Routledge, 1990.

Hassan, Ihab, *The Postmodern Turn: Essays in Postmodern Theory and Culture*, Ohio University Press, 1987.

Heie, Harold and D. Wolfe, eds. *The Reality of Christian Learning: Strategies for Faith-Discipline Integration*, Christian College Consortium, 1987.

Heyward, Isabel Carter, *The Redemption of God: A Theology of Mutual Relation*, University Press of America, 1982.

Holloway, Richard, ed. *Who Needs Feminism? Men Respond to Sexism in the Church*, SPCK, 1991.

hooks, bell, *Feminist Theory from Margin to Center*, South End Press, 1984.

_____, *Talking Back: Thinking Feminist, Thinking Black*, South End Press, 1989.

Horney, Karen, *Feminine Psychology*, W. W. Norton, 1967.

Huyssen, Andress, "Mapping the Postmodernism," *Feminism/Postmodernism*. Ed. Linda Nicholson, Rutledge, 1990.

_____, *After the Great Divide: Modernism, Mass Culture, Postmodernism*, Indiana University Press, 1986.

Hunter College Women's Studies Collective, *Women's Realities, Women's Choices: An Introduction to Women's Studies*, Second Edition, Oxford University Press, 1995.

Izutsu, Toshihito, *Sufism and Taoism: A Comparative Study of Key Philosophical Concepts*, University of California Press, 1983.

Jaggar, Alison, *Feminist Politics and Human Nature*, The Harvester Press, 1983.

Jaggar, Alison and Paula S. Rothenberg, *Feminist Frameworks*, McGraw Hill, 1984.

Jameson, Fredric, *Postmodernism or, the Cultural Logic of Late Capitalism*, Duke University Press, 1991.

Jardine, Alice and Paul Smith, eds. *Men in Feminism*, Methuen, 1987.

Karlgren, B., Trans. *Shih Ching: The Book of Odes*, Stockholm, 1950.

Kaufmann, Gordon, *Theology for a Nuclear Age*, Westminster Press, 1985.

Keller, Catherine, *From a Broken Web: Separation, Sexism, and Self*, Beacon Press, 1986.

_____, "Feminism and the Ethic of Inseparability," *Weaving the Visions: New Patterns in Feminist Spirituality*, Eds. Judith Plaskow and Carol Christ, Harper & Row, 1989.

_____, "Worriers, Women, and Nuclear Complex: Toward a Post-nuclear Postmodernity," *Sacred Interconnection: Postmodern Spirituality, Political Economy and Art*, Ed. David Ray Griffin, State University of New York Press, 1990.

Kendall, Laurel and Mark Paterson, eds. *Korean Women: View from the Inner Room*, East Rock Press, 1983.

Kendall, Laurel, *Shamans, Housewives, and Other Restless Spirits: Women in Korean Ritual Life*, University of Hawaii Press, 1987.

King, Ursula, *Women and Spirituality: Voices of Protest and Promise*, Macmillan Education LTD, 1989.

Kitty, Eva Feder and Diana Meyers, eds. *Women and Moral Theory*, Rowman & Littlefield, 1987.

Koedt, Anne, et al., eds. *Radical Feminism*, The New York Times, 1973.

Leopold, Aldo, *A Sand County Almanac*, Oxford University Press, 1949.

Lerner, Gerda, *The Creation of Patriarchy*, Oxford University Press, 1986.

Lorde, Audre, "An Open Letter to Mary Daly," *Sister Outsider*, The Creasing Press, 1984.

Lovelock, James, *Gaia: A New Lock at Life on Earth*, Oxford University Press, 1979.

Lyotard, Jean-François, *The Postmodern Condition: A Report on Knowledge*, Trans. Geoff Bennington and Brian Massouri, University of Minnesota Press, 1984.

MacCormack, Carol P. and M. Strathern, eds. *Nature, Culture and Gender*, Cambridge University Press, 1980.

Mace, David and Vera, *Marriage: East and West*, Doubleday & Company, 1959.

McFague, Sallie, *Models of God: Theology for a Ecological, Nuclear Age*, Fortress Press, 1987.

McLaughlin, Eleanor, "The Christian Past: Does It Hold a Future for Women?" *Womanspirit Rising*, Eds. Carol Christ and Judith Plaskow, Harper & Row, 1979.

_____, "Equality of Souls, Inequality of Sexes: Women in Medieval Theology," *Religion and Sexism: Images of Women in the Jewish and Christian Traditions*, Ed. Rosemary Radford Ruether, Simon and Schuster, 1974.

_____, "'Christ My Mother': Feminine Naming and Metaphor in Medieval Spirituality," *Nashotah Review*, 15 (1975): 366-86.

_____, "Women, Power and the Pursuit of Holiness in Medieval Christianity," *Women of Spirit: Female Leadership in the Jewish and Christian Traditions*, Eds. Rosemary Ruether and Eleanor McLaughlin, Simon & Schuster, 1979.

Maguire, Daniel C., "The Feminization of God and Ethics," Presidential Address to the Society of Christian Ethics, *The Annals of the Society of Christian Ethics*, Ed. Larry Rasmussen, The Society of Christian Ethics, 1981.

Malos, Ellen, ed. *The Politics of Housework*, Allison & Busby, 1980.

Mannheim, Karl, *Ideology and Utopia: An Introduction to the Sociology of Knowledge*, 1936: A Harvest / HBJ Books, 1985.

Merchant, Carolyn, *The Death of Nature: Women, Ecology and the Scientific Revolution*, Harper & Row, 1980.

_____, "Ecofeminism and Feminist Theory," *Reweaving the World: The Emergence of Ecofeminism*, Sierra Club Books, 1990

_____, *Radical Ecology: The Search for a Livable World*, Routledge, 1992.

Metz, Johannes-Baptist and Edward Schillebeeckx, eds. *God as Father?*, The Seabury Press, 1981.

Meyerowitz, Joanne, "A History of 'Gender,'" *The American Historical Review*, Vol. 113, No. 5 (December, 2008): 1346-1356.

Minh-ha, Trin, *Women, Native, Other: Writing Postcoloniality and Feminism*, Indiana University Press, 1989.

Mill, John Stuart, *The Subjection of Women*. 1869; J. M. Dent, 1965.

_____, *Autobiography*, Oxford University Press, 1924.

Mill, John Stuart and Harriot Taylor Mill, *Essays on Sex Equality*, Ed. Alice S. Rossi, University of Chicago Press, 1970.

Miller, Baker, *Toward a New Psychology of Women*, Beacon Press, 1986.

Millet, Kate, *Sexual Politics*, Doubleday, 1970.

Mitchell, Juliet, *Women's Estate*, Pantheon Books, 1971.

_____, *Psychoanalysis and Feminism*. 1974; Vintage Books, 1975.

Moi, Toril, ed. *The Kristeva Reader*, Columbia University Press, 1986.

Moltmann-Wendel, Elizabeth, *Freiheit, Gleichheit, Schwesterlichkeit : Zur Emanzipation der Frau in Kirche und Geselschaft*, Kaiser Verlag, 1977.

Moncrief, Lewis W., "Cultural Basis of Our Environmental Crisis," *Science*, 170 (1970): 508-12.

Money, John, "Gender: History and Usage of the Term in Sexology and Its Relationship to Nature / Nurture," *Journal of Sex & Marital Therapy*, Vol. 11. No. 2(1985): 71-79

Morton, Nelle, *The Journey is Home*, Beacon Press, 1985.

Newman, Caries, *The Post-modern Aura: The Age of Fiction in an Age of Inflation*, North Western University Press, 1985.

Newsom, Carol A., and Sharon H. Ringe, eds. *Women's Bible Commentary*, Westminster / John Knox Press, 1992.

Nicholson, Linda, ed. *Feminism / Postmodernism*, Routledge, 1990.

Oakely, Ann, *Taking it Like a Woman*, Jonathan Cape, 1984.

Ochs, Carol, *Behind the Sex of God: Toward a New Consciousness-Transcending Matriarchy and Patriarchy*, Beacon Press, 1981.

Ochshorn, Judith, *The Female Experience and the Nature of the Divine*, Indiana University Press, 1981.

Okin, Susan Moller, *Women in Western Political Thought*, Princeton University Press, 1979.

Oliver, Harold H., "The Neglect and Recovery of Nature in Twentieth-Century Protestant Thought," *Journal of the American Academy of Religion*, 60. 3 (Autumn, 1992): 379-404.

Ortner, Sherry B., "Is Female to Male as Nature is to Culture?" *Women, Culture and Society*, Eds. Michelle Z. Rosaldo and Louise Lamphere, Stanford University Press, 1974.

Osborne, Martha Lee, *Women in Western Thought*, Random House, 1979.

Pagels, Elaine, *The Gnostic Gospels: A New Account of the Origins of Christianity*, Random House, 1979.

Passmore, John, *Man's Responsibility for Nature*, Charles Scribner's Sons, 1974.

Paul, Diana, "Portrait of the Feminine; Buddhist and Confucian Historical Perspectives," *Studies in History of Religion*, Ed. A. K. Navain, B. R. Publishing Co., 1980.

Plaskow, Judith, *Sex, Sin and Grace: Women's Experience and the Theologies of Reinhold Niebuhr and Paul Tillich*, University Press of America, 1980.

Pomeroy, Sarah B., et al. *Women's Realities, Women's Choice: An Introduction to Women's Studies*, Hunter College Women's Studies Collective, Oxford University Press, 1983.

Remmling, Gunter W., ed. *Towards the Sociology of Knowledge: Origin and Development of a Sociological Thought Style*, Routledge & Kegan Paul, 1973.

Rich, Adrienne, *Of Women Born: Motherhood as Experience and Institution*, W. W. Norton, 1976.

Rodman, John, "Four Forms of Ecological Consciousness Reconsidered," *Ethics and the Environment*, Eds. Donald Scherer and Thomas Attig, Prentice-Hall, 1983.

Rosenau, Pauline Marie, *Post-Modernism and the Social Science: Insights, Inroads, and Intrusions*, Princeton University Press, 1992.

Ross, Andrew, ed. *Universal Abandon? The Politics of Postmodernism*, University of Minnesota Press, 1990.

Rowan, John, *The Horned God; Feminism and Men as Wounding and Healing*, Routledge &

Kegan Paul, 1987.

Rozman, Gilbert, ed. *The East Asian Religion: Confucian Heritage and Its Modern Adaptation*, Princeton University Press, 1991.

Ruether, Rosemary Radford, *Liberation Theology: Human Hope Confronts Christian History and Power*, Paulist, 1972.

———, *New Woman/New Earth: Sexist Ideologies & Human Liberation*, Seabury Press, 1974.

———, *To Change the World: Christology and Cultural Criticism*, Crossroad, 1981.

———, *Sexism and God-Talk: Toward a Feminist Theology*, Beacon Press, 1983.

———, "Envisioning Our Hopes: Some Models of the Future," *Women's Spirit Bonding*, Ed. Janet Kalven and Mary I. Buckley, Pilgrim Press, 1984.

———, "Toward an Ecological-Feminist Theology of Nature," *Healing the Wounds: The Promise of Ecofeminism*, Ed. Judith Plant, New Society Publishers, 1989.

———, "Matthew Fox and Creation Spirituality," *The Catholic World*, July/August 1990: 168-72.

———, *Gaia and God: An Ecofeminist Theology of Earth Healing*, HarperSanFrancisco, 1992.

Russell, Letty M., *Human Liberation in a Feminist Perspective: A Theology*, Westminster Press, 1974.

———, *The Liberating Word*, Westminster Press, 1976.

———, "A Feminist Looks at Black Theology," *Black Theology II: Essays on the Formation and Outreach of Contemporary Black Theology*, Eds. Calvin E. Bruce and William R. Jones, Associated University Press, 1978.

Sabrosky, Judith A., *From Rationality to Liberation: The Evolution of Feminist Theology*, Greenwood Press, 1979.

Saiving, Valarie, "The Human Situation: A Feminine View," *Womanspirit Rising: A Feminist Reader in Religion*, Eds. Carol Christ and Judith Plaskow, Harper & Row, 1979.

Salleh, Ariel Kay, "Deeper than Deep Ecology: The Eco-Feminist Connection," *Environmental Ethics*, 6 (1984): 339-45.

Sanday, Peggy Reeves, *Female Power and Male Dominance: On the Origin of Sexual Inequality*, Cambridge University Press, 1981.

Sandel, Michael M., ed. *Liberation and Its Critics*, New York University Press, 1986.

Santmire, Paul, *The Travail of Nature: The Ambiguous Theological Promise of Christian Theology*, Fortress Press, 1985.

Sargent, Lydia, ed. *Women and Revolution*, South End Press, 1981.
Schrey, Heinz-Horst, "Ist Gott ein Mann?; Zur Forderung einer Feministische Theologie," *Theologische Rundschau*, 44 (1979): 227-38.
Schüssler Fiorenza, Elizabeth, *In Memory of Her: A Feminist Theological Reconstruction of Christian Origins*, Cross Road, 1983.
_____, *Bread Not Stone: The Challenge of Feminist Biblical Interpretation*, Beacon Press, 1984.
Scott, Joan W., *Gender and the Politics of History*, Columbia University Press, 1988.
_____, "Gender: A Useful Category of Historical Analysis," *The American Historical Review*, Vol. 91, No. 5 (December 1986): 1053-1075.
Sharma, Arvind, ed. *Women in World Religions*, State University of New York, 1987.
Smith, Dorothy, *The Everyday World as Problematic: A Feminist Sociology*, Northern University Press, 1987.
Snodgrass, Jonathan, ed. *A Book of Readings for Men Against Sexism*, Times Changes Press, 1977.
Snyder, Mary Hembrow, *The Christology of Rosemary Radford Ruether: A Critical Introduction*, Twenty-Third Publications, 1988.
Sölle, Dorothee, *The Strength of the Weak: Toward a Christian Feminist Identity*, Trans. Robert and Rita Kimber, Westminster Press, 1984.
_____, *The Window of Vulnerability: A Political Spirituality*, Trans. Linda M. Maloney, Fortress Press, 1990.
_____, *Thinking About God: An Introduction to Theology*, Trinity Press International, 1990.
Sölle, Dorothee with Shirley A. Cloyes, *To Work and to Love: A Theology of Creation*, Fortress Press, 1984.
Spender, Dale, ed. *Men's Studies Modified: The Impact of Feminism on the Academic Discipline*, Pergamon Press, 1981.
Spivak, Gayatri Chakravorty, *In Other Worlds: Essays in Cultural Politics*, Methuen, 1987.
_____, "Can the Subaltern Speak," *Marxism and the Interpretation of Culture*, Eds. Cary Nelson and Lawrence Grossberg, University of Illinois Press, 1988.
_____, "French Feminism Revisited: Ethics and Politics," *Feminists Theorize the Political*, Eds. Judith Butler and Joan W. Scott, Routledge, 1992.
Spretnak, Charlene, ed. *The Politics of Women's Spirituality: Essays on the Rise of Spiritual Power within the Feminist Movement*, Anchor Books, 1982.
Stanton, Elizabeth Cady and Revising Committee, *The Woman's Bible*, Vol. I & II, 1895

and 1898; Coalition Task Force on Women and Religion, 1974.

Stone, Merlyn, *When God was a Woman*, Dial Press, 1976.

Suchochi, Marjorhi Hewitt, "Openness and Mutuality in Process Thought and Feminist Action," *Feminism and Process Thought*, Ed. Sheila Greeve Davaney, The Edwin Mellen Press, 1981.

Swidler, Leonard, "Jesus Was a Feminist," *Catholic World*, January 1971: 177–83.

_____, *Biblical Affirmation of Women*, Westminster Press, 1979.

Taylor, Mark Kline, *Remembering Esperanza: A Cultural-Political Theology for North American Praxis*, Orbis Books, 1990.

Tennis, Diane, *Is God the Only Reliable Father?*, Westminster Press, 1985.

The National Women's Studies Association, *NWSA Directory of Women's Studies Programs*, Women's Centers and Women's Research Centers, 1990 ed.

Tiger, Lioniel, *Men in Groups*, Random House, 1969.

Tillich, Paul, *Dynamics of Faith*, Harper & Brothers Publisher, 1957.

Tong, Rosemarie, *Feminist Thought: A Comprehensive Introduction*, Westview Press, 1989.

Trible, Phillis, *God and the Rhetoric of Sexuality*, Westminster Press, 1978.

_____, *Texts of Terror: Literary-Feminist Readings of Biblical Narratives*, Fortress Press, 1984.

Vaughan, Judith, *Sociality, Ethics and Social Change: A Critical Appraisal of Reinhold Niebuhr's Ethics in the Light of Rosemary Radford Ruether's Works*, University Press of America, 1983.

Vetterling-Braggin, Mary, ed. *"Femininity," "Masculinity," and "Androgyny": A Modern Philosophical Discussion*, Rowman and Littlefield, 1982.

Waley, Arthur, *The Way and Its Power: A Study of the Too Te Ching and Its Place in Chinese Thought*, Grove Press, 1958.

Walker, Alice, *The Color Purple*, Harcourt Brace Jovanovich, 1982.

_____, *In Search of Our Mother's Gardens: Womanist Prose*, Harcourt Brace Jovanovich, 1983.

Warren, Karen, "Feminism and Ecology: Making Connections," *Environmental Ethics*, 9. 1(1981): 3–20.

Welch, Sharon, *Communities of Resistance and Solidarity: A Feminist Theology of Liberation*, Orbis Books, 1985.

_____, *Feminist Ethics of Risk*, Fortress Press, 1990.

Williams, Delores, "Womanist Theology: Black Women's Voice," *Weaving the Visions: New Patterns in Feminist Spirituality*, Eds. Judith Plaskow and Carol Christ, Harper

& Row, 1989.

_____, "Women's Oppression and Lifeline Politics in Black Women's Religious Narrative," *Journal of Feminist Studies in Religion*, Fall 1985.

_____, "Black Women's Literature and the Task of Feminist Theology," *Immaculate and Powerful: The Female in Sacred Image and Social Reality*, Eds. Clarissa W. Atkinson, Constance H. Buchanan and Margaret R. Miles, The Harvard Women's Studies in Religion Series, Beacon Press, 1985.

Wilson-Kastner, Patricia, *Faith, Feminism and the Christ*, Fortress, 1983.

White, Lynn, "The Historical Roots of Our Ecological Crisis," *Ecology and Religion in History*, Ed. David Spring and Eileen Spring, Harper & Row, 1974.

Wollstonecraft, Mary, *Vindication of the Rights of Woman*, Ed. Carol H. Poston, 1972; W. W. Norton, 1975.

Wren, Brian, *What Language Shall I Borrow? God-Talk in Worship: A Male Response to Feminist Theology*, 1989; Crossroad, 1991.

찾아보기

| 인명 |

ㄱ, ㄴ
골덴버그, 나오미Naomi Goldenberg 39, 141
그랜트, 재클린Jacqueline Grant 149
그리핀, 수전Susan Griffin 76
기어츠, 클리퍼드Clifford Geertz 40
길리건, 캐럴Carol Gilligan 172
니부어, 라인홀드Reinhold Neibuhr 39

ㄷ
데리다, 자크Jacques Derrida 23, 251
데일리, 메리Mary Daly 38
도본, 프랑수아즈Françoise d'Eaubonne 195
드 보부아르, 시몬Simone de Beauvoir 50
드 샤르댕, 테야르Teilhard de Chardin 209

ㄹ
러너, 게르다Gerda Lerner 270
러브록, 제임스James Lovelock 193
러셀, 레티Letty Russell 120
로드, 오드르Audre Lorde 298
류터, 로즈메리Rosemary R. Ruether 35, 120
리오타르, 장프랑수아Jean-François Lyotard 234

리치, 아드리엔Adrienne Rich 76
리쾨르, 폴Paul Ricoeur 123

ㅁ
마르크스, 카를Karl Marx 273
만하임, 카를Karl Mannheim 268
머천트, 캐럴린Carolyn Merchant 193
메츠, 요한 밥티스트Johann Baptist Metz 292
모턴, 넬Nelle Morton 155
몰렌코트, 버지니아 레이미Virginia Ramey Mollenkott 151
몰트만, 위르겐Jürgen Moltmann 187
미첼, 줄리엣Juliet Mitchell 34
밀, 존 스튜어트John Stuart Mill 46
밀, 해리엇 테일러Harriet Taylor Mill 48
밀레, 케이트Kate Millet 68

ㅂ, ㅅ
바르트, 카를Karl Barth 168
베이컨, 프랜시스Francis Bacon 272
벨 훅스bell hooks 253
세이빙, 밸러리Valerie Saiving 103
수하키, 마저리Marjorie Suchocki

스미스, 도로시Dorothy Smith 32
스위들러, 레오나드Leonard Swidler 156
스피박, 가야트리Gayatri C. Spivak 243
시루, 엘렌Hélène Ciroux 259

ㅇ

아도르노Theodor Adorno 239
아리스토텔레스Aristotle 166
앤더슨, 마거릿Margaret Anderson 31
앤서니, 수전Susan Anthony 112
에크하르트, 마이스터Meister Eckhart 211
엥겔스, 프리드리히Friedrich Engels 57
엘쉬테인, 장 베스크Jean Bethke Elshtain 54
영, 아이리스Iris Young 84
울스턴크래프트, 메리Mary Wollstonecraft 46
워렌, 캐런Karen Warren 128
워커, 앨리스Alice Walker 87
웨스트, 코넬Cornel West 302
윌리엄스, 델로리스Delores Williams 181
윌슨-카스트너, 퍼트리샤Patricia Wilson-Kastner 155
융, 카를Carl G. Jung 124
이리가레, 뤼스Luce Irigaray 182

ㅈ, ㅊ

재거, 앨리슨Alison Jaggar 85
제임슨, 프레드릭Fredric Jameson 239
쬘레, 도로테Dorothee Sölle 97
줄리언Julian of Norwich 151
초도로, 낸시Nancy Chodorow 34

ㅋ

카슨, 레이첼Rachel Carson 206
캐디 스탠턴, 엘리자베스Elizabeth Cady Stanton 37
켈러, 캐서린Catherine Keller 131
콘, 제임스James Cone 268
크리스테바, 쥘리아Julia Kristeva 237
크리스트, 캐럴Carol Christ 39, 125, 142
킹, 우르술라Ursula King 189

ㅌ, ㅍ

트리블, 필리스Phyllis Trible 38
틸리히, 폴Paul Tillich 39, 124
파이어스톤, 슐라미스Shulamith Firestone 71~72
폭스, 매슈Matthew Fox 210
푸코, 미셸M. Foucault 251
프로이트, 지그문트Sigmund Freud 33
프롬, 에리히Erich Fromm 123
프리던, 베티Betty Friedan 51
플라스코, 주디스Judith Plaskow 39, 104
플라톤Plátōn 165
피오렌자, 엘리자베스Elisabeth S. Fiorenza 39, 120

ㅎ

하딩, 샌드라Sandra Harding 250
하버마스, 위르겐Jügen Habermas 117
하르트만, 하이디Heidi Hartmann 82
해리슨, 베벌리Beverly W. Harrison 174
햄프슨, 대프니Daphne Hampson 149
헤이워드, 이저벨 카터Isabel Carter Heyward 39, 154
화이트, 린Lynn White 207
화이트헤드, 알프레드 노스Alfred North Whitehead 182

| 용어 |

ㄱ

가사노동 57, 80
　가사노동의 사회화 62
가부장제 83, 127
　가부장제의 비움kenosis of patriarchy 160
가정family 64
가족주의familism 265
가치의 위계주의hiearchy of values 230
간성intersex 17
간학제적 방법론 30
개인적인 것이 정치적인 것이다The personal is political 66, 189
개인주의individualism 265
개혁환경주의reform environmentalism 196
객관성objectivity 245
거대 서사grand narratives 252
건강한 회의주의healthy skepticism 301
결함 있는 남자defective male 166
경제결정론economic determinism 64
경제적 자유주의economic liberalism 236
계급차별주의classism 54
계몽enlightenment 250
계약적covenantal 전통 222
계층차별주의 105
과정사상process thought 102
관계의 거미줄web of relations 178
관계적 독립성relational independence 182~183
관계적 자아relational self 179~180
관계적 진리relational truth 252
교차성intersectionality 문제 300
권리rights 45
근사적 진리approximate truth 301, 252

근원주의foundationalism 240
급진주의 페미니즘 66
기독교의 실패 292
기독론 149
　고등 기독론high Christology 149
　메시지 기독론message Christology 149
　저등 기독론low Christology 149

ㄴ

남근 선망penis-envy 34
남근중심적phallocentric 34
남성들의 반성차별주의 운동Men's Anti-Sexism Movement 93
남성 우월주의 31
남성적 신 141
남성중심적 이원론androcentric dualism 164
남성중심주의androcentrism 31, 135
남성 페미니즘male feminism 106
남성학Men's Studies 25
남성해방운동 101
남존여비 이데올로기 278
내재immanence 131
냉소적 현실주의cynical realism 231

ㄷ

다름의 연대solidarity of alterity 299
다양성diversity 290
다원성plurality 290
단일구조론unified systems theory 83
대립적 이원론conflict dualism 38
대변의 정치학politics of representation 241
대상관계론object-relations theory 34
도교 272

도구적 합리성instrumental rationality 248~
  249
돌봄의 윤리ethic of care 221
동등의 신학theology of equivalence 130
동사로서의 신 288
동사로서의 존재 137
동성애 20
동질성의 연대solidarity of sameness 299

ㄹ, ㅁ

레드스타킹스Redstockings 95
마르크스주의 페미니즘 56
메타 서사meta narratives 238
명사로서의 신 137, 288
명사로서의 존재 137
모계제matrilineality 58
모더니즘modernism 233
모성 85
목소리의 정치학politics of voice 255
문화적 페미니즘cultural feminism 190
문화cultural 페미니스트 197
미래는 여성이다The Future is Female 77
미러링mirroring 119
미시 서사small narrative 252
미학적aesthetic 근대성 235

ㅂ

바실레이아basileia 153
반동reaction의 포스트모더니즘 239
반문화countercultural 페미니스트 197
반본질주의antiessentialism 260
반양성주의antiandrogynist 69
반유대주의anti-semitism 108
반전anti-war 운동 113
발화의 객체spoken object 97, 295

발화의 주체speaking subject 97, 295
배타적 용어exclusive language 119
백인 신white God 138
백인 우월주의 31
보충주의complementarianism 21
본래적 은총original blessing 211
부계제patrilineality 58
분리의 이데올로기ideology of separation 131
분리주의separatism 94, 173
비억압적인 사회nonoppressive society 288
비이원론적non-dualistic 사고 76
비인간중심주의non-anthropocentrism 196

ㅅ

사용 가능한 과거usable past 135
사용 불가능한 과거unusable past 135
사유제산제 58
사회구성주의social constructionism 171
사회적 근대성social modernity 234
사회주의 페미니즘 56, 79
사회학습론social-learning theory 35
상대적 실현 불가능성relative unrealizability
  274
상이성difference 245, 298
  상이성에 대한 찬양celebrating of difference
  245
상징적 감옥들symbolic prisons 161
상징적 위계질서symbolic hierarchy 128
상징적 질서symbolic order 251
상징체계symbolism 125
상호관련성interconnectedness 290
쌍둥이 억압twin oppressions 221
생명 사랑biophilia 137
  생명 사랑의 문화biophilic culture 190
  생명 사랑의 상호성biophilic mutuality 227

생명중심적biocentric 208
생물학적 결정론biological determinism 72
　생물학적 본질주의biological essentialism 115, 171
생산 60
생산production과 출산reproduction 81
생산노동productive labor 80
생태과정신학 214
생태남성신학 204
생태적 감수성ecological sensitivity 201
생태적 사회ecological society 200, 288
생태정의eco-justice 222
생태중심적 윤리ecocentric ethic 206
생태중심주의ecocentrism 230
성 계급sex class 72
성례전적sacramental 전통 222
성의 혁명sexual revolution 69
성적 낭만주의sexual romanticism 43
성적 평등sexual equality 53
성적 합리주의sexual rationalism 43
성차별주의sexism 105
세네카 폴스Seneca Falls 112
섹슈얼리티 85
섹스sex와 젠더gender 17
소외alienation 83
시민권civil rights 운동 113
신의 백인성 130
신의 인종 132
신의 젠더 127
신적 질서Divine Order 91
신중심적theocentric 208
실존주의 페미니즘existentialist feminism 51
심층생태학deep ecology 196
심층적 회개deep repentance 227

ㅇ
악마의 통로Devil's Gateway 167
양성성androgyny 69
　양성적androgynous 35
어머니-자연 192
어머니 지구Mother Earth 193
억압oppression 45
에코페미니즘ecofeminism 195
에코페미니스트 신학ecofeminist theology 187
여성다움womanhood 74
여성성 경멸anti-feminine 186
여성신Goddess 141
　여성신 종교Goddess Religion 142
여성의 경험 29
　전통적인 여성의 경험traditional experience 29
　페미니스트 경험feminist experience 29
여성적 신female God 141
여성학Women's Studies 25
여성혐오주의 150
연결된 자아connected self 183
연민compassion 181
영적인 유아주의spiritual infantilism 141
영적spiritual 페미니스트 197
예언자적 상상력prophetic imagination 297
예언자적 원리the prophetic principle 289
오이디푸스 콤플렉스Oedipus complex 34
우머니스트 신학womanist theology 88
우머니즘womanism 132
우주적 그리스도Cosmic Christ 225
우주적 춤cosmic dance 202
위계적 존재의 사다리 188
위계주의hierarchism 139
위험한 기억dangerous memory 310
유교 272

유기적 지성인organic intellectual 309
유니섹스unisex 69
유토피아 274
유색인 페미니스트feminist of color 87
육체 경멸anti-body 186
은유적 신학metaphorical theology 218
의사소통적 합리성communicative rationality 249
이데올로기ideology 269, 273
이름 없는 병the problem that has no name 52
이성애주의heterosexism 105
이야기하기storytelling 255
이원론 76
이중구조론dual-systems theory 81
익명의 페미니스트anonymous feminist 96
인간중심적anthropocentric 208
　　인간중심주의anthropocentrism 196
인종차별주의racism 54, 105
인체는 운명이다anatomy is destiny 72
일부일처제 58
일치성unity 245

ㅈ
자본주의 83
자연차별주의naturism 185, 200
자연nature 페미니스트 197
자유주의 페미니즘 46
장애자 차별주의handicapism 103
재생산reproduction 60
저항resistance의 포스트모더니즘 239
제2격의 신학genitive theology 303
전도의 종교religion of reversal 127
전족foot-binding 127
절대적 실현 불가능성absolute unrealizability 274

절대적 진리absolute truth 301
정의의 윤리ethic of justice 221
정치적 근대성 236
정치적 자유주의political liberalism 236
젠더 18
　　젠더 렌즈 20~21
　　젠더 정의gender justice 53
젠더학 연구Gender Studies 25
존재의 위계적 사슬hierarchical chain of being 199
존재의 춤dance of being 202
종속의 신학theology of subordination 130
죽음 사랑necrophilia 137
　　죽음 사랑의 문화necrophilic culture 190
　　죽음 사랑의 신 137
중립성neutrality 245
지구중심적geocentric 우주론 223
지배의 논리logic of domination 65
지식사회학sociology of knowledge 267

ㅊ
차별discrimination 113
차이difference 113
창조중심적 영성creation-centered spirituality 210
초월transcendence 131
총체성 245

ㅋ, ㅌ
크리스타The Christa 152
　　크리스타 공동체Christa Community 153
타자the other로서의 여성 51
탈자연화 18
탈절대화 18
탈중심적 자아decentered self의식 250

토착주의nativism 264
통일성unity 290
통전적 자아holistic self 178, 182
트랜스젠더transgender 17, 20

ㅍ

패러다임의 전환paradigm shift 296
페미니스트 신학feminist theology 88
페미니스트 유토피아적 방법론feminist utopian methodology 290
평등equality 45
평등주의egalitarianism 21
평등하지만 다르다equal but different 21

포스트구조주의poststructuralism 철학 237
포스트모더니즘postmodernism 234, 237
프락시스praxis 296

ㅎ

해방liberation 45
해방신학 118
해체deconstruction 262
허위의식false consciousness 286
획일성unformity 290
후기산업사회postindustrial society 이론 237
흑인 신black God 138
흑인학Black Studies 26

| 문헌 |

《가이아》 193
《가족, 사유재산, 그리고 국가의 기원》 57
《도덕경》 279
《성의 변증법》 71
《성의 정치학》 68
《어머니의 정원을 찾아서》 87
《여성권리의 옹호》 46
《여성의 성서》 37

《여성의 신비》 50
《여성의 종속》 46
〈예수는 페미니스트였다〉 156
《이데올로기와 유토피아》 268
〈인간의 상황〉 103
《제2의 성》 50
《침묵하는 봄》 206